SV

Edition Zweite Moderne

Herausgegeben von

Ulrich Beck

Redaktion: Raimund Fellinger

Elisabeth Beck-Gernsheim

Juden, Deutsche und andere Erinnerungslandschaften

Im Dschungel der ethnischen Kategorien

Suhrkamp

Erste Auflage 1999

Satz: Hümmer, Waldbüttelbrunn
Druck: Pustet, Regensburg
Umschlag gestaltet nach einem Konzept
von Willy Fleckhaus: Rolf Staudt
Printed in Germany

1 2 3 4 5 6 – 04 03 02 01 00 99

Inhalt

Kapitel 3
Aus der Geschichte lernen? Über die Mühen solcher Versuche

Kapitel 4
Im Dschungel der Sortierungsversuche – Erste Annäherungen

Kapitel 5
Im Dschungel der Sortierungsversuche – Vertiefte Betrachtung

Kapitel 6
Der Blick auf das eigene Land:
Wie deutsch sind die Deutschen?

Kapitel 7
Erinnerungslandschaften I:
Auf der Suche nach Afrika

Kapitel 8
Erinnerungslandschaften II:
Jüdische Kultur in Deutschland heute

Vorwort

Im akademischen Jahr 1997/1998 war ich als Fellow am Wissenschaftskolleg zu Berlin. Das gab mir die Chance, mich von den Alltagsroutinen zu lösen und den Sprung in ein neues Thema zu wagen. So entstand dieses Buch, und dafür möchte ich danken: dem Wissenschaftskolleg, seinem Rektor Wolf Lepenies, allen Mitarbeitern und Fellows.

Während die Ideen sich zu entwickeln begannen, diskutierte ich immer wieder mit Michal Bodemann und Ellen Presser. Eine erste Version des fertigen Textes lasen Natan Sznaider und Yfaat Weiss. Von ihnen allen bekam ich Anregungen, Kommentare, Materialien – kurzum, wichtige Hilfe.

Den Dschungel der ethnischen Kategorien kenne ich nicht nur aus der Theorie, sondern auch aus dem Leben. Durch die dazugehörigen Wirren hat mich seit vielen Jahren einer begleitet, und er hat dieses Buch auch von den allerersten, noch zögernden Anfängen bis zur letzten Arbeit am Text begleitet und unterstützt: Last but not least danke ich Ulrich Beck.

Einleitung

Elaine Rocha ist Historikerin, und sie ist Brasilianerin. Nun leben in Brasilien, als Ergebnis einer wechselvollen Geschichte, gekennzeichnet nicht zuletzt durch die Eroberungsfeldzüge der Weißen und die Versklavung der aus Afrika verschleppten Schwarzen, heute Menschen verschiedenster Hautfarbe. Wenn man fragt, zu welcher dieser Gruppen Elaine Rocha gehört, lautet ihre Antwort: »Als Kind war ich schwarz. Als ich studierte, war ich Mulattin. Als ich meinen Universitätsabschluß hatte, wurde ich Weiße«.[1]

Peter Finkelgruen ist Schriftsteller, und er lebt heute in Deutschland. Geboren wurde er in Schanghai, weil seine Eltern dort Exil fanden, als sie aus dem nationalsozialistischen Deutschland fliehen mußten. Auch bei ihm ist die Frage der Herkunft nicht leicht zu beantworten. Während die Nicht-Juden ihn meist als Juden betrachten, ist er umgekehrt in den Augen der Juden ein Nicht-Jude. Was Ausgrenzung heißt, hat er seit seiner frühen Kindheit erfahren, und zwar von beiden Seiten. Bei der Begegnung mit Juden wie mit Nicht-Juden hat er immer wieder erlebt, wie ihm »offensichtliches Unwohlgefühl« entgegenschlägt, ja eine »aggressive Irritation« – so seine eigenen Worte.[2]

Melissa Meyer ist weiß, ihr Mann Thallieus Massey ist Sohn eines Indianers und einer Schwarzen. Vor kurzem errangen die beiden einen Sieg gegenüber den Behörden Floridas. Bisher kannten die Formulare der Schulbehörden in Florida weiße Schüler, schwarze, asiatische und solche lateinamerikanischer Herkunft. Für Kinder wie den siebenjährigen Jordan, den Sohn von Melissa Meyer und Thallieus Massey, war in den amtlichen Kategorien kein Platz vorgesehen, er mußte bei der Frage nach seiner Herkunft die Spalte »Andere« ankreuzen. Da seine Eltern dies als diskriminierend empfanden, setzten sie durch, daß diese Kategorie auf allen amt-

1 Wie sich diese merkwürdige Art der Gruppenzuordnung erklärt, wird in Kapitel 5, Abschnitt 1 näher erläutert.

2 Wie sich diese doppelte Ausgrenzung erklärt, wird in Kapitel 5, Abschnitt 2 näher erläutert.

lichen Formularen Floridas durch den Begriff »multiracial« ersetzt wurde.[3]

Diese Personen, diese Lebensgeschichten sind nicht erfunden. Sie sind auch nicht bloße Ausnahmefälle, ziemlich exotisch und fern, sondern es gibt zahlreiche Menschen in vergleichbar ähnlicher Lage – in anderen Ländern wie auch hier, in Berlin oder München oder Duisburg. Für immer mehr Gruppen gilt: Die Frage der Herkunft – der nationalen bzw. ethnischen Etikettierung – ist kompliziert, führt nicht selten zu Überraschungseffekten und Paradoxien.

Gleichzeitig, und das gibt dem Ganzen erst seine Brisanz, ist die Frage der Herkunft oft nicht bloß sachlich gemeint, nicht bloß wertfrei neutral, sondern im Gegenteil: ist immer wieder mit Wertungen und Abwertungen, mit Abgrenzungen und Ausgrenzungen verknüpft worden. »Die Einordnung der Menschen in Rassenschubladen glich bisweilen einer Koproduktion von Kafka und Orwell«[4]: Mit diesem Satz, angesichts des Apartheid-Regimes von Südafrika und seiner Rassenpolitik formuliert, könnte man sinngemäß auch die Situation in vielen anderen Ländern und Regionen beschreiben. Im Namen rassischer, ethnischer, nationaler Ordnungsversuche wurden Menschen verfolgt und vertrieben, Familien sortiert und auseinanderdividiert, Gruppen unterdrückt, gejagt und getötet. Und die Feldzüge dieser Art sind heute mitnichten beendet, sondern werden weiter betrieben.

Wer sich dem Thema nationaler und ethnischer Kategorien mit wissenschaftlichen Interessen zu nähern versucht, wird unausweichlich auf diesen politischen Kontext gestoßen. Schon bald beginnt man zu spüren, wie die politischen Wertungen bis in die wissenschaftliche Untersuchung hineinwirken, sich untergründig immer wieder hineindrängen, wie zäh sie unserem Bewußtsein anhaften. Das macht das Vorgehen so mühsam. Nicht zufällig ist vielen der einschlägigen Studien deshalb auch ein Merkmal gemeinsam: Sie fangen mit einer Mischung aus Abbitte und Stoßseufzer an. Gleich auf den ersten Seiten legen sie dar, wie schwierig es sei, bei diesem Thema zu einer angemessenen Begriffswahl zu finden. Deshalb formulieren die Autoren mit Vorsicht – man kann ihre

3 Siehe *SZ-magazin* (Beilage der *Süddeutschen Zeitung*), 24. November 1995, S. 4.
4 Gerd Behrens, *Die Farben des Zorns*, in: *Süddeutsche Zeitung*, 28. Mai 1996.

Anstrengung geradezu spüren – und bitten gleichzeitig um Nachsicht der Leser. Da heißt es dann etwa: »Es war eine äußerst schwierige Aufgabe, für diesen Band einen angemessenen Titel zu wählen. ›Migranten und Minderheiten‹ ist ein Kompromiß, der erst nach monatelangen Diskussionen gefunden wurde.«[5] Oder noch deutlicher: »In dieser Arbeit habe ich mich eindringlich darum bemüht, durch den semantischen Dschungel der Beziehungen zwischen den Rassen einen Pfad zu bahnen, der den Sensibilitäten aller Seiten Rechnung trägt. Aber man kann dieser Aufgabe nicht nachkommen, ohne den einen oder anderen zu irritieren, und sicher wird meine Wortwahl manchmal anstößig erscheinen. Das tut mir leid.«[6]

Man ahnt schon: Wir bewegen uns hier auf sensiblem Terrain. Die Benennung der ethnischen bzw. nationalen Herkunft, und erst recht der Umgang mit solchen Benennungen, ist oft alles andere als einfach. Wer eine schnelle Antwort erwartet, stößt unvermutet auf neue Fragen, ja, steht plötzlich vor Fallen. Was da so schwierig ist, und warum dies so ist – davon handelt dies Buch. Es ist eine Spurensuche im großen weiten Feld der Gruppenbezeichnungen und Gruppenbeziehungen. Wir werden da manchen Gruppen begegnen, die auf den ersten Blick sehr seltsam erscheinen, wie etwa »weißen Negern« und »nichtjüdischen Juden«, »Paßdeutschen« und »Bindestrich-Deutschen«, »inländischen Ausländern« und »ausländischen Inländern« (das klingt nach Exotik und ist doch viel näher, als man vermutet). Im Laufe dieser Suche stoßen wir auch auf die Frage, die zunächst so simpel erscheint, aber, wie sich herausstellen wird, ihrerseits in allerlei Feinunterscheidungen, Abwägungen, Untiefen hineinführt – auf die Frage, die ganz harmlos daherkommt: Wer ist Deutscher? So geraten wir bei unserer Suche immer tiefer in ein Dickicht, ja einen Dschungel hinein. Wer ist wer, wer ist was? Warum so, warum nicht anders? Welche historischen Erfahrungen und gesellschaftlichen Entwicklungen, welche rechtlichen Festlegungen und politischen Absichten verbinden sich mit dieser oder jener Etikettierung? Welcher Art sind die Kämpfe, die darum geführt werden, wer vertritt welche Interessen, und wo werden wessen Empfindlichkeiten berührt? Wo sind die Grenzziehun-

5 Watson 1977, S. 5.
6 Williamson 1980, S. XIV.

gen zwischen den Gruppen mit Abgrenzung, ja Ausgrenzung verbunden, welche Geschichten von Herrschaft und Macht, von Gewalt, Verfolgung und Unterwerfung stehen dahinter?

Willkommen also auf hochsensiblem Terrain, in der Arena vieler politischer Kämpfe – im Dschungel der ethnischen Kategorien.

Kapitel 1

»Wir« und »die anderen« – Zur Bedeutung nationaler und ethnischer Grenzlinien

»›Und wer wird deiner Meinung nach siegen?‹ fragte ich. ›Wir oder die anderen?‹ – ›Wen meinst du mit wir?‹ fragte der Rabbi nachdenklich. ›Und wer sind die anderen?‹«[1]

1. Der empirische Ausgangspunkt: Demographische Trends

Das ausgehende 20. Jahrhundert wird vielfach als der Beginn eines neuen Zeitalters beschrieben, nämlich dem der Globalisierung. Man könnte meinen, daß damit die nationale bzw. ethnische Herkunft bedeutungslos würde. Aber im Gegenteil, das können wir hinreichend beobachten, solche Fragen gewinnen heute nicht selten neue Bedeutung, neue Brisanz. Den Anstoß dafür geben nicht zuletzt demographische Trends, die ihrerseits im Zuge, ja als Produkt von Globalisierungsprozessen sich herausbilden. Indem diese Trends neuartige Konstellationen im privaten wie im gesellschaftlichen Raum erzeugen, entfalten sie eine Art subversive Kraft: Sie enthalten eine Irritation unserer gewohnten Denkmuster und Ordnungskategorien. Hier »Wir«, dort »die anderen«: Stimmen die vertrauten Grenzlinien noch? Oder wie und wo verschieben sie sich?

Mehr ethnische Buntheit

Im Lauf der letzten Jahrzehnte und insbesondere Jahre hat die Zahl der binationalen/bikulturellen Verbindungen erheblich zugenommen, in den USA wie in Deutschland wie in anderen Ländern. D. h., es gibt immer mehr Paare, wo die Partner sich in bezug auf ihre Herkunft deutlich unterscheiden, sei's in bezug Nationalität, Kulturkreis, Religion oder Hautfarbe. Durch solche Paare, und erst recht natürlich durch ihre Kinder, wächst die Zahl der Menschen, die sich den in unserem Bewußtsein und vor allem den in amtlichen

1 Wagenstein 1999, S. 29.

Vorgaben tradierten Kategorien (»Schwarze«, »Italiener«, »Juden«) nicht einpassen lassen, weil sie nichts davon sind oder eher vieles zugleich: Wo soll man den schwarzen Juden mit italienischer Großmutter einordnen, wie ihn benennen?

Hanif Kureishi, selbst indischer Herkunft und in England geboren, beginnt einen seiner Romane mit folgenden Sätzen: »My name is Karim Amir, and I am an Englishman born and bread, almost. I am often considered to be a funny kind of Englishman, a new breed as it were, having emerged from two old histories ... Perhaps it is the odd mixture of continents and blood, of here and there, of belonging and not, that makes me restless and easily bored.«[2]

Nun gab es solche Menschen, die zwischen die Kategorien fallen, bereits früher, obwohl in geringerer Zahl. Aber das Neue, das die Gegenwart kennzeichnet, ist, jenseits der quantitativen Entwicklung, auch ein qualitatives Moment: Während es früher für Kinder, die aus solchen Familien stammen, oft nur eine Möglichkeit gab – nämlich ausschließlich der einen Seite ihrer Herkunft zuzugehören, damit die andere Seite aufzugeben, zu vergessen, manchmal auch zu verschweigen –, hat an genau diesem Punkt in den letzten Jahren ein deutlicher Bewußtseinswandel eingesetzt. Aus den USA, dem Land, das sich im eigenen Selbstverständnis so gern als »Schmelztiegel« verstand (inwieweit es ein solcher tatsächlich war, ist eine andere Frage), aus den USA also wird als neue Entwicklung berichtet, daß immer mehr Menschen sich nicht mehr nur auf die eine oder andere Seite ihrer Herkunft festlegen wollen[3] (und ähnliche Bestrebungen finden sich auch in anderen Ländern, nicht zuletzt in Deutschland[4]). Statt ängstlicher Anpassungsversuche ein selbstbewußt positiver Entwurf: Diese Menschen beanspruchen eine Identität, die beides zugleich ist, nicht eines auf Kosten und unter Ausschluß des anderen. Sie begreifen ihre Identität als bikulturelle oder gar multikulturelle, sie sehen sich als »schwarze Juden«, »japanische Amerikaner« oder auch »Afro-Deutsche«. Sie wollen, wie ein bezeichnender Buchtitel heißt, *Farbe bekennen.*[5] Das Motto heißt: »... ich muß mich nicht entscheiden, ich bin bei-

2 Kureishi 1990, S. 3.

3 Spickard 1989, passim; Rosenblatt u.a. 1995, z.B. S. 142 und S. 203 ff; Tizard/Phoenix 1993, S. 3 f. und S. 46 ff.

4 Oguntoye u.a. 1992.

5 Dies.

des ...«[6] oder noch pointierter gefaßt: »Ich bin weder schwarz noch weiß, ich bin kunterbunt.«[7]

Harry Mulisch schreibt über seinen Romanhelden Max, dessen Familiengeschichte offensichtlich seiner eigenen ähnelt: »Er war Niederländer, Österreicher, Jude, Arier, alles zugleich und deshalb nichts von alledem. Er gehörte ganz und gar zu denjenigen, die nirgends dazugehörten.«[8]

Soviel zu den gemischten Familien. Sie sind, schaut man genauer hin, keine Ausnahme, eher Teil eines größeren Trends. Allgemein gilt: Im Zeitalter der Globalisierung werden die ethnischen Zuordnungen zunehmend komplizierter. Denn durch Migration und Mobilität, Flucht und Vertreibung, internationale Arbeitsteilung und Wirtschaftsvernetzung wächst die Zahl derer, die aus den unterschiedlichsten Gründen ihre Heimat verlassen, für kürzere oder längere Zeit, vielleicht auch für immer; die Ländergrenzen überschreiten, hier geboren werden, da aufwachsen, dort arbeiten und leben.[9] Diese massive, ethnisch vielfältig zusammengesetzte, unerwartet lang anhaltende Wanderungswelle, die inzwischen weltweite Ausmaße annimmt – viele Regionen erfassend, über Kontinente hinwegreichend –, rührt an tiefsitzende Vorstellungen von Identität und Gesellschaftszugehörigkeit. Die Kontroversen reichen von Medien und Politik bis zu Alltag und Öffentlichkeit, sie gehen quer durch Gemeinden, Kirchen, Parteien. Immer wieder wird die Frage diskutiert: Wer gehört dazu, wer nicht? Wer soll draußen bleiben, warum? Und wer entscheidet darüber?

Aber auch hier wieder geht es nicht nur um die quantitative Entwicklung allein, die zahlenmäßige Zunahme der Wanderungsbewe-

6 Teo 1994.

7 J. Schuler, *Ich bin weder schwarz noch weiß, ich bin kunterbunt. Porträt über Amadeo Richardson*, HR-Fernsehproduktion 1992.

8 Mulisch 1995, S. 48.

9 Zu Zahlenangaben z.B. Pries 1997, S. 15 f. Pries verweist zunächst darauf, daß Wanderungen stets zur Geschichte der Menschheit gehörten, und betont dann, wie stark diese Entwicklung in jüngster Zeit zugenommen hat: »Noch nie in der Geschichte der Menschheit [verließen] so viele Menschen – über einhundert Millionen – als (Arbeits-)Migranten und Flüchtlinge ihr Geburtsland wie am Ende dieses Milleniums. Selbst während der Periode der großen Migrationswelle im Zusammenhang der Industrialisierung in den letzten beiden Jahrzehnten des 19. und den ersten beiden Dekaden des 20. Jahrhunderts wechselten weltweit höchstens einige Millionen Menschen pro Jahr das Land, in dem sie ihren dauerhaften Wohnsitz hatten« (ebd., S. 15).

gungen. Vielmehr kommt auch hier ein qualitatives Moment hinzu: Immer deutlicher wird heute, daß das Wanderungsgeschehen die Form des »Transnationalismus« annimmt. D. h: Es gibt ständig mehr Gruppen, die »ihre Füße in zwei Gesellschaften haben«.[10] Dazu zählen insbesondere diejenigen, die angesichts des internationalen Wirtschaftsgefälles ihre Heimat verlassen, um anderswo Arbeit und bessere Lebenschancen zu suchen – dabei aber, und das ist das Neue, zum Herkunftsland weiter feste Bindungen behalten. Sie tun dies durch regelmäßige Besuche und häufige Anrufe, den Empfang dortiger Fernsehsender und Nachrichten, auch die Gründung eigener Schulen, Religionsgemeinschaften, Sportvereine, wo man am neuen Ort wieder »Landsleute« trifft. Wie aktuelle Studien zeigen, wird dies zu einem weit verbreiteten Muster: Heute neigen immer mehr Migranten dazu, Netzwerke zu schaffen, die das Land ihrer Herkunft und das Land ihrer Niederlassung miteinander verbinden. Ermöglicht wird dies vor allem durch die rapide Ausweitung der Angebote von Massentransport und Massenkommunikation im ausgehenden 20. Jahrhundert. Billigreisen und Charterflüge, Videos und Satellitenfernsehen, Telefon, Fax und e-mail: Mit der Ausbreitung dieser Art von Infrastruktur entstehen Diasporagemeinden rund um den Globus. Je preiswerter, je alltäglicher die technischen Optionen werden, desto mehr schrumpfen die Entfernungen. Desto mehr können Lebensformen sich herausbilden, die Länder, ja Kontinente umspannen. Soziale Nähe bei geographischer Ferne: Das ist ihr Kennzeichen. Was Giddens allgemein als Lebensform im Zeitalter von Modernisierung und Globalisierung darstellt, das gilt in besonderem Maße für die Migranten von heute: eine Ablösung sozialer Bindungen aus lokalen Bezügen findet statt. Ob Familie, Freunde, Kollegen – all diese Beziehungen werden zunehmend aus den ortsgebundenen Kontexten herausgenommen und über zeitliche und räumliche Entfernungen hinweg neu verflochten.[11]

In der Folge wird das Migrationsgeschehen tiefgreifend verändert. Während früher die Migranten meist einen scharfen Bruch mit

10 Chaney 1979, zit. nach Schiller u. a. 1997a.

11 Giddens 1990; siehe auch Harvey, der in bezug auf die Postmoderne von einem spezifischen Wandel der Zeit- und Raumerfahrungen spricht, nämlich der »timespace compression« (Harvey 1989, S. 240).

ihrem Herkunftsland vollzogen, bleiben sie heute den kulturellen Horizonten, den politischen und materiellen Verhältnissen in der Heimat weiter verbunden. Wo früher die lineare und einmalige Form der Migration typisch war, zeigen sich heute zyklisch wiederkehrende Formen und Pendelbewegungen – aus einem Land in ein anderes, dann wieder zurück, wieder fort –, wechselnd in mal schnellerem, mal langsamerem Tempo, abhängig von saisonalen und biographischen Rhythmen, abhängig erst recht von Kapitalströmen, Gewinnchancen, sozialen Netzwerken.

Wo solche transnationalen Lebensformen sich ausbreiten, da sind Konsequenzen einerseits für die Gesellschafts- und Wirtschaftsordnung der jeweiligen Länder, andererseits für Biographie und Lebensentwurf dieser Menschen zu erwarten. Um nur ein paar Fragen aufzuwerfen[12]: Welcher Nation fühlt sich ein Arzt aus Haiti zugehörig, der in New York eine gutgehende Praxis betreibt und mit seinem Geld in der Heimatstadt einen Sportplatz für die Jugend bauen möchte, um seinem Leben wieder einen Sinn zu geben? Welche Nation betrachten Filipinos als die ihrige, denen die philippinische Regierung erlaubt, zweimal im Jahr zollfrei »Balikbayan«-(Heimkehrer-)Kartons mit allen denkbaren Gütern nach Hause mitzunehmen? Was bedeutet es für die Bürger im Heimatland und im Ausland, wenn – wie etwa in Mexiko oder in der Karibik – ganze Volkswirtschaften von den Geldsendungen ihrer Staatsbürger in reicheren Industrieländern leben?

Schon an diesen wenigen Beispielen deutet sich an: »Die bisherigen Vorstellungen von Immigration und Migration sind heute unzulänglich.«[13] Noch immer verbinden wir mit Begriffen wie »Gastarbeiter« oder »Einwanderer« das Bild einer zerstreuten Herde, in der Diaspora herumirrend, unter Entwurzelung und Verlust leidend. All diese Elemente gibt es sicher auch weiterhin. Aber gleichzeitig und daneben entstehen, von der Öffentlichkeit noch kaum wahrgenommen, in der jüngeren Generation der Transnationalen Ansätze zu einem neuen Selbstbewußtsein, zu einer positiv gewendeten Identität über die vorgegebenen Nationalgrenzen hinweg. Zu denjenigen, die diese Seite der transnationalen Existenz artikulieren, gehören z. B. die postkolonialen Schriftstel-

12 Zu diesen Beispielen siehe Schiller u. a. 1997a, S. 82 ff.
13 Ebd., S. 81.

ler in Großbritannien oder die Schriftsteller türkisch-deutscher Herkunft in Deutschland.[14] Sie nehmen ihre Bindestrich-Existenz, in der sich die Kontinente und Kulturen verflechten, nicht mehr nur als Hindernis wahr, sondern auch als Chance zu einem neuen und anderen Blick, als Möglichkeit, lokale Klischees und Bornierungen ironisch zu brechen. Eine seltene Ausnahme bloß, gänzlich untypisch? Wohl nicht. Fatŏ Topaç, eine 30jährige Sozialpädagogin türkischer Herkunft, die in Berlin lebt, artikuliert als Lebensgefühl ihrer Gruppe: »Ich bin als Kind von Arbeitsmigranten im Alter von sieben Jahren nach Berlin gekommen, aber daß die zweite Generation zwischen den Stühlen verloren sei, kann ich nicht bestätigen.« Sicher habe sie im Elternhaus manchmal andere Werte und Normen erfahren als in der Welt draußen, aber, so fährt sie dann fort, diese Unterschiede der Kulturkreise habe sie nicht als ausschließliche Gegensätze aufgefaßt, »sondern als Bereicherung. Zwischen diesen beiden Stühlen gibt es einen dritten, auf dem sitzen wir.«[15]

Gemischte Familien, Migranten, Lebensformen des Transnationalismus – all das sind Entwicklungen zu mehr ethnischer Buntheit, die wir heute beobachten können. Und genau diese Entwicklungen werden in vielen Bereichen immer wieder zum Stein des Anstoßes. Denn sie widersprechen den Annahmen des Alltagsbewußtseins, und sie passen nicht zusammen mit den Regeln der Institutionen.

Die Provokation

Dem Alltagsbewußtsein, vor allem in Deutschland, erscheint diese Art der Buntheit immer noch ungewohnt, ja irritierend, weil es ethnische bzw. nationale Zugehörigkeit als vorgegebene, quasi-natürliche Bindung betrachtet, in Abstammung und gemeinsamer Herkunft verankert. Direkt mit der Herkunft verknüpft wird dabei die Vielfalt all dessen, was im Sammelbegriff der »Tradition« zusammengefaßt ist, von der gemeinsamen Sprache bis zu Liedern, Symbolen, Feiertagen und Festen: Das eben ist »unsere« Tradition, »unsere« Kultur. Das wiederum heißt, die Zugehörigkeit zu einer

14 Zu den postkolonialen Schriftstellern in Großbritannien siehe Iyer 1996.
15 Interview-Aussage in Greve/Çinar 1997, S. 37.

Herkunftsgruppe wird zugleich als eine exklusive begriffen, in Unterscheidung, ja Abgrenzung zu anderen Herkunftsgruppen. Wir sind »wir« in Abhebung zu »den anderen«, wir sind Deutsche im Unterschied zu den Franzosen, Engländern usw. Wenn dem aber so ist, wie kann man dann mehreres zugleich sein, Deutscher *und* Franzose, gar Chinese *und* Schweizer, Jude *und* Schwarzer? Das paßt nicht mit unserem Weltbild zusammen. Das ist irgendwie anstößig.

Und es ist anstößig auch, was den Staat und seine Institutionen angeht. Denn die modernen Nationalstaaten basieren, in Aufbau wie Anspruch, auf einer klaren Unterscheidung zwischen »Wir« und »den anderen«. Dies gilt nach außen, dem Freund-Feind-Schema folgend, und ebenso nach innen, als Aufspaltung der Bevölkerung in Bürger einerseits und sonstige Menschen andererseits. Nationalstaatlich verfaßte Gesellschaften sind Gesellschaften des »Sortierens und Aussortierens«[16] oder, wie Elwert schreibt: »Eingliederungs- und Ausgliederungsprozesse sind unvermeidliche Begleiterscheinungen des modernen Nationsverständnisses.«[17] Von daher gehört es zu den Merkmalen der Nationalstaaten, daß dem Einzelnen ständig Zuordnungen nach Nationalität bzw. ethnischer Herkunft abverlangt werden. Die Frage nach der Nationalität begleitet uns lebenslang, und erwartet werden einfache Antworten, eingepaßt ins Grundmuster von Ja/Nein, Entweder/Oder, die institutionell bearbeitbar sind. Von deren Inhalt hängt ab, was uns an Rechten, Pflichten, Ansprüchen zusteht (ob Militärdienst, Arbeitserlaubnis oder Aufenthaltsrecht). Die juristische Unterscheidung zwischen Mitgliedern und Fremden ist derart keine neutrale Kategorie, sondern dient der Teilhabe wie der Ausgrenzung in bezug auf soziale Ressourcen. Oder wie Habermas schreibt: Der Mitgliedstatus nach innen bildet die »Grundlage für die Zuschreibung der materiellen Rechtsstellungen, die insgesamt den Status eines Bürgers im Sinne der Staatsbürgerschaft ausmachen«.[18]

So gesehen ist offensichtlich, daß diejenigen, die die Grenzen nationaler bzw. kultureller Zuordnung sprengen, allein durch ihre

16 Schäfers 1997, S. 428.
17 Elwert 1998, S. 132.
18 Habermas 1992, S. 132.

bloße Existenz ein gesellschaftliches Ordnungsproblem darstellen. Sie sind der Störfaktor im gesellschaftlichen Getriebe, weil sie in den gewohnten, den einfachen und eindeutigen Kategorien sich nicht abbilden lassen. Sie sind, oft im ganz wörtlichen Sinn, nicht »paßgerecht«. Ihre Existenz ist (dem staatlichen Herrschaftsanspruch wie dem Blick des Normalbürgers) mehrdeutig und schillernd, um nicht zu sagen: dubios und verdächtig. Die Frage, die unabweisbar sich stellt, heißt: Wo ist der gesellschaftliche (politische, rechtliche) Ort derer, die nicht in die tradierten Kategorien eindeutiger Zuordnung passen? Wie soll die Gesellschaft mit ihnen verfahren? Wie wollen sie sich selbst sehen, wo wollen die anderen sie sehen, wie ist ihre Identität zu begreifen? Sollen sie selbst ihre Zuordnung festlegen können, oder ist es die Gesellschaft, die hier das Entscheidungsrecht hat? Welche Ordnungsregeln sind möglich, welche sind praktisch, welche sind politisch erwünscht?

2. Der theoretische Ausgangspunkt: Die historischen Wurzeln von Nationalität und Ethnizität

Die Annahme, von der das Alltagsbewußtsein wie die Institutionen des Nationalstaates selbstverständlich ausgehen – nämlich Nation bzw. ethnische Gruppe als ursprüngliche Gemeinschaft, und als solche Teil einer natürlichen Ordnung der Welt –, hat die neuere historische, ethnologische und soziologische Forschung zum Gegenstand vieler Studien gemacht und, um das Ergebnis vorweg gleich zu nennen: Sie hat sie gründlich erschüttert. Vor allem zwei Studien, deren Perspektiven sich wechselseitig ergänzen, sind hier bahnbrechend geworden. Beide sind 1983 erschienen und in den darauffolgenden Jahren schnell zu Klassikern der Forschung geworden: zum einen der von Hobsbawm und Ranger herausgegebene Band zur *Erfindung der Tradition*; zum anderen Benedict Andersons Studie zur *Erfindung der Nation.*[19] An den Bezugsrahmen, den diese Autoren absteckten, knüpfen die folgenden Überlegungen an.

19 Hobsbawm/Ranger 1983; Anderson 1983.

Die Erfindung der Nation

Die Orientierung an Nation oder ethnischer Gruppe sei ein selbstverständlicher Bestandteil der Welt? Nein, so finden wir beim Gang durch die Geschichte, diese Art des Denkens und Handelns war vielen Kulturen durchaus fremd. In früheren Epochen gab es verschiedenste Bezugspunkte, um die Loayalitäten und Gruppenverbindungen organisiert waren – z.B. Stamm, Sippe, Clan oder Familienverband, manchmal auch religiöse Gemeinschaft –, und im übrigen existierten vielfach ganz selbstverständlich überlappende Zugehörigkeiten, mehrfache Loyalitäten über die so oder so definierten Gruppierungen hinweg.

»In ancient China, the family or clan was the basic sociopolitical unit ... Since the patriarchal family was regarded as the tap-root of other politics, no distinction was made between private and public spheres, and Chinese thinkers easily accepted hierarchy as an organizing principle. The family, rather than any larger polity, provided economic and personal security and was the source of personal and political values for individuals. Religious ideas, military organization, even agricultural labor mobilized from above revolved around the family.«[20]

»Die koloniale Verwaltungspraxis, Menschen in Ethnien ... zu organisieren, wurde durch die zeitgenössische Sozialanthropologie zu einem überhistorischen Prinzip naturalisiert, alle Menschen seien nach Stämmen (Ehtnien/Nationen) verfaßt ... Daß relevante Teile der Menschheit sich in erster Linie als Heiratsklassen, Altersklassen, sozioprofessionelle Gruppen, Verwandtschaftslinien oder Lokalgruppen organisierten, nicht aber als ›Ethnien‹, und daß sich auch bei ›ethnischer‹ Organisation mehrere Gruppenzugehörigkeiten überschneiden konnten, ist so durch den politischen Prozeß verschüttet worden. In archäologischer Arbeit müssen wir dies jetzt erst wieder freilegen.«[21]

Erst im Verlauf des 19. Jahrhunderts, mit dem Aufstieg des Nationalismus zur »säkularen Religion« der Moderne[22], wird ethnische und vor allem nationale Zugehörigkeit zum zentralen Bezugspunkt. Dabei ist dieser historische Ursprung durchaus nicht zufällig, sondern verweist auf die tiefgreifenden Umwälzungen jener Epoche. Um nur das Beispiel Deutschlands zu nennen: allem voran die völlige Veränderung der politischen Landkarte (die Folgen der

20 Ferguson/Mansbach 1997, S. 25.
21 Elwert 1991, S. 446.
22 Ders. 1998, S. 129f.

Französischen Revolution, ihr Export durch Napoleon in die Gebiete östlich des Rheins, der große Konzentrationsprozeß der Herrschaftsgebiete nach 1803), dann der Zerfall der ständischen Sozialordnung, die Erosion traditioneller Glaubensvorstellungen und Weltdeutungen, gleichzeitig noch ein schnelles Bevölkerungswachstum.[23] In der Summe eine Fülle äußerst dramatischer Ereignisse, immer wieder in ähnliche Richtung hinführend: überall die Zerstörung vertrauter Ordnungen. Im Gefolge all dieser Entwicklungen, all dieser Verunsicherungen entsteht, was man heute »Integrationskrise« nennt: Ein Bedarf nach neuen Sicherheiten, neuen Gewißheiten wird immer deutlicher spürbar. Und als Antwort darauf wird die Idee der Nation nun entdeckt bzw. entworfen: »Ein Hauptteil der Attraktivität des Nationalismus besteht darin, daß er eine neue ›Identität‹ verheißt. Das Revolutions- und Kriegszeitalter, das fast 25 Jahre andauerte, hat die Zugehörigkeitsgefühle der Menschen zerstört oder in Frage gestellt. Es entsteht eine Art von sozialpsychologischem Vakuum, in der Sprache Freuds: eine tiefe Verstörung ... Der Nationalismus verspricht eine einheitsstiftende Kraft, er beansprucht – wie vorher die Kirche –, die Sinngebungs- und Rechtfertigungsinstanz des nachrevolutionären, säkularisierten Menschen zu sein.«[24]

Indem die Idee der Nation so das Vakuum zu füllen beginnt, erfüllt sie eine Doppelfunktion. Sie weist zum einen zurück, gibt Festigkeit, Dauer, Bestand, weil in uralten Wurzeln verankert – und sie weist gleichzeitig nach vorn, weil als Projekt der »nationalen Erneuerung« nun entworfen, verheißt damit neuen Glanz, neue Hoffnung. Vergangenheit, Gegenwart, Zukunft: im Projekt der Nation werden sie direkt zusammengebunden, zu einem großen Sinnzusammenhang verbunden.

Sobald man aber genauer hinschaut, erweist sich die vorgegebene Gemeinschaft, auf der die Nation ihrem Anspruch nach gründet – Gemeinschaft der Herkunft, der Kultur und der Sprache –, meist zu guten Teilen als Mythos, als Produkt eines höchst selektiven Gedächtnisses, an dem Politiker, Historiker wie Künstler gewirkt haben. Was sie in zahllosen Darstellungen als »gemeinsame Geschichte« beschwören – mit Gedenktagen, Gedenkfeiern, Denk-

23 Siehe hierzu Wehler 1994.
24 Ebd., S. 167 und S. 166.

mälern, mit Romanen und Dramen, Versen und Bildern, Medaillen und Schulbüchern –, das ist »in aller Regel von begrenzter Realität…, mehr erträumt und konstruiert als wirklich«.[25] Die europäische Nation des 19. Jahrhunderts ist derart als ein »Gesamtkunstwerk«[26] zu betrachten. Und wie jedes Kunstwerk, so erfordert auch dieses, das nationale Projekt, ein hohes Maß an Kunstfertigkeit – und hier sogar ganz eigener Art. Je mehr Phantasie nämlich die beteiligten Akteure – die Politiker, Historiker, Schriftsteller, die Maler, Dichter, Gymnasiallehrer – aufwenden, um ihr Bild der Geschichte zu bauen, desto mehr müssen sie gleichzeitig ihren eigenen Anteil am Werk verleugnen, die Spuren unsichtbar machen, um die Legitimationskraft von »Ewigkeit«, Altertum, Dauer erhalten zu können. Wie Hobsbawm schreibt: »Moderne Nationen mit all ihren Insignien treten allgemein mit einem doppelten Anspruch auf. Sie wollen nicht neu sein, sondern verwurzelt in uralten Fernen. Und sie wollen nicht bewußt geplant sein, sondern ›natürlich‹ gewachsene menschliche Gemeinschaften, deshalb keine andere Definition brauchend als ihre eigene Behauptung, eine Gemeinschaft zu sein.«[27]

Tatsächlich aber sind es oft vielfältige und heterogene Gruppen, die unter dem Begriff der Nation zusammengeführt werden, verschieden von Brauchtum bis Sprache bis Religion, von Ritualen bis Formen des Feierns.[28] Es ist erst der politische Willensakt, die »politische Ingenieurskunst«[29], der sie zur Einheit zusammenfaßt. Dennoch bestehen die von früher her existierenden Trennlinien oft noch lange, schleifen erst allmählich sich ab. In Deutschland z. B. bleibt lange noch unklar, was denn nun das Wichtigere wäre, die Zugehörigkeit zur Nation oder die jeweilige Konfession.

»Als die wichtigste Inhomogenität erschien ›den‹ Deutschen des 19. Jahrhunderts … die Religion. Das Problem waren dabei … weniger Minderheiten, wie die wiedertäuferischen Mennoniten, Agnostiker oder Juden … Die Differenz der christlichen Konfessionen war das Thema … Es wurde gefragt, ob ein Katholik Deutscher sein könne. Wer einer Autorität jenseits der Alpen (daher das Schimpfwort ultramontan) gehorcht,

25 Schulze 1994, S. 111.
26 François/Schulze 1998, S. 19.
27 Hobsbawm 1992, S. 14.
28 Elwert 1998, S. 125 ff.
29 Ders. 1991, S. 442.

kann zumindest nicht loyal sein. In der Bevölkerung ... blieben Katholiken und Evangelische auch nach der Integration der katholischen Partei (Zentrum) getrennt ›wie zwei Stämme‹.«[30]

Die Erfindung der Tradition

Hinter der Einheit der Nation also ursprünglich eine Vielfalt der Gruppen, jede mit einem eigenen Bestand an Tradition und Kultur? Nein, sagt die Forschung, auch dieses Bild enthält noch eine gute Portion Mythos. Denn die Tradition, auf die sich jede der Gruppen so gern beruft, ist in Wirklichkeit wiederum ein höchst schillerndes Gebilde, ein Produkt von Nostalgie und Verklärung, Auswahl und Dramatisierung, bisweilen auch Fälschung. Das, was Tradition heißt, sich als Erbe vieler Jahrhunderte darstellt, ist vielfach neueren Datums, vielfach im 19. Jahrhundert entstanden, ausgebaut und ausgeschmückt worden.

Zum Beispiel die Sprache: »Standard national languages, to be learned in schools and written, let alone spoken, by more than a smallish élite, are largely constructs of varying, but often brief, age. As a French historian of Flemish language observed, quite correctly, the Flemish tought in Belgium today is not the language which the mothers and grandmothers of Flanders spoke to their children: in short, it is only metaphorically but not literally a ›mother-tongue‹.«[31]

Richtet man den Blick auf einzelne Regionen und Zeitabschnitte, kann man die Entstehung dieses kunstvollen Gebildes, genannt Tradition, genauer verfolgen, ja, darin nicht selten sogar einzelne Personen als Schöpfer benennen. Indem sie Bruchstücke zusammenfügen, mit ihren eigenen Wunschbildern vermischen, basteln sie eine Geschichte – eine Geschichte voller Heroen, voller Tugenden, voll ruhmreicher Taten. Indem sie derart pinseln und kitten, manchmal auch direkt erfinden, entsteht als ihre eigene Schöpfung der Schatz (sic!) des gemeinsamen Erbes, wie dazu gemacht – nein, genau dazu gemacht –, im Stolz auf den früheren Glanz ein Wir-Bewußtsein im Heute zu gründen.

Zum Beispiel die walisische Sprache: »For the English humorists and satirists who were, in the main, the only people writing about the Welsh in the seventeenth century, Welsh was a grotesquely ugly guttural tongue,

30 Ders. 1998, S. 128.
31 Hobsbawm 1992, S. 14.

still spoken everywhere as a patois, but lacking any kind of status – and probably soon to disappear«. [But] »By the later eighteenth century the number of grammar books and dictionaries increased, and they showed a greater self-confidence and pride, and less of the snivelling defeatism of the earlier age. The Squire Rice Jones ... published a magnificent edition of mediaval Welsh poetry in 1773 ... He was driven by the belief that his native tongue was the oldest language in Europe, perhaps in the world, that it was not a mongrel tongue such as the English language, that it was infinitely copious.« Zu Beginn des 19. Jahrhunderts begannen die Wissenschaftler, Walisisch als eine Art Nationalbesitztum zu sehen. Nun erschienen Bücher, die alle Mängel des einfachen Walisisch in Tugenden umdeuteten. Ihnen galt es als Beweis für den hervorragenden Rang dieser reinen, durch nichts entweihten Sprache, daß sie nicht für unzüchtige Romanheftchen und zotige Theaterstücke verwandt worden war. Ihr harter Klang war demnach männlich und unaffektiert, ganz anders als das affektierte Lispeln der englischen Sprache. Einige Autoren zerlegten die walisischen Worte völlig wahllos und unwissenschaftlich, um daraus dann den Beweis abzuleiten, daß Walisisch die Ursprache aller Sprachen der Welt sei. Der wohl bekannteste und einflußreichste unter diesen Sprachmythologen war William Owen (Pughe): »He was sure that if one analysed Welsh it would yield the secrets of mankind's primeval language ... [He] created tremendous interest amongst Welshmen in their own language, for they warmed to his notion of its purity, patriarchal tradition, and ›infinite copiousness‹. He showed them it was ›The Language of Heaven‹ handed down from the patriarchs, and this is a cliché still heard to this day.«[32]

Aus der Tradition wird so betrachtet die »Tradition« in Anführungszeichen. Das heißt freilich nicht, sie wäre deshalb ganz aus der Luft gegriffen. Im Gegenteil, im Normalfall gibt es durchaus einen historischen Kern, oder jedenfalls Elemente davon. Aber die Existenz dieses historischen Kerns ändert nichts daran, daß es spezieller Interpretationen und Inszenierungen bedarf, um daraus ein Bewußtsein des »Wir«, der gemeinsamen Gruppe, zu schaffen. Deshalb richtet sich das Interesse der Forschung immer mehr auf die vielerlei Formen der Inszenierung von Ritualen und Symbolen – z. B. Denkmäler, Lieder, Zeremonien, z. B. Nationalhymnen, Nationalflaggen, Nationalfeiertage –, kurz auf den Reichtum an Varianten, um Gemeinsamkeit zu erzeugen und zu verstärken, eine ethnische oder nationale Identität aufzubauen.

Aber ob nun Tradition oder nicht, ist da nicht die lange Ge-

32 Morgan 1992, S. 69-74.

schichte gemeinsamer Vorfahren? Nein, sagt die Forschung. Meist ist auch diese Geschichte viel kürzer, als sie selber sich darstellt, von den »vielen Jahrhunderten«, welch heroischer Anspruch, bleiben vielleicht nur ein paar Generationen, wenn man genauer hinschaut. Und noch dazu ist die Gruppe der Vorfahren – genauer: derer, die man zu den Vorfahren zählt – keine stabile Einheit, sondern eine Art beweglicher Masse, kein »Volk«, sondern ein unruhiges Völkchen. Man lese nach, was Glazer/Moynihan über die Iren in Amerika schreiben:

»The Irish of today do not consist of those who are descended from Irish immigrants. Were we to follow the history of the germ plasm alone – if we could – we should find that many who should be in the group are in other groups. The Protestants among them, and those who do not bear distinctively Irish names, may now consider themselves, and be generally considered, as much ›old Americans‹ as anyone else. The Irish-named offspring of German or Jewish or Italian mothers often find that willy-nilly they have become Irish. It is even harder for the Jewish-named offspring of mixed marriages to escape from the Jewish group; neither Jews nor non-Jews will let them rest in ambiguity.«[33]

Generell gilt, daß die sogenannte Geschichte der Vorfahren eine Geschichte vor allem der Wechselfälle ist, der politischen und ökonomischen Umbrüche, in deren Verlauf Grenzlinien immer wieder neu gezogen und verschoben werden, Herrschaftsansprüche mal so und mal anders abgesteckt werden, ethnische Zugehörigkeiten geformt und umgeformt werden. »Ethnische Gruppen«, so Horowitz, »können größer oder kleiner werden, mehr oder weniger ausschließlich. Die meisten verändern ihre Grenzlinien langsam und unmerklich, aber andere ändern sie schnell, mit gezielter Absicht und in direkt wahrnehmbarer Form.«[34] Dahinter eine Geschichte nicht zuletzt von Auseinandersetzungen, Beutezügen und Kriegen, von Eroberung und Unterwerfung, Flucht und Vertreibung. In der Summe nicht Natur, sondern Zufall und Willkür vermischt mit Macht und Gewalt.

Ich betrachte beispielhaft einige Stationen meiner eigenen Familiengeschichte. Mein Geburtsort ist Freiburg im Breisgau, ein Ort, der heute zu Deutschland gehört, aber im 19. Jahrhundert einmal österreichisch war.

33 Glatzer/Moynihan 1970, S. 16.
34 Horowitz 1975, S. 113.

Mein Mann wurde in Stolp geboren, was damals in Deutschland lag, heute in Polen. Meine Großmutter wiederum stammt aus dem Elsaß, was damals Teil des Deutschen Reiches war, heute dagegen zu Frankreich gehört. Und meine beiden Großväter? Sie wurden als Deutsche geboren und lebten als Deutsche. Aber als die Nationalsozialisten an die Macht kamen, als die Ausgrenzung der Juden begann, waren sie mit einem Mal nur noch eines, Angehörige einer minderwertigen Rasse. So viel zur wechselvollen Geschichte nationaler Definitionen.

Nimmt man all diese Aspekte zusammen, so zeichnet als Gesamtbild sich ab: Ethnische Zugehörigkeiten sind nie so selbstverständlich und ursprünglich, wie man im Alltag gern meint, und die Gemeinsamkeit der ethnischen Gruppe beruht vielfach nicht auf einer langen Reihe gemeinsamer Vorfahren, sondern eher auf dem Glauben an diese Vorfahren. Pointiert zusammengefaßt: Entscheidend ist nicht die Gemeinsamkeit, sondern der Gemeinsamkeits*glaube*. Dieser Gedanke ist in der Soziologie schon seit Max Weber zu finden. Schon Weber spricht von ethnischer Gemeinschaft, die »an sich nur (geglaubte) ›Gemeinsamkeit‹, nicht aber ›Gemeinschaft‹ ist«.[35] Weiter ausgeführt und radikalisiert wird dieser Gedanke in den neueren Arbeiten zu Nationalität und Ethnizität, die – aus ethnologischem, soziologischem, historischem Blickwinkel – einen konstruktivistischen Ansatz entwickeln.[36] »Abstammung«, so schreibt z.B. der Soziologe Gerd Baumann, »ist eine soziologische Konstruktion, nicht eine biologische Tatsache.«[37]

Die scheinbare Naturgeschichte ethnischer bzw. nationaler Zugehörigkeiten wird so zu einer Sozialgeschichte. Was entsprechend seit einigen Jahren immer mehr ins Blickfeld der Forschung gerät, ist der Prozeß der sozialen Konstruktion von Ethnizität, soll heißen: wie Zugehörigkeiten erzeugt und entworfen werden, aufgebaut und erhalten, oder auch wie sie neu vermessen und umsortiert werden. Der Blick auf die Inszenierung der Tradition (Hobsbawm/Ranger) hat folgerichtig zum Blick auf die Erfindung der Nation (Anderson) geführt. Aus der Nation, dieser scheinbar so ursprünglichen Gemeinschaft, wird im Licht der neueren Forschung derart die imaginierte Gemeinschaft.

Wenn man dieser Gedankenspur folgt, wird man im nächsten

35 Weber 1972, S. 307.
36 Z.B. Bauman 1996; Elwert 1998; Neckel 1997; Waters 1990.
37 Bauman 1996, S. 17.

Schritt bald entdecken: Das Bild vom »Wir«, von der ursprünglich natürlichen Gemeinschaft, kommt meist nicht allein. Um richtig wirksam zu werden, braucht es ein Gegenbild, das der Abgrenzung dient. Deshalb die Beliebtheit der nationalen und ethnischen Klischees, was angrenzende oder auch weit entfernt lebende Gruppen angeht, sei's die »Primitiven«, der »faule Neger« oder die »gelbe Gefahr«. Und hier erst recht handelt es sich um beliebige und austauschbare Inhalte; mit dem einen entscheidenden Unterschied, daß statt der Tugenden in diesem Fall die Untugenden und Laster eingesetzt werden. Man könnte, um an Hobsbawm und Anderson anzuschließen, auch sagen: Es ist die »Erfindung des Anderen«, die uns in solchen Bildern begegnet. Auch die Fremdbilder und Feindbilder verweisen zurück auf uns selbst, auf die Werkstatt im eigenen Kopf – und der »Feind« hat, auch dies ist nicht zufällig, vielleicht ähnliche Bilder von uns.

»Wo fängt der Balkan an?« fragt der Philosoph Slavoj Žižek. Statt einer einfachen Antwort nennt er uns viele verschiedene: »Für die Serben beginnt er da unten, im Kosovo oder in Bosnien, und sie verteidigen die christliche Zivilisation gegen diesen Anderen Europas; für die Kroaten beginnt er im orthodoxen, despotischen und byzantinischen Serbien, gegen das Kroatien seine Werte verteidigt; für die Slowenen beginnt er in Kroatien, und wir, die Slowenen, sind der letzte Außenposten eines friedlichen Mitteleuropa; für manche Italiener und Österreicher fängt er in Slowenien an, wo die Herrschaft der slawischen Horden beginnt; für manche Deutschen ist es gar Österreich, das schon von der balkanischen Korruption und Unfähigkeit bestimmt wird; für manche Norddeutschen ist auch das katholisch-bäuerliche Bayern nicht frei von balkanischem Flair; manch arrogante Franzosen assoziieren mit Deutschland eine östliche balkanische Wildheit, und alles das reicht hin bis zum Extremfall einiger konservativer, gegen die Europäische Union eingestellter Engländer, für die es gleich ganz Kontinentaleuropa ist, das heute eine Art balkanisch-türkisches Großreich darstellt.«[38]

All diese Bilder nennt Žižek Bestandteile einer »imaginären Kartographie«, die auf wirkliche Landschaften Phantasiebilder von Haß-und-Faszination wirft.[39] Es sind Karten einer imaginären,

38 Slavoj Žižek, *Der Balkan im Auge*, in: *Süddeutsche Zeitung*, 17. März 1999.
39 Ebd.

ideologisch aufgebauten Antagonie. Der Balkan hat keinen Ort, er liegt immer im »Anderswo«. Und daraus folgt, so kann man hinzufügen: Der Balkan ist überall, er ist in unser aller Bewußtsein.

3. Das Themenfeld: Über Ordnungsversuche, Chaos und Wahn

Die Kategorien nationaler bzw. ethnischer Zuordnung, die wir im Alltag, in der Politik, in den Institutionen benutzen, sind also weniger tradiert als vielmehr neueren Urspungs. Das ist, was der Blick auf die Geschichte gezeigt hat. Aber wenn wir nun von der Geschichte wieder zur Gegenwart kommen, so wissen wir: Wie inszeniert und erfunden diese Kategorien auch sein mögen, ihre Attraktion und Deutungsmacht ist bis heute verbreitet, ja wird nicht selten in militanten Formen verteidigt. Gepredigt wird weiter die nationale Idee, die Überlegenheit der eigenen Gruppe, in der Praxis immer noch: »Wir« versus »die anderen«.

In der Praxis bleibt deshalb die Provokation, die der Trend zu mehr ethnischer Buntheit enthält, weiter bestehen, ganz unabhängig von dem, was die akademischen Untersuchungen über Nationalität und Ethnizität sagen. Die Frage, die eingangs formuliert wurde, ist immer noch virulent: Wo ist der gesellschaftliche (politische, rechtliche, soziale) Ort derer, die sich qua Herkunft und Lebensgeschichte nicht in den einfachen, eindeutigen Kategorien abbilden lassen?

Wenn wir diese Irritation bewußt aufnehmen, dann werden wir unausweichlich auf die nächste, die tieferreichende Frage gestoßen: Wie paßgerecht, wie angemessen sind diese Kategorien denn noch? Inwieweit versperren sie möglicherweise unseren Blick auf die Realität? Oder um es mit Saskia Sassen zu sagen: Wir finden heute immer mehr Menschen, »die in der Fremde leben, in Ländern, in denen sie als nicht dazugehörig gesehen werden. Aber entsprechen die alten Zugehörigkeitskonzepte noch der gegenwärtigen Realität?«[40]

40 Sassen 1996, S. 19.

Zur Methode

Bevor ich die inhaltlichen Fragen genauer umreiße, möchte ich, gutem akademischen Brauch folgend, die Art meines methodischen Vorgehens benennen. Wohl denn: Der Leser, die Leserin, sie seien gewarnt. Ich werde mich nicht auf die eine oder andere methodische Richtung beschränken, nicht bei der Entwicklung der leitenden Ideen und schon gar nicht bei den empirischen Daten, aus denen ich schöpfe. Statt dessen werde ich mich – hemmungslos, schamlos – der unterschiedlichsten Quellen und Materialien bedienen. Mein Fundus beginnt, durchaus konventionell, mit wissenschaftlichen Studien und ihren Befunden, wobei die Perspektive interdisziplinär ist – von soziologischen und ethnologischen Untersuchungen bis zu historischen Analysen und demographischen Daten. Hinzukommen, jetzt wird es bunter, zahlreiche autobiographische Texte, Medienberichte, ja auch Ausschnitte aus Romanen und Populär-Literatur.

Eine solche Vorgehensweise ist in der Soziologie heute nicht unbedingt üblich. Man beschränkt sich eher auf »harte« Befunde (sei's der quantitativen oder der qualitativen Art), nach hochprofessionellen Regeln ausgewertet, möglichst meßbar und zählbar, möglichst in Form von Tabellen, Diagrammen und Kurven. Anderes gilt leicht als unseriös. Warum also versuche ich einen anderen Weg, warum will ich »harte« Daten mit anderen Quellen und Fundstükken verbinden? Das liegt in doppelter Weise im Thema begründet. Zum einen bleiben, wie schon oben gesagt, die Verfahren nationaler bzw. ethnischer Zuordnung meist nicht bloß sachlich, rein wertfrei neutral. Vielmehr enthalten sie fast immer auch Wertungen und politische Absichten – und zwar sehr oft solche, die auf Abgrenzung, Ausgrenzung und Diskriminierung abzielen, die den Prinzipien von Freiheit, Gleichheit, Menschlichkeit elementar widersprechen. Damit gerät man auch hier in jenes Dilemma, das der Historiker Saul Friedländer am Extrembeispiel, der Erforschung des nationalsozialistischen Rassenwahns und Massenmords, dargelegt hat. Oberstes Gebot der Geschichtsforschung ist es ja, die Tatsachen so minutiös wie möglich zu registrieren, alle relevanten Ereignisse penibel zu zählen, zu dokumentieren und systematisch zu ordnen. Aber wenn man ein Geschehen wie etwa Auschwitz auszuzählen beginnt, in einzelne Rubriken unterteilt, dann verliert sich unter der Hand der Sinn dessen, was man da zählt, der Mord und das Grauen. Man übt sich im distanzierten, im bürokratischen Blick, der zwangsläufig neutralisiert: Ganz plötzlich geraten wir so, »bevor wir Zeit haben, uns zu besinnen, in eine Position, ... nicht unähnlich der distanzierten Einstellung eines Ausrottungsverwalters«.[41]

Nun ist mein Thema allgemeiner gefaßt, nicht auf die Rassenpolitik der Nationalsozialisten beschränkt. Aber dennoch gilt, daß die ethnischen und nationalen Sortierungsverfahren mit all ihren offenen oder versteckten Wertungen oft genug Schicksale definieren, ja elementar in Schicksale eingreifen – von Menschen, Familien und Gruppen. Mein Anliegen ist im Grunde ganz schlicht. Ich will, soweit möglich, nicht in die Position des bürokratischen Sortierungsverwalters geraten. Oder noch einmal in Anlehnung an Friedländer formuliert: Ich will vermeiden, daß die Schicksale in ein »statisches und abstraktes Element des historischen Hintergrundes verwandelt werden«[42], daß die Menschen, um die es geht, gewissermaßen ausgelöscht werden, gesichtslos und sprachlos. Nein, »die Erinnerung hat ein Gesicht«[43], und davon soll der Text zumindest eine Ahnung vermitteln, oder, wie Friedländer sagt: »Gebt der Erinnerung Namen.«[44] Deshalb habe ich eine Darstellungsweise gewählt, die nicht nur Paragraphen, Verordnungen, Gesetze benennt, und diese auch nicht nur ökonomischen Konjunkturen, sozialen Ressourcen, Bevölkerungsanteilen zuordnet. Vielmehr versuche ich – und auch da bin ich offensichtlich von Friedländer angeregt –, eine Darstellungsform zu entwickeln, die an exemplarischen, konkret nachvollziehbaren Beispielen immer auch die andere Seite aufzeigt: die sichtbar macht, wie diese Paragraphen, Verordnungen, Gesetze in das Leben von Menschen eingriffen, ihnen Chancen oder Gefahren zuteilten; wie die Menschen sich angesichts dieser Vorgaben verhielten, wie sie Pläne ersannen, Überlebensstrategien erfanden, Fluchtwege suchten; und schließlich und nicht zuletzt auch, welche Gefühle und Hoffnungen, Ängste und Leiden die Menschen dabei bewegten.

41 Friedländer 1984, S. 79.
42 Friedländer 1998a, S. 12.
43 Haase u.a. 1998.
44 Friedländer 1998b.

Darüber hinaus gibt es noch einen weiteren Grund, warum ich mich nicht auf harte Daten beschränke. Mein Interesse gilt auch denjenigen Lebensformen, die nicht mehr in die tradierten Kategorien nationaler oder ethnischer Herkunft hineinpassen. Weil ich mich damit auf neuen Feldern bewege, in Zwischenräumen und Zwischenwelten – zwischen den Kontinenten, Kulturen und Gruppen –, wird meines Erachtens jene methodische Grundregel wirksam, die lautet: Je neuartiger, ja unbekannter unser Themenfeld ist, desto mehr müssen wir uns um »offene« Zugangsweisen bemühen, mit Blickwinkeln und Materialien experimentieren. Was John Lie schreibt, in einem Artikel, der den Entwicklungsschub von der internationalen Migration zur transnationalen Diaspora thematisiert, das gilt meines Erachtens auch dann, wenn wir uns damit befassen, wie im Zeitalter von Globalisierung, transnationaler Migration und gemischten Familien die bislang gewohnten Kategorien zu Nationalität und Ethnizität immer mehr aushöhlen, immer unstimmiger werden. John Lie beginnt mit einer Charakterisierung der heute vorherrschenden Studien zum Thema internationaler Migration: »In pursuing scientific rigor, most sociologists have consigned individual voices to the academic periphery ... The vast majority ... rely predominantly on survey and census data.«[45] Dagegen setzt Lie, was er in dem sich neu herausbildenden Literaturzweig zum Thema der transnationalen Diaspora findet, eine Vielzahl von Stimmen, Erfahrungen, Erzählungen, oft weit von den hochprofessionellen Standards und festgefügten Methodenkanons entfernt – und dennoch, vielleicht auch deshalb, immer wieder anregend, neue Perspektiven eröffnend.

»Personal experiences and narratives occupy a singularly important role in the transnational diaspora literature ... It is these voices that account for the gulf between international migration studies and transnational diasporic studies. The immigration experience can no longer be safely ensconced in macroscopic generalizations. As distinct voices emerge – class, gender and ethnicity are the most visible sources of social differentiation – the received sociological categories and theories are jettinsoned in favor of new terms and ideas. However inchoate, they seek to make sense of new diasporic lives and experiences (in many cases their own). Here is, then, a social basis for poststructural vocabularies that valorize differences and privilege personal narratives; in contrast, the over-

45 Lie 1995, S. 303.

whelmingly generalizing and statistical orientation of standard sociological studies is cast overboard.«[46]

Lie idealisiert nicht die Argumentationsformen solcher Autoren, im Gegenteil, er kennt deren Mängel. Aber dennoch plädiert er nachdrücklich dafür, sie zur Kenntnis zu nehmen und anzuerkennen. Denn nur sie, so Lie, erschließen uns Quellen, die die konventionelle Soziologie schlicht ignoriert, weshalb diese auch unfähig ist, sich dem stattfindenden Wandel zu öffnen.

»It would be a pity indeed of sociologists to neglect the new journals. Surely there are reasons to be wary of them – their ignorance of the sociological scholarship, their disregard for numbers and generalizations, and their abstruse theoretical terminology and endless neologisms. Nonetheless, hardheaded empiricism must confront our inescapably transnational world. It is simply bad sociology to ignore the changing reality that the new ideas and terms seek, however unsuccessfully at times, to comprehend. Impressionistic though they may be, they valiantly attempt to capture the ineffable range of colors and shapes of the ripples through our time and space that the old school has neglected in favor of reproducing standard academic style.«[47]

Dort Rassenwahn und die Vernichtungsmaschinerie, die dieser entfesselt; hier transnationale Migration und die Lebensformen, die damit entstehen: Friedländer und Lie behandeln ganz unterschiedliche Themen. Und doch ist ihnen eines gemeinsam. Beide lenken den Blick auf die Menschen, die ihre Untersuchungskontexte ausmachen, sprechen von deren Erfahrungen, deren »Stimmen«. Für beide ist es unverzichtbar, daß die Wissenschaft auch solche Stimmen aufnimmt – subjektive Schicksale, Töne, Wahrnehmungsformen –, statt sich allein in abstrakte Modelle und Zahlen zu fassen.

Damit ist ziemlich genau meine Absicht umrissen. Mit einer Vorgehensweise, die selbstverständlich von Statistiken und Tabellen Gebrauch macht, aber daneben – bewußt und gewollt – auch andere Materialien zuläßt, mit einer solchen Vorgehensweise meine ich nicht, die Kriterien des sauberen und sorgfältigen Arbeitens zu unterlaufen. Im Gegenteil, ich meine wie Friedländer und Lie, daß wir erst dann den Standards unseres Faches genügen, der Aufgabe

46 Ebd., S. 305.
47 Ebd., S. 305.

unserer Wissenschaft – ob nun Soziologie oder Geschichte – gerecht werden können, wenn wir die konventionellen wie die anderen Quellen zulassen. Ob dies im Einzelfall gelingt oder mißlingt, ist eine andere Frage. Darüber kann nur das Ergebnis entscheiden.

Die nächsten Schritte

Mein Thema sind, wie gesagt, die heute vorherrschenden Kategorien zu Nationalität und Ethnizität, die unser Denken und Handeln anleiten. Von wechselnden Ausgangspunkten und Blickwinkeln geht es immer wieder um eines, um die Aufteilung der Menschheit nach nationalen und ethnischen Kategorien. Wer ordnet die eigene Gruppe, wer ordnet andere wo ein, und auf welche Art von Ordnung beruft man sich da? Inwieweit sind solche Grenzlinien stabil, inwieweit wechseln sie je nach Land und Epoche? Das sind die Ausgangsfragen, und sie führen sogleich in eine Serie weiterer Fragen hinein: Welche Instrumente werden eingesetzt, welche Wege eingeschlagen, um solche Vorstellungen nationaler bzw. ethnischer Zugehörigkeit zu legitimieren und durchzusetzen? Was wird im kulturellen Bereich dazu an Illusionen und Fiktionen ersonnen, an Mythen, Phantasien, Legenden gesponnen? Was im politischen Bereich an Paragraphen, Gesetzen, Ausführungsbestimmungen entworfen, wie angewandt und mit Hilfe welcher Sanktionen zum Bestandteil des Alltagsgeschehens gemacht? Wer tut hier was, wer wird zum Objekt wessen Handelns? Wer profitiert, wer trägt die Kosten? Und nicht zuletzt, wo entstehen Auseinandersetzungen, wo brechen Konflikte auf zwischen den Gruppen, die angewandten Trennlinien und Sortierungsverfahren betreffend? Wer widersetzt sich den vorherrschenden Ordnungskriterien und Etikettierungen, wer setzt andere Einteilungen, Maßstäbe, Wertungen dagegen? Wer sucht, wenn der offene Kampf aussichtslos ist, nach Auswegen, Umwegen, Fluchtwegen?

Mein Interesse gilt also den Konstruktionsprinzipien, die im Bereich von Nationalität und Ethnizität angewandt werden. Es gilt erst recht deren beabsichtigten wie unbeabsichtigten Folgen, vom Chaos, das solche Etikettierungen erzeugen, bis hin zum Wahn, den sie entfalten. Aus der scheinbar natürlichen Ordnung der Welt, ihrer Aufteilung in nationale bzw. ethnische Gruppen, wird derart ein Thema, das eine eigene Dynamik gewinnt und in sich viele Schichten enthält, in dem sich gesellschaftliche und ökonomische, politische und biographische Dimensionen verbinden – nicht zuletzt auch die Verblendungen, Irrungen, Wirrungen der jeweiligen Zeit bündeln.

Nun wäre es offensichtlich vermessen, all diese Fragen im Rahmen einer Untersuchung umfassend beantworten zu wollen. Mein Anliegen ist deshalb bescheidener: Es geht mir darum, zunächst einmal den Horizont abzustecken und das Grundthema, die soziale Konstruktion von Ethnizität und Nationalität, an exemplarischen Konstellationen aufzuzeigen. Zu diesem Zweck werde ich zunächst die gemischten Familien zum Ausgangspunkt nehmen, mithin diejenigen, die die »Sonderfälle« darstellen, die Abweichungen von der »normalen Ordnung« – um von daher schrittweise die Ordnung selber zum Gegenstand der Betrachtung zu machen. Schon da, und ebenso im weiteren Untersuchungsverlauf, werden wir – neben anderen Gruppen – vor allem zweien immer wieder begegnen: zum einen Schwarzen, zum anderen Juden. Das war zunächst nicht geplant, ergab sich eher zufällig, den verschlungenen Pfaden der Literatur und der Materialsuche folgend. Das Ergebnis ist dennoch kaum zufällig zu nennen, gibt es doch vieles, was diese beiden Gruppen verbindet. Bei beiden die Diaspora-Erfahrung und dennoch, über Jahrhunderte bzw. Jahrtausende hinweg, der Anspruch auf Gemeinsamkeit als eine ethnische Gruppe; dann die Opfer-Erfahrung, eine Geschichte immer wiederkehrender Ereignisse von Grausamkeit und Gewalt, von Diskriminierung, Verfolgung bis zu systematischen Ausrottungsversuchen; und, damit verbunden, die Erfahrung der Stigmatisierung, des Ausgegrenztwerdens qua Herkunft, der fortwährenden Etikettierungsversuche, über Hautfarbe, äußere Merkmale, Namen, besondere Kennzeichen. Schwarze und Juden: Sie haben, mehr wohl als andere Gruppen, immer wieder in ihrer Geschichte erfahren, was ethnische Kategorien an Gewaltpotential enthalten.

Diese beiden Gruppen sind es denn auch, von denen das nächste Kapitel handelt. Es beginnt mit einem historischen Rückblick, gewidmet zwei Formen gemischter Familien, die nach Geschichte und Lebensumständen weit voneinander entfernt sind und doch, wie sich zeigen wird, an einigen Stellen auch Parallelen aufweisen – zuerst Verbindungen zwischen Schwarzen und Weißen, dann solche zwischen Juden und Nicht-Juden. Und meine Frage heißt jeweils: Wie ist die Gesellschaft mit diesen Gruppen verfahren? Welcher Seite wurden die Männer, Frauen und Kinder aus diesen Familien zugeordnet? Welche Rechte wurden ihnen zugestanden, welche nicht, was waren die Regeln?

Um die Brisanz dieser Fragen ganz unverhüllt sichtbar zu machen, greife ich als historischen Bezugsrahmen zwei besonders spannungsreiche Kapitel der jüngeren Geschichte heraus. Im ersten Fall geht es um die USA zu den Zeiten der offenen Rassendiskriminierung, unlösbar verknüpft mit der Frage: Wer ist ein Schwarzer? Im zweiten Fall geht es um Deutschland zur Zeit des Nationalsozialismus mit der entsprechenden Frage: Wer ist Jude? In beiden Epochen finden wir, ganz konkret und direkt, die Wechselfälle der Politik und des Zeitgeistes, die Konjunkturen des Rechts und des Unrechts. Die jeweils entwickelten Ordnungsverfahren (Definitionen, Kategorien) lassen sich unschwer erkennen als soziale Konstrukte, und zwar als Konstrukte, die aus naheliegenden Gründen – im Versuch, die widerspenstige Wirklichkeit in ein Ordnungsschema zu pressen – ihre eigenen Paradoxien, Widersprüche und Widersinnigkeiten erzeugen, mit manchmal komischen, manchmal für die Betroffenen schrecklichen Folgen.

Doch bevor ich endlich beginne, ist ein Wort der Vorsicht noch nötig. Ich habe eingangs beschrieben, wie viele Studien, die sich im Feld von Nationalität und Ethnizität bewegen, mit dem Hinweis anfangen, sie hätten sich nach Kräften um eine angemessene, historisch sensible Begriffswahl bemüht – und wüßten dennoch sehr wohl, daß sie nicht den Ansprüchen und Einschätzungen aller Seiten gerecht werden konnten. Der Tradition solcher Vorworte kann ich mich anschließen. In den folgenden Kapiteln ist immer wieder davon die Rede, wie wir in die Auseinandersetzung mit dem Thema von Nationalität und Ethnizität unweigerlich die Vorstellungen, Stereotypen, Klischees der Gruppen einbringen, denen wir selbst angehören. Daß ausgerechnet dies Buch die Ausnahme von der Regel darstellt – nun, das wäre zwar schön, aber ist realistisch gesehen kaum zu erwarten. Eher werde ich an manchen Stellen den Beleg dafür liefern, wie sehr die Regel doch gilt und wie schwierig es ist, sich durch das vielfach verminte Gelände der Terminologie und Begriffswahl hindurchzufinden. Fast unvermeidbar wird es zu Fehlschritten kommen, zu Sprachformen, die dem einen oder anderen anstößig sind. Wo dieses geschieht, kann ich nur sagen wie viele schon vor mir: Ich habe mich zumindest bemüht.

Kapitel 2

Der gesellschaftliche Zugriff auf gemischte Familien – Zwei historische Beispiele

1. Aus der Geschichte der USA: Wer ist ein Schwarzer?

In den USA waren Ehen zwischen Schwarzen und Weißen lange Zeit nicht nur geächtet, sondern in den meisten Bundesstaaten auch gesetzlich verboten. Dennoch ist es im Lauf der Jahrhunderte immer wieder zu Verbindungen zwischen Schwarzen und Weißen gekommen, aus denen Kinder hervorgegangen sind. Wie der Historiker Spickard schreibt, gab es während der Epoche der Sklaverei einige wenige offizielle Verbindungen zwischen Schwarzen und Weißen, darüber hinaus vor allem Formen des Konkubinats und des erzwungenen Geschlechtsverkehrs (z. B. zwischen weißem Plantagenbesitzer und schwarzer Sklavin). Das Muster der sexuellen Beziehungen zwischen Weißen und Schwarzen war damit weitgehend bedingt durch die Machthierarchie zwischen diesen Gruppen.[1]

Im Jahr 1619 kamen die ersten Sklaventransporte im Hafen von Jamestown an. Bereits zehn Jahre später verzeichneten die Gerichtsakten des Staates Virginia die erste Anklage wegen Geschlechtsverkehrs über die Rassengrenzen hinweg. Der Angeklagte war ein weißer Mann namens Hugh Davis. Er mußte sein Vergehen in der Kirche bekennen und wurde daraufhin öffentlich ausgepeitscht, »weil er Schande auf sich geladen hatte, Gott und die Christenmenschen entehrend, indem er durch Beischlaf mit einer Negerin seinen Körper befleckt hatte«.[2] Aber weder Gesetze noch öffentliche Auspeitschungen konnten die Sexualität dauerhaft in den Grenzen der Hautfarbe halten. Was seit fast zweihundert Jahren als Gerücht kursierte, ist vor kurzem durch DNA-Tests belegt worden. Ausgerechnet Thomas Jefferson – der Gründungsvater des modernen Amerika und Verfasser der Unabhängigkeitserklärung, freilich auch derjenige, der dem Zeitgeist entsprach, indem er die Sklaverei ver-

1 Spickard 1989, S. 235 f.

2 Bernt Staples, *The Real American Picture Isn't Black and White*, in: *International Herald Tribune*, 16. November 1998.

teidigte und die Schwarzen als Angehörige einer minderwertigen Rasse ansah –, ausgerechnet Thomas Jefferson also hatte eine wohl langjährige Beziehung zu Sally Hennings, einer schwarzen Sklavin, und hatte mit ihr zusammen mindestens ein Kind, wahrscheinlich sogar mehrere Kinder.[3]

Aufgrund dieser langen Geschichte gibt es – vor allem unter Schwarzen, aber auch unter Weißen – eine beträchtliche Anzahl von Menschen, die Vorfahren der jeweils »anderen« Hautfarbe haben.[4] Solange noch eine offene Rassendiskriminierung bestand, war damit auf vielen Ebenen des Alltags stets die Frage präsent (und sie ist auch heute noch längst nicht verschwunden, hat allerdings subtilere Form angenommen): Wie soll die Gesellschaft mit dieser Gruppe verfahren? Wo ist sie rechtlich und sozial einzuordnen, wie wird die Umwelt auf sie reagieren? Welche Schulen dürfen sie besuchen, in welche Hotels und Restaurants können sie gehen, in welchen Clubs werden sie aufgenommen, und nicht zuletzt auch: wen dürfen sie heiraten?

Versuche, Ordnung zu schaffen[5]

Schon früh gab es Versuche, den Anteil des »schwarzen Blutes« arithmetisch genau zu bestimmen, bis in die Dezimalstellen der Herkunftslinie hinein, um so klare Handlungsanweisungen zu gewinnen. Im 18. und 19. Jahrhundert wurde die Beschäftigung mit Klassifikationsschemata, die die Abstufungen der »Rassenmischung« objektiv darstellen sollten, geradezu zur Obsession.[6] Dabei war in den entsprechenden Texten und Gedankengebäuden stets eine Prämisse enthalten. »Rasse« war demnach zuallererst eine mathematische Frage, und die daran hängenden politischen Fragen konnten deshalb mit entsprechend präzisen »mathematischen

3 Ebd.; Davis 1991, S. 37; Orlando Patterson, *Jefferson's Contradictions are Those of His Nation*, in: *International Herald Tribune*, 3. November 1998.

4 Nach einschlägigen Schätzungen haben mindestens 75 Prozent, wenn nicht gar mehr als 90 Prozent aller amerikanischen Schwarzen auch weiße Vorfahren. Oder in »genetischen Anteilen« ausgedrückt: 20 bis 25 Prozent der Gene in der schwarzen Bevölkerung dürften von weißen Vorfahren stammen (Davis 1991, S. 21 und S. 29).

5 Siehe zum folgenden insbesondere Davis 1991 und Spickard 1989, S. 233 ff.

6 Sollors 1997, S. 113.

Definitionen« gelöst werden. Diese Erwartung war natürlich Illusion: »Die Mathematik verdeckt mehr, als sie zur Klärung beiträgt. Sie geht davon aus – mit einer Vielzahl von Formeln, Bruchrechnungen und Gleichungen –, daß es so etwas wie eine endgültige Trennlinie gäbe, eine feste Grenze, wo ›Weiß-Sein‹ beginnt bzw. endet.«[7]

Zur Illustration ein Text aus dem Jahr 1815: »As the issue has one-half of the blood of each parent, and the blood of each of these may be made up of a variety of fractional mixtures, the estimate of their compound in some cases may be intricate; it becomes a mathematical problem of the same class with those on the mixtures of different liquors or different metals; as in these, therefore, the algebraical notation is the most convenient and intelligible. Let us express the pure blood of the white in the capital letters of the printed alphabet, the pure blood of the negro in the small letters of the printed alphabet, and any given mixture of either, by way of abridgment in MS. letters.

Let the first crossing be of *a*, a pure negro, with A, pure white. The unit of blood of the issue being composed of the half of that of each parent, will be $\frac{a}{2} + \frac{A}{2}$. Call it, for abbreviation, *h* (half blood).

Let the second crossing be that of *h* and B, the blood of the issue will be $\frac{h}{2} + \frac{B}{2}$, or substituting for $\frac{h}{2}$ its equivalent, it will be $\frac{a}{4} + \frac{A}{4} + \frac{B}{2}$, call it *q* (quarteroon) being $\frac{l}{4}$ negro blood.

Let the third crossing be of *q* and C, their offspring will be $\frac{q}{2} + \frac{C}{2} = \frac{a}{8} + \frac{A}{8} + \frac{B}{4} + \frac{C}{2}$, call this *e* (eighth), who having less than $\frac{1}{4}$ of *a*, or of pure negro blood, to wit $\frac{1}{8}$ only, is no longer a mulatto, so that a third cross clears the blood.

From these elements let us examine their compounds. For example, let *h* and *q* cohabit, their issue will be $\frac{h}{2} + \frac{q}{2} = \frac{a}{4} + \frac{A}{4} + \frac{a}{8} + \frac{A}{8} + \frac{B}{4} = \frac{3a}{8} + \frac{3A}{8} + \frac{B}{4}$, wherein we find $\frac{3}{8}$ of *a*, or negro blood.

Let *h* and *e* cohabit, their issue will be $\frac{h}{2} + \frac{e}{2} = \frac{a}{4} + \frac{A}{4} + \frac{a}{16} + \frac{A}{16} + \frac{B}{8} + \frac{c}{4} = \frac{5a}{16} + \frac{5A}{16} + \frac{B}{8} + \frac{c}{4}$, wherein $\frac{5}{16}$ *a* makes still a mulatto.

Let *q* and *e* cohabit, the half of the blood of each will be $\frac{q}{2} + \frac{e}{2} = \frac{a}{8} + \frac{A}{8} + \frac{B}{4} + \frac{a}{16} + \frac{A}{16} + \frac{B}{8} + \frac{C}{4} = \frac{3a}{16} + \frac{3A}{16} + \frac{3B}{8} + \frac{C}{4}$ wherein $\frac{5}{16}$ of *a* is no longer a mulatto, and thus may every compound be noted and summed, the sum of the fractions composing the blood of the issue being always equal to unit. It is understood in natural history that a fourth cross of one race of animals with another gives an issue equivalent for all sensible purposes to the original blood.«[8]

7 Ebd., S. 114.
8 Zit. nach ebd., S. 113 f.

In den amerikanischen Volkszählungen des 19. und beginnenden 20. Jahrhunderts stellte sich die Zuordnungsfrage ganz praktisch. Indem die Behörden den Anteil der verschiedenen Bevölkerungsgruppen feststellen wollten (wie viele Weiße, wie viele Schwarze), waren sie immer wieder auf die Grundfrage zurückgeworfen, wer denn nun ein Weißer sei bzw. ein Schwarzer. Die Behörden versuchten, diesem Problem mit Unterscheidungen beizukommen. Doch die angewandten Verfahren blieben willkürlich und grob, konnten die Kompliziertheit der Verhältnisse, wenn überhaupt, nur oberflächlich erfassen, und so müssen die Ergebnisse als zweifelhaft gelten. Spickard hat beschrieben, wie zufällig und unsystematisch die demographischen Zurechnungsprozesse verliefen[9]: Die Volkszählungsbehörde erhob sowohl die Zahl der Schwarzen als auch die der Mulatten. 1850 und 1860 erhielten die Volkszählungsbeauftragten keine Anweisungen, wie sie entscheiden sollten, ob jemand als Mulatte galt. Vermutlich ordneten sie Hautfarbe und Gesichtszüge nach Augenschein ein und kombinierten dies mit dem, was sie zufällig an weiteren Informationen bekamen. 1870, 1910 und 1920 bekamen die amtlichen Volkszähler die Anweisung, alle Personen mit ausschließlich schwarzer Herkunft als »Neger« zu bezeichnen und als »Mulatten« diejenigen, die zum Teil auch weiße Vorfahren hatten. 1890 wurden diese vagen Instruktionen kurzfristig durch präzisere Kriterien ersetzt. In diesem Jahr wurden diejenigen als »Schwarze« eingestuft, die drei Achtel bis fünf Achtel schwarze Vorfahren hatten; und für die, die noch weniger afrikanische Vorfahren hatten, wurden die Begriffe »Viertels-Mischlinge« und »Achtels-Mischlinge« eingeführt. Das Problem war natürlich, daß die Volkszählungsbeauftragten selten genug Informationen zur Familiengeschichte hatten, um so genaue Abstufungen durchführen zu können. Und so mußte der offizielle Volkszählungs-Bericht 1890 auch feststellen: »Diese Zahlen haben nur geringen Wert.«[10]

Noch schwieriger mußte die Zuordnung sich im Alltag gestalten, wo die Beziehungen oft nur aus flüchtigen, anonymen Kontakten bestehen. Unter diesen Bedingungen bleibt erst recht keine Zeit, um Familiengeschichten zu studieren und komplizierte Feinunter-

9 Spickard 1989, S. 433.
10 Ebd.

scheidungen zu praktizieren. Hier muß man eher kurzen Prozeß machen und nach möglichst einfachen Regeln verfahren. An vielen sozialen Orten (und insbesondere an denen, die als exklusiv sich verstehen) galt in den Zeiten der offenen Rassendiskriminierung deshalb das Motto »Whites only«, was ebenso simpel wie restriktiv ausgelegt wurde: Die Regel, die die Weißen durchzusetzen versuchten, war die, daß alle, die auch nur einen Tropfen »schwarzen Blutes« hatten, damit als Schwarze galten.[11] Zugelassen wurden entsprechend nur die, die »ganz weiß« waren (oder zumindest dem Augenschein nach als solche erschienen). Wer dagegen, und sei's nur in den entfernteren Teilen der Herkunftsgeschichte, auch schwarze Vorfahren hatte (soweit dies im Äußeren sich zeigte oder ansonsten bekannt war), der oder die hatte draußen zu bleiben. »Whites only« hieß »Off Limits« für sie.

Wie aber war dort zu verfahren, wo es nicht um kurze Begegnungen, sondern um lange, ja lebenslange Bindungen ging – bei der Heirat? Weil nach dem damaligen Denken hier öffentliche Interessen berührt wurden, behielt bei dieser Frage sich der Staat die Entscheidungsmacht vor. Wie schon gesagt, waren Ehen zwischen Schwarzen und Weißen vielfach verboten (die letzten Gesetze dieser Art wurden erst 1967 aufgehoben[12]), was in den Zwischen- und Zweifelsfällen wieder die Frage aufwarf, wer denn nun Schwarzer sei bzw. als solcher zu gelten habe. Deshalb wurden in einigen Staaten genaue Auslegungsregeln und quantitative Maßstäbe ersonnen. Auch sie folgten im Grunde der symbolischen Regel, wonach schon ein einziger »schwarzer Blutstropfen« ausreiche, um eine Person als schwarz zu bezeichnen. Wobei freilich interessant ist, wie weit man versuchte, diese Spur des schwarzen Blutstropfens zurückzuverfolgen, und wie unterschiedliche Staaten hier zu unterschiedlichen Bestimmungen gelangten. Im offensichtlich »liberaleren« Oregon ging man nur bis zu den Großeltern zurück, und schwarz war also, wer mindestens einen schwarzen Großelternteil hatte. In Louisiana und North-Carolina ging man dagegen noch zwei Generationen weiter zurück, und schwarz war da schon, wer auch nur einen schwarzen Ururgroßvater (bzw. eine einzige schwarze Urur-

11 Ebd., S. 330.
12 Ebd., S. 374.

großmutter) hatte.[13] Wo die Fährtensuche derart weit zurück in die Vergangenheit reichte, verwundert es kaum, daß die Regeln in der Praxis oft kaum handhabbar waren, weshalb das Ergebnis oft willkürlich und zufällig ausfiel.

Zwölf Staaten versuchten zu definieren, wer genau ein »Neger« sei. In den meisten Fällen galt eine Person dann als schwarz, wenn sie ein Achtel oder mehr »Negerblut« hatte. Dies allerdings war keine präzise Berechnung des Anteils afrikanischer Vorfahren. Eher bedeutete es, daß man ein Schwarzer war, wenn man einen Urgroßvater bzw. eine Urgroßmutter hatte, der oder die im sozialen Umfeld als Person afrikanischer Abstammung betrachtet wurde. Andere Staaten bemühten sich gar nicht um eine Definition und vertrauten statt dessen auf das Urteil von Richtern und Geschworenen.[14] In einer Abhandlung zum Thema »Intermarriage and the Law« kommt der Jurist William Zabel deshalb zu folgendem Schluß: »Die gesetzlichen Definitionen, wer ein Neger sei, sind manchmal widersprüchlich, oft gibt es sie gar nicht, und zumeist sind sie eine Mischung aus juristischer Phantasie und genetischem Unfug, die in der Praxis gar nicht anwendbar ist. Keine der gesetzlichen Definitionen erscheint präzise genug, um die Voraussetzungen für ein entsprechendes rechtliches Vorgehen zu erfüllen. Wo aber eine juristische Vorgabe so vage ist, daß Personen normaler Intelligenz ihre Bedeutung nur erraten können und bei ihrer Anwendung zu unterschiedlichen Auslegungen kommen, hebt diese Vorgabe sich selbst auf.«[15]

Verwirrung, Widersprüche, Paradoxien

Nach dem bisher Gesagten dürfte kaum überraschen, daß der Versuch, die bei gemischten Familien sich stellende Zuordnungsfrage durch den Nachweis eines einzigen schwarzen Blutstropfens zu lösen, in der Praxis oft mehr Verwirrung als Ordnung stiftet. Man stelle sich das konkret einmal vor: Jemand, der lauter weiße Vorfahren hat, nur irgendwann weit zurück einen einzigen schwarzen Ururgroßvater – der wird dennoch allein an diesem schwarzen Vorfahren bemessen, während die weitaus überwiegende Zahl der weißen Vorfahren nach diesem Verfahren gänzlich bedeutungslos bleibt. Auf die Inkonsistenzen einer derart asymetrischen Regel haben einschlägige Autoren häufig verwiesen. So z. B. F. James Davis:

13 Ebd., S. 375.
14 Ebd., S. 286f.
15 William Zabel 1975, zit. nach Spickard 1989, S. 447.

»Es ist, als ob die Familie des weißen Elternteils und die weißen Vorfahren nicht existierten.«[16]

Ähnlich auch Sollors: Was entstand, war ein »widersprüchliches Bestimmungssystem für Familienzugehörigkeit auf der einen und Rassenzugehörigkeit auf der anderen Seite. Dadurch konnte es geschehen, daß bei der Bestimmung der Rassenzugehörigkeit einige der allernächsten Angehörigen, ja sogar die Mehrheit der Vorfahren ganz außer acht blieben ... Dies war ein Widerspruch im inneren Kern der Familienbeziehungen, der – weil er dem einen Teil der Verwandtschaft größeres Gewicht gab als dem anderen (und der ›Rasse‹ das größte Gewicht gab) – kulturell erzeugte Konflikte in schwarz-weiß gemischte Familien hineintrug. Denn im Namen von Rasse konnten Familienangehörige ganz aus dem Gesichtsfeld verschwinden – und dies, obwohl sich die Kategorie der Rasse (welch innere Ironie der Geschichte) doch gern auf Blut und Familie berief.«[17]

Es liegt auf der Hand, daß ein solches Zuordnungsverfahren auf vielen Ebenen des Alltags geradezu zwangsläufig Paradoxien erzeugt. Denn da die Vererbung physischer Merkmale den Gesetzen der Genetik folgt und nicht der Arithmetik sozialer Zuordnungsregeln, wird eine Person mit vorwiegend weißen Vorfahren aller Wahrscheinlichkeit eine helle Hautfarbe aufweisen – vielleicht auch blonde Haare und blaue Augen –, und dennoch wird sie offiziell »schwarz« sein, nach der Regel des einzig entscheidenden schwarzen Blutstropfens. Eine solche Konstellation ist geradezu dazu geschaffen, endlos Verwirrungen und Verwechslungen zu erzeugen. Und in der Tat, die amerikanische Literatur hat diesen Stoff zum Thema unzähliger Romane und Dramen gemacht.[18] Hier nur ein paar Beispiele aus der Realität:

Manchmal kam es im Alltag zu harmlosen bis komischen Verwechslungen. So etwa, als einige Personen aus den Nordstaaten der USA, die schwarze Vorfahren hatten, aber selbst helle Hautfarbe aufwiesen, einmal in die Südstaaten reisten. Dort galt damals eine strikte Rassentrennung. Die Besucher aus dem Norden hielten sich daran und gingen, beim Busfahren wie im Fußballstadion, jeweils in den abgesonderten Bereich, wo die Schwarzen sich aufhalten sollten. Die verwirrten Aufseher aber wollten nicht glauben, daß sie es tatsächlich mit Schwarzen zu tun hatten.

16 Davis 1991, S. 144.
17 Sollors 1997, S. 43 f.
18 Siehe hierzu Sollors 1997.

Statt dessen glaubten sie an eine Provokation und beschimpften die Besucher als ›Nigger-Freunde‹.«[19]

Manchmal entwickelten sich auch Geschichten, die sich anhören, als wären sie dem Fabulierdrang eines Romanautors entsprungen. So zum Beispiel die Ehe zwischen Walter White and Poppy Cannon, die in der amerikanischen Öffentlichkeit viel Beachtung fand, weil White berühmt war und im Rampenlicht stand. Als die beiden sich 1929 kennenlernten, war White 35 Jahre alt, Schriftsteller und ein Star in den literarischen Kreisen von New York. Er war klein, schlank, blond und blauäugig, und niemand hätte ihn je für einen Schwarzen gehalten. Aber er war in den Südstaaten als Schwarzer aufgewachsen, und sein ganzes Engagement galt der Sache der Schwarzen. Viele Jahre war er sogar Generalsekretär der NAACO (National Association for the Advancement of Colored People), und erst als er Cannon schließlich heiratete, trat er von diesem Posten zurück. Cannon war zwar eine Weiße, aber ihr Haar, ihre Augen und ihre Haut waren um einiges dunkler als die von White.[20] In einer Autobiographie beschrieb White seine Identität folgendermaßen: »Ich bin ein Neger. Meine Haut ist weiß, meine Augen sind blau, meine Haare sind blond. Die Merkmale meiner Rasse sind mir nicht anzusehen ... [Aber] ich bin kein Weißer. Weder vom Kopf noch von den Gefühlen her bin ich in irgendeiner Weise versucht zu glauben, ich sei einer ... Von der Hautfarbe her bin ich der eine von zweien; nach Geist und Herz bin ich der andere.«[21]

In anderen Fällen – und sie dürften wohl häufiger sein – kam es zu tragischen Situationen, die den Betroffenen Verfolgung und Verurteilungen eintrugen. Ein Beispiel dafür ist die Geschichte folgender Ehe, die – so jedenfalls der Richterbeschluß – einen Verstoß gegen die Rassengesetze darstellte und deshalb mit drastischen Strafen geahndet wurde: »Am 20. Januar 1909 verurteilte ein Richter in Richmond Marcus Lindsay und seine Frau Sophy zu 18 Jahren Gefängnis ... Sophy Lindsay war eine Schwarze. Ihr Mann glaubte, ebenfalls ein Schwarzer zu sein, und hatte immer mit Schwarzen zusammengelebt. Das Gericht aber urteilte, er hätte genug weiße Vorfahren, um als Weißer eingestuft zu werden.«[22] In der Folge mußte ihre Ehe als illegal gelten, und die beiden Partner hatten sich eines schweren Verbrechens schuldig gemacht.

Doch damit ist der Stoff für Verwirrungen noch längst nicht erschöpft. Im Gegenteil: Was von Generation zu Generation vererbt wird, folgt nie allein aus dem quantitativen Muster der Häufigkeits-

19 Spickard 1989, S. 334.
20 Ebd., S. 277f. und S. 331f.
21 White 1969, S. 3 und S. 366.
22 Spickard 1989, S. 287f.

verteilung, aus der Zahl dieser oder jener Vorfahren. Vielmehr gehört zu den Gesetzen der Biologie und Genetik immer auch jenes Prinzip der Zufallsverteilung, wie es Mendel in seiner Vererbungslehre beschreibt (wir erinnern uns: die roten, weißen und rosa Blüten). Es besagt, auf den hier relevanten Kern zusammengefaßt, daß es in gemischten Familien mit schwarzen wie weißen Vorfahren oft einem Lotteriespiel gleichkommt, welche Schattierung die Hautfarbe eines Kindes aufweist. Und es heißt ebenso, daß in solchen Familien auch leibliche Geschwister – also Kinder, die alle von denselben Eltern abstammen – im äußeren Erscheinungsbild weit voneinander entfernt sein können, ja im Extremfall kaum als Geschwister erscheinen. Weil aber Gesetze und Anordnungen starre Regelungen enthalten, die für die Zufälle der Natur keinen Platz haben, wurden in der Folge wiederum eine Fülle von Widersprüchen und Paradoxien erzeugt.

Hier ein Beispiel, das aus Südafrika stammt, genauer aus Südafrika zur Zeit des Apartheid-Regimes. Dort gab es eine Dreiteilung der Gesellschaft (in Weiße, Schwarze und Mischlinge), die bis in die Familien hinein, ja eben auch zwischen Geschwistern bizarre Trennlinien schuf: »Roberton war der älteste von fünf Brüdern in einer gemischten, d.h. sogenannten farbigen Familie. Oft unternahm er zusammen mit seinen Brüdern kleine Ausflüge mit dem Bus oder in die Stadt. Aber Robertsons dunkles, südländisches Aussehen unterschied sich auffällig vom helleren Äußeren seiner Brüder Glenn und Keith, die mehr von der weißen Urgroßmutter und zwei Generationen gemischter Vorfahren geerbt hatten. Durch den Unterschied der Hautfarben konnte die Logistik zum Albtraum werden. Robertson erzählt z.B. folgende Geschichte: ›Einmal kam der Bus für Farbige, ich stieg ein, aber meine beiden Brüder durften nicht mitkommen. Deshalb warteten wir zusammen, bis der Bus für Weiße kam. Nun stiegen Glenn und Keith ein, aber ich wurde rausgeworfen. Schließlich sind wir mit getrennten Bussen gefahren‹.«[23]

Wenn die Hautfarbe als zentrales Kriterium der Zuweisung von Lebenschancen fungiert, diese zum Teil aber von den Zufällen der Natur abhängig ist, deshalb in manchen Fällen jemand äußerlich anders erscheint, als er qua offizieller Zurechnung ist – dann liegt es nahe, daß immer wieder Verhaltensstrategien entstehen, die darauf abzielen, die Lücken und Widersprüche im vorherrschenden Ord-

23 *Newsweek*, 2. Mai 1994, S. 20.

nungssystem aktiv zu nutzen; kurz, daß Betroffene versuchen, die offizielle Zurechnung zu unterlaufen und der Diskriminierung zu entkommen. Tatsächlich ist genau dies auch geschehen: Immer wieder gab es Fälle (wieviele, kann man aus naheliegenden Gründen nicht wissen), wo Menschen gemischter Herkunft, die eine helle Hautfarbe aufwiesen, ihre Umgebung verließen, um in einer neuen Umwelt als »Weiße« zu leben. Für dieses Verhalten wurde der Begriff »Passing« geprägt, frei übersetzt also: als Weißer durchgehen, sich als Weißer ausgeben. Aufgrund der darin angelegten Dramatik hat das Thema des »Passing« (auch wenn es in der Realität wohl eher selten vorkam) viele Phantasien wie Ängste beflügelt, Stoff für viele Romane, Filme und Fernsehserien geliefert. Der Literaturwissenschaftler Henry Louis Gates, selbst aus einer gemischten, vorrangig »schwarzen« Familie stammend, hat in seiner Autobiographie davon erzählt, wie er als Kind entsprechende Fernsehszenen erlebt hat, welche Emotionen und Tränenausbrüche sie im Kreis der schwarzen Zuschauer ausgelöst haben.[24] Der Historiker Spikkard hat typische Konstellationen und Verlaufsformen des »Passing« beschrieben – nicht zuletzt, welchen Preis die Betreffenden dafür bezahlten.

»Das Hinüberwechseln zur Seite der Weißen verstieß gegen alle Gesetze der Rassenordnung, aber war dennoch ein nicht seltener Ausweg aus einer ambivalenten Identität. Aber weit über die Zahl derer hinaus, die solches tatsächlich wagten, fand das Thema des ›Passing‹ in der Öffentlichkeit eine übersteigerte, ja geradezu hysterische Aufmerksamkeit. Dies lag vielleicht an den wilden Schreckensphantasien einiger Weißer, die sich vorstellten, sie könnten eines Morgens aufwachen und plötzlich feststellen, daß der Mensch, mit dem sie die Nacht verbracht hatten, bei genauer Betrachtung gar nicht zu den Weißen gehörte. Zwischen 1920 und 1940 gab es kaum ein Buch über Schwarze oder über Rassenbeziehungen, das nicht einen Abschnitt über ›Passing‹ enthielt. Romanautoren widmeten sich dem Thema ausgiebig.

Nicht alle, die ein ›Passing‹ wagten, hatten einen weißen Elternteil. Was man brauchte, waren helle Hautfarbe, scharf geschnittene Gesichtszüge und glatte Haare; es konnte also durchaus eine Distanz von zwei oder mehr Generationen zu den weißen Vorfahren bestehen ... Die wohl häufigste Form des ›Passing‹ war ein gelegentliches, kurzes Hinüberwechseln auf die andere Seite der Farbgrenze ... Personen mit heller Hautfarbe

24 Gates 1995, S. 23 f.

gaben sich als Weiße aus (oder, eher wohl, sagten nichts über ihre Rassenzuordnung), um einmal einen Abend in einem ›weißen‹ Restaurant oder Theater zu genießen oder um einmal einen bequemeren Platz im Zug zu bekommen ... Unzählige Frauen mit heller Hautfarbe arbeiteten in den Kaufhäusern, die prinzipiell keine Schwarzen einstellten, und lebten dabei dauernd in der Angst, einer der schwarzen Kunden könne sie erkennen und dabei unbeabsichtigt ihre Identität bloßstellen...

Nachdem sie ein paar kurzfristige Experimente versucht hatten und vielleicht eine Weile auf beiden Seiten gelebt hatten, entschieden sich einige tapfere oder auch getriebene Gemüter dazu, die Grenze endgültig zu überschreiten ... Für viele, die dies taten, war es am schwersten, sich für immer von der Familie und den Freunden zu verabschieden, oder gehen zu müssen, ohne überhaupt etwas zu sagen. Für andere war das Schwierigste die Angst vor der Entdeckung oder die Einsamkeit, weil sie niemand ihr Geheimnis anvertrauen konnten. Einige, die hinüberwechselten und einen Weißen oder eine Weiße heirateten, vertrauten sich ihrem Partner an, allerdings meist erst nach langer Zeit, nachdem die Verbindung fest und verläßlich geworden war. Andere, vielleicht sogar die meisten, gaben ihr Geheimnis niemals preis.«[25]

Neue Konjunkturen im Zuordnungsstreit

»Sich als Weißer ausgeben«, so hat Earlene Stetson einmal gesagt, »bedeutet im Grunde, sich als ein Mensch auszugeben, mit all den Rechten und Privilegien, die zum Menschen gehören.«[26] In dieser Definition ist der Kern dessen zusammengefaßt, was die eigentlichen Ursachen des »Passing« ausmacht – nämlich ein Verhältnis massiver sozialer Ungleichheit zwischen Weißen und Schwarzen, eine Machthierarchie mit offiziell undurchlässigen Schranken, alle Bereiche des öffentlichen wie des privaten Lebens durchdringend.

Mit der Aufhebung der offenen Rassendiskriminierung ist diese Machthierarchie zwar keineswegs völlig verschwunden, aber sie ist doch ein Stück durchlässiger geworden. Von daher erklärt sich, warum zur Gegenwart hin diese Formen des Hinüberwechselns zur weißen Hautfarbe und ihren Privilegien deutlich seltener geworden sind[27]: Inzwischen gibt es auch andere, biographisch weni-

25 Spickard 1989, S. 333-336; siehe auch Rogge 1965.
26 Stetson 1976, zit. nach Sollors 1997, S. 248.
27 Spickard 1989, S. 312ff.

ger einschneidende Formen, der immer noch vorherrschenden Diskriminierung zu entkommen. Ja, das Neue der Gegenwart ist: Inzwischen soll es schon zu Formen des umgekehrten Seitenwechsels gekommen sein, von weiß zu schwarz – so wird jedenfalls behauptet. So ist z. B. in einer kalifornischen Stadt zum Gegenstand öffentlicher Kontroversen geworden, ob stimmt, was ein Politiker über seinen Konkurrenten behauptet: Dieser habe unter falschem Etikett den Wahlkampf geführt und sich, obwohl Weißer, als schwarz ausgegeben, um sich dadurch politische Vorteile zu verschaffen.

»Mark Stebbins, ein Mitglied des Stadtrats, hat blaue Augen und weiße Eltern, aber ... im Wahlkampf bezeichnete er sich als Schwarzen und gewann die Wahl in einem Bezirk, wo vor allem Schwarze und Personen lateinamerikanischer Herkunft leben. Ralph White, der gegen Mr. Stebbins verlor, will nun erreichen, daß Mr. Stebbins das Mandat aberkannt wird. Wie Mr. White, der selbst schwarz ist, behauptet, hat Mr. Stebbins den Wählern bewußt falsche Angaben über seine Rassenzugehörigkeit gemacht, damit sie ihn wählen würden ... Die Rassenzugehörigkeit dieses Stadtratsmitglieds ist zum umstrittensten politischen Thema in dieser Stadt geworden ...

Mr. Stebbins sagt, er sei in dem Glauben aufgewachsen, ein Weißer zu sein, aber habe ... später erkannt, daß er in Wirklichkeit ein Schwarzer sei. Er weist den Vorwurf zurück, er habe gelogen oder aus politischem Opportunismus gehandelt, als er sich selbst als schwarz bezeichnete. ›Ich habe mich als das angenommen und als das bezeichnet, was ich meine zu sein‹, sagte er. ›Meine Entscheidung ist meine Entscheidung‹ ... Mr. Whites Vorwurf, es handele sich hier um die Vorspiegelung falscher Tatsachen, hat Bedeutung über den unmittelbaren Wahlkampf hinaus. Es stellt sich damit nämlich die Frage, ob Rassenzugehörigkeit etwas ist, was die Betroffenen selbst entscheiden können. Mr. Stebbins hat eine breite Nase und braunes gekräuseltes Haar, aber seine Hautfarbe ist nicht dunkel. Auf dem Führerschein wird seine Augenfarbe als blau angegeben ... Er läßt durchblicken, einer seiner Vorfahren sei ein Schwarzer gewesen, der sich als Weißer ausgab.«[28]

Was ist hier Wahrheit, was ist Legende, was falsche Anschuldigung, was politischer Opportunismus? Vielleicht haben auch beide Seiten recht, je nachdem, wonach man – nein, eben nicht die Hautfarbe, sondern die Zugehörigkeit zur sozialen Kategorie der Schwarzen

28 Richard C. Paddock, *Black Faces Recall Vote in California As Foes Say He Lied About His Roots*, in: *International Herald Tribune*, 26. April 1984.

oder Weißen bemißt. Vielleicht klingt die Geschichte ein wenig verdächtig. Aber möglicherweise wird hier auch die Regel von dem einen, alles entscheidenden »schwarzen Blutstropfen« ganz wörtlich genommen – und wie oft gab es nicht genau umgekehrte Verdächte und Anschuldigungen, um einen »Weißen«, unter Verweis auf einen (sei's tatsächlichen, sei's erfundenen) Vorfahren unter den Schwarzen, politisch unmöglich zu machen und sozial zu diskreditieren.

Eines zumindest wird an diesem Fall wohl unmittelbar sichtbar: Der Versuch, das gesellschaftliche Ordnungsproblem der Zugehörigkeiten zu lösen, kann in ein Labyrinth der Irrungen und Wirrungen, Versteckspiele und Verdächtigungen hineinführen. Dies alles, weil die sozialen Zuordnungen alles andere als wertneutral sind, vielmehr über Lebenschancen und Privilegien entscheiden, im Fall der sozial geächteten Kategorie Demütigung, Ausgrenzung, Verfolgung bringen. Und weiter wird sichtbar, wie das, was die »falsche« oder die »richtige« Kategorie darstellt, auch deshalb soziales Konstrukt ist, weil es vom gesellschaftlichen Klima und politischen Konjunkturen abhängig ist. Wo im Zeitalter der Sklaverei die schwarze Hautfarbe Ausbeutung und Unterwerfung bedeutet, kann sie im Zeitalter neuer rechtlicher Regelungen und wachsenden Selbstbewußtseins der Minderheitsgruppen auch Vorteile bringen, z. B. Zugang zu bestimmten Ressourcen eröffnen (etwa im Bildungswesen, auf dem Arbeitsmarkt oder bei der Wohnungsvergabe). Wo dieses geschieht – wie es, zumindest ansatzweise, bei den »Affirmative Action«-Programmen der USA der Fall war, die die vorherrschende Diskriminierung aufbrechen sollten –, da werden die Karten im ethnischen Zuordnungsspiel neu gemischt. Eine Studie über ethnische Beziehungen in den USA heute stellt fest: Es kommt zu politischen Konstruktionen von Ethnizität, die nicht bzw. nur partiell auf Herkunft sich gründen, vielmehr primär aus der Konkurrenz um gleiche Lebenschancen entstehen.[29] Anders gesagt: Ob man die schwarze (die indianische, die jüdische) Großmutter verschweigt oder umgekehrt betont, das ist nicht nur eine Frage privater Vorlieben oder Neurosen, sondern vor allem der politischen Umstände, der Minderheitenförderung oder Min-

29 Neckel 1997.

derheitendiskriminierung, kurz der positiven oder negativen Sanktionen, die sich mit Vorfahren dieser oder jener Herkunft verbinden.

2. Aus der Geschichte des Nationalsozialismus: Wer ist Jude?

Als die Nationalsozialisten 1933 an die Macht kamen, fingen sie sogleich an, in die Tat umzusetzen, was sie in ihren Schriften angekündigt hatten. Das Programm der Entrechtung, Aussonderung, Verfolgung der Juden begann.[30] Vom Verbot, Haustiere zu halten, öffentliche Bibliotheken zu benutzen, auf Parkbänken zu sitzen, ins Kino oder Theater zu gehen; über Berufsverbot, Ausschluß aus öffentlichen Ämtern, Beschlagnahme des Vermögens; bis zu Abholung, Deportation und Vernichtung – das war die Skala der Maßnahmen, um Juden aus dem »deutschen Volkskörper« auszugrenzen und, so das Ziel, Deutschland »judenfrei« zu machen.

Aber auch hier wieder stellte sich das Ordnungsproblem. Die USA konnten bei ihrem Programm der Rassendiskriminierung zwischen Weißen und Schwarzen sich immerhin noch auf das sichtbare Kriterium der Hautfarbe beziehen (auch wenn, wie im vorigen Abschnitt gezeigt, dies Kriterium in der Praxis alles andere als eindeutig war). Bei der Frage jedoch, wer Jude sei, gab es nicht einmal das.

Nachdem den Juden jahrhundertelang viele Einschränkungen ihrer Freiheit auferlegt worden waren, wurden ihnen im Lauf des 19. Jahrhunderts, durch die verschiedenen Akte der Juden-Emanzipation, die bürgerlichen und staatsbürgerlichen Rechte zugestanden. Danach waren zwar Antisemitismus und Diskriminierung vielfach weit verbreitet, aber dennoch wurde es möglich, daß zu Beginn des 20. Jahrhunderts immer mehr Juden in Deutschland ein Leben führten, das sich von dem ihrer nicht-jüdischen Nachbarn kaum unterschied.[31] Viele jüdische Familien entfernten sich von

30 Siehe hierzu insbesondere Friedländer 1998a; dann auch Rosenstrauch 1988 und Walk 1981.
31 Siehe z.B. die Beiträge mehrerer Autoren in Schulz 1986.

der jüdischen Tradition und ihren Bräuchen. Eine wachsende Zahl entfernte sich auch von der jüdischen Religion. Einige von ihnen lebten als Dreitagejuden, wie man ironisch sie nannte, weil sie nur noch an den drei hohen Feiertagen des jüdischen Jahres die Synagoge besuchten; einige verließen die jüdische Glaubensgemeinschaft und traten zum Christentum über; einige praktizierten die Symbiose konkret, indem sie die jüdischen Feiertage einhielten und daneben auch Ostern und Weihnachten feierten. Einige verbanden sich noch enger mit ihrer nicht-jüdischen Umwelt, indem sie mit nicht-jüdischen Partnern bzw. Partnerinnen die Ehe eingingen und »gemischte« Familien gründeten. Und gleichgültig, ob sie die jüdische Religion noch praktizierten oder nur noch äußerlich der jüdischen Glaubensgemeinschaft angehörten oder sich schon offen von ihr entfernt hatten, die meisten von ihnen verstanden sich selbstverständlich als Deutsche und identifizierten sich mit Deutschland. Dagegen sahen sie wenig Gemeinsamkeit mit den aus Osteuropa kommenden Juden, die zu Beginn des 20. Jahrhunderts in größerer Zahl einzuwandern begannen, ja begegneten ihnen eher mit mißtrauischer Distanz. Sie, die deutschen Juden, waren vielfach zuallererst Deutsche und dann auch noch Juden (was symptomatisch zum Ausdruck kam im Namen ihrer größten Vereinigung, genannt »Centralverein deutscher Staatsbürger jüdischen Glaubens«).

Das war die Situation, die die Nationalsozialisten antrafen. Die Aufgabe, die sich aus ihrer Sicht stellte, hieß: Wie konnte man die Assimilation wieder rückgängig machen und die, die so ähnlich geworden, wieder unterscheiden, unähnlich machen? Die Strategie, die sie einschlugen, war doppelter Art. Zum einen wurden aufwendige Propagandamaßnahmen inszeniert, die – indem sie ein (Zerr-)Bild von »dem« Juden aufbauten, ihn als Parasiten und Schmarotzer im deutschen Volkskörper zu zeichnen versuchten – ihn derart als Fremden und Anderen darstellten. Gleichzeitig wurde, wie oben beschrieben, sofort mit der Etablierung eines Sonderrechts für Juden begonnen, was nichts anderes hieß, als daß diese ihrer Rechte beraubt und ausgegrenzt wurden.

Abstufungen der Aussonderung

Aber wie war zu verfahren mit den »gemischten« Familien, mit der beträchtlichen Zahl[32] der Verbindungen zwischen Menschen jüdischer und nicht-jüdischer Herkunft, die zusammengewachsen waren durch Zuneigung und Gemeinschaft des Alltags, durch Ehe und Kinder? Aus nationalsozialistischer Sicht mußte diese Gruppe einen besonderen Gefahrenherd darstellen, eine Quelle der »Volksvergiftung«. So verwundert es nicht, daß die neuen Machthaber sehr schnell Maßnahmen ergriffen, die explizit gegen diese Bevölkerungsgruppe gerichtet waren, ja sie in ihrer Existenz auszulöschen versuchten. Dahinter stand die Absicht, »einen radikalen ethnischen Bruch zwischen Deutschen und Juden herzustellen, einen Bruch, der gerade auch im familiären Bereich die Verbindungslinien abriegeln, Kommunikation, Hilfeleistung und Solidarisierung gegenüber Juden unmöglich machen sollte«.[33] Deshalb wurden die nicht-jüdischen Partner in solchen Verbindungen bald zum Objekt nationalsozialistischen Handelns. Indem sie z. B. Vorladungen zur Gestapo bekamen, dort in einem Wechselverfahren von wohlmeinenden Ratschlägen und deutlichen Drohungen traktiert wurden, wurde ihnen unmißverständlich nahegelegt, die Scheidung zu beantragen und die Ehe auflösen zu lassen.[34] Einige folgten tatsächlich dem Druck – aber die meisten taten dies nicht.[35] Um so mehr setzten die Nationalsozialisten alles daran, weitere Verbindungen dieser Art zu verhindern. Dazu übten sie im Vorfeld zunächst Druck aus auf die Standesbeamten. Diese sollten auf dem Behördenweg Hindernisse aufbauen und derart die Heiratserlaubnis verweigern, wenn ein gemischt jüdisch-nicht-jüdisches Paar das Aufgebot beantragen wollte.[36] Bereits kurze Zeit später wurden auch die gesetzlichen Maßnahmen geschaffen, die den endgültigen

32 Nach Wolffsohn/Puschner heirateten in den Jahren 1930 bis 1932 22,5 Prozent der alleinstehenden Juden bzw. Jüdinnen einen nichtjüdischen Partner; insgesamt rechnet man mit einem Anteil von 36,7 Prozent sogenannter Mischehen auf 100 Ehen mit jüdischen Partnern (zit. nach Niehuss 1997, S. 862). Zu weiteren einschlägigen Statistiken siehe Stoltzfus 1996, S. XXVI; Selig 1983, S. 43; Oberlaender 1996, S. 27. Meyer, 1999, S. 24ff.

33 Bodemann 1996a, S. 19.

34 Stoltzfus 1996, S. 196f.

35 Ebd., S. 12; Meyer 1999, S. 68ff.

36 Ebd., S. 47 und S. 56.

Bruch signalisierten. Mit dem »Gesetz zum Schutze des deutschen Blutes und der deutschen Ehre«, am 19. 9. 1935 erlassen, wurde verfügt:

§ 1: Eheschließungen zwischen Juden und Staatsangehörigen deutschen oder artverwandten Blutes sind verboten. Trotzdem geschlossene Ehen sind nichtig.
§ 2: Außerehelicher Verkehr zwischen Juden und Staatsangehörigen deutschen oder artverwandten Blutes ist verboten.

Aber es blieben die Ehen, die schon vorher geschlossen waren und weiter bestanden, und es blieben erst recht die Kinder aus solchen Ehen.[37] Für das erklärte nationalsozialistische Ziel, zwischen Deutschen und Juden zu trennen, stellten sie ein massives Hindernis dar. Die neuen Machthaber gingen alsbald auch daran: »Bereits im September 1935 hatten alle zuständigen Staats- und Parteibehörden unter Hinzuziehung etlicher Minister und Staatssekretäre das Problem zum Thema umfänglicher Sitzungen gemacht.«[38] Ersonnen wurde ein aufwendiges Ordnungssystem, um zu sortieren, wer wieviel jüdische Abstammung hatte, wer Jude war bzw. als Jude zu gelten hatte. Es waren die Abstufungen der Aussonderung – methodisch, systematisch, bürokratisch. Als Jude wurde definiert, »wer von mindestens drei der Rasse nach volljüdischen Großeltern abstammt, wobei als volljüdisch gilt, wer der jüdischen Religionsgemeinschaft angehört«. In der Folge gab es (um die wichtigsten der neu geschaffenen Kriterien zu nennen) »Geltungsjuden« und »Glaubensjuden«, »einfache Mischehen« und »privilegierte Mischehen«, »Mischlinge ersten Grades« und »Mischlinge zweiten Grades«.

Mit den Nürnberger Rassegesetzen von 1935 wurden die sogenannten Halbjuden, also Bürger mit zwei jüdischen Großeltern, in zwei Gruppen geschieden. »Geltungsjuden« hießen die, die entweder in der jüdischen Gemeinschaft registriert waren oder einen jüdischen Ehepartner hatten; »Mischlinge ersten Grades« waren die, die christlich getauft waren.

37 Nach einer Statistik, die das Innenministerium am 3. April 1935 vorlegte, lebten damals in Deutschland etwa 750 000 Menschen, die als Mischlinge ersten oder zweiten Grades galten (d. h. einen jüdischen Vater/eine jüdische Mutter bzw. einen jüdischen Großvater/eine jüdische Großmutter hatten). Friedländer dagegen bezeichnet diese Zahl als übertrieben und verweist auf neuere Schätzungen, wonach die Zahl der Mischlinge zu jenem Zeitpunkt etwa 200 000 betrug (Friedländer 1998 a, S. 168).

38 Adam 1982, zit. nach Oberlaender 1996, S. 59.

Als bei den Pogromen im November 1938 auch einige der in sogenannter Mischehe lebenden Juden in Konzentrationslager verschleppt wurden, beschwerten sich »arische« Ehepartner bei Hermann Göring, dem zweiten Mann im Staat. Gut einen Monat später teilte Göring den Reichsbehörden in einem geheimen Memorandum mit, daß Hitler auf seine Empfehlung hin die Mischehen aufgeteilt habe: in »privilegierte« und »einfache«. Eine privilegierte Mischehe lag vor, wenn entweder die Frau jüdisch war oder das Paar mindestens ein Kind hatte, das getauft war; alle anderen Mischehen galten fortan als nichtprivilegiert oder einfach.[39]

Hinzukamen eine Reihe von Ergänzungsbestimmungen, die die Zuordnung zur einen oder anderen Kategorie von detaillierten weiteren Kriterien (bis hin zum Gesundheitszustand des Ehepartners oder dem Wohnort der Kinder) abhängig machten. Um dem Anspruch nach möglichst präziser Erfassung zu genügen, wurde eine eigene Maschinerie des Nachforschens, Überprüfens und Auslegens in Gang gesetzt. Für die Nationalsozialisten wurde die Identifizierung von Juden zu einer Aufgabe, die sie obsessionsartig verfolgten. Aber das durchgängige Grundproblem war, daß sie rassische, religiöse und sonstige Kriterien immer wieder vermengten. Deshalb war das so geschaffene Regelwerk äußerst verwirrend – für die davon Betroffenen wie für die Nationalsozialisten selbst –, was in der Folge einen eigenen Bedarf an Auslegungsbestimmungen schuf. Die freilich wurden, weil sie den eigentlichen Kern der Verwirrung auch nicht aus der Welt schaffen konnten, eher zum unfreiwilligen Beleg dessen, welche Stufen immer absurderer Rechtskonstruktionen die nationalsozialistischen Ordnungsversuche erreichten. Dazu zwei Beispiele, zunächst aus nationalsozialistischer Sicht, dann von den Betroffenen selbst:

Der wichtigste Kommentar zur »deutschen Rassengesetzgebung« wurde von Staatssekretär Wilhelm Stuckart und Hans Globke (beide aus dem Innenministerium) verfaßt und erschien 1936. In diesem Text erörtern Stuckart und Globke z. B. folgenden Fall:

»Angenommen, eine deutschblütige Frau ist anläßlich ihrer Heirat mit einem Juden zum Judentum übergetreten, die Ehe aber nach kurzer Zeit – etwa durch Tod des Mannes – aufgelöst worden; die Frau heiratet

39 Stoltzfus 1989, S. 10.

daraufhin, nachdem sie wieder christlich geworden ist, in zweiter Ehe einen deutschblütigen Mann; bei der rassischen Einordnung der auf die zweite Ehe zurückgehenden Enkel ist sie als volljüdisch anzusehen; die Enkel sind daher Mischlinge zweiten Grades, obwohl sie blutsmäßig keinerlei jüdischen Blutseinschlag aufweisen.«[40] Eine ähnliche Auslegung gilt nach Stuckart und Globke für folgenden Fall: »Ein zum Judentum übergetretener Deutschblütiger ist ... für seine eigene rassische Einordnung nach wie vor als deutschblütig anzusehen, lediglich für die rassische Einordnung der Enkel gilt er als Volljude.«[41]

Auch die von den nationalsozialistischen Rassengesetzen direkt Betroffenen mußten sich gezwungenermaßen immer wieder mit Fragen befassen, die ihren prekären Zwischenstatus betrafen. Beklemmend deutlich wird dies an einer Reihe von Beispielsfällen, die das *Mitteilungsblatt des Reichsverbandes der Nichtarischen Christen* im März 1936 erörterte. Hier ein Ausschnitt:

»Was ist zu der Ehe eines Halbariers mit einer Frau zu sagen, die einen arischen Elternteil hat, deren arische Mutter aber zum Judentum übertrat, so daß das Kind jüdisch erzogen wurde? Was ist weiter über die Kinder aus dieser Ehe zu sagen? Antwort: Die Frau, eigentlich Halbarierin, ist kein Mischling, sondern gilt ohne allen Zweifel als Jüdin im Sinne des Gesetzes, da sie am Stichtag, d.h. am 15. September 1935, der jüdischen Religionsgemeinschaft angehörte; eine nachfolgende Konversion ändert diesen Status in keiner Weise. Der Ehemann – ein Mischling I. Grades – gilt ebenfalls als Jude, weil er eine Frau geheiratet hat, die dem Gesetz nach Jüdin ist. Die Kinder aus dieser Ehe gelten ohnehin als Juden, da sie drei jüdische Großelternteile haben (zwei der Rasse nach, einen der Religion nach). Dies wäre nicht anders gewesen, wenn die Mutter die jüdische Gemeinde vor dem Stichtag verlassen hätte. Sie selbst wäre dann ein Mischling gewesen, aber die Kinder hätten immer noch drei jüdische Großeltern gehabt. Mit anderen Worten, es ist durchaus möglich, daß Kinder, die als Juden gelten, einer Ehe entstammen, in der beide Partner Halbarier sind.«[42]

Da ein so kompliziertes Netz von Kriterien in denjenigen Situationen des Alltags, die schnelle Einordnung erfordern, aber kaum handhabbar war; da darüber hinaus auch die Merkmale der äußeren Erscheinung kaum hinreichend Klarheit verschafften, weil die Juden oft nicht so »jüdisch«, die Nicht-Juden oft nicht so »arisch«

40 Stuckart/Globke 1936, zit. nach Ley 1997.
41 Ebd.
42 Zit. nach Friedländer 1998a, S. 175 f.

und »nordisch« aussahen, wie die nationalsozialistische Ideologie es gern ausmalte – deshalb mußten, um Alltagssituationen zu regeln, Kennzeichnungen geschaffen werden, die sofort sichtbar machten, ob es sich bei der betreffenden Person um eine aus der Gruppe der »anderen«, also der Juden, handelte. Mit gründlichem Eifer und unter Einsatz hohen bürokratischen Fleißes wurden deshalb eine Fülle von Verordnungen und Ausführungsbestimmungen entwickelt, alle dem einen Zweck dienend, dem schnellen Sortieren: hier Deutsche, da Juden. Eine wichtige Funktion in diesem Zusammenhang gewann die Sortierung nach »jüdischen« und »arischen« Namen, um deren Träger auf den ersten Blick identifizierbar zu machen. Zu diesem Regelwerk (das hier nicht in all seinen Verästelungen dargestellt werden soll[43]) gehörte z.B. die Vorschrift, daß diejenigen Männer und Frauen, die nicht einen erkennbar »jüdischen« Namen trugen, in allen offiziellen Dokumenten ihrem eigenen Namen einen typisiert jüdischen Vornamen hinzufügen mußten (aus Walter Mayer wurde Walter »Israel« Mayer, aus Anna Binder wurde Anna »Sara« Binder). Um für die nächste Generation von vornherein klare Verhältnisse zu schaffen, wurde des weiteren eine Liste einerseits »deutscher«, andererseits »jüdischer« Vornamen erstellt.[44] Damit wurden die nationalsozialistischen Akteure direkt an der »Namensfront«[45] tätig, und ihr Leitprinzip hieß: »Deutsche Vornamen für deutsche Kinder.«[46] Zwar basierte die Erstellung der Namenslisten auf unsinnigen, ja abstrusen Annahmen[47]; zwar war sie vor allem den Köpfen der nationalsozialistischen Ausführungsbeamten entsprungen, weil die angenommene Unterscheidung zwischen echt germanischer und fremd jüdischer Tradition eben so nicht bestand (denn wo bitte sollte man etwa vertraut biblische Namen wie Maria und Josef einordnen, die doch unleugbar hebräischen Ursprung aufwiesen); zwar entstanden deshalb allerlei logistische Probleme, die subtile Umdefinitionen erforderlich machten. Zwar mündete die nationalsozialistische Namenspolitik derart in ein Labyrinth von Abwegen

43 Siehe hierzu Seibert 1996 und Friedländer 1998a.
44 Seibert 1996, S. 226ff.
45 Vgl. Seibert 1996, S. 55.
46 Ebd., S. 50.
47 Ebd., s. 226ff.

und Irrwegen, in dem sich die Akteure dieses Ordnungssystems selber verliefen oder, wie Friedländer schreibt: »Wären diese Listen unter anderen Umständen zusammengestellt worden, dann könnten sie als angemessene Belege für die Geistesverfassung bürokratischer Schwachsinniger stehen.«[48] Aber dennoch, all dies änderte nichts an der Praxis: Kinder aus nicht-jüdischen Familien durften fortan nur noch Namen aus der »deutschen«, Kinder aus jüdischen Familien nur noch Namen aus der »jüdischen« Liste erhalten.

Um die Rassensortierung im Alltag leichter handhabbar zu machen, wurde darüber hinaus in die Pässe und Lebensmittelkarten von Juden ein großes »J« eingestempelt. Und damit auch bei der flüchtigsten Begegnung ja kein Mißverständnis aufkomme, wurde schließlich noch eine weitere Stufe der äußeren Kennzeichnung eingeführt. Nun wurden Juden (genauer die meisten von denen, die nach dem elaborierten Regelsystem als Juden galten) dazu gezwungen, an genau vorgeschriebener, gut sichtbarer Stelle eine Etikettierung zu tragen, den sogenannten »Judenstern« eben. Der Erlaß vom 1. September 1941 lautete:

»Ab 15. 9. 1941 ist es Juden, die das sechste Lebensjahr vollendet haben, verboten, sich in der Öffentlichkeit ohne einen Judenstern zu zeigen ... Dies gilt nicht für den in Mischehen lebenden jüdischen Ehegatten, sofern Abkömmlinge aus der Ehe vorhanden sind, die nicht als Juden gelten, oder der einzige Sohn im Krieg gefallen ist, ferner nicht für die jüdische Ehefrau bei kinderloser Mischehe während der Dauer der Ehe.«

So weit der Wortlaut der amtlichen Vorschrift, in der offiziellen Amtssprache abgefaßt, der Form nach nüchtern neutral. Wie die Folgen für die Betroffenen aussahen, wie diese weitere Stufe der Stigmatisierung sich auf ihre Gefühlslage auswirkte, das hat Victor Klemperer in seinen Erinnerungen eindringlich beschrieben, in einem Abschnitt, der die Überschrift trägt: *Der Stern.*

»Ich frage mich heute wieder, was ich mich, was ich die verschiedensten anderen schon Hunderte von Malen gefragt habe: welches war der schwerste Tag der Juden in den zwölf Hitlerjahren?

Nie habe ich von mir, nie von anderen eine andere Antwort erhalten als diese: der 19. September 1941. Von da an war der Judenstern zu tragen, der

48 Friedländer 1998a, S. 276.

sechszackige Davidsstern, der Lappen in der gelben Farbe, die heute noch Pest und Quarantäne bedeutet und die im Mittelalter die Kennfarbe der Juden war, die Farbe des Neides und der ins Blut getretenen Galle, die Farbe des zu meidenden Bösen; der gelbe Lappen mit dem schwarzen Aufdruck: ›Jude‹, das Wort umrahmt von Linien der ineinandergeschobenen beiden Dreiecke, das Wort aus dicken Blockbuchstaben gebildet, die in ihrer Isoliertheit und in der breiten Überbetontheit ihrer Horizontalen hebräische Schriftzeichen vortäuschen...

Gewiß, vom Allgemeinen abgeschnitten war ich schon seit 1933...; aber trotzdem: sobald ich die Wohnung hinter mir hatte und die Straße, in der man mich kannte, war es doch ein Untertauchen im großen allgemeinen Strom, ein angstvolles zwar, denn in jedem Augenblick konnte mich ja ein Böswilliger erkennen und belästigen, doch immerhin ein Untertauchen; nun aber war ich in jedem Augenblick für jeden kenntlich und durch die Kennzeichnung isoliert und vogelfrei...

Der Stern, lautet die Gestapovorschrift, muß unverdeckt an der Herzseite getragen werden, auf dem Jackett, auf dem Straßenmantel, auf dem Arbeitsmantel, er muß an jedem Ort getragen werden, wo die Möglichkeit eines Zusammentreffens mit Ariern besteht. Wenn du an schwülen Märztagen den Mantel geöffnet hast, so daß die Rockklappe über die Herzseite zurückgeschlagen ist, wenn du eine Aktenmappe über den linken Arm geklemmt hältst, wenn du als Frau einen Muff trägst, dann ist dein Stern verdeckt, vielleicht absichtslos und auf Sekunden, vielleicht auch absichtlich, um einmal ohne Brandmal durch die Straßen zu gehen. Ein Gestapobeamter nimmt immer die Absicht des Verdeckens an, und darauf steht das KZ. Und wenn ein Gestapobeamter Pflichteifer beweisen will und du läufst ihm gerade über den Weg, dann mag der Arm mit der Aktenmappe oder dem Muff bis zum Knie herabhängen, dann kann der Mantel noch so ordentlich zugeknöpft sein: dann hat der Jude Lesser oder die Jüdin Winterstein ›den Stern verdeckt‹ und spätestens ein Vierteljahr nachher liegt der Gemeinde ein ordnungsgemäßer Totenschein aus Ravensbrück oder Auschwitz vor. Darauf ist die Todesursache präzis und sogar abwechslungsreich oder individuell angegeben; sie heißt umschichtig ›Insuffizienz des Herzmuskels‹ und ›bei Fluchtversuch erschossen‹. Aber die wahre Todesursache ist der verdeckte Stern.«[49]

49 Klemperer 1993, S. 177-182.

Im Labyrinth der »richtigen« und der »falschen« Großeltern[50]

Das beschriebene Regelsystem war seinem Anspruch nach systematisch präzis. Tatsächlich aber war es kompliziert und in sich widersprüchlich, weil es biologische und soziale Kriterien vermengte, sich nämlich einerseits auf Abstammung und postulierte »Rasse« bezog, aber die Rasse dann wieder an die Religionszugehörigkeit band, in den weiteren Differenzierungen auch noch Geschlechtszugehörigkeit, Familienstand und Lebensumstände der Familienmitglieder in die Bewertung mit aufnahm. Hinzukamen die »Sonderfälle«, die Ausnahmen, wo das ganze System der Sortierung nach Vorfahren und entsprechendem rassischen Status amtlich außer Kraft gesetzt wurde:

Es gab einige Personen jüdischer Herkunft, die, weil sie aus unterschiedlichen Gründen dem nationalsozialistischen System brauchbar erschienen, offiziell als »deutschblütig« deklariert und mit »Arier-Erklärungen« ausgestattet wurden.[51] Auch dies geschah mit deutscher Ordnung, in einem mehrstufig arbeitsteiligen Verfahren, das bis in die höchsten Ränge des Staates hineinreichte. Zunächst prüfte das Innenministerium die Anträge und sandte die aussichtsreichen dann an Hans Lammers, den Chef der Reichskanzlei. Dieser wiederum entschied, welche Gleichstellungsanträge an Hitler weitergereicht werden sollten, denn bei Hitler selbst lag die oberste Entscheidungsinstanz in solchen Fragen. Wenn Hitler zu einem positiven Entscheid kam, erhielten die entsprechenden Antragsteller einen Stammbaum, der sie als deutschblütig auswies. Allerdings war dies Dokument noch mit einer subtilen Kennzeichnung ausgestattet, nämlich auf einem Papier leuchtend blauer Farbe gedruckt, was anzeigen sollte, daß es sich um einen Fall von Gleich-

50 Diese Überschrift ist eine Anspielung auf Ilse Aichingers berühmten Roman »Die größere Hoffnung« (Aichinger 1976). Dessen Hauptperson, das Mädchen Ellen, stammt aus der Ehe zwischen einer jüdischen Frau und einem sogenannten arischen Mann, ist deshalb ein »unnützes Kind. Seine Mutter ist ausgewandert und sein Vater ist eingerückt. Und wenn es den Vater trifft, darf es von der Mutter nicht reden ... da stimmt ja auch etwas mit den Großeltern nicht: Zwei sind richtig und zwei sind falsch« (S. 54f.).

51 Abrams 1985; Stoltzfus 1996, S. 116f; Friedländer 1998a, S. 64f. und S. 170; Meyer 1999, S. 152ff.

stellung handele statt um ursprünglich arische Herkunft.[52] Auch hier also wieder ein hoher Aufwand an Energien und Kräften: »Die Partei und die Ministerien spannten erst ein Netzwerk von Regeln gegen die ›Mischlinge‹ und entwickelten dann ausdifferenzierte, zeitaufwendige Verfahren, um in einigen (wenigen) Fällen eine rassische ›Gleichstellung‹ zu gewähren.«[53]

Ein solches Ordnungssystem war geradezu prädestiniert, manche Verwirrungen und Verwechslungen zu stiften (wobei diese, je nach dem, welche Zuordnung sie enthielten, existenzgefährdend, aber auch lebensrettend sein konnten). Da wurde Raum geschaffen für Vermutungen, Gerede, Gerüchte, wo – teilweise aufgrund akrobatischer Zuschreibungen – der Verdacht ausgestreut wurde, daß jemand jüdischer Abstammung sei.[54] Umgekehrt gab es Behördenirrtümer und Fehler in der Erfassungsbürokratie, wurden bei Personen aus »gemischten« Familien die jüdischen Vorfahren übersehen, waren die Unterlagen der »Juden- und Mischlingskartei« nicht immer vollständig.[55] Und immer wieder wird von Alltagssituationen berichtet, wo die Zuordnung nach Augenschein trog und die Person, die als Inbegriff nordischer Rasse erschien, tatsächlich »andere« Vorfahren hatte.

Ilse Hecht, geboren 1921 als Tochter eines jüdischen Vaters und einer nichtjüdischen Mutter, schreibt in ihren Erinnerungen: »Eines Tages wurde so eine Vorprüfung in der Englischstunde gehalten. Ich war in diesem Fach sehr gut und ›kam oft dran‹. Bei der anschließenden Lehrerbesprechung fragte der Beamte [die Lehrerin], wer denn ›dieses Mädchen sei, dieser Prototyp der arischen Rasse‹? Das sei, sagte sie mit großem Vergnügen, die einzige *Halbjüdin* in ihrer Klasse.« In späteren Jahren, als die Absonderung der Juden schon viel weiter verschärft war, ging Ilse Hecht mit einem jüdischen Freund spazieren. »Wir gingen nebeneinander ... Vom

52 Stoltzfus 1996, S. 116f.

53 Ebd., S. 117.

54 So wurde z.B. der Dichter Gottfried Benn beschuldigt, Jude zu sein, weil ein Kollge von ihm den Namen »Benn« als jüdische Verwandtschaftsbezeichnung ansah (siehe hierzu Brückner 1980, S. 120). Insgesamt kam es zu einer beträchtlichen Zunahme von Denunziationen, nicht zuletzt gegen unliebsame Rivalen (Friedländer 1998a, S. 44, S. 171, S. 179).

55 Siehe hierzu auch Brasch 1994, S. 141; Brückner 1980, S. 122; Hecht 1984, S. 148.

Reitplatz her kamen uns zwei Leute in SS-Uniform entgegen, und noch bevor wir schnell ausweichen konnten, baute sich der eine vor Rudi auf und begann, mit seiner Reitpeitsche herumzufuchteln. ›Judenlümmel‹, sagte er, ›das paßt dir wohl, mit deutschen Mädchen herumzulaufen!‹ … Das ›deutsche Mädchen‹ war ich.«[56]

Der Schriftsteller Jean Amery, selbst aus gemischter, vorwiegend jüdischer Familie stammend, schreibt in seinen Erinnerungen: »Ich verliebte mich in das Mädchen, das später meine erste Frau werden sollte. Es hatte die schneeweiße, leicht sommersprossige Haut der echt Rothaarigen, ein winziges Stupsnäschen und einen sehr schönen großen Mund mit makellosen Zähnen. Die Achtzehnjährige stammte aus Graz und sprach einen Dialekt, der meinem ureigenen sehr nahe war. Sie trug österreichische Trachtenkleider, sogenannte ›Dirndl‹, die ihr wundersam gut anstanden.« Und dann stellte sich heraus, »sie sei Voll- und Glaubensjüdin, ja, daß ihre steirische Herkunft eine nicht fleckenlose und ihr Vater ein eingewanderter Ostjude war« – kurz, sie war eine »dialektsprechende Jüdin, die als Modell für die Fremdenverkehrswerbung der ›Ostmark‹ beste Figur gemacht hätte«.[57]

Das einerseits komplizierte, andererseits für die Betroffenen lebensbedrohende Ordnungssystem der Nationalsozialisten war geradezu darauf angelegt, Ausweichversuche zu provozieren. Tatsächlich werden auch in Erfahrungsberichten immer wieder Versuche geschildert, die rassischen Zuordnungskriterien zu umgehen, zu unterlaufen, zu überlisten, »unpassende« Familienverhältnisse zu retuschieren und »gefährliche« Vorfahren mit neuer Identität auszustatten. Um nur einige Beispiele zu nennen: Ein »gemischtes« Paar, das aufgrund der Rassengesetze nicht heiraten konnte, suchte sich zur Eheschließung einen kleinen entlegenen Ort, in der Hoffnung, daß man dort eher vergesse, nach den Ariernachweisen zu fragen (die Hoffnung erfüllte sich). Zwar war eine so geschlossene Ehe rechtlich nicht gültig, aber gegenüber den Nachbarn, die von den Umständen nichts wußten, bot sie doch etwas Schutz.[58] In einem anderen Fall waren Papiere über die aus England stammende jüdische Mutter »nicht vorhanden«, und ge-

56 Hecht 1984, S. 53.
57 Amery in Schultz 1986, S. 68 f. und S. 72.
58 Hecht 1984, S. 74.

nauere Nachforschungen wegen der Kriegszeit glücklicherweise nicht möglich. Da der Sachverhalt nicht weiter aufklärbar war, wurde vom (nicht-jüdischen) Ehemann durch eidesstattliche Erklärung bezeugt, daß die Partnerin Arierin sei.[59] In wiederum anderen Fällen wurden falsche Väter ersonnen: Einmal wurden während der Schwangerschaft für die Umwelt aufwendige Täuschungsmanöver inszeniert, um für das Kind aus einer »gemischten« Verbindung einen arischen Vater vorzuschieben (die Wahrheit, wäre sie bekannt geworden, hätte eine Anklage wegen »Rassenschande« gebracht)[60]; ein anderes Mal wurde der Plan gefaßt, die Herkunft rückwirkend umzugestalten durch ein öffentlich beschworenes »Geständnis«, wonach der Sohn nicht vom verstorbenen jüdischen Ehemann abstamme, sondern vom früheren Verlobten (der war, man kann es erraten, ein »makellos arischer Herr«[61]). Und nicht nur die Details der Geburt waren gefährlich, auch der Tod konnte es sein, so mußte man unter Umständen auch hier die Wahrheit ein wenig »verändern«: Als in einer »gemischten« Familie der arische Onkel schwer erkrankte, wurde erwogen, ob man im Fall seines Todes die Leiche nicht heimlich begraben könne; denn sobald der Tod amtlich bekannt wäre, würde dies für die jüdische Witwe das Ende der »privilegierten Mischehe« bedeuten und sie ihres letzten Schutzes berauben.[62]

Also verschiedene Formen der Manöver, Maskeraden, Versteckspiele (aber man vergesse nicht ihren tödlichen Ernst und ihre verzweifelten Umstände). Wie zu erwarten, gab es auch einige Versuche von Juden, unterzutauchen, auf die arische Seite zu wechseln, arische Identität anzunehmen. Dies ist vergleichbar mit den Verhaltensformen, die in den USA unter dem Begriff des »Passing« bekannt wurden, wo also Männer und Frauen versuchten, von der »schwarzen« auf die »weiße« Seite zu wechseln. Aber nach den spärlichen Berichten ist zu vermuten, daß es in Deutschland nur wenige Juden gab, die ein »Passing« wagten, während die große Mehrheit sich der Zuordnung (und damit: dem meist tödlichen

59 Brückner 1980, S. 118.
60 Gross 1983, S. 88f.
61 Amery in Schultz 1986, S. 71.
62 Braach 1994, S. 194. Siehe zu solchen Strategien ausführlich Meyer 1999, S. 109ff.

Schicksal) nicht entzog. Dies muß paradox scheinen: Wenn Juden, wie oben berichtet, in ihren Lebensformen kaum noch unterscheidbar waren von ihren nicht-jüdischen Nachbarn, wäre ein »Passing« doch leicht gewesen. Warum haben dann nur wenige diese Rettung versucht?

Als erste Annäherung an eine Antwort fällt ein, daß das deutsche Meldewesen genauer war als das der USA. Trotz gelegentlicher Pannen und Irrtümer – insgesamt gab es zu viele Unterlagen und zu wenige Lücken, um leicht die Identität wechseln zu können. Auch sahen nach einschlägigen Berichten viele Juden in den Rassengesetzen einen Anlaß zur Hoffnung, weil diese Gesetze, selbst wenn sie einen permanenten Rahmen der Diskriminierung schufen, doch die Herrschaft des willkürlichen Terrors beendeten und zumindest ein Minimum an Rechtssicherheit erwarten ließen.[63] Beide Hinweise leuchten ein, und dennoch: Sie dürften nur einen Teil der Antwort ausmachen, und zwar ihren gewissermaßen äußeren Teil. Wenn man jene Geschichte bedenkt, die als Zeit der Assimilation, der deutsch-jüdischen Symbiose bekannt wurde, so kann man mit guten Gründen vermuten, daß es noch andere Barrieren gab, mehr im Innern verankert. Die meisten der deutschen Juden fühlten sich ja ganz als Deutsche. Deshalb konnten viele es lange nicht glauben, nicht begreifen, daß sie mit einem Mal aus diesem – diesem ihren – Land ausgegrenzt werden sollten. Sie selbst sahen sich selbstverständlich als »zugehörig«. Daß die neuen Machthaber (und mit ihnen ein guter Teil des deutschen Volkes) sie anders sahen, sie als »andere« sahen, das war ihnen einfach nicht vorstellbar. In der Differenz zwischen Selbstwahrnehmung und Fremdwahrnehmung lag der tragische Irrtum. Wenn diese Deutung stimmt, dann ist die Antwort auf die oben angedeutete Paradoxie in der Paradoxie selbst zu finden: Wenn die meisten der deutschen Juden kein »Passing« versuchten, so nicht etwa deshalb, weil sie für solche Versuche zu unähnlich waren – sondern im Gegenteil deshalb, weil sie an ihr Deutschsein und ihre deutsche Identität ganz selbstverständlich glaubten, eine andere Identität ihnen gar nicht vorstellbar schien.

Um nochmals einen Vergleich mit den Schwarzen anzustellen, die über »Passing« hinüberwechselten zur Seite der Weißen: Zu den

63 Friedländer 1998a, S. 185.

Zeiten, als das »Passing« geschah, waren die USA ein Land der offenen und öffentlich deklarierten Rassendiskriminierung. Unter diesen Bedingungen war allen Schwarzen allgegenwärtig, was sie zu erwarten hatten. Sie wußten, daß sie ausgegrenzt waren, geringere Rechte hatten, ihr Leben durch viele Verbote eingeschränkt war. Sie waren durch viele Erfahrungen gegangen und entsprechend gewarnt. Sie hatten seit Generationen ein Gespür für Alarmsignale im Alltag entwickelt. Dagegen ganz anders die Situation der Juden in Deutschland zu Anfang des 20. Jahrhunderts: Auch wenn sie im Alltag immer noch viele Vorurteile erfuhren, ihre prägende Grunderfahrung war dennoch der im 19. Jahrhundert vollzogene Zuwachs an Rechten. Diesen Fortschritt hatten sie, ihre Eltern und Großeltern direkt erlebt. Das war, was ihnen Sicherheit gab – eine falsche, wie sich herausstellen sollte.

Durch die Erfahrung des Nationalsozialismus wurde diese Sicherheit unwiederbringlich erschüttert. Für viele, die überlebten, war danach die Identität tiefgreifend verändert. Besonders eindringlich kommt das bei einigen von denen zum Ausdruck, die vor Hitler vom Judentum kaum etwas wußten, weil ihre Familien sich seit langem davon entfernt hatten. Sie sagen, sie seien durch die Nazis zu Juden geworden. Sie sind Juden nicht durch Rasse und Biologie, auch nicht durch Religion, sondern durch Schicksalsgemeinschaft. Das Schicksal der Verfolgung, so ihr Selbstverständnis, hat sie zu Juden gemacht.

Die Schriftstellerin Hilde Domin, geboren 1912 in Köln, schreibt in einem Band zum Thema jüdischer Identität: »Jüdische Feste und der jüdische Gottesdienst kamen in meiner Kindheit nicht vor, sondern nur Weihnachten, Ostern, Nikolaus: diese Kinderfeste, mit allem Zubehör, das Kinder glücklich macht. Dabei wußten wir von klein auf, daß wir Juden waren. Trotz des Religionsunterrichts blieb es ein unklarer, eben nicht gelebter Begriff, von dem mein Vater, von mir als Kind befragt, sagte, er bedeute ihm nichts. Er fühle sich nur als Deutscher. ›Wieso‹, sagte ich, … ›Was bedeutet es dann?‹ Er hat es mir nicht erklären können, er wehrte meine Fragen … als für ihn unwichtig ab … Und war es denn leicht zu beantworten? Seither gibt es die harte Minimaldefinition: ›Jude ist, wen Hitler dazu erklärt hat‹ wem er, 1933, das durch die Jahrhunderte geschleppte Zentnergewicht … erneut – und als sei es für immer und noch über den Tod hinaus – um den Hals gehängt hat.«[64]

64 Domin in Schultz 1986, S. 88 f.

Der Philosoph Michael Landmann, geboren 1913 in Basel, schreibt ebenfalls zum Thema jüdischer Identität: »Jüdische Religionsausübung existierte in meinem Elternhaus nicht einmal in Relikten .., Das, wozu drei Generationen Assimilation uns gemacht hatten, bestimmte uns stärker als der ferne, nur noch gewußte, verblassende Ursprung ... Nach der wahnwitzigen Hinschlachtung von sechs Millionen Juden durch Hitler war ich nur noch eines: Jude ... Was jene zwölf Jahre, die wie tausend Jahre lasteten, aus mir gemacht hatten, das ließ sich nicht mehr rückgängig machen. Ich *wollte* es nicht mehr rückgängig machen.«[65]

Nachspiel: Von echten und unechten Juden

Es gibt auch hier eine Ironie der Geschichte. Nach dem Krieg machte die politische Führung der DDR in einigen Fällen Nicht-Juden zu Juden, jedenfalls auf dem Papier. Da es in der ganzen DDR nur ein paar hundert praktizierende Juden gab, wurden jüdische Gemeinden mit Nicht-Juden aufgefüllt, in einigen Fällen wurde auf die Mitwirkung von »echten« Juden sogar ganz verzichtet. Dies geschah in der Absicht, dem Legitimationsbedarf des Systems nachzukommen: »Hauptsache, man hatte ›jüdische Gemeinden‹ vorzuweisen, deren Angehörige sich bei Partei und Staat für die gute Behandlung bedankten.«[66]

Möglicherweise hat der Zusammenbruch des Ostblocks noch zu einer weiteren wunderbaren Vermehrung von Juden geführt. Möglicherweise sind in der Folge nämlich neue Formen des »Passing« entstanden, wo Personen nicht-jüdischer Herkunft eine jüdische Identität annehmen. In jedem Fall finden sich hier Parallelen zur Situation der Schwarzen: So wie in den USA schon der Vorwurf erhoben wurde, ein Weißer würde sich um gewisser politischer Vorteile willen als Schwarzer ausgeben, so gehen in Deutschland heute ähnliche Zweifel um gegenüber dem Zustrom an russischen Einwanderern, den die jüdischen Gemeinden in Deutschland seit 1989 erleben. Und der Verdacht wird nun geäußert – zum Teil innerhalb der jüdischen Gemeinden, erst recht in den deutschen Medien –, daß manche dieser russischen Juden nicht wirklich Juden sind, sondern sich nur als Juden ausgaben, um Ausreise und Auf-

65 Landmann in Schultz 1986, S. 116 und S. 120-122; Hervorhebung im Original.
66 *Der Spiegel*, Nr. 42/1997, S. 37.

enthaltsgenehmigung im Westen zu erlangen.[67] Genaue Dokumente sind, weil die jüdischen Gemeinden und die jüdische Religionsausübung in der Sowjetunion unterdrückt waren, oft nicht zu erlangen. Hinzukommt, was deutsche Medien meist übersehen, eine Unklarheit schon auf der Ebene der offiziellen Definitionen: Nach sowjetischem Recht wurden auch solche Personen jüdischer Herkunft als Juden gezählt – und als solche diskriminiert –, die nach der engeren Definition des orthodox-jüdischen Rechts nicht mehr als Juden gelten.[68] An welche Definition also soll man sich halten? Wer kann wissen, was wahr ist? Wer kann wissen, wer wer ist? Wieder wird deutlich, wie im Wechsel der politischen Konstellationen und Konjunkturen auch die ethnische Spurensuche ihre Richtung verändert. Das Resultat heute ist durchaus makaber. Irene Kohlhaas, deutsche Botschafterin in der früheren Sowjetrepublik Moldawien, hat es so zusammengefaßt: »Früher haben die Deutschen den Nachweis verlangt, daß einer kein Jude ist. Heute verlangen sie den Nachweis, daß einer Jude ist.«[69]

67 *Der Spiegel*, Nr. 22/1996, S. 22-25 und Nr. 25/1996, S. 19; Wilhelm Dietl, *Gekaufte Urkunden. Die Einwanderungsregelung für Juden aus der ehemaligen Sowjetunion lädt zum Mißbrauch ein*, in: *Focus*, Nr. 7/1997, S. 68-71; Julius Schoeps, *Ostjuden unerwünscht?* in: *Allgemeine Jüdische Wochenzeitung*, 27. Juni 1996, S. 1. Diese Beispiele stellen nur eine kleine Auswahl aus der breiten Presseberichterstattung dar.

68 Siehe hierzu ausführlicher unten, Kapitel 5, Abschnitt 2: »In Israel und anderswo: Wer ist Jude?«

69 Zit. nach *Der Spiegel*, Nr. 22/1996, S. 25.

Kapitel 3
Aus der Geschichte lernen? Über die Mühen solcher Versuche

»The past is not dead, it's not even past«
William Faulkner[1]

1. Schwierige Begriffe: Die Last der Geschichte

Wir haben mit multikulturellen Familien heute begonnen und dann zwei einschlägige historische Beispiele betrachtet, nämlich gesellschaftliche Versuche der Einordnung, wer Schwarzer sei, wer Jude, wer in Zwischenkategorien gehöre. Dieser Gang durch die Geschichte war wichtig, um zu erkennen, warum es heute schwierig ist, überhaupt über dies Thema zu reden. »Unbefangene« Begriffe gibt es hier nicht, statt dessen tragen alle in sich die Last der Geschichte, und das heißt eben auch: eine Geschichte der Ausgrenzung, Aussonderung, Diskriminierung, der physischen Auslöschung. Deshalb kommt deren Gebrauch einem Jonglieren gleich. Auf der einen Seite bekannte, zum Teil noch immer gebräuchliche Begriffe, die aber durch die Geschichte problematisch geworden sind; auf der anderen Seite neu geschaffene Kunstwörter, die mehr bis minder mühsam versuchen, die wertenden Assoziationen abzustreifen und neutrale Bezeichnungen zu finden. Dazwischen viele Formen der Akrobatik.

Beginnen wir, ein naheliegendes Beispiel, mit dem Begriff der »Mischehe«. Dieser Begriff war in Deutschland durchaus schon vor Hitler geläufig, und zwar meinte er damals gemischt-konfessionelle Ehen aller Art (also katholisch-evangelische ebenso wie jüdisch-katholische). Im Gefolge der nationalsozialistischen Machtergreifung wurde dann jedoch 1935 verfügt, daß er nur noch auf Ehen zwischen »Ariern« und »Nichtariern« anzuwenden sei[2], weshalb er im heutigen Bewußtsein untrennbar mit der nationalsozialistischen Rassenpolitik und ihren Rassengesetzen verknüpft ist. In den USA

1 William Faulkner, zit. nach Schudson 1997, S. 391 f.
2 Kleiber/Gömusay 1990, S. 68.

sind verschiedene Begriffe im Umlauf, die ihrerseits Unklarheiten und historische Lasten enthalten. Inzwischen wird dort die Bezeichnung »multiracial couple« recht häufig verwandt, aber eine direkte Übertragung ins Deutsche ist unangemessen, da der Begriff der »Rasse« im Deutschen einen anderen Assoziationsradius hat, mehr Anklänge an Biologie und Blutsgemeinschaft aufweist. Um dies zu vermeiden, spricht man in Deutschland heute eher von der »multikulturellen Familie« – ein moderner Begriff wiederum, der, wenn rückwärts gewandt, zur Erfassung historischer Situationen benutzt, eine Schieflage bekommt.

Was also tun? Ich habe bisher versucht, das Problem zu umsteuern, indem ich Umschreibungen oder Hilfsbegriffe benutzte, indem ich leise und unter der Hand die Bezeichnung »gemischte Familien« einschob und gleichzeitig – man beachte die Anführungszeichen – mich um diskrete Distanzierung bemühte. Dies ist, zugegeben, eher ein Ausweg als eine perfekte Lösung. Aber ob es eine solche gibt, geben kann, muß meines Erachtens zweifelhaft sein, weil sich, in der einen oder anderen Form, jeder Versuch wieder in den Schlingen zwischen Vergangenheit und Gegenwart fängt. Deshalb ist es kein Zufall, wenn auch andere Untersuchungen, die sich mit »gemischten Familien« befassen, ausführlicher auf das Sprachproblem eingehen – und angesichts seiner Tücken auch nur unfertige, unvollkommene Lösungen wissen.

So geht auch Spickard, der seine Untersuchung *Mixed Blood* genannt hat, im Eingangskapitel auf die Frage der angemessenen Terminologie ein. Er beginnt mit dem Satz: »The use of terms in writing about intermarriage is impressively idiosyncratic and imprecise.« Im folgenden stellt er dar, wie er welche Bezeichnungen zu verwenden gedenkt, nicht ohne am Schluß sich entschuldigend an den Leser zu wenden: »In all of this, I am likely to have offended the sensibilities of some readers, who prefer one or another term for personal, etymological, or political reasons. I can only plead that I mean no offense, and ask the reader to look beyond terminology to the analysis of intermarriage which is the primary subject of this book.«[3]

Auch Rosenblatt, Karis und Powell, die ihr Buch *Multiracial couples* genannt haben, kennen das sensible Terrain der Begriffswahl: »People we respect and whose opinions we value disagree about ... labels for black-white couples, a disagreement reflected in the discrepancy between the

3 Spickard 1989, S. 20 und S. 22.

text and title of this book. In the text we use the term *interracial*, the most common designator in scholarly writings and the term we used while interviewing. However, the book title is *Multiracial couples*, because *multiracial* is now the preferred term for many black-white couples we know. The term does not presume that a couple bridges or is located between the races, and it reflects more accurately the identity of people in quite a few couples.«[4]

Verdächtige Wertungen

Und überhaupt, wenn von gemischten Familien die Rede, wer oder was mischt sich denn da – Menschen verschiedener »ethnischer Gruppen« oder verschiedener »Rassen«? Welch verfängliche, alle Reizthemen und Tabuschwellen anrührende Frage. Der eine Begriff ist bewußt wertfrei neutral, aber vielleicht eben deshalb: zu steril und zu blaß. Der andere mag in bestimmter Hinsicht die Realität besser erfassen, aber er weckt verdächtige Wertungen, Assoziationen der alten Blut-Boden-Art.

Dazu Tizard/Phoenix in ihrem Einleitungskapitel: »The reader will note that despite condemning the discredited concept of race, we continue to use the term ourselves. Others, including officialdom, now prefer the term ›ethnic group‹. But an ethnic group refers to people who share a common history, language, religion, and culture. They will usually also have the same skin colour, but people with the same skin colour do not always share a common culture. As we shall show, many young British-born people of Afro-Caribbean origin, especially those from middle class families, have a variety of cultural practices. What sets them apart from white people, and is the basis for their stigmatisation by racists, is their appearance, not their culture. It is because racial categories continue to have both political and psychological importance that we prefer the term ›race‹.«[5]

Das Dilemma liegt auf der Hand: Wie kann man über gesellschaftliche Zuordnungsbegriffe schreiben, ohne diese Begriffe selbst zu verwenden? Mit anderen Worten, wie kann man schwimmen, ohne naß zu werden dabei? Es ist gewissermaßen die Ironie der Geschichte, daß auch der Sozialwissenschaftler nicht aus ihr aussteigen kann, weshalb sein Unterfangen mit der Quadratur des

4 Rosenblatt u. a. 1995, S. 9; Hervorhebung Original.
5 Tizard/Phoenix 1993, S. 4f.

Kreises Ähnlichkeit hat: »Avoiding biased writing in a bias-filled society.«[6] Man ahnt, was da an Fallstricken, Mißverständnissen, Vorwürfen lauert. Als Hoffnung bleibt, daß man, indem man die Fallen aufzeigt, auch wieder aus ihnen herausfinden kann (also die multikulturelle Ausgabe der alten Münchhausen-Geschichte, aber was erweist sich am Ende als stärker, der eigene Schopf oder die geballte Last der historisch gewachsenen Diskriminierungsbegriffe?).

Diese Falle haben auch Rosenblatt/Karis/Powell beschrieben: »As has been reported in other studies of people in interracial relationships, many people who were interviewed expressed concern about racial labels, the term *interracial*, and similar category terms. We agree with them and fear that using such terms can feed bias ... but we are also trapped by the social realities of race and interracial relationships. Because race and interracial relationships have a reality for many people and because we want to illuminate how those realities affect certain couples, we use the terms coming from those realities. This book challenges those realities, but to write about them and their influence, the terms must be used.«[7]

Hinzukommt, und dies macht das Unterfangen nicht unbedingt leichter, daß auch die Bezeichnungen für die einzelnen Gruppen ihre je eigene Geschichte und Problematik enthalten. Zum Beispiel die »Schwarzen«: Als Robert K. Merton, einer der bekanntesten amerikanischen Soziologen, 1941 einen Aufsatz über *Intermarriage and the Social Structure* veröffentlichte[8], schrieb er noch ganz selbstverständlich von »Negern«. Für unser heutiges Verständnis dagegen ist dieser Begriff eng mit Diskriminierung verknüpft, so daß er praktisch nicht mehr anwendbar ist (außer man will ihn, bewußt herabsetzend, als Schimpfwort benutzen). Aber was gibt es statt dessen? Die Bezeichnung »Afroamerikaner« ist heute verbreitet, aber auch sie kann Anstoß erregen: Von einem Weißen verwandt, kann sie von anderen als Ausgrenzung aufgefaßt werden, als Versuch, sie zumindest verbal zurückzuschicken nach Afrika. Und jene neueren Gruppen farbiger Einwanderer, aus der Karibik und anderswo, die selbst nicht in den USA geboren wurden, wollen den Begriff »Afro-Amerikaner« oft deshalb nicht ha-

6 Rosenblatt u. a. 1995, S. 7.
7 Ebd., S. 17f.; Hervorhebung im Original.
8 Wiederabdruck in Merton 1976, S. 217-250.

ben, weil er allein die Herkunftsgeschichte der Farbigen in den USA widerspiegelt, dagegen sie und ihre Geschichte nicht sieht. Wohl am gebräuchlichsten ist die Bezeichnung »Schwarzer« – doch gerade sie ist wenig genau, wie schon oben gezeigt, hat in nicht wenigen Fällen nur noch entfernt mit der Hautfarbe zu tun. Im Grunde benötigt man stets Anführungszeichen, weil ein »Schwarzer« nicht unbedingt schwarz ist – genauer betrachtet fast nie –, ebenso wie ein »Weißer« kaum wirklich weiß ist, es sei denn, er kam als Albino zur Welt.

Nochmals Spickard: »What to use in referring to the descendants of Africans is more problematic [than referring to Filipinos or Indians]. Most students of nineteenth- and early twentieth-century Black history use the word ›Negro‹, since it was the most polite term in use during the time about which they write. Joel Williamson uses ›Negro‹ to denote anyone of African ancestry, ›black‹ for that subgroup whose ancestry is unmixed, and ›mulatto‹ or ›brown‹ for people of brown color or mixed parentage. I cannot bring myself to adopt his scheme, in part because I deal mainly with a later period when those were not the distinctions being made within Black communities. Instead, I use *Black* or Afro-American to refer to anyone, regardless of actual skin color, who has known African ancestry ... *White* and *Black* are capitalized because I regard both as proper nouns in contemporary usage. Neither is a descriptive adjective: the skin of most Black people is one shade of brown or another, while the skin of most Whites is pink or beige.«[9]

Kurzum, alle Begriffe sind emotional aufgeladen, erweisen sich als gesellschaftliche und politische Konstruktionen, sind einer bestimmten Epoche und ihrem Denken verhaftet. Deshalb gibt es auch hier keine einfachen Lösungen, dafür sind die Kontroversen allgegenwärtig.

Nochmals Rosenblatt/Karis/Powell: »The terms used to designate racial categories are highly politicized. People who strongly oppose racism may disagree with one another, and preferred terms change from time to time. At the moment this is being written, people we respect and whose opinions we value disagree about whether to call themselves *African American*, *black*, *Black*, *African*, *Afro-American*, or something else. There is disagreement about the designators *white*, *White*, *Caucasian*, or *Euro-American*.«[10]

9 Spickard 1989, S. 22; Hervorhebung im Original.
10 Rosenblatt u. a. 1995, S. 9; Hervorhebung im Original.

Weil alles Reden über Hautfarbe und Rassen so schwierig geworden, weil man so leicht dabei Empfindsamkeiten und historische Lasten anrührt, versuchen heute nicht wenige Weiße, sich in die Gegenrichtung zu retten, in die größtmögliche Distanz zu jeder Erwähnung auch nur von Hautfarbe. Ihr Fluchtweg, so könnte man sagen, ist die »Farbenblindheit in wohlmeinender Absicht«. Das heißt, sie wollen von Hautfarbe nichts wissen, sie sagen, wenn das Gespräch darauf kommt, bewußt und betont: »It doesn't matter«, die Hautfarbe ist doch egal.[11] Aber wie gut auch immer gemeint, auf viele Schwarze wirkt dieser Satz naiv, wenn nicht gar provozierend. Denn sie erleben eine Gesellschaft, wo, ganz im Gegenteil, in vielen Bereichen des Alltags die Hautfarbe immer noch zählt. Im Blick des Polizisten, des Ladeninhabers, wer wirkt da verdächtig? Im Blick des Wohnungsvermieters, des Personalchefs, des für die Kreditvergabe zuständigen Bankangestellten, wer gilt da als unzuverlässig? Sind da alle gleich, Schwarze wie Weiße? Das ist die Realität, die die Schwarzen erfahren. So gesehen ist die Farbenblindheit der Weißen, wie gut auch immer gemeint, nicht ganz so unschuldig, so moralisch geläutert, wie sie auf den ersten Blick scheint. Jedenfalls durchaus nicht immer, sondern eher »kontextabhängig«, sprich abhängig von der Absicht und vor allem auch Einsicht des jeweiligen Sprechers. Vorsichtig als Frage formuliert: Wo ist sie Ausdruck einer Sensibilität, was die Geschichte und das in der Geschichte praktizierte Unrecht angeht? Wo ist sie Ausdruck von Bequemlichkeit eher, einer Blindheit, was die Gegenwart angeht, wo will man sich lieber nicht der Wirklichkeit der eigenen Gesellschaft stellen, die immer noch in Schwarz-Weiß-Kategorien denkt und urteilt und handelt?

Patricia Williams, Afro-Amerikanerin und Jura-Professorin an der Universität Columbia, schreibt dazu: »Auf der einen Seite möchte ich Farbenblindheit als eine wichtige Hoffnung für unsere Zukunft begrüßen. Aber gleichzeitig sehe ich mit Besorgnis, wie wir diese Idee oft mit einer Form von Utopie verbinden, deren Naivität ihre Unverbindlichkeit und Wirkungslosigkeit garantiert. In der wirklichen Welt, vom Kinderspielplatz bis hinauf zur großen Politik, müssen wir wohl, um unsere Ideale zu schützen, etwas genauer nachdenken, auch wenn es dann etwas komplizierter wird. Damit meine ich, wir brauchen etwas mehr als jene Form

11 Siehe hierzu Williams 1997, S. 1 ff.

des Idealismus, die sagt: ›Ich glaube daran, also ist es so.‹ ›Ich denke nicht nach über Hautfarben, also gibt es deine Probleme nicht.‹ Ach, wenn es denn so einfach wäre ... Damit will ich keineswegs sagen, wir müßten dauernd mit Schuldgefühlen und Verantwortungsgefühlen durch die Welt laufen oder ständig an der Last der Erbsünde tragen, oder immer angestrengt auf alle Gebote der *Political Correctnes* starren. Meine Absicht ist es vielmehr, vor jener wohlfeilen Form der Unschuld zu warnen, die die berüchtigten drei Affen repräsentieren: ›Nichts Böses Hören‹, ›Nichts Böses Sehen‹, ›Nichts Böses Sagen‹. Die Art von Reinheit, die sie besitzen, ist ein Ergebnis von Ignoranz ... Es ist eine zwar verständliche, aber gefährliche Versuchung, wenn wir bei unseren Vorstellungen von Integration die Hindernisse einfach wegdenken ... Wir müssen aufpassen, damit unsere schönen Ziele sich nicht in bloße Projektionen verwandeln – damit wir nicht eine Phantasie vom Ende aller Grenzen und Schranken unterstellen, die eher blind macht als wirklich farbenblind ist.«[12]

Und dann erst die Juden (oder vielleicht auch: die »Juden«?). Was damit gemeint sei, hätten viele der assimilierten Juden der Vor-Hitler-Epoche auch nur vage umschreibend angeben können.[13] Nach Hitler dagegen bekam, wie oben gezeigt, der Begriff für viele einen neuen Gehalt, weil die Verfolgung ein Band, eine symbolische Gemeinschaft hergestellt hatte. Allerdings ist aufgrund derselben Geschichte dieser Begriff nun für manchen Nicht-Juden schwierig geworden: Ihnen wird unbehaglich, beklommen dabei, er erinnert an böse Zeiten, klingt wie ein Schimpfwort – darf man »das« denn noch sagen? Und einige reagieren überrascht, ja fast vorwurfsvoll, wenn sie erfahren, daß auch Juden selbst sich Juden nennen. Ist das nicht Rassismus? heißt dann die Frage. »Was, Sie sind, o Sie sind ... Jude?« Der Blick wird verlegen, die Zunge beginnt zu stottern, Peinlichkeit breitet sich aus. Jude, das ist der Name, »der nicht nur benennt, sondern ausgrenzt und zurückschlägt, [das] Erinnerungszeichen, über das wir stolpern«, notiert Bachmann in der *Zeit*.[14] »Wenn man anfängt, Menschen zu vernichten wie Ungeziefer, dann vernichtet man nicht nur sechs Millionen Seelen, sondern ganz nebenbei auch die Sprache der Überlebenden«, schreibt in Alfred Anderschs Roman *Efraim* der Titelheld. »Ich beobachte, wie die Übriggebliebenen – von einigen

12 Ebd., S. 2-4.
13 Siehe z. B. Hilde Domin, in: Schultz 1986, S. 88.
14 Dieter Bachmann, in: *Die Zeit*, Nr. 10/26. Februar 1998, S. 1.

Politikern abgesehen –, fortwährend damit beschäftigt sind, sich auf die Zunge zu beißen.«[15] Deshalb besser, man vermeidet das anstößige Wort, spricht gerade in offiziellen Ansprachen und Politikerreden lieber vom »jüdischen Mitbürger«. Wie der Soziologe Bodemann kommentiert: Weil das Wort Jude durch den Nationalsozialismus kompromittiert scheint, muß man es abmildern. »Juden können deshalb nur noch in der Adjektiv-Form in Erscheinung treten.«[16]

Mattenklotts Buch *Über Juden in Deutschland* beginnt folgendermaßen: »Fängt in Deutschland einer an, über die Juden zu sprechen, so verstummt meist das Gespräch, erst recht, wenn ein Jude dabei ist. Neben vielen anderen Gründen ist dafür ein einziger für sich schon genug: den Deutschen hat es über die Juden buchstäblich die Sprache verschlagen. Ist ›Jude‹ nicht ein Schimpfwort? In vielen aktuellen Zusammenhängen läßt sich ausweichen, indem man von Israeli spricht, aber offenkundig sind nicht alle Juden Israeli und nicht einmal alle Israeli Juden. – Vollends fatal wird es bei Abstrakta wie ›Judenheit‹ oder ›Judentum‹ etc. – Kann man von Judenheit und Deutschland sprechen wie Novalis von Christenheit und Europa? Soll man an ein ›Judentum‹ glauben, nachdem man sich – unter welchen Schmerzen – vom Deutschtum als kollektivem Schicksal losgesagt hat? In die Enge getrieben, wird man Zuflucht beim ›jüdischen Menschen‹ suchen oder ›jüdischen Mitbürger‹. Sogleich ergeben sich aber neue Probleme. Wer ist jüdisch? Bekenner mosaischen Glaubens; Nachkommen ethnisch jüdischer Mütter; Angehörige einer jüdischen Gemeinde? Mit welchem Recht bezeichnen wir noch jemanden als Juden, der es ethnisch nur zu einem Bruchteil oder in einer christlichen Konfession getauft ist?«[17]

Aber ach, auch hier wieder: Der scheinbar rettende Sprung, die wohlmeinende Rede vom »jüdischen Mitbürger« rettet nicht wirklich – im Gegenteil, erzeugt Unwohlsein bei denen, die damit gemeint sind. Viele von ihnen reagieren mit Mißtrauen, weil sie eine Feinunterscheidung heraushören, eine subtile Ausgrenzung gar. Wird, wo man von »Mitbürgern« spricht, nicht eine Trennlinie gezogen gegenüber den eigentlichen, den richtigen »Bürgern«? Werden Juden damit nicht zu einer Gruppe minderen Status erklärt, auf eine Stufe gestellt mit den »ausländischen Mitbürgern«, von denen bei staatstragenden Anlässen auch immer wieder die Rede ist? So

15 Andersch 1976, S. 78.
16 Bodemann 1996a, S. 166.
17 Mattenklott 1992, S. 9.

fragen sie nun – sie, die Juden, hellhörig auf Anzeichen achtend, empfindlich geworden im Lauf der Geschichte.[18]

Nicht leichter wird es, wenn man, wo es um Juden geht, gleichzeitig auch über die Deutschen sich äußern will und über das wechselseitige Verhältnis der beiden. Das ist, jenseits aller Inhalte, allein schon sprachlich voller Brisanz. Spricht nämlich ein nichtjüdischer Deutscher von »Deutschen und Juden«, so kann man dies als unpassend empfinden, weil er offensichtlich die beiden Gruppen separat voneinander versteht, hier »Deutsche«, da »Juden«. Das wirft allein schon in praktischer Hinsicht Probleme auf, denn wem soll man im Bezugsrahmen solcher Polarisierung die in Deutschland lebenden Juden dann zuordnen, den Deutschen oder den Juden? Erst recht wird es peinlich, wenn man daran erinnert, daß es die Nationalsozialisten waren, die die Redeweise »Deutsche und Juden« einführten, und zwar in der Absicht, die Juden zu einer separierten nicht-deutschen Nationalität zu erklären.[19] Vor dem Hintergrund dieser Geschichte muß die Formel heute einen Beigeschmack haben, so als wolle man im Geiste die Juden wiederum aus Deutschland ausweisen, sei's in bewußt politischer Absicht oder nur aus naivem Nichtwissen heraus (ist Israel nicht die Heimat der Juden?). Die Komplikation wird perfekt, wenn man dann sieht, daß auch Juden – ja, auch sie selbst – heute häufig die Formel »Deutsche und Juden« verwenden. Und hier nicht als sprachlicher Lapsus, sondern weil sie als Resultat der Geschichte sich nicht mehr als Deutsche begreifen, eher als Juden in Deutschland. Wenn dem aber so ist, wie soll man dann sagen, wie heißt es dann richtig? Um Adorno zu paraphrasieren: Vielleicht gibt es kein richtiges Leben im falschen, vielleicht auch kein richtiges Reden nach einer unheilvollen Geschichte. Vielleicht muß man, bevor man nach Wendungen sucht, zunächst einmal dieses erkennen, wie bis ins

18 So äußert z. B. Beniziri Empörung darüber, »daß uns auch Politiker öffentlich den Status als jüdische *Mit*bürger und *Mit*bürgerinnen zuordnen«. Ihre Kritik begründet sie folgendermaßen: »Überlege ich mir, wer sonst noch als Mitbürger bezeichnet wird, so sind es eigentlich nur Menschen anderer Nationalität, zum Beispiel ›unsere türkischen Mitbürger‹, obwohl auch hier für die meisten die Bezeichnung falsch ist. Niemals wird jedoch von evangelischen oder katholischen Mitbürgern gesprochen« (1998, S. 54; Hervorhebung im Original). Zu ähnlicher Kritik siehe z. B. auch Dischereit 1998, S. 94f., S. 111f.

19 Elwert 1998, S. 131.

heutige Reden stets die Geschichte präsent ist, in den je unterschiedlichen Erfahrungsausschnitten der Sprecher. Wenn man dieses erst einmal einsieht, wird auch ein paradoxer Effekt besser verständlich. Die Lehre heißt nämlich: Es kommt (hier wie bei anderen durch die Geschichte belasteten Themen) manchmal nicht nur auf das an, was gesagt wird, sondern auch darauf, wer dieses sagt, aus welchen Beweggründen und mit welchen Motiven.[20]

Erst recht ist der Begriff »Arier« verdächtig geworden, weil direkt an »nordische Rasse« und »Herrenmenschen« erinnernd, ja Zentrum und Kernstück der Ideologie jener Epoche. Und, wenn dem so ist, was folgt dann daraus: Sind Juden weiterhin Juden, ohne Anführungszeichen, weil auf eine soziale Gemeinschaft (der Religion oder des Schicksals) verweisend – während es »Arier« nicht gibt, nur die ideologische Konstruktion eines biologisch-blutsmäßigen Bandes, deshalb hier bitte die Anführungszeichen, um eine Distanzierung gegenüber den Rassenlehren zu schaffen?

Was Namen enthalten

Welche Aufregung um ein paar Worte, mag nun manch einer denken. Gerät man hier nicht in Spitzfindigkeiten hinein? Wäre nicht, ach, ein wenig Gelassenheit besser? Der Seufzer ist verständlich, und ebenso ist die Erfahrung vertraut, daß der Kampf um »Political Correctness«, wird er unerbittlich betrieben (und das ist nicht selten der Fall), seine eigenen bizarren Sprachmuster erzeugt. Aber dennoch, so lästig und leidig solche Kontroversen häufig auch sind: Wir können den Fragen, die darin aufscheinen, nicht durch Ausweichen entkommen. Denn Sprache ist kein neutrales Instrument, bloß äußere Bezeichnung, sondern transportiert – manchmal verdeckt, manchmal ganz unverhüllt – die Vorstellungen, Weltbilder und Wertsysteme einer jeweiligen Kultur und Epoche. Dies gilt um so mehr für politische Diktaturen, die immer wieder versuchen, über eigene Wortschöpfungen Bewußtseinslenkung zu treiben, von den scheinbar harmlosen Anfängen

20 So z.B. auch Dischereit 1998, S. 29.

wie der »Freiweilligen Winterhilfe«, die weder freiwillig noch Hilfe war[21], bis zum schrecklichen Ende: der »Euthanasie«, wörtlich dem schönen Tod, und der »Endlösung«, der offiziellen Umschreibung für ein Vorhaben, das nichts anderes als staatlich geplanter Massenmord war.

LTI, Lingua Tertii Imperii, Sprache des Dritten Reiches, unter diesem parodierenden Kürzel hat Victor Klemperer seine Beobachtungen über den Sprachverfall in der Zeit des Nationalsozialismus zusammengefaßt. Im Einleitungsabschnitt notiert er über die Bedeutung der Sprache: »Nein, die stärkste Wirkung wurde nicht durch Einzelreden ausgeübt, auch nicht durch Artikel oder Flugblätter, durch Plakate oder Fahnen, sie wurde durch nichts erzielt, was man mit bewußtem Denken oder bewußtem Fühlen in sich aufnehmen mußte. Sondern der Nazismus glitt in Fleisch und Blut der Menge über durch die Einzelwörter, die Redewendungen, die Satzformen, die er ihr in millionenfachen Wiederholungen aufzwang ... Sprache dichtet und denkt nicht nur für mich, sie lenkt auch mein Gefühl, sie steuert mein ganzes seelisches Wesen, je selbstverständlicher, je unbewußter ich mich ihr überlasse. Und wenn nun die gebildete Sprache aus giftigen Elementen gebildet oder zur Trägerin von Giftstoffen gemacht worden ist? Worte können sein wie winzige Arsendosen: sie werden unbemerkt verschluckt, sie scheinen keine Wirkung zu tun, und nach einiger Zeit ist die Giftwirkung doch da.«[22]

Die Giftwirkung der Worte: Sie eben ist mit dem Ende des Nationalsozialismus durchaus nicht beendet, sondern wirkt unterschwellig noch lange weiter. Zum Beispiel dann, wenn, wie im letzten Abschnitt beschrieben, die Deutschen der Nach-Hitler-Ära sich an dem Wort »Jude«

21 In seinem Notizbuch notiert Klemperer: »Mir ist vom Gehalt eine ›Freiwillige Winterhilfe‹ abgezogen worden; niemand hat mich deswegen vorher gefragt. Es soll sich um eine neue Steuer handeln, von der man sich ebensowenig ausschließen darf wie von irgendeiner anderen Steuer; die Freiwilligkeit besteht nur darin, daß man über den festgesetzten Betrag hinaus zahlen dürfe, und auch hinter diesem Dürfen stelle sich für viele schon ein kaum verhüllter Zwang. Aber ganz abgesehen von dem verlogenen Beiwort, ist nicht das Hauptwort selbst schon eine Verschleierung des Zwanges, schon eine Bitte, ein Appell an das Gefühl? Hilfe statt Steuer: das gehört zur Volksgemeinschaft. Der Jargon des Dritten Reiches sentimentalisiert« (1993, S. 41).

22 Ebd., S. 21.

abmühen. Sehr hellsichtig hat dies Helmut Gollwitzer beobachtet, in einem Rundfunkessay, gehalten im Jahr 1960: »Viele unter uns werden ja gestehen müssen, daß sie immer noch auf das Wort ›Jude‹ wie auf etwas Abwertendes reagieren, daß sie bei der Begegnung mit einem jüdischen Menschen sein Judesein im stillen wie einen Makel, wie ein Verkrüppeltsein notieren. Das ist uns durch die Jahrhunderte und dann noch einmal durch die Propaganda der vergangenen Jahrzehnte so eingeflößt, daß mancher es sogar für eine natürliche Reaktion hält.«[23] Offensichtlich ist diese Giftwirkung bis heute spürbar, wenn jemand das Wort »Jude« aussprechen soll.

»Wörter sind nicht unschuldig«: Dieser Satz, den Überlegungen zum *Wörterbuch des Unmenschen* entnommen[24], kennzeichnet eine zentrale historische Erkenntnis und benennt programmatisch die damit verbundene Aufgabe. Nicht zufällig erleben wir eine Konjunktur der Anführungszeichen, wo immer in politischen Diskussionen Themen von Unterdrückung, Unrecht, Gewalt verhandelt werden, wo immer insbesondere auch die jüngere deutsche Geschichte zum Gegenstand wird. Nicht mehr entartete Kunst, sondern »entartete Kunst«, nicht mehr minderwertige Rassen, sondern »minderwertige Rassen«. Immer wieder geht es darum, eine Distanzierung gegenüber der Geschichte zu schaffen, den Bruch deutlich zu machen, die Ablösung von den damaligen Denkmustern, Weltbildern, Werten zu signalisieren.

All diese Ideologieschichten abzutragen, ist mühsame Arbeit. Dies gilt, siehe oben, nicht zuletzt für die Bezeichnungen der verschiedenen ethnischen Gruppen. Von »Nigger« bis »Polacke«, von »Mischling« bis »Halbblut«: Was in solchen Namen aufscheint, ist die Geschichte der Beziehungen der Gruppen, und zwar vorzugsweise die dunklen Seiten davon, immer wieder Abgrenzung und Mißtrauen enthaltend, Demütigung und Abwehr der »Anderen«. Wie Isaacs schreibt, in einem Aufsatz über Gruppenidentität, worin er sich ausführlich mit Gruppennamen befaßt:

»Wie wir gegenwärtig beobachten können, verändert sich der Marktwert von Namen auffällig schnell und gewaltsam. Im Strom all der Wiederentdeckungen und Wiedererfindungen, Umdefinitionen und Neudefinitionen von Gruppenidentität, die ringsum stattfinden, taucht, in der einen

23 Gollwitzer 1960, wiederabgedruckt in Wang 1997, S. 92.
24 Sternberger 1967, S. 11.

oder anderen Form, immer wieder die Frage der Namen auf. Es ist klar, daß allein schon der Name – eines Individuums, einer Gruppe, einer Nation, einer Rasse – schweres Bedeutungsgepäck trägt. Auch wenn er nur selten den eigentlichen Kern der Angelegenheit ausmacht, zeigt er doch oft genau dorthin, wo der Kern zu finden ist. Wenn wir uns durch das Realdickicht der Probleme der Gruppenidentitäten einen Pfad bahnen wollen, dann ist es nicht der schlechteste Weg, der Spur des Namens zu folgen. Denn dieser kann uns tief in die Geschichte, in die Beziehungen, in die Gefühlswallungen hineinführen, die einen so großen Teil der gegenwärtigen Verwicklungen ausmachen ... Das Wörterbuch der Alltagsausdrücke, der informellen Bezeichnungen, die die Gruppen wechselseitig anwenden ..., gibt beißend direkt den Gefühlen Ausdruck, die die Mitglieder der meisten Gruppen zumeist gegenüber anderen Gruppen haben: Verachtung, Feindseligkeit, Neid, Haß ... Egal, ob es sich um offizielle Bezeichnungen oder Alltagsausdrücke handelt, alle Gruppennamen tragen eine große Portion sowohl der Vergangenheit wie der aktuellen Entwicklung in sich.«[25]

Ob Isaacs pessimistische Deutung zutrifft, wonach bei aller Begegnung der Gruppen stets Mißtrauen und Mißachtung vorherrschen, ist eine andere Frage. Hier wären historische und kulturvergleichende Studien nötig, und vielleicht kämen sie zu durchaus anderen Schlüssen. Aber eines zumindest kann man wohl sagen. Der Streit um Namen, Worte, Bezeichnungen mag leidige Auswüchse haben, aber all dies nicht zufällig: Er verweist auf die leidvolle Geschichte, die darin enthalten.

Man nehme den aktuellen Streit um die Definition des (Schimpf-)Wortes »Nigger«. *Merriam-Webster*, die amerikanische Variante des *Duden*, hat vor kurzem eine eigene Arbeitsgruppe gebildet, um für den Begriff »Nigger« und Hunderte von ähnlichen Schimpfworten eine neue Definition zu entwickeln. Der Hintergrund: Viele Leser hatten einen bundesweiten Boykott angedroht, falls *Merriam-Webster* den entsprechenden Eintrag im Wörterbuch nicht ändere.

Die bisherige Definition von »Nigger« lautet: »1. a black person – usually taken to be offensive 2. a member of any dark-skinned race – usually taken to be offensive 3. a member of a socially disadvantaged class of persons ... usage *Nigger* in senses 1 and 2 can be found in the works of such writers of the past as Joseph Conrad, Mark Twain, and Charles Dickens, but it now ranks as perhaps the most offensive and inflammatory racial slur in English. Its use by and among blacks is not always intended or taken as offensive, but, except in sense 3, it is otherwise

25 Isaacs 1975, S. 48f.

a word expressive of racial hatred and bigotry«. Der Verlag Merriam-Webster hat inzwischen Tausende von Anrufen, Briefen und e-mail-Botschaften von Leuten erhalten, die diese Definition als Beleidigung ansehen. Ihr Argument lautet: In der bisherigen Fassung stelle der Verlag den Begriff primär als eine Art Synonym für Schwarze dar, und nur in einer Art Nachklapp würde darauf verwiesen, daß es sich um ein Schimpfwort handle.[26]

Es wäre ebenso reizvoll wie lohnenswert, einmal eine Geschichte der ethnischen Gruppen zu schreiben, indem man den Bezeichnungen für diese Gruppen nachgeht, und vor allem dem von Zeit zu Zeit beobachtbaren Wandel dieser Bezeichnungen. Vielleicht wird man dann auf etwas stoßen, was man eine Art »Bewegungsgesetz der Gruppenbezeichnungen« nennen könnte. Den Grundgedanken dazu kann man bei William Raspberry finden. Er lautet sinngemäß so: Solange eine ethnische Gruppe zur Zielscheibe von Vorurteilen, Demütigung, Erniedrigung wird, solange wird auch dem Namen der Gruppe immer ein Geschmack von Erniedrigung anhaften. Deshalb wird er zunehmend als anstößig, ja untragbar empfunden, schließlich durch einen anderen ersetzt. Diese Geschichte wiederkehrender Umbenennungen und Neubenennungen kann erst dann zu ihrem Abschluß kommen, wenn die betreffende Gruppe Integration und Anerkennung erreicht.[27] Um nur ein Beispiel aus den USA hier zu nennen: In den sechziger Jahren, als die amerikanische Bürgerrechtsbewegung im politischen Raum an Einfluß gewann, da begannen viele der ethnischen Minderheitsgruppen, ihre bislang geläufigen Bezeichnungen abzulegen, ja vehement abzulehnen, und sich neue Namen zu geben. Aus Negern wurden nun »Schwarze«, aus den früher lateinamerikanisch genannten wurden »Chicanos« und »Boricuas«, die früher Orientalen genannten hießen nun »asiatische Amerikaner«, und die, die vorher als Indianer bezeichnet, forderten programmatisch den Begriff »amerikanische Ureinwohner« (Native Americans) für sich.

26 *International Herald Tribune*, 16. März 1998, S. 3.
27 Raspbery, zit. nach Bennett 1996, S. 13.

Und die Kontroversen sind damit noch längst nicht beendet, im Gegenteil, sie gewinnen gerade heute noch Zündstoff. Wie bislang hinreichend beschrieben, tragen die alten ethnischen Zuordnungen in sich die Last der Geschichte, der Diskriminierung. Aber wenn nun, wie oben auch angedeutet, in der Gegenwart die Minderheitsgruppen selbst damit beginnen, sich auf ihre Geschichte und Identität zu besinnen, daran festhalten wollen, ja sie mit Symbolen eigens noch aufbauen und ausbauen – was ist dann das? Reaktion auf Unterdrückung und Verlust der Geschichte – oder »Biopolitik«, wie Agnes Heller das nennt[28], die Errichtung neuer Zäune und Demarkationslinien? Kommt mit der »Selbstethnisierung« eine Dynamik in Gang, die zum »ethnischen Separatismus« hinführt? Oder ist – wie bei anderen sozialen Bewegungen, so auch hier – gerade am Anfang mit überschießenden Energien, ungebremster Aktivität, mit Experimenten und auch manchen Exzessen zu rechnen, aber all dies ein Zwischenstadium nur, weil die Minderheitsgruppen sich auf dem Weg der Selbstbesinnung zunächst selber suchen?

Der schwarze Literaturprofessor Henry Louis Gates hat anschaulich beschrieben, wie die Anfänge der *Black is Beautiful*-Bewegung seinen Heimatort, seine Nachbarn und Freunde erreichten: »Wir hatten gerade den Sommer 1966 hinter uns, den Sommer, als Stokely Carmichael etwas ankündigte, was er ›Black Power‹ nannte, und als viele der Neger zu Schwarzen wurden und sich große Afro-Frisuren wachsen ließen und anfingen, bunte Dashiki-Hemden und bunte Glasperlen zu tragen. Ich bekam schon eine Gänsehaut, wenn ich nur daran dachte, *schwarz* zu sein und mit diesem Schwarzsein Stolz zu verbinden, oder wenn ich versuchte, auf hochgetürmtes Kraushaar zu schauen und dies schön zu finden ... Diese Leute hatten ein paar hundert Jahre damit verbracht, ihr Haar zu bügeln und zu plätten und mit Fett einzuschmieren und mit der Brennschere zu bearbeiten; kurz, sie hatten, abgesehen vom Ausreißen bis auf die Wurzeln, alles Menschenmögliche getan, um die Krauswolle rauszukriegen. Und dieselben Leute wurden mit einem Mal Anhänger einer neuen Religion, traten dem ›Heiligen Orden zum natürlichen Kraushaar‹ bei ... Was früher schlechtes Haar hieß, war nun ›schön‹, und viele Leute, deren Haar bisher als schön galt – vor allem die, die auch

28 Heller 1994.

noch eine helle Hautfarbe hatten und sich deshalb schuldig fühlten –, mühten sich nun nach Kräften, ihr Haar zu kräuseln. Alles hatte sich verdreht und verkehrt. Leute mit heller Hautfarbe versuchten, dunkler zu werden; sie gingen auf Distanz zu ihren weißen Vorfahren und verleugneten sie, sahen sie als fremde Eindringlinge in ihrer Herkunftslinie.«[29]

Seit dem Beginn der Schwarzen-Bewegung sind gut drei Jahrzehnte vergangen, und längst haben auch andere ethnische Gruppen begonnen, ihre Wurzeln zu suchen und bewußt zu betonen; und selbst diejenigen, die gemischte Herkunft aufweisen, fangen nun an, diese doppelte oder mehrfache Identität hervorzuheben statt zu verdrängen. An genau solchen Bestrebungen entzünden sich heute die Kontroversen. Sind die Zuordnungen, die in diesem Kontext dann verwandt werden, Ausdruck neuer Bewußtseinsprozesse; oder umgekehrt ein Versuch, neue Abgrenzung, ja eine neue Apartheid zu schaffen; oder sind sie vielleicht, auch das ist ja möglich, beides zusammen, wechselnd je nach Umständen, Publikum, Protagonisten?

Solche Fragen vermitteln eine erste Ahnung davon, was alles an Kontroversen entsteht, wo immer in ethnisch gemischten Gesellschaften das Verhältnis der einzelnen Gruppen (mitsamt dem darin eingebauten Machtgefälle, den Hierarchien und Ungleichheiten) nicht mehr als gegeben vorausgesetzt wird, sondern unter Legitimationsdruck gerät, damit zum Konfliktstoff in Politik und Öffentlichkeit wird. Und eben dies ist zunehmend der Fall, nicht zuletzt im Gefolge der sozialen Bewegungen der sechziger Jahre, und hier insbesondere der amerikanischen Bürgerrechtsbewegung. Um einen Eindruck vom aktuellen Verlauf zu gewinnen – und auch zu sehen, wie manche Forderungen unerwartete Folgen in Gang setzen, manche Argumente überraschende Wendungen nehmen –, empfiehlt es sich, auf das Land zu schauen, wo die Diskussionen besonders lebhaft ablaufen. Das ist, sicher nicht zufällig, das Land des »Schmelztiegels«: die USA heute. Ich schlage vor, daß wir zunächst noch einmal die demographische Entwicklung betrachten, weil sie den Hintergrund und Bezugsrahmen liefert für die Debatten, die heute Politik, Öffentlichkeit, Medien bewegen.

29 Gates 1995, S. 186f.; Hervorhebung im Original.

2. Neue Kontroversen: Die USA heute

Die demographische Entwicklung

Wo von der amerikanischen Idee des »Schmelztiegels« die Rede ist, wo ihre historischen Wurzeln aufgezeigt werden, da stößt man unvermeidlich auf das Bühnenstück *The Melting Pot* von Israel Zangwill, das 1908 uraufgeführt wurde und in Amerika sogleich enorme Erfolge erzielte.[30] In diesem Stück schildert Zangwill die Liebe des jüdischen Einwanderers David Quixano zur russischen Immigrantin Vera Revensdal, eine Liebesgeschichte, die von vielerlei Widerständen, tragischen Effekten, dramatischen Höhepunkten umrankt ist, bis sie schließlich zum glücklichen Ende findet. Zangwill wurde damit zum immer wieder zitierten Vertreter der Idee eines Amerika, in dem sich die verschiedenen Bevölkerungsgruppen zu einer neuen Gemeinschaft verbinden. Aber selbst für Zangwill gab es noch gewissermaßen naturgegebene Schranken. Im Nachwort zu seinem Stück distanzierte er sich deutlich von der »Verschmelzung der Hautfarben«, der Verbindung zwischen Schwarzen und Weißen:

»But the negroid hair and complexion being, in Mendelian language, ›dominant‹, these black traits are not easy to eliminate from the hybrid posteriority; and in view of all the unpleasantness, both immediate and contingent, that attends the blending of colours, only heroic souls on either side should dare the adventure of intermarriage. Blacks of this temper, however, would serve their race better by making Liberia a success or building up an American negro state, or at least asserting their rights as American citizens in [the] South.«[31]

Zangwills Sichtweise ist durchaus typisch für seine Zeit und Gesellschaft. Wie Nathan Glazer schreibt: »The concept of assimilation looked toward Europe.«[32] Wo immer von Assimilation oder Integration die Rede war, dachte man lange Zeit nur an die diversen Einwanderergruppen aus Europa. Der Sonderstatus der Schwarzen dagegen wurde einfach als selbstverständlich gesehen.[33]

30 Siehe hierzu Bischoff/Mania 1991, S. 528ff.
31 Zangwill, zit. nach ebd., S. 536.
32 Glazer 1997, S. 98.
33 Ebd., S. 101ff.

Auch in den fünfziger und sechziger Jahren, als die offizielle Rassentrennung schrittweise außer Kraft gesetzt wurde, blieben auf vielen Ebenen die Schranken zwischen Weißen und Schwarzen weiter bestehen. Dies galt insbesondere für die Beziehungen zwischen Männern und Frauen. Mehr Annäherung im privaten Bereich, mehr Paare unterschiedlicher Hautfarbe und Herkunft? Dieser Gedanke schien immer noch fern. So lesen wir in einem soziologischen Text der sechziger Jahre: Es wird »allgemein angenommen, daß die Rassenmischung von amerikanischen Negern und Weißen im Abnehmen begriffen sei. Selbst wenn es nicht gewiß ist, daß die sexuellen Beziehungen zwischen Mitgliedern beider Rassen abnehmen, ist es sicher, daß die Kinder aus schwarz-weißen Verbindungen seltener geboren werden, sowohl absolut wie relativ gesehen. Viele Mischehen verzichten auf Nachkommen, ferner sind Kenntnis und Zugang zu Verhütungsmitteln im Ansteigen.«[34]

Doch die Entwicklung ist anders verlaufen. Es gibt, wenn auch in langsamem Tempo, eine Zunahme der Ehen zwischen Weißen und Schwarzen. Erst recht gibt es in anderer Hinsicht eine Verschmelzung der Hautfarben, nämlich eine schnelle Zunahme der Ehen zwischen Weißen und Angehörigen anderer »farbiger« Gruppen, also Asiaten und Zuwanderern hispanischer Herkunft.[35] Schon heißt es, daß dies in den USA des 21. Jahrhunderts »vielleicht zu einer neuen Normalität werden könnte: Die Zahl der bikulturellen Partnerschaften steigt, und so ist es keine Seltenheit mehr, etwa weiß und asiatisch oder arabisch und jüdisch zu sein.«[36]

Hinzukommt, die USA erleben heute eine neue große Einwanderungswelle, und zwar nicht mehr wie früher aus Europa, sondern zum weitaus überwiegenden Teil aus den Entwicklungsregionen Asiens und Lateinamerikas.[37] Viele dieser Einwanderergruppen sind in sich schon vielfach gemischt. Man betrachte, als besonderes anschauliches Beispiel, Brooklyn und Queens, zwei der großen

34 Rogge 1965, S. 158.

35 Glazer 1997, S. 120f. und S. 129f.; Zack 1993, S. 126; Funderberg 1994, S. 11; Amitai Etzioni, *»Other« Americans Help Break Down Racial Barriers*, in: *International Herald Tribune*, 10. Juni 1997

36 Richard Chaim Schneider, *Minorität und Minoritäten. Schwarze Juden in den USA*, in: *Süddeutsche Zeitung*, 3. Juli 1995.

37 Siehe z. B. William Booth, *New Wave of U. S. Immigrants Tests a National Tenet*, in: *International Herald Tribune*, 22. Februar 1998.

Stadtteile von New York: Wo früher eine vorwiegend weiße Bevölkerung der Mittel- und Unterschicht lebte, sind es heute ganz neue ethnische Gruppierungen, die das Straßenbild prägen. Diese Zuwanderer sprechen zusammen genommen mehr als hundert Sprachen, und sie sind ihrer Herkunft nach so bunt gemischt, daß die traditionellen Einteilungskriterien – weiß, schwarz, hispanisch, asiatisch – oft weitgehend bedeutungslos werden.[38]

Nimmt man die beschriebenen Entwicklungen zusammen, so liegt das Resultat auf der Hand. »Amerikas Gesicht verändert sich«, schreibt der amerikanische Politiker Rodney E. Slater. »In Hawaii gehört heute schon jeder einer ethnischen Minderheit an. In Kalifornien wird es bald auch so sein. Und in 40 Jahren wird es in Amerika keine Mehrheitsgruppe mehr geben.«[39] Schon existiert ein eigener Ausdruck, um die Richtung des demographischen Trends anzuzeigen: Von den »majority minority states« ist die Rede, also von den Staaten, wo bald die Mehrheit aus Minderheiten besteht, wo keine ethnische Gruppe allein mehr die Mehrheit darstellt.[40] Schon sprechen, pointierter noch, manche davon, daß die USA eine »demographische Balkanisierung« durchmachen – ein Ausdruck, in dem durchaus beabsichtigt die Gefahr von Instabilität, ja von Chaos anklingt.[41] Ist das nun Panikmache von seiten der Weißen, die zum erstenmal mit einer Situation konfrontiert sind, wo sie ihre bislang selbstverständliche numerische Vorrangstellung verlieren? Oder was sonst steht dahinter? Um darauf eine Antwort zu finden, muß man nicht nur die demographische, sondern vor allem die politische Entwicklung betrachten.

Ansätze zur Rassenintegration

Im politischen Raum markieren die fünfziger und sechziger Jahre den historischen Einschnitt, in dem das Verhältnis zwischen weißer Mehrheit und ethnischen Minderheitsgruppen entscheidend in Bewegung geriet. Ab da begann, mit dem allmählichen Aufstieg

38 Siehe z. B. Blaine Harden/Jill Dutt, *Money and Melting Pot Help Put the Town on Top*, in: *International Herald Tribune*, 26. Mai 1997.

39 Rodney E. Slater, *The Long Road From Little Rock*, in: *International Herald Tribune*, 26. September 1997.

40 Z. B. Blaine Harden/Jill Dutt (siehe Anmerkung 38).

41 Ebd.

der Bürgerrechtsbewegung, sich die öffentliche Wahrnehmung zu verändern: War bis dahin die ungleiche Verteilung von Macht, Ressourcen und Einfluß als quasi natürliches Faktum erschienen, als Ausdruck der angeborenen Überlegenheit der weißen Rasse, so wurde dasselbe Faktum nun zunehmend als Produkt von Gewalt und Unterdrückung gesehen. Entsprechend wurde es, da nicht mehr in der Natur selbst begründet, nun illegitim und politisch anstößig. Erst ein paar Jahrzehnte zuvor, im Jahr 1896, hatte das oberste amerikanische Gericht noch die Rassentrennung offiziell zum Gebot deklariert, und zwar in der berühmt-berüchtigten Formel des »Separate but equal«, von der immer nur der erste Teil umgesetzt wurde. 1954 gaben die Richter zum erstenmal eine neue Zielrichtung vor, nämlich Integration, und diese mit »all deliberate speed«, mit Nachdruck und schnell. Welch ein Wandel.

Und was geschah dann? Der weitere Verlauf der Geschichte ist nur schwer darzustellen, weil es – hier noch mehr als bei anderen Themen – nicht »die« Geschichte gibt, sondern nur verschiedene Versionen derselben, die stark voneinander abweichen und von denen jede der anderen vorwirft, lückenhaft, unausgewogen, ja parteiisch zu sein. So viel zumindest läßt sich wohl sagen: In der Folge jenes Richterbeschlusses wurden auf zahlreichen Ebenen – von Bundesregierung bis Einzelstaaten bis Gemeinden, von Behörden und Bildungsinstitutionen bis zu Medien und Wirtschaft – Initiativen entwickelt, um dem Rassismus entgegenzutreten und mehr Chancengleichheit durchzusetzen: »Affirmative Action«-Programme und Antidiskriminierungsgesetze, Gleichstellungspolitik und Quotierungsverfahren. Dies geschah sicher nicht immer mit Nachdruck und schnell, doch immerhin, es geschah, zumindest allmählich.

In dem Maß, wie diese Politik institutionalisiert wurde, entwickelte sie ihre eigene Infrastruktur. Um Benachteiligungen abzubauen, mußten Gleichstellungsprogramme definiert, umgesetzt, gegebenenfalls verändert und neu definiert werden. Um Zugang zu Fördermitteln zu erhalten, mußten Ideen formuliert, Anträge entworfen, in der Konkurrenz gegen andere Vorschläge durchgesetzt werden. Damit die Verteilung der Ressourcen nicht den Gesetzen der Willkür oder gar der privaten Bereicherung folgte, mußte das

Verfahren in Regeln gefaßt und deren Einhaltung wiederum kontrolliert werden. Damit die Angehörigen der ethnischen Minderheiten ihre Anliegen selbst artikulieren konnten, mußten sie an all diesen Prozessen beteiligt werden. In der Folge entstand ein Spektrum neuer Aufgaben und Positionen (vom Sozialarbeiter bis zum Staatssekretär, vom Mitarbeiter am Zentrum für Latino-Musik bis zum Direktor des Museums für indianische Kunst). Und es entstanden – das ist nicht unwichtig – neue Aufgaben und Positionen auch für Angehörige der Minderheitsgruppen. Eine neue Schicht etablierte sich: deren berufliche Interessenvertreter.[42]

Natürlich ist diese Darstellung grob vereinfacht. Und vor allem, sie zeigt nur einen Teil der Geschichte. Denn von den Anfängen bis heute, stets haben Befürworter und Gegner der auf Gleichberechtigung zielenden Politik erbittert miteinander gerungen. Manches wurde beschlossen und dann wieder blockiert, anderes nur halbherzig umgesetzt und bald wieder gestrichen. Wo Erfolge sich abzeichneten, traten Gegenbewegungen auf, um das Erreichte wieder rückgängig zu machen. Wo Diskriminierung auf der legalen Ebene verbannt war, nahm sie oft neue, subtilere Formen an: »Die Strategien des sozialen Ausschlusses ethnischer Minderheiten verschwanden ... nicht mit dem Ende der legalen Apartheid, sondern suchten sich nur andere Wege.«[43] Zum Beispiel hat das gesetzliche Verbot der ethnischen Diskriminierung im Wohnungsbereich nicht Integration durchsetzen können, sondern eher die trickreiche Veränderung der Methoden bewirkt, durch die die ethnische Trennung hergestellt wird. Das Spektrum beginnt mit dem Umzug der weißen Mittelklasse in teurere Nachbarschaften, setzt sich fort in der Strategie, ihre Umgebung durch das »block busting« in angrenzenden Wohnbezirken abzusichern, und reicht bis zu lokalen Vorschriften gegen »unerwünschte Nutzung«.[44] Jeder schwarze Amerikaner, jede schwarze Amerikanerin hat hier seine/ihre Erfahrung: wie sie im Restaurant nicht bedient, im Geschäft mißtrauisch beobachtet wurden; wie die Wohnung, der Job »schon vergeben« war, als sie sich bewarben (aber nicht für den Weißen, der nach ihnen kam); wie der Taxifahrer sie nicht mitnahm, dafür die Polizei sie

42 Neckel 1997, S. 269.
43 Siehe hierzu z.B. Feagin 1991.
44 Neckel 1997, S. 269.

vielfach zu Kontrollen herausgriff.[45] Selbst wenn sie gebildet sind, wohlhabend, gut gekleidet, sie sind qua Hautfarbe verdächtig. Sie werden immer noch zum Objekt alltäglicher Demütigung.

Insgesamt also ein wechselvoller Verlauf der Geschichte, hier die Verheißung der Integration, dort ihre zumindest teilweise Verweigerung wieder. In der Folge kippten die Erwartungen der Minderheitsgruppen um in Enttäuschung und Resignation, auch Wut und Konfrontation. Um dem Aufkommen der neuen, informellen Barrieren zu begegnen, reagierten die Minderheiten mit verstärktem Druck auf die öffentliche Sphäre, mit gezielter Mobilisierung ihrer politischen und ökonomischen Interessen.[46] Bis in die inhaltliche Gestaltung von Lehrplänen, Kulturangeboten, offiziellen Gedenkfeiern hinein: Der bisherige Blick auf Tradition und Geschichte wird als einseitig, ja parteiisch in Frage gestellt. Bei der Vergabe von Arbeitsplätzen und Wohnungen, Stipendien und Studienplätzen, bei den Auswahlverfahren für Jurys und Geschworenengerichte, für Armee oder Polizei oder Hochschulen: Überall ist der Legitimationsdruck gewachsen. In immer mehr Bereiche drang die Forderung ein, auch die Angehörigen der Minderheitsgruppen sollten »angemessen« berücksichtigt werden.

Ethnische Mobilisierung

Ethnische Herkunft wurde derart zu einem Instrument im Wettbewerb um Gelder, Privilegien, Ressourcen, im Verteilungskampf um Anteile und Anrechte. Daraus entwickelte sich eine eigene Logik, von den Gesetzen der politischen Arena bestimmt. Diese hat zunächst einmal die Grenzziehungen ethnischer Zugehörigkeit folgenreich verändert: »Die ethnischen Minderheiten machen sich heute die Einsicht zunutze, daß in politischen Demokratien wie den USA das Gesetz des Vorrangs der größeren Zahl maßgeblich ist. Dieser Regel folgend, konstruieren sie ethnische Großgruppen in der Absicht, dadurch ihren politischen Einfluß zu stärken.«[47] So haben sich Chinesen, Koreaner, Vietnamesen zur neuen Großgruppe der »Asien Americans«, der Amerikaner asiatischer Her-

45 Siehe hierzu z.B. Feagin 1991.
46 Neckel 1997, S. 269.
47 Ebd., S. 267 und S. 256.

kunft, zusammengefunden, ungeachtet all ihrer Differenzen in Tradition und Geschichte, und ähnlich formierten sich auch die Afro-Amerikaner oder die Amerikaner indianischer Abkunft, jeweils über vorher existierende Grenzlinien hinweg. Auf dieser Basis sind in der Folge zahlreiche weitere Netzwerke und Großorganisationen entstanden, von den »Asian Women United« bis zum »National Council of African Men«. Deren durchgängiges Organisationsprinzip ist, daß sie nicht auf alter Gemeinsamkeit gründen, sondern ihre Gemeinsamkeit heute neu entworfen und ausgebaut haben: Aus dem Gesetz der besseren Durchsetzungschancen bestimmt sich die Definition der ethnischen Großgruppe. Eben dies kann man in der Arena der amerikanischen Politik heute sehen. »Zunehmende Bedeutung erlangen politisch mobilisierungsfähige Konstruktionen der eigenen Ethnizität«, die eben nicht aus alten Ursprüngen sich ableiten, sei's in Natur oder Geschichte verankert, sondern im Gegenteil erst im Zuge der Moderne entstehen, mit der Kraft des Gleichheitsanspruchs, mithin »durch die Konkurrenz um gleiche Lebenschancen veranlaßt sind«.[48]

Es geschah noch ein weiteres. Weil ethnischer Minderheitsstatus jetzt unter Umständen Vorteile verhieß – ja infolge struktureller Veränderungen auf dem Arbeitsmarkt in manchen Milieus die einzig verbleibende Chance darstellte[49] –, stieg er auf zum kostbaren Gut und zur knappen Ressource. Er wurde begehrt, umkämpft, unter Beweislast gestellt. Heftige Auseinandersetzungen begannen, stets die Frage umkreisend, wer Mitglied einer ethnischen Minderheit ist, oder genauer, wer sich zu Recht als Mitglied einer ethnischen Minderheit darstellen darf. Die Antwort darauf scheint einfach zu sein. Doch de facto führt sie in einen Dschungel hinein. »Tatsache ist«, so schreibt der Amerikanist Werner Ostendorf, »daß die juristische Frage, wer ein Recht auf Minderheitenstatus hat, äußerst kompliziert und im Grunde unlösbar ist.«[50] Wenn etwa auf dem Markt eine Nachfrage nach indianischen Kunstwerken entsteht, mit entsprechend spezialisierten Museen, Galerien, lizenzierten Verkaufsflächen, wem gebührt dann das Etikett »indianischer Künstler«, wer darf unter dieser Bezeichnung seine Ar-

48 Ebd., S. 256.
49 Bell 1975, S. 148; Wilson 1991.
50 Ostendorf 1992, S. 853f.

beiten anbieten und verkaufen: jeder, der irgendwie indianische Herkunft aufweist; oder nur der, der in den Reservaten aufgewachsen ist und ihre Traditionen gelernt hat, möglichst noch immer dort lebt; reicht ein indianischer Großvater, oder wieviel entsprechende Vorfahren müssen es sein? Wenn im Bereich der akademischen Forschung bestimmte Fördergelder für ethnische Minderheitsgruppen reserviert sind oder die Verteilung der akademischen Posten nach ethnischen Quotierungsverfahren erfolgt, wer muß dann berücksichtigt werden: Vielleicht auch jene Bewerberin, die als Tochter eines schwarzafrikanischen Diplomaten und einer schottischen Mutter in den USA aufwuchs, unter sozial und materiell wohlgesicherten Umständen? Kann sie ethnischen Minderheitsstatus beanspruchen und die Privilegien, die sich daraus ableiten? Genügt allein schon die Zugehörigkeit zu einer ethnischen Gruppe, oder muß auch die individuelle Lage, der Status innerhalb dieser Gruppe, berücksichtigt werden? Sind also alle Schwarzen gleich, was den Minderheitsstatus angeht, oder gibt es unter Gesichtspunkten des Gerechtigkeitsausgleichs nun vielleicht »schwärzere Schwarze« (und dies, wohlgemerkt, nicht an Pigmentierung, sondern an Diskriminierung gemessen)?

Im weiteren Verlauf kam es auch noch zur Konkurrenz der verschiedenen ethnischen Minderheitsgruppen untereinander. Die neue ethnische Identitätspolitik setzte, wie Ostendorf schreibt, eine häßliche Dialektik in Gang: »Meine Andersartigkeit ist legitimer als deine Andersartigkeit, meine Minderheit ist legitimer als deine Minderheit.«[51] Zum Beispiel begannen nun Schwarze, Indianer und Mexikaner einen Streit um die Frage, welche Gruppe für sich beanspruchen kann, das am stärksten benachteiligte Opfer der rassistischen Geschichte der USA zu sein, das deshalb zur ausgleichenden Gerechtigkeit am meisten legitimiert ist. Die Schwarzen verwiesen auf die zweihundertjährige Sklaverei, diejenigen indianischer Abstammung auf den Raub ihres Landes, und die Mexikaner, mit Blick auf die südwestlichen Bundesstaaten der heutigen USA, sahen sich ebenfalls als Opfer solchen Landraubs. In der nächsten Stufe ging der Streit dann um die Frage, wessen Opferstatus der ältere sei, deshalb zur bevorzugten Zuweisung von Ressourcen le-

51 Ebd., S. 855.

gitimiere.[52] Kurz, ein bizarrer Wettbewerb um ethnische Zugehörigkeit und den Opferstatus der eigenen Gruppe setzte ein. Heute ist ein Zustand erreicht, so Ostendorf, wo »die politische Rhetorik vieler ethnischer Gruppen sich wie ein *Guiness Book of Records* in vergleichendem Leiden liest.«[53]

Und schließlich gibt es auch noch die verschiedenen Formen, wie die ethnischen Gruppen sich gegeneinander abzuschotten versuchen. Aus der Geschichte bekannt sind vor allem die Anstrengungen der Weißen, Distanz aufzubauen – von den Hotels, Parkbänken, Schwimmbädern, die für Schwarze verboten, bis zur »white Flight«, der Abwanderung der Weißen, sobald die ersten Schwarzen in ein Wohnviertel zogen. Auf der privaten Ebene existieren viele dieser Trennlinien weiter, nur subtiler. Daneben aber läßt sich heute eine neue Bewegung ausmachen, diesmal von den Schwarzen ausgehend: eine »culture of segregation«[54], eine Kultur der Absonderung, manchmal auch »defensiver Separatismus«[55] oder »voluntary resegragation«[56] genannt, kurzum der freiwillige – oder teils freiwillige, teils resignative, teils demonstrative – Rückzug hinter die alten Grenzen der Hautfarbe. Vor allem in den Innenstadt-Ghettos hat ein erheblicher Teil der schwarzen Bevölkerung Verhaltensformen, Normen und Einstellungen angenommen, die sich immer weiter von denen der übrigen Gesellschaft entfernen. Massey/Denton beschreiben diese Situation folgendermaßen: »Um sich gegen die dauernde Bedrohung des Selbstwertgefühls zu schützen, die von den Bedingungen des Ghettolebens ausgeht, hat sich die schwarze Straßenkultur in eine Richtung entwickelt, wo bestimmte Verhaltensmuster, welche innerhalb der Gruppe der Schwarzen vorherrschen, zunehmend als legitim gelten, während sie von der weißen Gesellschaft mit Verachtung betrachtet werden. Die schwarze Identität entwickelt sich derart als eine Art Gegenmodell zu den konventionellen, den ›weißen‹ Einstellungen und Verhaltensmustern der Mittelschicht. Wenn die Weißen die Standardform des amerikanischen Englisch sprechen,

52 Neckel 1997, S. 270.
53 Ostendorf 1992, S. 866.
54 Massey/Denton 1996, S. 148ff.
55 Ostendorf 1996, S. 166.
56 Howard Fineman, *Redrawing the Collor Lines*, in: *Newsweek*, 29. April 1996, S. 46f.

wenn sie im Bildungssystem erfolgreich sind, wenn sie einen normalen Beruf ergreifen und darin hart arbeiten, wenn sie heiraten und für die Erziehung ihrer Kinder sorgen – dann muß man, um ›schwarz‹ zu sein, das besondere Idiom des schwarzen Englisch sprechen, im Bildungssystem schlechte Leistungen erbringen, jede konventionelle Berufstätigkeit geringschätzen, die Heirat meiden und Kinder ohne jede Einbindung in eine feste Partnerbeziehung bekommen. Alles andere wäre ›weißes Verhalten‹«[57], mit anderen Worten: Anpassung, Kapitulation, Verrat an der eigenen Gruppe.

All diese Entwicklungen zusammengenommen summieren sich zu einer spürbar aufgeladenen Stimmung, geprägt vom ethnischen Neben- und Gegeneinander. Und in genau dieser Situation strömen nun neue Einwanderungswellen herein. Damit wird die Spannung weiter verstärkt, und zwar nicht nur wegen des Umfangs der ankommenden Gruppen, sondern mindestens ebenso aufgrund des qualitativen Moments: eben weil sie eine Situation der ethnischen Spaltung antreffen. Im 19. Jahrhundert, ja auch noch bis in die Mitte des 20. Jahrhunderts hinein gab es breite Übereinstimmung darüber, was es hieß, ein Amerikaner zu sein, das Streben nach einer gemeinsamen Sprache und Kultur, und vor allem das Streben nach Assimilation – teils gefördert, teils auch erzwungen von der vorherrschenden Gruppe, der weißen, angelsächsischen, protestantischen Mehrheit.[58] Es war nicht zuletzt das Vietnam-Trauma, das hier einen spürbaren Einschnitt brachte.[59] In der Folge begann vielfach eine Ablehnung jener Werte der Mittelschicht, die den Krieg lange verteidigt hatte. Das wiederum beschleunigte die Aufwertung einer Gegenkultur, die sich an den Reichtum der von jener weißen Mittelschicht ausgeschlossenen Kulturen anlehnte, also an die bis dato »unsichtbare« Kultur der Schwarzen und der Indianer. Hinzukam der in den siebziger und achtziger Jahren einsetzende Strukturwandel der Wirtschaft, verstärkt durch die internationale Konkurrenz unter Globalisierungsbedingungen. Beides traf besonders die Neueinwanderer, reduzierte drastisch ihre Aussichten, raschen wirtschaftlichen und sozialen Aufstieg zu erreichen. Damit verlor

57 Massey/Denton 1996, S. 149.
58 Z.B. Glazer 1997; Ostendorf 1992.
59 Ostendorf 1996, S. 162.

die Idee der Assimilation weiter an Zugkraft, weil sowieso kaum umsetzbar scheinend.[60]

In der Folge wird nun von immer mehr Gruppen Wert darauf gelegt, die eigene ethnische Identität zu bewahren und zu betonen. Der Wandel zeigt sich bis in die Grundbegriffe hinein. *Assimilation*, einst selbstverständliches Ziel, ist zunehmend fraglich, ja verdächtig geworden, wird übersetzt nun als Anpassungszwang, als Kolonialisierung unter das Muster angelsächsischer Verhaltensformen und Werte. Und immer mehr Vertreter der ethnischen Minderheiten und der Einwanderergruppen wenden sich auch vom Begriff des *Schmelztiegels* ab. Sie verwenden statt dessen andere Bilder, wie etwa *Mosaik* oder *Salatschüssel*, um die Besonderheit, das kulturell Eigene der jeweiligen Gruppe ins Bewußtsein zu rücken.

Was geschieht unter solchen Umständen, wenn gleichzeitig sehr viele Neueinwanderer kommen? Worin und womit können diese Bindungen aufbauen, und was, wenn überhaupt, hält am Ende die verschiedenen Einzelgruppen zusammen? Solche Fragen werden heute häufig gestellt, und dies nicht in ausländerfeindlicher Absicht, um »die anderen« draußen zu halten, sondern eher mit Blick nach drinnen, auf den Zustand der amerikanischen Gesellschaft. »Früher sind Schwaben, Chinesen und galizische Juden nach Amerika zugewandert, um dort Amerikaner zu werden«, schreibt der Journalist David Morley. »Für das Gelingen dieses Unterfangens erfand man den Begriff *Schmelztiegel.* Das ist nun anders geworden. Inzwischen dreht sich der Schmelztiegel mit so hoher Geschwindigkeit, daß alles, was früher eine gemeinsame Mitte gebildet hatte, jetzt durch die Fliehkraft an den Außenrand geschleudert wird und in Splittergruppen eine abgeschottete Existenz führt. Ein Umkehrprozeß findet statt. Aus dem Schmelztiegel, in dem sich einst der Amerikaner gebildet hatte, gehen heute die Schwaben, Chinesen und galizischen Juden als gesonderte Volksteile ins Land hinaus.«[61]

60 Ebd., S. 159f.

61 John David Morley, *Inländer und Ausländer. Amerika wird ethnisch kartographiert*, in: *Süddeutsche Zeitung*, 28. April 1995; Hervorhebung im Original.

Gefahr der ethnischen Spaltung

So viel kann man wohl als unstrittig annehmen: Im Verhältnis der ethnischen Gruppen haben die USA in letzter Zeit reichlich Erfahrung gesammelt, was bizarre Entwicklungen, unerwartete und ungeplante Folgen angeht.

Viele sind vom gegenwärtigen Zustand enttäuscht. Das gilt für diejenigen der Weißen, die die Integrationspolitik von vornherein ablehnten und sich in ihrer Skepsis jetzt bestätigt sehen. Aber es gilt ebenso für die meisten der Schwarzen, die auf ein schnelles Ende der Ungleichheit hofften und, daran gemessen, nun um so empfindlicher wahrnehmen, wo Ungleichheit weiter besteht. Auch wenn, an harten Kriterien gemessen, die Ungleichheit heute objektiv geringer geworden, sie wird dennoch subjektiv als gravierend, als massive Verletzung empfunden, weil eben die Maßstäbe anders geworden, das Bewußtsein sich geschärft hat. Und schließlich sehen sich gerade auch diejenigen der Weißen enttäuscht, die sich einst in der Bürgerrechtsbewegung engagierten und mit ihren Zielen identifizierten. Auch ihnen kommt leicht das Bewußtsein dessen abhanden, was an Fortschritten – trotz allem – erreicht wurde. Statt dessen sehen sie oft vor allem das eine, tatsächlich so anstößige, aber für sie so besonders unerträgliche Faktum, die Tendenz zur ethnischen Polarisierung. Zwar können sie auf den anhaltenden Widerstand der Gegenseite verweisen und die Barrieren, die immer wieder neu aufgebaut wurden. Aber das reicht offensichtlich nicht aus. Deshalb gehen sie daran, im Rückblick auf die Geschichte auch die andere, unbequeme Frage zu stellen: Wo lagen die eigenen Fehler, die eigene Blindheit? Wo ging die liberale Integrationspolitik von naiven Annahmen aus? Zum Beispiel analysieren Glazer/Moynihan die immanenten Widersprüche der Integrationspolitik:

Ohne Zögern begann die amerikanische Regierung, »ethnische Kategorien zur Grundlage der Ressourcenverteilung zu machen. Zu einem geradezu dramatischen Aufstieg verhalf sie diesem Verfahren in den sechziger Jahren, und zwar zu genau dem Zeitpunkt, *als dasselbe für unwürdig und ungesetzlich erklärt wurde*. Die Bürgerrechtsbewegung von 1964 war Ausdruck und Verkörperung der liberalen Erwartung. ›Rasse, Hautfarbe, Religion, Geschlecht, nationale Herkunft‹: all diese Zuordnungs-Kategorien wurden mit dem *Bannstrahl* belegt. Niemand sollte nach so primitiven Kategorien eingestuft werden. Aber nur ein paar Stunden, nachdem dieses Statut in Kraft trat, und um eben seiner Durchsetzung willen, begann die Regierung zum erstenmal, immer noch genauere Beschreibungen von Untergruppen jeglicher Art zu verlangen – Kinder in Kindergärten und Kindergarten-Personal, Auszubildende, Universitäts-Fakultäten, Chefsekretärinnen –, alle nun aufgelistet nach Rasse, Hautfarbe, Geschlecht ... Die Erwartung, daß solche Kategorien kein Gegenstand offiziellen Interesses sein sollten – in den Jahren direkt nach dem Zweiten Weltkrieg waren die Regierungen damit beschäftigt, alle Bezüge auf Rasse oder Religion von den offiziellen Formularen zu tilgen, ja verboten den Universitäten sogar, von den Bewerbern ein Foto zu verlangen –, diese Erwartung wurde nun sogleich durch die Anforderung ersetzt, solche Angaben sollten offiziell abgefragt werden, mehr noch, die Fakten der jeweiligen Verteilung müßten gerechtfertigt werden ... Die Instrumentarien einer Politik, deren Ziel es war, Diskriminierung zu verhindern, gingen zwangsläufig darüber hinaus und zur Entwicklung positiver Maßnahmen für diejenigen, die als Diskriminierungsopfer galten – eine Liste, die sich innerhalb kürzester Zeit immer mehr auszuweiten begann.«[62]

Viele Kritiker konzentrieren sich auf diese Entwicklung, weil sie genau hier den entscheidenden Punkt sehen, an dem gute Absichten in schlechte Folgen umschlagen. Sie sagen, eine Politik, die an ethnischen Unterschieden ansetzt, um diese im nächsten Schritt dann aufheben zu können, eine solche »Ethnopolitik« also, ist von vornherein in ihrer eigenen Falle gefangen. Dabei meint Ethnopolitik einen Prozeß der Mobilisierung von Ethnizität, wo diese von einer psychischen, kulturellen oder sozialen Gegebenheit in ein politisches Instrument verwandelt wird, und zwar mit der Absicht, die strukturelle Ungleichheit zwischen ethnischen Gruppen zu verändern oder zu verstärken. Hierzu stellt Ethnopolitik jeweils auf die angenommenen Unterschiede und Besonderheiten im kulturellen Erbe der Gruppen ab, die sie mobilisieren will, »betont diese Unterschiede, überhöht sie ideologisch, verdinglicht sie, verändert sie, und manchmal erschafft sie sie neu«.[63] Ethnopolitik scheitert nach dieser Sichtweise nicht nur aus äußeren Gründen, an den Widerständen der anderen. Vielmehr steht sie von innen heraus stets in Gefahr, in ihr Gegenteil umzuschlagen. Denn sie befördert, so lautet der Vorwurf, ein Denken in rassischen bzw. ethnischen

62 Glazer/Moynihan 1975, S. 10f.
63 Rothschild 1981, zit. nach Baumann 1996, S. 11f.

Kategorien, verstärkt diese damit, baut für die Zukunft neue Trennlinien auf.

Dagegen meinen viele der Schwarzen – und zwar nicht nur die militanten Führer ihrer Bewegung, sondern auch die differenzierteren Stimmen –, »Affirmative Action«-Programme seien weiterhin nötig, solange noch krasse Unterschiede in Einkommen und Lebenschancen bestehen.[64] Sonst würden die bisher erzielten Fortschritte zunichte gemacht, die Gesellschaft wieder zurückfallen. Aber die Weißen haben die Macht, sie haben die Mehrheit (jedenfalls noch): Also wird an vielen Orten beschlossen, den »Affirmation Action«-Programmen ein Ende zu setzen. Was auf seiten der Schwarzen neuerdings Gefühle der Bitterkeit und Enttäuschung auslöst: Die Weißen tun immer nur das, was sie selber wollen. So setzt sich die Kette der enttäuschten Hoffnungen fort, bei den Weißen, bei den Schwarzen – und die Hardliner in beiden Lagern wußten ja immer schon, daß jede Hoffnung vergeblich, jede Annäherung falsch sei.

Inwieweit ist die Dynamik der Selbstethnisierung von Minderheitsgruppen, wie sie in den USA heute zu beobachten ist, also in der bisherigen Integrationspolitik selbst angelegt, als deren paradoxe und doch erwartbare Folge? Inwieweit ist sie das Ergebnis von verweigerter Integration, genauer des Wechselspiels von verheißener und verweigerter Integration, das ein Klima der Spannung und Konfrontationsbereitschaft erzeugt? Welche anderen Bedingungen spielen herein, von den Umbrüchen auf dem Arbeitsmarkt bis hin zur wachsenden ökonomischen Polarisierung im Amerika der achtziger und neunziger Jahre? Was ist hier Ursache, was Wirkung, was greift wie ineinander? Wie immer man die Argumente abwägen mag, die Lehre heißt wohl: »Die Geschichte des Rassismus in den Vereinigten Staaten wirft lange Schatten noch auf die Versuche, ihn zu überwinden.«[65]

Manche meinen, die Bilanz aus all dem würde nun heißen: Viel Mühen und alles vergeblich. Schaut man auf die Geschichte zurück, so haben weder die Sklavenbefreiung noch die Rassenintegrationspolitik die Ungleichheit zwischen Weißen und Schwarzen aufheben können. Aber darüber sollte man nicht die andere

64 Z.B. West 1994.
65 Neckel 1997, S. 272.

Seite vergessen. Gerade wenn man in historischen Maßstäben denkt, wird deutlich, was an Fortschritten erzielt wurde. Dennoch bleibt das anstößige Faktum, die Gefahr der ethnischen Spaltung. Präsident Clinton selbst hat sie vor kurzem in den Blickpunkt gerückt. In einer Rede, die dem Thema »Race relations«, also dem Verhältnis der verschiedenen ethnischen Gruppen, gewidmet war, erinnerte er zunächst an das Ergebnis einer Untersuchungskommission, die 1968 gewarnt hatte, daß die USA zu einem Land zweier Nationen werden könnten – die eine schwarz, die andere weiß. Daran anknüpfend stellte Clinton die Frage: »Heute stehen wir vor einer anderen Entscheidung. Wollen wir nicht zwei, sondern viele Amerikas werden? Getrennt, ungleich und isoliert voneinander?«[66]

»Multiethnisch« als Weg in die Zukunft?

In den Theatern New Yorks sieht man kaum Schwarze, es gibt wenig Rollen für Schwarze, wenig schwarze Dramatiker. Eine Ausnahme ist der Dramatiker August Wilson, selbst hellhäutiger Sohn einer Schwarzen und eines Deutsch-Amerikaners. Mit einer fulminanten Rede nahm er vor kurzem Amerikas kulturelle Machtverhältnisse aufs Korn, und provokativ hieß seine Schlußfolgerung: In einer von Weißen dominierten Gesellschaft brauche das schwarze Amerika sein eigenes Theater. Wilsons Polemik zündete. Eine öffentliche Kontroverse entwickelte sich, bis hin zu einer als Medienereignis inszenierten Großveranstaltung in der New Yorker Stadthalle. Während die offiziellen Reden eher enttäuschten, wurde zum Gewinner am Ende das Publikum, das mit zahlreichen Zwischenrufen und Fragen aufwartete – darunter einer, die keine Beantwortung fand und übergroß im Raum stehen blieb: »Ich bin halb Balinesin, halb Irin. Meine Großmutter stammt von den Philippinen und mein Großvater aus Polen. Ich bin in Texas aufgewachsen und lebe jetzt in New York. Was für ein Theater schlagen Sie für mich vor?«[67]

66 Bill Clinton 1997, zit. nach Richard Cohen, *Clinton's Race Speech: Feel-Good but Empty*, in: *International Herald Tribune*, 18. Juni 1997.

67 Siehe hierzu Vera Graaf, *Die Außenhaut des Theaters. Ein New Yorker Streit über die Rassentrennung im Drama*, in: *Süddeutsche Zeitung*, 14. Februar 1997.

Was in dieser Frage als Stimmung sich andeutet, ist keine Ausnahme. Immer mehr derer, die gemischte Herkunft aufweisen, widersetzen sich dem ethnischen Separatismus. Sie wehren sich gegen pauschale Aufteilungsversuche, in denen kein Raum bleibt für sie, für das Spezifische ihrer Situation, ihrer Identität, ihrer Erfahrung. Nicht zuletzt im Hinblick auf die nächste amerikanische Volkszählung im Jahr 2000 ist eine Großdiskussion in Gang gekommen, die von den Sozialwissenschaften bis zu Politik und Öffentlichkeit reicht. Man muß nur einen Blick in die Medien werfen: Beiträge, die die ethnische Vielfalt und ihre offizielle Erfassung zum Gegenstand machen, gehören zum Alltag der Zeitungslektüre. Aus der Vielfalt der Stimmen, der Argumente und Gegenargumente, die hier ausgetauscht werden, zeichnen vor allem zwei Vorschläge sich ab. Sie sollen – um einen Eindruck von der aktuellen Debatte zu geben – im folgenden kurz dargestellt werden.

Eine Idee, die in den USA heute zunehmend Anhänger findet, ist die Einführung eines neuen Begriffs – auf offiziellen Formularen, erst recht im öffentlichen wie privaten Bewußtsein –, der Personen gemischter Herkunft zu einer eigenen Gruppe verbindet: »Multiracial« ist die Bezeichnung dafür. Die Anhänger dieses Begriffs wollen sich nicht mehr mit Hilfsbezeichnungen abfinden, gar unter der Rubrik »Andere« einordnen lassen, weil sie dies als Diskriminierung empfinden.[68] So z. B. Charles Byrd aus New York, selbst Sohn einer schwarzen Mutter und eines weißen Vaters, der eine landesweite Bewegung gegründet hat, um für die Kategorie »Multiracial« politische Anerkennung zu erreichen. Sein Argument gegen die Kategorie »Andere« lautet: »Das ist, als wolle man einen Ausländer einen Außerirdischen nennen … Es gibt niemand, der ›Anderer‹ genannt werden möchte. Ein Tier könnte man als Lebewesen anderer Art bezeichnen, aber einen Menschen sollte man niemals einen ›Anderen‹ nennen.«[69]

Zu einer aktuellen Wendung in dieser Debatte hat vor kurzem auch Tiger Woods beigetragen, jener junge Golfspieler, der sich plötzlich an die Spitze gespielt und entscheidende Titel errungen

68 Siehe oben, Einleitung S. 11 f.

69 Siehe Oralandar Brand-Williams, *Tiger's comments stir up racial designation debate*, in: *The Detroit News*, 25. April 1997.

hat – und das in einem Sport, der lange Zeit Domäne der Weißen war, ja von dem gesagt wurde, Schwarze hätte aufgrund ihrer genetischen Ausstattung nicht die Befähigung dazu. Und dann Tiger Woods, der kam, sah und siegte: Die Sensation war perfekt. Bleibt nur die Frage: Was ist seine Herkunft? Viele haben ihn einfach als Afro-Amerikaner gesehen. Aber als er dank seiner neuen Berühmtheit zu einer der populärsten Talk-Shows des amerikanischen Fernsehens geladen wurde, da bestand er darauf, er sei nicht Afro-Amerikaner, er sei statt dessen, wie er es nannte: »Cablinasian«, ein von ihm selbst geschaffenes Kunstwort, das die verschiedenen Stränge seiner Herkunft verknüpft, auf englisch »Caucasian, Black, Idian, Asian«, auf deutsch etwa ein »schwasiatischer Weißindianer« oder vielleicht auch ein »indiasatischer Weißschwarzer«. Seine Herkunft, so führte er aus, sei ein Viertel Thai, ein Viertel Chinesisch, ein Viertel schwarz, ein Achtel weiß und ein Achtel indianisch. Seine Weigerung, sich auf die eine Kategorie schwarz reduzieren zu lassen – oder auch: sich von deren Protagonisten vereinnahmen zu lassen –, hat ihm von den einen Zustimmung, von anderen heftige Kritik eingebracht, und beides zusammen hat der langen Debatte um ethnische Kategorien neuen Auftrieb gegeben.[70]

In der öffentlichen Kontroverse hat sich, in einem ausführlichen Beitrag in der *International Herald Tribune*, dann auch der Soziologe Amitai Etzioni zu Wort gemeldet. Er verweist zunächst auf die schnelle Zunahme der Amerikaner multiethnischer Herkunft und folgert daraus, es sei an der Zeit, diesem Sachverhalt auch öffentlich Anerkennung zu schaffen: »Da die Kategorie ›Andere‹ unbefriedigend ist, und da es ferner kaum durchsetzbar ist, die soziale Konstruktion der Rassen einfach fallen zu lassen, obwohl die Argumente für eine farbenblinde Gesellschaft viel Überzeugungskraft haben – warum soll man da nicht eine neue Kategorie ›multiracial‹ einführen?« Dies, so sein Argument, sei auch ein Weg, um den Trennlinien entgegenzuwirken, die das Denken noch immer bestimmen, und statt dessen ein Bewußtsein der Gemeinschaft zu stärken: »Wenn die neue Kategorie eingeführt wird, und wenn in Zukunft immer mehr Amerikaner sie wählen, dann wird dies dazu beitragen, daß Amerika mehr wie Hawaii aussehen wird, wo die

70 Ebd.

verschiedenen Gruppen sich frei vermischen, und weniger wie Indien, wo die Bevölkerung noch immer strikt nach Kasten getrennt ist. Dieses Verwischen der ethnischen Trennlinien kann den Zusammenhalt insgesamt stärken ... Wenn bei der Volkszählung im Jahr 2000 die Kategorie ›multiracial‹ hinzukommt, dann könnten wir in Zukunft auch daran denken, eine weitere Kategorie ›multiethnic‹ hinzuzufügen, die wohl die meisten Amerikaner dann ankreuzen. Dann haben wir die volle Bedeutung dessen erkannt, was mein liebstes afroamerikanisches Sprichwort sagt: ›Wir kamen in vielen Schiffen, aber heute sitzen wir alle im selben Boot‹.«[71]

Solche Vorschläge, eine neue Kategorie »multiethnisch« zu schaffen, finden freilich nicht nur Anhänger. Und die Gegner kommen keineswegs nur aus den Reihen derjenigen Weißen, denen allein schon der Gedanke an rassische bzw. ethnische Mischung Abscheu erzeugt. Im Gegenteil, es sind insbesondere auch Schwarze oder Vertreter anderer Minderheitsgruppen, die eine solche Kategorie ablehnen. Und dies aus verschiedenen, nicht zuletzt strategischen Gründen. Wie oben gesagt, gibt es gerade unter den Afroamerikanern eine beträchtliche Gruppe, die auch Vorfahren anderer Hautfarbe hat: Wenn diese nun alle sich nicht mehr als schwarz, sondern als multiethnisch begreifen, dann bedeutet das zunächst einmal eine Aufsplitterung der Solidarität, des gemeinsamen Anliegens. Es bedeutet darüber hinaus einen spürbaren Machtverlust für die, die die Sache der Schwarzen vertreten, denn gegen das »Gesetz der großen Zahl«[72], das in der politischen Arena zu Einfluß verhilft, wird dann verstoßen. Und schließlich droht den ethnischen Funktionären und Interessenvertretern, den nach ethnischen Quoten ausgewählten Berufsgruppen auch ein Verlust der eigenen Stellung. Wenn sie einen Teil ihrer Klientel plötzlich verlieren, sind ihre politische Legitimation wie Arbeitsplatz und Einkommen gefährdet: Was wird aus der schwarzen Sozialarbeiterin für schwarze Jugendliche, wenn viele von diesen sich bei offiziellen Angaben nun als »multiethnisch« bezeichnen? Müßte man dann, im Sinne des ethnischen Balance-Aktes, nicht eher eine Person ebenfalls multiethnischer Herkunft einstellen? Und was wird aus dem geplanten Museum für indianische Kunst, was aus seinem

71 Etzioni 1997 (siehe Anmerkung 35).
72 Siehe hierzu Neckel 1997, S. 267.

designierten künftigen Leiter, wenn die öffentlichen Fördermittel unsicher werden, weil die entsprechende Bevölkerungsgruppe in den amtlichen Statistiken schrumpft? Etzioni weiß wohl, was hier an Widerständen noch wartet:

»Die Führer der afroamerikanischen Bewegung befürchten, daß die multiethnische Kategorie zur Verringerung der Zahl der Schwarzen in den offiziellen Statistiken führen könnte. Das würde dann die Versuche untergraben, Anti-Diskriminierungsklauseln durchzusetzen, und es würde ebenso zahlreichen Sozialprogrammen die Grundlage entziehen, die sich an ethnischen Quoten ausrichten. Diese Befürchtung ist wahrscheinlich richtig... Nur: die sozialen Kosten sind noch größer, wenn man die Menschen dazu ermutigt, sich über rassische bzw. ethnische Zugehörigkeit zu definieren.«[73]

Charles Byrd, Pionier der multiethnischen Bewegung, sieht die Widerstände ähnlich begründet: »Es gibt zu viele, die ein Eigeninteresse daran haben, ihre politische Machtbasis zu erhalten.«[74] Für die bevorstehende Volkszählung hat die multiethnische Kategorie sich jedenfalls nicht durchsetzen können. Statt dessen hat ein anderer Vorschlag gesiegt, der ebenfalls darauf abzielt, die Eindimensionalität der bisherigen ethnischen Raster abzulösen.[75] Den amerikanischen Bürgern, so hat die Verwaltung Clintons vor kurzem verfügt, wird die Möglichkeit eröffnet, bei allen Formularen, wo es um ethnische Zuordnung geht, mehrere Herkunftsgruppen zu nennen. Mit dieser Entscheidung wird ein Schlußstrich unter die bisherige Praxis gezogen, die die Menschen dazu zwang, sich auf eine einzige Herkunftsgruppe festzulegen. Dieses Verfahren war nämlich – angesichts der hohen Einwanderungszahlen und der Zunahme gemischter Familien – immer mehr unter Kritik geraten. Aber ist das neue, die beliebige Vermehrung der Kästchen, die Lösung? Schon werden auch hier wieder Einwände laut. Einige äußern pragmatisch begründete Skepsis: Zwar läßt ein solches Verfahren die Vielfalt sichtbarer werden, aber wie soll man das Mosaik, das so entsteht, am Ende noch auszählen? Bei anderen ist der Vorbehalt eher grundsätzlicher Art. Sie wenden sich gegen alle Verfah-

73 Etzioni 1997 (siehe Anmerkung 35).
74 Charles Byrd, zit. nach Oralandar Brand-Williams (siehe Anmerkung 69).
75 Barbara Vobejda, *More Choice on Race in Census 2000*, in: *International Herald Tribune*, 31. Oktober 1997.

ren, die mehr ethnische Feindifferenzierung erlauben, weil diese, so gut gemeint sie auch sind, den »Käfig der Rasseneinteilung« nicht wirklich aufbrechen[76], ja mehr noch, die Dynamik der ethnischen Spaltung ungewollt weiter vorantreiben.

Unter der Überschrift *Amerika wird ethnisch kartographiert* schreibt der Journalist David Morley: »Die Spalten in den Formularen, in der die ethnische Zugehörigkeit einzutragen ist, sollen erweitert werden, mit dem sinnigen Hintergedanken, in Zukunft weniger *schwarz-weiß* verfahren zu müssen. Mit einer erweiterten Palette der ethnischen Auswahlmöglichkeiten bringt die Verwaltung jedoch die Bürger in Verlegenheit. Wie schwarz oder, genauer gesagt, afrikanisch-amerikanisch, bin ich denn eigentlich? Wie jüdisch-hispanisch? Wie asiatisch? Menschen, die sich mit derlei Gedanken bisher nie befaßt haben, müssen nun genauer hinsehen. Wie war das wohl mit dem Großvater? Mit der Großmutter? Im Zweifelsfall (und im Land des Schmelztiegels dürfte es sich mehrheitlich um Zweifelsfälle handeln), wofür sollte ich mich entscheiden, und mit welchen langfristigen Konsequenzen muß ich für meine Kinder und Kindeskinder rechnen? Mit ihrer sicherlich gutgemeinten Erweiterung der Liste der möglichen ethnischen Zugehörigkeiten haben die amerikanischen Behörden eine Pandorabüchse geöffnet … Bringt man den amerikanischen Rasterversuch auf einen Punkt, so scheint die Suche nach einer Identitätsfindung zwangsläufig in die Frage zu münden: ›Was trennt uns voneinander?‹, nicht: ›Was haben wir miteinander gemeinsam?‹ … Erste Erfahrungen mit der Gliederung des amerikanischen Volkes in immer kleinere ethnische Gruppierungen lassen befürchten, es könnte die Gefahr einer ungewollten Ghettoisierung aufkommen.«[77]

So viel zu den Ausschnitten aus der aktuellen Mediendebatte. Wir sehen daran: Nicht nur auf der sprachlichen Ebene, bei der Wahl der Begriffe, wird immer wieder an Erinnerungen gerührt, die die ganze Last der Geschichte enthalten. Mindestens ebenso hier, in der politischen Praxis, mit dem ganzen Arsenal ihrer Maßnahmen und Förderprogramme: Auch diese Versuche, der ethnischen Diskriminierung bewußt entgegenzuwirken, laufen, selbst wenn sie die alten Strukturen verändern, zum Teil wieder in neue Fallen und Problemschleifen hinein. Die langen Schatten der Geschichte bleiben sichtbar auch hier, und es gibt wohl kein schnelles Entkommen.

76 Yasmine Bahrani, *Racial Identity in America: Can't We Just Be Ourselves?*, in: *International Herald Tribune*, 20. Februar 1998.
77 Morley 1995 (siehe Anmerkung 61).

Aber vielleicht sollte man, neben allen Enttäuschungen, auch die andere Seite nicht vergessen. Allein schon die Tatsache einer solchen Mediendebatte, in immer neuen Beiträgen sich fortsetzend, immer wieder um Rassenintegration versus ethnische Polarisierung kreisend, allein dies ist ein Hinweis, wie sehr dies Thema heute Politik und Öffentlichkeit bewegt. Die Zeiten sind vorbei, wo Ungleichheit für selbstverständlich genommen, für naturgegeben erklärt wurde. Das Verhältnis der ethnischen Gruppen ist in Bewegung geraten, unaufhaltsam und unwiderruflich.

Kapitel 4

Im Dschungel der Sortierungsversuche – Erste Annäherungen

Trotz aller historischen Erfahrungen und aller Lasten, die viele der Bezeichnungen für ethnische Gruppen enthalten – die Zuordnung nach ethnischer Herkunft ist auch heute ein wichtiges Unterscheidungsmerkmal in vielen Gesellschaften, ja gewinnt, wie im letzten Kapitel gezeigt, in Gegenwart oft wieder mehr an Bedeutung. Nicht nur in den USA, sondern auch in vielen anderen Ländern ist nationale oder ethnische Zugehörigkeit zu einem wesentlichen Kriterium geworden, an dem sich vieles bemißt – von der Erteilung der Staatsbürgerschaft und der Verteilung von knappen Ressourcen bis hin zu Verfolgung, Vertreibung und Völkermord, also Lebenschancen im ganz wörtlichen Sinn. Wenn aber ein Kriterium so weitreichende Implikationen enthält, dann muß es zweifelsfrei und eindeutig handhabbar sein – sollte man meinen. Doch genau das Gegenteil ist der Fall. Die Frage, wer welche ethnische Zugehörigkeit hat, ist ein Terrain besonderer Art, eigentümlich diffus, verwirrend, vielfach umstritten. Und dies gilt keineswegs nur für seltene, fernabliegende, kurzum exotische Fälle. Nein, diese Frage taucht mit zäher Regelmäßigkeit auf, um welche ethnische Gruppe auch immer es geht, und sie ist uns durchaus nah, nämlich in Deutschland inzwischen zum häufigen Streitthema vor Gerichten geworden. Dieses schwierige, hochsensible Terrain zu erkunden – nicht für die Geschichte, sondern für die Gegenwart nun –, das ist das Thema des folgenden Kapitels. Indem es einige der zentralen ethnischen Zuordnungsbegriffe durchdekliniert, will es zeigen:

Welche der Einteilungen, welche der Grenzziehungen auch immer man nimmt – »Er ist Schwarzer«, »Sie ist Deutsche«, was sonst auch immer –, alle sind längst nicht so einfach und eindeutig, wie sie sich geben. Alle enthalten viel Vagheiten, viele Unstimmigkeiten und Widersprüche. Manche meinen gar nicht das, was sie direkt besagen, sondern anderes, einen Subtext gewissermaßen, der sich erst langsam erschließt. Manche verschieben sich im Widerstreit der

Gruppen und ihrer Interessen, dehnen sich aus oder schrumpfen zusammen. Manche führen direkt in politische Kontroversen hinein, sind abhängig von Behördenwillkür und komplizierten Auslegungsspielregeln. Kurz, hinter den scheinbar klaren Kategorien zeigt sich vielfach: ein Gestrüpp, ein Dickicht, ein Dschungel.

1. Wer ist ethnisch?

Beginnen wir mit einer naheliegenden Frage: Was meint eigentlich »ethnisch«? Was genau macht eine Gruppe zur »ethnischen« Gruppe? Um es vorweg gleich zu sagen: Nicht einmal hierauf gibt es eine eindeutige Antwort. Wenn wir beim angelsächsischen Sprachraum anfangen, dann können wir Glazer/Moynihan folgen, die ihr Buch über *Ethnicity* mit einem Blick in verschiedene Wörterbücher beginnen. Eine der ersten Definitionen findet sich demnach in der 1973 erschienenen Ausgabe des *American Heritage Dictionary of the English Language*, wo es zu »ethnicity« heißt: »1. The condition of belonging to a particular ethnic group; 2. Ethnic pride.«[1] Insgesamt stellen sie fest, der Begriff »Ethnizität« sei neueren Datums, deshalb noch in Bewegung, nicht fest fixiert.[2] Wie sie weiterhin ausführen, existieren im Englischen zwei Bedeutungsvarianten nebeneinander. Nach der einen wird als »ethnisch« nur eine Minderheitsgruppe bezeichnet; als Beispiel zitieren Glazer/Moynihan aus dem *Modern Dictionary of Sociology:* »eine Gruppe, verbunden durch eine gemeinsame kulturelle Tradition und ein Gefühl der Identität, die innerhalb einer größeren Gruppe als deren *Unter*gruppe existiert«.[3] Dies aber, so Glazer/Moynihan, ist ein älterer Sprachgebrauch, heute dagegen hat sich der Begriff ausgeweitet und wird auch für Mehrheitsgruppen verwandt: »Neigen wir nicht immer mehr dazu, den Begriff ›ethnische Gruppe‹ auf jede Gruppe mit spezifischer kultureller Tradition und Herkunft anzuwenden, also durchaus auch dann, wenn es sich um die größte ethnische Gruppe innerhalb einer Nation handelt, um das Staatsvolk? In diesem Sinne betrachten wir in den USA zunehmend auch

1 Zit. nach Glazer/Moynihan 1975, S. 1.

2 Ebd.

3 Ebd., S. 4; Hervorhebung im Original.

die alteingesessenen Amerikaner, die Nachfahren der Angelsachsen, als eine ethnische Gruppe.«[4]

Bedeutungsspur Eins: Minderheiten, Exoten und Heiden

Tatsächlich aber ist der Bedeutungsgehalt wohl weiterhin unklar. In Sollors' Buch *Beyond Ethnicity*, 1986 erschienen, gibt es einen ganzen Abschnitt, der strittigen Frage gewidmet: »Are Yankees Ethnic?«[5] Darin werden weiter beide Bedeutungsvarianten genannt, die engere und die weitere. Als anschauliches Beispiel für die engere wird eine Karikatur aus der Zeitschrift *New Yorker* aufgenommen, die eine Familie der gehobenen weißen Mittelschicht zeigt, wie sie am elegant gedeckten Tisch sitzt, das gemeinsame Abendessen einnehmend, und die kleine Tochter stellt die entscheidende Frage: »Sind auch *wir* ethnisch?« Das illustriert, was Sollors als weiterhin üblichen Sprachgebrauch sieht: »Im üblichen Sprachgebrauch wird Ethnizität als ›Anderssein‹ definiert.«[6] Ethnisch sind demnach immer die »sonstigen Gruppen«, vom Standpunkt der Mehrheit betrachtet, für die Amerikaner angelsächsischer Herkunft z. B. diejenigen aus Mexiko oder Korea, für die Deutschen z. B. die Aussiedler aus Polen oder die Migranten türkischer Herkunft. Weiter führt Sollors aus, daß im Begriff »ethnic« oft eine Abwertung mitschwingt, ein Nachklang aus den Zeiten der Christianisierung, wo »ethnic« manchmal auch als »hethnic«, als heidnisch, geschrieben wurde, womit die von Gott Auserwählten sich abgrenzten von den anderen, eben den Heiden. Aufgrund dieser negativ besetzten Bedeutungsgeschichte, so Sollors, gibt es auch heute noch vielfach Widerstände dagegen, den Begriff »ethnisch« auch auf die eigene Gruppe anzuwenden.[7]

Eine wiederum etwas andere Bedeutungsvariante finden wir bei Baumann, in seinem 1996 erschienenen Buch über multi-ethnische Gruppen in London. Für ihn hängt es wesentlich vom jeweiligen Aufenthaltsort ab, ob eine Person sich als »ethnisch« betrachtet. So würden die Briten in Großbritannien sich wohl kaum als »eth-

4 Ebd.
5 Sollors 1986, S. 24 ff.
6 Ebd., S. 25.
7 Ebd.

nisch« ansehen, doch dies würde sich ändern, sofern sie sich im Ausland aufhalten: »Die meisten weißen Engländer [in Großbritannien] wären irritiert, wenn man sie als ›ethnische Gruppe‹ bezeichnen würde statt als ›die Bevölkerung‹, ›die Eingesessenen‹ ... oder mit ähnlichen Formeln, die sie vom ›ethnischen‹ Charakter der anderen unterscheiden. Würden sie sich aber in Belize oder Australien aufhalten, dann würden sie selbstverständlich eine andere Bezeichnung erwarten. Denn wer als ethnisch gilt oder nicht gilt, ist immer auch ein relationaler Begriff.[8]

Nimmt man all die genannten Definitionen zusammen, was folgt dann daraus? Daß es keine einheitliche Definition gibt. Daß wir deshalb nicht wissen, ob ein Amerikaner (welcher Herkunft, zur Mehrheits- oder Minderheitsgruppe zählend?) oder ein Brite (welchen Aufenthaltsorts, in Großbritannien oder außerhalb weilend?) nun »ethnisch« ist oder nicht, ob er diesen Begriff auf sich selbst anwendet, vielleicht gar Stolz damit verbindet, oder ob er ihn zurückweist und als Zumutung empfindet.

Bedeutungsspur Zwei: Säubern und Ausgrenzen

Bleibt die Frage, welchen Bedeutungshorizont der Begriff im Deutschen umfaßt. Im *Duden* von 1993 finden wir unter dem Stichwort »ethnisch« folgenden Eintrag: »die [einheitliche] Kultur und Lebensgemeinschaft einer Volksgruppe bezeugend, betreffend«. Und um zu zeigen, in welchen Kontexten dies Adjektiv typischerweise verwandt wird, werden die folgenden Substantive aufgezählt: »Gruppen, Gliederungen, Eigentümlichkeiten; Säuberung«.[9] Gehen wir weiter zu zwei neueren sozialwissenschaftlichen Aufsätzen, die explizit das Thema Ethnizität behandeln. In einem 1991 erschienenen Aufsatz über *Nationalismus und Ethnizität* definiert Elwert »ethnische Gruppen/Ethnien« als »familienübergreifende und familienerfassende Gruppen, die sich selbst eine ... kollektive Identität zusprechen«.[10] In einem 1997 erschienenen Artikel über *Ethnizität und Staatsbürgerrecht* versteht Schäfers »Ethnos« als »das sich sprachlich, kulturell und geschichtlich als

8 Baumann 1996, S. 17.
9 Duden 1993, S. 990.
10 Elwert 1991, S. 447.

Einheit verstehende Volk« und führt dann aus: »Die durch den Nationalstaat initiierte, aber auch erforderliche Identitätsbildung und Identitätsbehauptung haben von Beginn an mit den Prozessen des Abgrenzens und Ausgrenzens – mit der Herstellung von Ethnizität – zu tun.«[11]

Folgt man diesen Definitionen, so fallen zwei interessante Unterschiede bzw. Akzentverschiebungen gegenüber dem englischen Sprachgebrauch auf. Erstens werden im Deutschen offensichtlich nicht nur die Minderheitsgruppen, sondern auch die Mehrheitsgruppe als »ethnische« Gruppen bezeichnet. Ethnisch sind hier nicht nur »die anderen« (z. B. die Türken in Deutschland), sondern vor allem auch »Wir« (wir Deutsche). Zweitens weist der Begriff »ethnisch« im deutschen Sprachgebrauch eine enge Verbindung zu »Ausgrenzen« und »Säuberung« auf, was, wenn man sich an die deutsche Geschichte erinnert, und ebenso an die bisher praktizierte Form des Staatsbürgerrechts, ja durchaus reale Grundlagen hat.

Deutsche Politik in der ethnischen Falle

Will man diese zweite Spur weiter verfolgen, lohnt sich ein Blick in den Bericht *Migration und Integration*, erstellt im Auftrag der Beauftragten der Bundesregierung für Ausländerfragen. Da steht folgender Eintrag: »Das Merkmal *ethnische Herkunft* (z. B. kurdische Volkszugehörigkeit) wird von dieser Statistik [des Ausländerzentralregisters] nicht erfaßt Die amtliche Statistik der Bundesrepublik Deutschland verzichtet aus historischen Gründen auf die Erhebung des Merkmals ethnische Zugehörigkeit (›Volks- und Rassenzugehörigkeit‹).«[12] Was aber die zuständigen Behörden nicht daran hindert, genau dieses Merkmal zur Entscheidungsgrundlage für Einreiseerlaubnis und Staatsbürgerschaft zu machen. So heißt es im selben Bericht: »(Spät)Aussiedler erhalten aufgrund ihrer *ethnischen Zugehörigkeit* nach der Einreise in die Bundesrepublik auf Antrag die deutsche Staatsangehörigkeit.«[13] Und weiter: Unter den Migranten sind auch »*jüdisch-stämmige* Zuwanderer aus der ehemaligen Sowjetunion, deren Einreisen entsprechend

11 Schäfers 1997, S. 428.
12 Migration und Integration, 1997, S. 45; Hervorhebung im Original.
13 Ebd., S. 227; Hervorhebung im Original.

dem Kontingentflüchtlingsgesetz erfolgten«.[14] In diesen knappen Sätzen wird freilich nichts von dem sichtbar, wie die alltägliche Praxis des Behördenalltags ausschaut. Dazu muß man dann einschlägige Erfahrungsberichte oder Pressemitteilungen lesen, um zu verstehen, wie die Prozeduren verlaufen, nach denen Sachbearbeiter über Gewährung (oder: Nicht-Gewährung) von Einreiseerlaubnis oder Staatsbürgerschaft entscheiden: Da wird, ganz im Sinn der entsprechenden Vorschriften, nach dem jeweiligen Merkmal – sei's der Deutschstämmigkeit, sei's der Jüdischstämmigkeit – akribisch gesucht und sortiert, nicht selten über Jahre hinweg und durch unterschiedliche Instanzen hindurch, weil ausländische Dokumente erforderlich werden. Da werden Indizien auf Indizien gehäuft, noch die toten Vorfahren durchleuchtet, Akten über Akten gesammelt, um die ethnische Herkunft zu prüfen: Wer ist Deutscher? Wer ist Jude?[15] Nun ist unstrittig, daß es im letzteren Fall darum geht, einen Gegenakzent zu dem früher im Namen des deutschen Volkes begangenen Unrecht zu setzen, oder, wie es im zitierten Bericht heißt: »die Erhaltung der Lebensfähigkeit der jüdischen Gemeinden« ist ein Gesichtspunkt, der hinter dieser Regelung steht.[16] Aber eben diese Absicht setzt nun neue Prozesse des Sortierens und Aussortierens in Gang, wenn auch unter gewandelten Vorzeichen.

Wer sich in der Geschichte auskennt, wird bei den zitierten Passagen aus der Studie für Ausländerfragen vielleicht an einer Stelle gestutzt haben. Es ist ein kleines Wort, ein Adjektiv nur, das Irritationen auslöst: von »jüdisch-stämmig« ist da die Rede. Das mag vielen, offensichtlich auch dem Verfasser der Studie, ganz harmlos erscheinen, nichts als ein wissenschaftlich-deskriptiver, ein wertneutraler Begriff. Und doch, schaut man in die Geschichte zurück, so erinnert eben dieser Begriff fatal an vergangene Zeiten: Er ist historisch belastet, nämlich in der Politik und dem Sprachgebaren der NS-Zeit verwurzelt. Eines der Lieblingsprojekte der SS war die Erstellung einer Judenkartei, um zuverlässig die »falschen« Volksgenossen von den »echten« zu sondern. Als diese Kartei noch im Planungsstadium war, faßte der zuständige SS-Hauptsturmführer

14 Ebd., S. 213; Hervorhebung im Original.
15 Siehe dazu z.B. die in Kapitel 6 ausführlich dokumentierten Fälle.
16 Migration und Integration, 1997, S. 307.

das Vorhaben folgendermaßen zusammen: »Zur erfolgreichen Bekämpfung des Judentums im Inland ist es erforderlich, alle heute in Deutschland lebenden Juden und Jüdischstämmigen in einer Kartei zu erfassen.«[17]

Nun könnte man sagen, das Adjektiv »jüdisch-stämmig« sei von der Wortbildung her doch genauso wie das Adjektiv »deutschstämmig« zusammengesetzt, ergo: Wenn man von deutsch-stämmigen Aussiedlern spricht, könne ja wohl die Rede von jüdischstämmigen Einwanderern auch nicht anstößig sein. Dies Argument ist richtig, soweit es die Wortbildung betrifft. Aber, und genau darum geht es hier, es ist blind, was die Geschichte betrifft. Im Kontext der deutschen Politik war bzw. ist der Hinweis auf »Deutschstämmigkeit« stets mit positiven Zielen verbunden, mit der Bereitschaft zum Aufnehmen und Eingliedern (die betreffenden Gruppen, so die Begründung, sind uns ursprünglich verwandt). Dagegen diente der Hinweis auf »Jüdischstämmigkeit«, siehe das zuletzt angeführte Zitat, einem genau entgegengesetzten Ziel, nämlich dem der Bekämpfung (der Feststellung des »anderen«, des Volksfeindes), hat den Beiklang von Säubern, Auslese und Ausmerze. Und eben deshalb, weil sich jener Sinn nie mehr ganz auslöschen läßt, weil ihm das Bedrohliche weiterhin anhaftet, ist das Adjektiv »jüdisch-stämmig« nicht bloß ein deskriptiver Begriff.

An all dem wird deutlich, wie schwer die deutsche Politik sich mit dem Thema des »Ethnischen« tut. Auf der einen Seite ist dies Merkmal so schwierig geworden, daß man es von offizieller Seite lieber vermeidet, um ja keine Erinnerung an die Vergangenheit aufkommen zu lassen. Auf der anderen Seite aber ist es weiter so wichtig, daß deutsche Behörden der Gegenwart dies Merkmal aufs Genaueste prüfen, minutiös bis in die Wurzeln. So viel als Einstimmung auf das, was an Widersprüchen und Paradoxien noch folgt.

17 Zit. nach Friedländer 1998a, S. 218.

2. Wer ist Ausländer?

Um die Mitte des 19. Jahrhunderts verweigerte die Gemeinde Odenkirchen im Rheinland drei »Ausländern«, die mit einheimischen Frauen zusammenlebten und diese heiraten wollten, die Aufnahme.[18] Wer aber waren diese Ausländer, die derart auf die von den Behörden festgelegten Grenzen stießen? Die drei betreffenden Männer kamen nicht aus Frankreich, Italien oder gar noch entfernteren Ländern. Sie kamen, ganz profan, aus dem nahegelegenen Hessen. An diesem Fall können wir sehen, wie relativ der Begriff »Ausländer« ist. Kurz zusammengefaßt: Je mehr Kleinstaaterei, je mehr Grenzen, desto mehr Ausländer.

Es lohnt sich, auch die genauere Begründung zu lesen, warum diese Männer keine Heirats- und Aufenthaltserlaubnis bekamen. Hier wurden die Bestimmungen des preußischen Aufnahmegesetzes von 1842 angewandt, das den Gemeinden beim Zuzug nichtpreußischer Untertanen ein Vetorecht bezüglich deren Niederlassung einräumte. Im genannten Fall wurden lange Schriftsätze zwischen Konsistorium, Regierung, Landratsamt und der Gemeinde Odenkirchen ausgetauscht. Doch der Gemeinderat entschied gegen die Aufnahme, im entsprechenden Verhandlungsprotokoll heißt es: »Auf den Vortrag des Bürgermeisters unter zu Grundlegung der Verfügung Königlicher Hochlöblicher Regierung, die Aufnahme der drei Ausländer betreffend, weil dieselben seit längerer Zeit die Absicht gehegt hätten, sich mit hiesigen Mädchen, mit denen sie in Concubinatsverhältnissen leben, zu verheirathen ... beschloß der Gemeinderat, daß die Aufnahme dieser Personen nicht stattfinde, indem weder sie selbst noch diejenigen Frauenzimmer, welche sie zu ehelichen beabsichtigen, irgend einiges Vermögen besäßen, erstere auch solche Handwerke betrieben, von denen fast alle Gemeinden in hiesiger Gegend überfüllt seien, daß vorauszusehen wäre, daß sie bald der Armenpflege anheim fallen würden.«[19]

Der entscheidende Punkt in diesem Protokoll ist das Stichwort »Vermögen«, genauer der Mangel an diesem. Die betreffenden Männer wurden nicht ausgewiesen, weil sie Ausländer waren (dies

18 Blasius 1992, S. 93.
19 Zit. nach ebd.

Merkmal bot nur die rechtliche Handhabe), sondern sie wurden ausgewiesen, weil sie mittellos waren und möglicherweise der Gemeindekasse zur Last fallen würden. Hier treffen wir auf ein Kriterium, das bei der Diskussion um »Ausländer« immer schon mitschwingt, manchmal eher untergründig, manchmal ganz offen – ja das manchmal geradezu zum Definitionskriterium dessen wird, was bzw. wer ein Ausländer ist. So beschreibt z. B. die Historikerin Angelika Schaser in einem Aufsatz über *Städtische Fremdenpolitik im Deutschland der Frühen Neuzeit*, wie die Aufnahmebereitschaft gegenüber Fremden vorwiegend von wirtschaftlichen Komponenten abhing. Die unerwünschten Fremden waren die mittellosen Fremden, z. B. fahrende Leute, Bettler, Gaukler, Wundermacher und Schausteller. Sie gefährdeten in den Augen der Stadtobrigkeit die herrschende Ordnung und sollten am besten am Betreten der Stadt gehindert werden. Fanden sie dennoch Einlaß, sollten sie scharf beobachtet und ihr Aufenthalt auf kurze Zeit beschränkt werden. »*Dies*», schreibt Schaser, »waren die Fremden im eigentlichen Sinne«, und sie zitiert dazu eine Würzburger Quelle von 1788. Dort heißt es: »Unter dem Wort ›Fremde‹ verstehen Wir hier nicht ohne Unterschied alle Fremden, sondern nur diejenigen ... zur letzten oder niederen Klasse des Volks gehörigen Menschen ... Von Reisenden ... und überhaupt von Fremden ..., die von ihren hinlänglichen Mitteln leben und deren Aufenthalt in aller Rücksicht ganz unbedenklich und unanstößig ist, auch die z. B. wegen erheblicher Geschäfte oder um den Wissenschaften und freien Künsten obzuliegen, in die Stadt kommen ..., ist hier die Rede nicht.«[20]

Das deutsche Staatsbürgerrecht und die Ausländer

Machen wir einen großen Sprung durch die Geschichte, direkt in die Gegenwart. Heute ist in der öffentlichen Diskussion viel vom steigenden Ausländeranteil in Deutschland die Rede. Da die Argumente, die hier ausgetauscht werden, nicht selten emotional heftig aufgeladene Formen annehmen, empfiehlt sich an dieser Stelle zunächst ein Blick auf die Daten der amtlichen Statistik. Tatsächlich

20 Schaser 1995, S. 145; Hervorhebung im Original.

ist, wie daran leicht zu erkennen, die Zahl der hier lebenden Ausländer deutlich gewachsen.[21] Ähnliche Entwicklungen, auch dies wird dann sichtbar, zeigen sich in anderen Ländern Westeuropas, für sie wird ebenfalls durchgängig ein wachsender Ausländeranteil verzeichnet.[22] Interessant wird es erst, wenn man genauer hinschaut. Hier zeigt sich dann, daß der Ausländeranteil in Deutschland insgesamt höher liegt als der in den meisten anderen Ländern Westeuropas.[23]

Aber dieser Vergleich hat wiederum seine eigenen Tücken. Denn er tut, wovor das Sprichwort schon warnt, er vergleicht Äpfel mit Birnen. Ausländer sind nämlich nicht gleich Ausländer, vielmehr wird dieser Begriff in unterschiedlichen Ländern je unterschiedlich gefaßt. »Der Ausländeranteil eines Landes hängt auch vom jeweiligen Staatsangehörigkeitsrecht ab. Ein Land, in dem die Staatsangehörigkeit kraft Geburt erworben wird (ius soli) oder in dem Einbürgerungen erleichtert sind, hat per se einen geringeren Ausländeranteil als Staaten, in denen im Land geborene ausländische Kinder Ausländer bleiben (ius sanguinis).«[24] Da nun das deutsche Staatsbürgerrecht in seiner bisher geltenden Fassung besonders restriktiv verfaßt ist – nämlich vom ius sanguinis ausgeht, darüber hinaus die Hürden der Einbürgerung hoch ansetzt, schließlich auch doppelte Staatsbürgerschaft möglichst nicht zuläßt –, ergibt sich, daß der Kreis derer, die als Ausländer gelten, vergleichsweise groß ist und viele Personen umfaßt. So viel, auf wenige Sätze verkürzt, zu einem Thema, das man ausführlich abhandeln könnte unter dem Titel »Wie das deutsche Staatsbürgerrecht Ausländer schafft«. Wenn in Deutschland heute Ausländer nicht nur der ersten, sondern auch der zweiten, dritten, ja bald vierten Generation leben, so ist dies nicht unbedingt, wie manche Politiker meinen, ein Indikator für deren geringen Willen zur Integration – sondern, dies mindestens ebenso, ein Produkt unseres Staatsbürgerrechts und seiner Hürden. In den USA dagegen würden die allermeisten aus dieser Gruppe der Ausländer längst als »Inländer«, sprich Amerikaner, gelten. Das heißt aber, so schreiben Dinkel/Lebok, »daß der

21 Migration und Integration, 1997, S. 19 und S. 40.
22 Ebd., S. 40f.
23 Ebd.
24 Ebd., S. 35.

sogenannte ›Ausländeranteil‹ an der Bevölkerung letztlich so groß ist, wie wir es selbst wünschen: Durch die Handhabung unserer Regelungen zur Gewährung der deutschen Staatsbürgerschaft bestimmen wir diese ... Zahl selbst.«[25]

Auch eine Folge des deutschen Staatsbürgerrechts ist, daß Ausländer in Deutschland »eine in sich sehr differenzierte Bevölkerungsgruppe« darstellen.[26] Denn unter dem Ober- und Sammelbegriff »Ausländer« werden nun die verschiedensten Personengruppen zusammengefaßt – gleichgültig, ob diese in anderen Ländern oder gar Kontinenten geboren, ob sie in Frankfurt oder München geboren und hier aufgewachsen sind; und bei denen, die von anderswo herkommen, gleichgültig auch, ob sie gestern gekommen sind oder seit 30 Jahren hier leben, ob sie bald wieder gehen oder dauerhaft hier bleiben wollen. Ob Asylbewerber, Flüchtlinge, Arbeitsmigranten, ob Diplomaten, Manager, Gastdirigenten, ob Touristen, Au-pair-Hilfen, Studenten – sie alle sind, in diesem allgemeinen Sinne verstanden, »Ausländer«.

In der neueren Migrationsforschung wird deshalb der Pauschalbegriff »Ausländer« vielfach zurückgewiesen, weil er sich zunehmend als unscharf, ja untauglich erweist, und durch eine Betrachtungsweise ersetzt, die nicht allein die Staatsangehörigkeit berücksichtigt, sondern spezifischer auch die jeweiligen Lebensumstände: »Ausländer werden nicht mehr als eine einheitliche, eindeutig ab- und ausgrenzbare Gruppe aufgefaßt.«[27] Ja mehr noch, diese neue Perspektive ist dadurch gekennzeichnet, daß sie »die Bedeutung des ethnischen Faktors relativiert und das Kriterium der Langansässigkeit betont«.[28] Was in dieser wissenschaftlichen Terminologie ganz unauffällig sich liest, kommt, wenn man ernst damit macht, einer leisen Revolution gleich. Denn hier zeigt sich eine Abkehr vom Denken in jenen völkischen Kategorien, die nicht nur die neuere deutsche Geschichte ebenso dramatisch wie furchtbar geprägt haben, sondern die bis zur Gegenwart hin in vielerlei Spuren weiter präsent sind, im Staatsbürgerrecht ebenso wie in Politik und Öffentlichkeit. Diese Kategorien werden heute, un-

25 Dinkel/Lebok 1994, S. 27.
26 Schäfers 1997, S. 428.
27 Treibel 1998, S. 469.
28 Ebd., S. 470.

ter Bedingungen anhaltender und in sich sehr vielfältiger Migration, recht anachronistisch. Dies und nicht weniger besagen die zitierten Sätze. Die polarisierten Gegensätze zwischen dort Ausländern, hier Inländern werden demnach von innen her ausgehöhlt, und was der Betrachter statt dessen findet, sind fließende Übergänge zwischen den Gruppen. Die Konfigurationen, die nun sich herausbilden, verlaufen gewissermaßen quer zu den Grenzlinien, auf die das Abstammungsprinzip des Staatsbürgerrechts abzielt, sie zeigen ein zunehmend anderes Gesicht: auf der einen Seite »mehr oder weniger (einheimische und ausländische) Etablierte«, auf der anderen Seite »mehr oder weniger (einheimische und ausländische) Außenseiter«.[29]

Zweierlei Sprachgebrauch

Soviel zum Ausländerbegriff, der sich aus dem Abstammungsprinzip im Staatsbürgerrecht ableitet, den damit verbundenen Aporien und Paradoxien. Tatsächlich aber gibt es immer schon einen doppelten Sprachgebrauch, eine widersprüchliche Koexistenz der Begriffe, nämlich neben der bisher genannten juristischen Version eine zweite, bei der der Ausländerbegriff deutlich enger gefaßt wird – je nach Kontext, politischen Umständen, Absicht des Sprechers. Da spielt dann stillschweigend ein anderes Kriterium herein, dasselbe, das schon aus der Geschichte bekannt ist. Da wird dann die Verortung entlang der Wohlstands-Skala entscheidend, und die Maßregel lautet: Je ärmer eine Person, desto eher wird sie als »Ausländer« gesehen. Je wohlhabender dagegen sie ist, desto eher wird ihre Nationalität irrelevant, unsichtbar, vielleicht auch: nicht mehr bedrohlich (für die Gemeindekasse, den Sozialstaat, unsere Steuerbelastung). So weisen verschiedene Autoren auf den Sachverhalt hin, daß in all der öffentlichen Aufregung und Diskussion um die Zunahme der »Ausländer« – und um all das, was an Bedrohung mit ihnen assoziiert wird – stets nur eine bestimmte Gruppe von Ausländern gemeint ist, nämlich die, die arm sind (Flüchtlinge, Vertriebene, Asylbewerber und Gastarbeiter am unteren, schlecht bezahlten Ende der Betriebshierarchie). Dagegen wird bei solchen

29 Ebd.

Äußerungen kaum je an diejenigen gedacht, die zwar dem Rechtsstatus nach ebenfalls Ausländer, aber im Unterschied zur ersteren Gruppe wohlhabend sind, ja zur Elite auf dem Arbeitsmarkt zählen: Manager und Computer-Spezialisten, Experten und Gast-Wissenschaftler, kurz die hochqualifizierten Fachkräfte, die sich zwischen den Ländern und Kontinenten bewegen und deren Zahl im Zeitalter der Globalisierung rasch steigt.[30] Für sie gilt, wie schon im oben zitierten Text der Frühen Neuzeit, diese Fremden meinen wir nicht. Wir meinen die anderen.

Es gibt, so gesehen, vor allem zwei Sorten von Ausländern, gute und schlechte. Davon werden die guten nicht eigentlich als Ausländer gesehen, eher als etablierte Bürger der Weltgesellschaft, als anerkannte Akteure der neuen kosmopolitischen Ordnung. Die schlechten dagegen (die armen, verfolgten, unterprivilegierten, unangepaßten) sind es, die im öffentlichen Blick als Ausländer auffallen. Das Wort »Ausländer«, schreibt Irene Runge, ist vielfach »nicht deskriptiv gemeint, sondern verächtlich und ausgrenzend«. Es wird im Alltagsgebrauch zum Synonym für Kriminalität, Drogenhandel, Sexualverbrechen und Mißbrauch sozialer Leistungen. Auf diesen Bedeutungshorizont wird zurückgegriffen, »wenn es um die Einschränkung des Ausländerrechts und die Begrenzung des Anteils der in der BRD lebenden nichtdeutschen Bevölkerung geht«.[31]

Wo ein Begriff aber in so ambivalentem Sinne gebraucht wird – mal pauschal alle Ausländer meinend, mal nur bestimmte Gruppen von ihnen –, da müssen zwangsläufig Fehldeutungen und Mißverständnisse entstehen. Da wird durcheinander geworfen, wer denn nun eigentlich gemeint ist, diese oder die anderen. Da blitzt plötzlich auf, daß man zwar allgemein von »den« Ausländern spricht, aber im Kopf doch einen Unterschied macht, nämlich die Wohlstands-Skala als Kriterium mit einschiebt.

30 Bade 1994, S. 9f.; Faßmann/Münz 1996, S. 27; Santel 1995, S. 70f.; Treibel 1998, S. 470.

31 Runge 1995, S. 117.

Ein anschauliches Beispiel für die subtile Feindifferenzierung zwischen »Ausländern« und »Ausländern« ist die Besorgnis, in den letzten Jahren von deutschen Politikern immer wieder geäußert, über die geringe Zahl ausländischer Studenten in Deutschland.[32] Die Attraktivität deutscher Hochschulen nehme ab, lautete die Klage. Schaut man aber die entsprechenden Statistiken an, so zeigt sich: Tatsächlich hat die Zahl der ausländischen Studierenden in den letzten Jahren erheblich zugenommen.

Gemeint ist also im Grunde wohl anderes. Offensichtlich sind nicht alle gleichermaßen willkommen. Erwünscht sind vor allem die Studenten aus den hochentwickelten bzw. im Aufschwung befindlichen Ländern, die – so die Hoffnung – in späteren Jahren, wenn sie wieder in die Heimat zurückgekehrt sind, mit deutschen Firmen Geschäfte machen oder mit deutschen Wissenschaftlern kooperieren. So erklärten Wissenschaftsminister Rüttgers und Außenminister Kinkel in einem gemeinsamen Papier, insbesondere aus der wirtschaftlich boomenden asiatisch-pazifischen Region mit den »Tigernationen« Japan, Indien, Indonesien und Taiwan kämen viel zu wenige Studenten – das war im Sommer 1996, bevor dort die Wirtschaftskrise begann. Gegenüber Studenten anderer Herkunft wird dagegen weit weniger Aufnahmebereitschaft gezeigt. Im Gegenteil, sie erleben zahlreiche Hürden, wenn sie ein Studium in Deutschland aufnehmen wollen. »Vor allem … scheint die Furcht groß vor potentiellen Asylbewerbern, Sozialhilfeempfängern oder Schwarzarbeitern. Trotz Zulassung zu einer Universität haben besonders Studenten aus Osteuropa, Iran und Pakistan sowie aus akuten Krisengebieten wie Algerien und Nigeria Probleme, ein Visum für Studienzwecke zu bekommen … Rund zwanzig Prozent der Anträge lehnen die Botschaften ab.«[33] Auf der einen Seite also restriktive Zulassungspraxis, auf der anderen Seite öffentliche Besorgnis, den Mangel an ausländischen Studenten betreffend. Diese Diskrepanz macht nur Sinn, wenn man als Subtext mitliest: Es gibt

32 Bericht der Beauftragten der Bundesregierung…, 1997, S. 40f.; Sonja Striegl, *Studium mit Rückflugticket. Nicht alle ausländischen Studenten in Deutschland sind gleich willkommen*, in: *Die Zeit*, Nr. 49/29. November 1996, S. 36.

33 Striegel 1996 (siehe Anmerkung 32).

verschiedene Gruppen von Ausländern, die einen wollen wir, die anderen nicht. Nicht die Nationalität ist entscheidend, sondern das, was wir an wirtschaftlichen Chancen oder Belastungen erwarten.

Aber auch die Optik derer, die bewußt für die Rechte von Ausländern eintreten, ist nicht immer frei von der Wohlstands-Skala. Aufschlußreich ist hier folgende Geschichte, die vor ein paar Jahren sich zutrug, als ein Gremium von Frauenforscherinnen tagte (genauer: die Sektionsrätinnen der Sektion Frauenforschung innerhalb der Deutschen Gesellschaft für Soziologie). Im Verlauf dieses Treffens äußerte eine der Anwesenden Bedauern darüber, daß hier wie bei anderen offiziellen Funktionen Ausländerinnen nicht präsent seien. Daraufhin wies eine andere Forscherin zart auf das Faktum, daß nicht nur sie selbst gebürtige Ungarin mit amerikanischem Paß sei, sondern darüber hinaus eine weitere Amerikanerin und eine Kollegin türkischer Herkunft anwesend seien – was, bei einer Gesamtzahl von zwei Dutzend Personen, in diesem Fall immerhin einen recht beachtlichen Anteil ergäbe. Aber ihr Hinweis wurde wenig zur Kenntnis genommen, genauer mit sinngemäß folgender Antwort beschieden: »Aber ihr, ihr zählt hier doch nicht, ihr seid doch keine richtigen Ausländerinnen.« Woraufhin die Betreffende, inzwischen leicht irrititiert, zurückfragte, wer das wohl sei, eine richtige Ausländerin. Etwa nur die türkische Putzfrau, möglichst mit Kopftuch, der deutschen Sprache kaum mächtig, kurz die Repräsentantin aller Merkmale der Unterprivilegierung?[34]

Nehmen wir als letztes Beispiel die binationale Heirat und die Art, wie die Gesellschaft diese bewertet. Schaut man in die Geschichtsbücher, kann man unschwer erkennen, daß solche Ehen gerade im Hochadel weit verbreitet waren – und zwar wohl kaum aus romantischen Gründen, vielmehr als Ergebnis einer gezielten Politik. Bei Prinzen und Prinzessinnen, Erben und Erbinnen war die Frage der Partnerwahl ein wichtiger Baustein im strategischen Kalkül, sie diente dynastischen Zwecken – um Allianzen zu schmieden, den Herrschaftsbereich zu festigen oder möglichst noch zu erweitern. Als das wohl bekannteste Beispiel dieser Art kann die

34 Diesen Hinweis verdanke ich Maria S. Rerrich.

Heiratspolitik im österreichischen Herrscherhaus gelten, die in der berühmten Formel zusammengefaßt ist: »Bella gerunt alii, tu felix Austria nube« (Andere mögen Kriege führen, du glückliches Österreich heirate). Daß der Auserwählte bzw. die Auserwählte (nach Staatsraison auserwählt, nicht nach privaten Neigungen) aus einem fremden Herrscherhaus stammte, war nicht Hindernis, sondern im Gegenteil: Teil des Kalküls, über offizielle und inoffizielle Kanäle eingefädelt, verhandelt, zusammengeschmiedet.

Seit damals hat sich vieles verändert, was Partnerwahl und Ehe angeht, und vor allem hat der Adel seine gesellschaftliche Vorrangstellung verloren. Lassen wir also die Herrscherhäuser beiseite und betrachten statt dessen die ganz normalen Familien der Gegenwart: Wie sieht es da im Fall der binationalen Partnerwahl aus? Zunächst einmal sind es da die Partner selbst, die nun wählen, und nicht mehr Staatsraison und adliger Familienverband. Und wie einschlägige Untersuchungen immer wieder zeigen, reagieren viele Eltern mit massiver Ablehnung und anhaltendem Widerstand, wenn sie erfahren, daß der Sohn oder die Tochter jemand aus einem anderen Land oder Kulturkreis heiraten will. Aber diese Reaktion ist deutlich milder, die Aufnahmebereitschaft weit größer, wenn der zukünftige Schwiegersohn oder die zukünftige Schwiegertochter aus angesehener Familie stammt, viel Vermögen mitbringt, eine erfolgreiche Berufsposition aufweisen kann. Um es im Beispiel zu sagen: Wir können vermuten, daß die Eltern von Königin Silvia – damals, als diese noch Silvia Sommerlath hieß – die Nachricht, wer der Schwiegersohn sein würde, nicht mit Entsetzen und Empörung aufnahmen, auch wenn besagter Carl Gustav ein Schwede, mithin ein Ausländer war. Aber wer würde einen zukünftigen König schon unter der Rubrik »Ausländer« einordnen? Fragen dieser Art tauchen offensichtlich nur dann auf, wenn der Auserwählte Sohn türkischer Gastarbeiter oder ein mittelloser Asylbewerber ist.

In einer Untersuchung über binationale Ehen in Frankreich heißt es dazu: Die gesellschaftliche Einordnung des Ausländers »hängt zum großen Teil von seiner sozialen Position ab. Wenn er ein Arzt oder ein Architekt ist, wird sein Sozialstatus zu seinen Gunsten gewertet. ›Ich habe einen Architekten aus Marokko geheiratet.‹ In diesem Fall ist es primär der Architekt, der geheiratet wird, und nicht der Marokkaner. Ganz anders dagegen sähe es aus, wenn dieser Mann ein Farbiger aus dem

Senegal wäre, der in Paris als Putzmann bei der Eisenbahn arbeitet. Der Sozialstatus des Individuums wird dann beurteilt entlang einer hierarchischen Sympathieskala, deren Kriterien Nationalität, Hautfarbe, Religionszugehörigkeit sind.«[35]

Selbst im ganz privaten Bereich stoßen wir also auf jene Grundregel, schon aus der Geschichte bekannt, die unsere Wahrnehmung vielfach begleitet, ja untergründig anleitet. Die Formel heißt, damals wie heute: Nur ein armer Ausländer ist ein Ausländer.

Deutsche Politik in der Ausländer-Falle

Was im Alltag meist leise und selbstverständlich geschieht, die Feindifferenzierung zwischen verschiedenen Gruppen von Ausländern, das wurde im Sommer 1998 plötzlich zum Gegenstand öffentlicher und erregter Diskussionen.[36] Den Anstoß gab Joachim Herrmann, Vizegeneralsekretär der CSU, der die bayerischen Ausländerbehörden dazu aufforderte, sie sollten mehr »Mut zum Unterschied« haben, nämlich zwischen »willkommenen ausländischen Gästen« und »eher unerwünschten Leuten« unterscheiden. So sollten z. B. ein japanischer Ingenieur oder ein brasilianischer Kaufmann bevorzugt behandelt werden, damit sie sich »nicht in die gleiche Schlange beim Ausländeramt anstellen müssen wie kriminelle Ausländer, die zur Abschiebung anstehen«.

Der Aufschrei danach war groß. Selbst die eigene Partei reagierte verärgert, sprach von einem »Alleingang« Herrmanns, und aus den Kreisen um den bayerischen Ministerpräsidenten Stoiber hieß es, die Äußerungen Herrmanns seien »unglücklich«. Klaus Herzog, der Bundesvorsitzende der SPD-Juristen, sprach von einem »miesen und schäbigen Stil«. FDP-Generalsekretär Westerwelle erregte sich, Herrmann brülle »braune Parolen« nach und versuche, »in einen Wettbewerb mit den rechtsradikalen Parteien zu treten«. Die bayerischen Grünen stellten Strafanzeige wegen Volksverhetzung. Auch Ignatz Bubis, Präsident des Zentralrats der Juden in Deutschland, reagierte scharf: Herrmanns Forderung erinnere an die Ideologie der Nationalsozialisten, die vorgeschlagene Unterscheidung

35 Barbara 1989, S. 24f.

36 Für die folgende Wiedergabe der Kontroverse, auch die wörtlichen Zitate, siehe die Berichterstattung vom 3. bis 8. Juli 1998 in folgenden Zeitungen: *Süddeutsche Zeitung*; *Berliner Zeitung*; *taz*; *Frankfurter Rundschau*.

sei »wie eine ganz, ganz schlimme Selektion, die wir schon mal gekannt haben«. Die liberale bis linke Presse kommentierte durchgängig, der CSU-Politiker wolle ein »Zwei-Klassen-Recht für Ausländer« schaffen.

So die allgemeine Empörung. Die interessante Frage ist nun, *warum* dieser Sturm der Entrüstung losbrach. War es nur deshalb, weil Herrmanns Vorschlag gegen anerkannte Prinzipien (z. B. der Rechtsgleichheit) verstieß? Oder auch deshalb, weil da einer in offizieller Stellung aussprach, was der inoffiziellen Stimmung im Lande oder zumindest in breiten Gruppen entspricht, was an den Stammtischen (und nicht nur da) als Volkes Meinung sich kundtut? War die Empörung also aus verschiedenen Motiven gespeist, und wenn ja, wer reagierte dann aus welchem Motiv?

Die Vermutung ist, anders gesagt, daß einige derer, die gegen Herrmann sich wandten, die Distanzierung nicht ganz so ernst meinten, wie sie nach außen hin sagten. Denn die Politik zur sogenannten Ausländerfrage ist heute unübersehbar in einem Dilemma befangen. Manches würde man gerne mal offen aussprechen, aber man darf es ja nicht, Sie verstehen schon: die deutsche Geschichte, und dann auch noch die Empfindlichkeiten der Welt, das könnte den Wirtschaftsstandort Deutschland gefährden ... Aber andererseits, die Leute wollen es doch, die fordern »Ausländer raus«, das geht ja nun wirklich zu weit, aber trotzdem, bald sind wieder mal Wahlen, wie kommen wir aus dieser Zwickmühle heraus?

Ach ja, was ist es mit den Ausländern schwierig. Und dann spricht einer ein »offenes Wort« – ob zufällig oder nicht, das ist hier die Frage. Vielleicht steckt dahinter auch ein Stück kalkulierte Doppelmoral. Im *Streiflicht* der *Süddeutschen Zeitung*, für scharfzüngige Kommentare berühmt, geliebt und wohl auch gehaßt, wurde folgendes Fazit aus der Geschichte gezogen: »Die CSU reagierte prompt und professionell: Das Statement sei ungeschickt und mit niemandem abgesprochen gewesen, es stehe nicht für die Linie der Partei, Herrmann sei über das Ziel hinausgeschossen. Daraus läßt sich der Schluß ziehen, daß die Äußerung sehr wohl abgesprochen war, daß sie die Linie der Partei repräsentiert und daß Joachim Herrmann keineswegs über das Ziel hinausgeschossen ist.«[37] In der

37 Streiflicht der *Süddeutschen Zeitung*, 4. Juli 1998.

taz erschien ein Kommentar der Journalistin Ute Scheub, die Überschrift lautet *Was man nicht sagen, nur tun darf*. Darin schreibt Scheub, wenn die CSU Herrmanns Äußerung als »unglücklich« bezeichnet, »heißt [das] übersetzt: in der Sache völlig richtig, aber nicht so formuliert, wie wir es uns gewünscht hätten«. Und dann, um falschen Feindbildern vorzubeugen, erinnert sie daran, daß Bayern in dieser Sache durchaus kein Vorreiter ist. Der vorwiegend Berliner Leserschaft hält sie vor, was in der eigenen Stadt längst schon als Praxis geschieht. »In der multikulturellen Weltstadt Berlin ist die Zweiklassenbehandlung nichtdeutscher Menschen ... längst Realität. Seit fast zehn Jahren gibt es dort den umgangssprachlich so genannten ›EU-Schalter‹, wo Menschen aus Westeuropa, Japan, den USA, Israel, Australien und Neuseeland bevorzugt behandelt werden. Der Rest der Menschheit darf sich ... die Beine in den Bauch stehen.«[38]

Vielleicht sollte man an dieser Stelle einmal an Hannah Arendt erinnern. Nachdrücklich hat Arendt jene kritisiert, die von der Rassenideologie und Vernichtungspolitik der Nationalsozialisten sich absetzen wollen, indem sie auf die großen Leistungen, vor allem die anerkannten Denker des jüdischen Volkes verweisen, von Heine bis Kafka bis Einstein. Eine solche Argumentation, so Arendt, verfehlt notwendig ihr Ziel, weil sie implizit zwischen »guten«, sprich schützenswerten Juden und anderen unterscheidet, als sei die nationalsozialistische Ideologie nicht schon im Kern falsch, verbrecherisch falsch. Die Würde und das Lebensrecht des Menschen ist unteilbar, gilt gleichermaßen für alle. In Hannah Arendts Worten: »Noch heute ist in Deutschland die Vorstellung von den ›prominenten‹ Juden nicht verschwunden ... [Immer noch] beklagt man das Schicksal ›prominenter‹ oder ›berühmter‹ Juden ... auf Kosten aller anderen. Es gibt nicht wenige, besonders unter den Gebildeten, die heute noch öffentlich die Tatsache beklagen, daß Deutschland Einstein aus dem Land gejagt hat – ohne zu begreifen, ein wieviel größeres Verbrechen es war, Hänschen Cohn von nebenan zu töten, auch wenn er kein Genie war.«[39]

Jetzt sagen Sie vielleicht, und Sie sagen empört: Welch ein weit hergeholter Vergleich. Was hat denn das eine, das Ausländer-

38 Ute Scheub in *taz*, 4./5. Juli 1998.
39 Arendt 1964, S. 172.

Thema, mit dem anderen, der Geschichte der Juden zu tun? Im ersteren Fall, beim unterschiedlichen Umgang mit Ausländern, geht es darum, ob ein Staat, aus seinen souveränen Eigeninteressen, um des Wohlergehens nämlich seiner eigenen Bürger, manche Ausländer bereitwilliger aufnimmt als andere, weil die einen wirtschaftlich nützen, die anderen kosten. Im anderen Fall dagegen geht es um eine Rassenideologie, die in verbrecherischer Absicht bestimmte Menschen zu Angehörigen einer minderwertigen, ja einer zu vernichtenden Rasse erklärte und dann millionenfach umbrachte.

Dieser Einwand ist richtig, zum Teil jedenfalls – und ist in anderen Teilen doch falsch, weil er holzschnittartig polarisiert und nicht die Grauzonen, die schleichenden Übergänge erkennt. Um nur einen der auffälligsten Punkte herauszugreifen: Auch die Nationalsozialisten waren bereit, dort, wo sie zentrale Interessen des Staates berührt sahen, von ihrer eigenen Rassenideologie eine Ausnahme zu machen. So wurden einige Personen, die den Nationalsozialisten aus militärischen oder anderen Gründen wichtig erschienen, per offiziellem Dekret nicht verfolgt, obwohl sie jüdischen Familien entstammten.[40] Wie NS-Reichsmarschall Göring gesagt haben soll: »Wer Jude ist, bestimme ich« – und nicht zufällig fühlte sich Bubis, in seiner Replik gegen Herrmann, an diese Worte erinnert.[41] So ist also richtig, daß die Vernichtung von Juden etwas kategorial anderes ist als der mehr oder weniger freundliche Empfang auf Ausländerämtern. Aber ebenso richtig ist auch: Mit solchen Vorschlägen betritt man, ob kalkuliert oder nicht, höchst sensibles Terrain. Man muß genau aufpassen, will man nicht in eine politische Schieflage geraten, die unvermutet in Fallen, ja in Abgründe führt.

Zwischenbilanz

Das Handbuch über Migration und Integration der Ausländer in Deutschland beginnt mit einem Vorwort von Cornelia Schmalz-Jacobsen, der Ausländerbeauftragten der Bundesregierung. Darin verweist Schmalz-Jacobsen zuallererst auf die offizielle Definition

40 Siehe oben Kapitel 2, Abschnitt *Im Labyrinth der »richtigen« und der »falschen« Großeltern.*

41 Siehe *Süddeutsche Zeitung*, 8. Juli 1998.

des Begriffs »Ausländer«: »Ausländer ist jeder, der nicht Deutscher im Sinne des Artikels 116 des Grundgesetzes ist«, so steht es gleich zu Beginn des Ausländergesetzes zu lesen. Und dann fährt Schmalz-Jacobsen fort: »Glücklich, wer es bei dieser rein juristischen Definition belassen kann.« Denn solange man sich auf den rechtlichen Blickwinkel beschränkt, erscheint vieles noch einfach. Sobald man sich aber auf die gesellschaftliche Wirklichkeit einläßt, findet man ein weit komplexeres Bild. Dann stößt man auf das, was Schmalz-Jacobsen die »ganz normale Vielschichtigkeit der ausländischen Wohnbevölkerung« nennt – und dann erkennt man, »wie wenig hilfreich diese [formaljuristische] Definition für die politische und wissenschaftliche Arbeit ist«.[42]

Diese Sätze, von der offiziellen Beauftragten zum Ausländerthema geäußert, sollen hier als erstes Fazit genügen. Sie führen uns noch einmal deutlich vor Augen, welche Schwierigkeiten auftauchen, wo es um den scheinbar so einfachen Begriff »Ausländer« geht. Wir werden später, in einem der folgenden Kapitel, dies Thema noch einmal aufnehmen – und zwar, was zunächst paradox scheinen mag, in einem Abschnitt, der ausführlich der Frage nachgeht: Wer ist Deutscher? Dort werden wir finden, daß eben deshalb, weil der Begriff »Ausländer« grob, ja unscharf gefaßt ist, auch sein Komplementärbegriff, nämlich der des Inländers, sprich also des Deutschen, zwangsläufig ähnliche Schwierigkeiten enthält. Und wir werden weiter dort finden, daß auch die kategoriale Unterscheidung nach zwei Bevölkerungsgruppen – hier Ausländer, dort Deutsche – längst nicht so trennscharf ist, wie sie sich gibt, weil nämlich vielerlei Übergänge, Zwischenstufen, Überschneidungen zwischen den beiden Gruppen bestehen.

42 Cornelia Schmalz-Jacobsen, in: *Migration und Integration*, 1997 (Vorwort ohne Seitenangabe).

Kapitel 5
Im Dschungel der Sortierungsversuche – Vertiefte Betrachtung

»In Lateinamerika ist jeder, der nicht schwarz ist, ein Weißer; in Nordamerika ist jeder, der nicht weiß ist, ein Schwarzer.«[1]

»Der frühere Diktator Haitis wurde von einem weißen amerikanischen Journalisten gefragt: ›Papa Doc, wieviele Weiße gibt es eigentlich noch in Haiti?‹ Nach kurzem Zögern antwortet Papa Doc: ›96 Prozent‹. Als der Journalist angesichts der vorwiegend schwarzen Bevölkerung auf den Straßen von Port au Prince protestiert und meint, ›das kann doch wohl nicht sein‹, fragt ihn Papa Doc: ›Wie stellen Sie eigentlich in den USA fest, wer schwarz ist?‹ ›Nun‹, antwortet der Journalist, ›jeder mit einem Tropfen schwarzen Bluts gilt als schwarz.‹ Papa Doc: ›Sehen Sie, wir machen es genauso. Jeder mit einem Tropfen weißen Bluts wird bei uns als Weißer gezählt‹.«[2]

Bisher haben wir in den ersten Versuchen, die um die Begriffe »ethnisch« und »Ausländer« kreisten, eine Ahnung davon gewonnen, wie schwierig sich solche Sortierungsversuche gestalten. Aber das war gewissermaßen nur die erste Annäherung an das Thema. Jetzt wird es ernst: Jetzt greife ich bestimmte Gruppen heraus und betrachte, wie da jeweils die Sortierung verläuft – und nicht zuletzt wieder, auf welche Hürden sie stößt, in welche Paradoxien sie hineinführt. Was wir zum Teil schon in der Vergangenheit sahen, wird jetzt aktuell an der Gegenwart ausgeführt. Drei Gruppen, drei Fragen sind es, die entsprechend dargestellt werden. Zum einen, für die USA wie für andere Teile der Welt: Wer ist ein Schwarzer? Dann zweitens, für Israel und wiederum für andere Teile der Welt: Wer ist

1 James Bryce 1893, zit. nach Sollors 1997, S. 112.

2 Diese Anekdote taucht in ähnlichen Versionen in vielen Texten zur sozialen Konstruktion von Rasse und Hautfarbe auf. Die hier zitierte Fassung stammt aus Ostendorf 1992, S. 854.

Jude? Und dann drittens im nächsten Kapitel, bezogen auf die Bundesrepublik heute: Wie deutsch sind die Deutschen?

1. In den USA und anderswo: Wer ist ein Schwarzer?

Wer ein Schwarzer ist, welch dumme Frage, das sieht man doch! So eine weit verbreitete Meinung. Aber wie oben angezeigt, ist diese einfache Antwort – nun, eben zu einfach.[3] In vielen Fällen ist es nicht die Hautfarbe, die darüber entscheidet, ob jemand als Schwarzer gilt oder nicht. Aber was, wenn nicht die Hautfarbe, was ist es dann?

Die erste Antwort lautet: Das wechselt je nach Land und Epoche. Schon in ein und demselben Land findet man unterschiedliche Maßstäbe, je nachdem, welche Zeit man betrachtet. Nimmt man z. B. die Geschichte der USA, so stoßen wir, von der Zeit der Sklaverei bis zur Gegenwart hin, auf ein ganzes Gewirr von Definitionen. Sie haben, wie auch immer sie ausfallen, ihren Ausgangspunkt in einem einfachen historischen Faktum: Diejenigen, die als Sklaven ins Land gebracht wurden, vermischten sich bald, wie oben beschrieben, mit anderen Bevölkerungsgruppen, so daß in den späteren Generationen viele der »Schwarzen« Vorfahren weißer, manchmal auch indianischer Abstammung hatten.[4] Im 17. und 18. Jahrhundert herrschte zunächst ein gewisser Unsicherheitsspielraum, wie man mit denen umgehen sollte, die einen erheblichen Anteil weißer Vorfahren aufwiesen. In der Folge bildeten sich allmählich festere Kriterien heraus[5] – die jedoch, das ist hier entscheidend, je nach Staat unterschiedlich ausfielen.

Verschiedene Maßstäbe

Historisch gab es hier nicht nur erhebliche Unterschiede zwischen Norden und Süden, sondern auch zwischen verschiedenen Teilen des Südens. So gingen manche der Südstaaten rein quantitativ vor und fragten nach dem genauen Zahlenverhältnis zwischen weißen

3 Siehe oben, Kapitel 2.
4 Siehe ebd.
5 Davis 1991, S. 31 ff.; Williamson 1980, S. 32 ff.

und schwarzen Vorfahren. In anderen Südstaaten dagegen galt ein stärker qualitativ ausgerichteter Maßstab: Hier wurde die Anerkennung als Weißer auch abhängig gemacht vom Wohlstand und Ansehen der jeweiligen Person.

Exemplarisch hierfür sind die entsprechenden Argumentationen von William Harper, einem Richter im Bundesstaat South Carolina. Als Harper in einem Gerichtsfall des Jahres 1835 urteilen sollte, ob eine bestimmte Person ein Schwarzer sei oder ein Weißer, entschied er, daß dies nicht allein vom Anteil des »weißen« Blutes abhinge. Harpers Begründung lautete folgendermaßen: »Wir können nicht angeben, welcher Anteil von Negerblut eine Person zu einem Farbigen macht. Der Status des Individuums hängt nicht allein vom genauen und sichtbaren Anteil an Negerblut ab, sondern auch von seinem Ansehen und davon, ob er ein anerkanntes Mitglied der weißen Gesellschaft ist und allgemein die Rechte eines weißen Mannes innegehabt hat ... Es mag richtig und angemessen sein, daß einem Mann von Rang, Integrität, Fleiß und Ansehen der Status eines weißen Mannes zukommt, während ein Vagabund mit derselben Blutsmischung einer niedrigeren Kaste zugeordnet wird.«[6] In einem anderen Fall, die Zuordnung zweier Brüder betreffend, überließ Harper das Urteil zwar der Jury, aber aufschlußreich ist auch hier wiederum, wie er den Fall den Geschworenen vorträgt. Was Harper darlegt, ist eine Genealogie besonderer Art, die zunächst zwar minutiös auf biologische Abstammungsverhältnisse eingeht (ein schwarzer Ururgroßvater aus der Linie der Mutter, mithin »ein sechzehntel afrikanisches Blut«), dann aber bewußt auch soziale Kriterien betont: »Der Großvater mütterlicherseits der Betroffenen war zwar von dunklerer Hautfarbe, aber er war als weißer Mann anerkannt, verkehrte in der weißen Gesellschaft und besaß die politischen Rechte eines Weißen; ihre Mutter wurde stets als Weiße behandelt; ihre Verwandten, die dieselbe Blutsmischung aufweisen, haben in angesehene weiße Familien eingeheiratet, einer von ihnen kandidierte sogar für einen Sitz in der gesetzgebenden Körperschaft des Staates. Die Betroffenen sind von normaler heller Hautfarbe und zeigen keine der besonderen Kennzeichen der afrikanischen Rasse; sie sind geachtete Bürger, haben immer in der weißen Gesellschaft verkehrt, haben immer als Weiße gegolten – einer sogar ein Militäroffzier –, und niemals vorher ist ihr Status je in Zweifel gestellt worden.«[7]

Erst in der zweiten Hälfte des 19. Jahrhunderts entwickelte sich, von den Südstaaten ausgehend, dann auch im Norden der USA übernommen, jene andere, weitaus striktere Regel, deren Grundsatz schlicht hieß »Ein schwarzer Blutstropfen genügt«, frei über-

6 Williamson 1980, S. 18.
7 Ebd., S. 19.

setzt: Wer auch nur einen einzigen Schwarzen unter seinen Vorfahren hat, wie weit zurückliegend auch immer, der ist damit ein Schwarzer. Diese Regel, die oben schon dargestellt wurde, ist in mehrfacher Hinsicht auffallend, ja außergewöhnlich. Wie Davis in einer international vergleichenden Studie gezeigt hat, wird sie in dieser Form nur in den USA angewandt, nirgendwo sonst. Und auch innerhalb der USA gilt sie nur für Schwarze, nicht aber für andere ethnische Gruppen. So würde eine Person, unter deren Vorfahren ein indianischer oder philippinischer Urgroßvater ist, deshalb nicht als Indianer oder Philippino bezeichnet.[8]

Wir haben schon oben gesehen, wie diese Regel vom einen, alles entscheidenden schwarzen Blutstropfen ihre eigenen Verwirrungen und Paradoxien erzeugt. Dies deshalb, weil sie asymmetrisch angelegt ist: Da werden keinesfalls alle Vorfahren gleichermaßen berücksichtigt oder nach der Mehrheit der Vorfahren gefragt, sondern sortiert und bestimmt wird allein nach den schwarzen – während die weißen, wie zahlreich auch immer, schlichtweg unberücksichtigt bleiben. Das Ergebnis muß man sich, in den Worten von Funderburg, als eine »Art Einbahnstraße« vorstellen: »Man kann schwarz sein und ›weißes Blut‹ in sich haben…, aber niemand kann weiß sein und ›schwarzes Blut‹ haben.«[9] Eine solche Regel ist, wie leicht zu erahnen, geradezu dazu geschaffen, den Stoff für Schicksalsfragen, Dramen, Komödien, Tragödien zu liefern. Im folgenden will ich einige weitere Überraschungseffekte andeuten, die daraus sich ableiten.

Unsichtbares Schwarz und symbolisches Schwarz

In einer Gesellschaft, wo die Regel des einen Blutstropfens gilt, wird untergründig immer eine gewisse Unsicherheit bestehen. Wenn ein Weißer einen anderen Weißen trifft, kann er nie wissen, ob dieser andere »wirklich« ein Weißer ist – oder ob irgendwo in dessen Ahnenreihe ein Schwarzer verborgen ist, mithin auch er selbst ein Schwarzer ist, wenngleich er der Hautfarbe nach als Weißer erscheint. Eine reichlich konstruierte Vermutung, ziemlich absurd? So mag es uns hier und heute erscheinen. Aber nicht so in der da-

8 Davis 1991, S. 12f.
9 Funderburg, S. 13.

maligen Zeit und Gesellschaft. Die Angst vor dem »unsichtbaren Schwarz« war bis weit ins 20. Jahrhundert hinein in den USA unter Weißen weit verbreitet[10] – und ist dort wohl heute noch in einigen Regionen zu spüren. Sie ist wie ein Alptraum, gleicht einer Schrekkensvision, umkreist stets die Möglichkeit, die vielleicht insgeheim irgendwo lauert: Es könnte ja sein, daß eine Person, die uns nah und vertraut, mit der wir gesellschaftlich verkehren, die wir im eigenen Haus empfangen – daß diese Person, die so scheint wie eine von uns, eines Tages, welch Horror, als eine der Schwarzen sich herausstellen könnte.

Zur Illustration eine Geschichte, die sich in Georgia zu Beginn des 20. Jahrhunderts ereignet hat, als Lillian Smith, die später eine bekannte Schriftstellerin wurde, noch ein Kind war: »The Smiths were a large, eminent, and well-to-do family with deep roots in the area. One day while Lillian was still a child, it was discovered that a little white girl had been taken for adoption by a Negro family. Much exercised, the clubwomen of the town raised a furor. Finally, they went with the marshal and took the child, Janie, away from the distressed Negro woman. For three weeks Janie lived with the Smiths, and it fell to Lillian to take care of her – teach her prayers, share toys, and generally to ease her into the large and very comfortable Smith household. Janie slept in Lillian's bedroom. Then came a phone call from a Negro orphanage, a flurry of whispers and conferences behind closed doors. Janie was a Negro after all. It was quickly decided that Janie would go back to the poverty from which she had been rudely torn. Lillian tried to remonstrate; her mother grew cold and imperious. ›You'll understand when you are older‹, she said. Janie asked Lillian why she had to go, and Lillian grew cold and imperious.«[11]

Die Regel des »einen schwarzen Blutstropfens« war ursprünglich ein Instrument der Diskriminierung, von Weißen ersonnen, um die weiße Rasse ganz rein zu erhalten und die Gefahr eines näheren Kontaktes möglichst auszuschalten. Und dennoch wird diese Regel auch von vielen Schwarzen akzeptiert, und zwar bis heute.[12] Dies muß paradox scheinen: Die Opfer übernehmen die Instrumente der Täter, und dies selbst nach Jahrzehnten der Kämpfe gegen Diskriminierung? Das Paradox löst sich auf, wenn man den Standort wechselt. Dann zeigt sich, daß jene Regel, eingebunden in den Ho-

10 Davis 1991; Williamson 1980, S. 98 und S. 103 f.
11 Williamson 1980, S. 104.
12 Davis 1991, S. 137 ff.

rizont und die Lebenswelt der schwarzen Bevölkerungsgruppen, einen Bedeutungswandel durchgemacht hat: Sie ist hier nicht Bestandteil der Diskriminierung, sondern Symbol der gemeinsamen Identität. Sie sammelt die verschiedenen Gruppen der Schwarzen, die ja de facto sehr unterschiedliche Hautfarbe aufweisen, indem sie ein einigendes Band schafft, ein symbolisches Zeichen – kurz, sie stellt über die Differenzen hinweg eine Solidaritätsbasis her. Egal, ob die Hautfarbe schwarz, braun oder ganz hell ist – alle sind Teil der Gemeinschaft, alle gehören zusammen. Dies ist die Botschaft, und sie wird politisch inszeniert. (Von daher erklärt sich dann auch, weshalb die Versuche, eine neue Kategorie »multiracial« einzuführen, auf so viel Widerstand stoßen: weil sie die schwarze Gemeinschaft aufteilen, zersplittern in verschiedene Gruppen.) Es ist vor allem der Soziologe F. James Davis, der diesen Bedeutungsgehalt der Regel vom »schwarzen Blutstropfen« herausgearbeitet hat. »Die Schwarzen in den USA sind sich sicher dessen bewußt, daß die meisten von ihnen Vorfahren verschiedener Hautfarbe haben. Viele wissen wohl auch, daß die Regel des einen entscheidenden Blutstropfens aufkam, um die Sklaverei zu schützen, und daß sie weiter ausgebaut wurde, um die strikte Rassentrennung zu stützen. Dennoch, trotz der diversen Formen des schwarzen Protests und trotz der Forderungen nach Gleichberechtigung, ist es nie soweit gekommen, daß die etablierte Definition, nämlich eben jene Regel vom einen entscheidenden Blutstropfen, in Frage gestellt wurde. Schwarzer Stolz ist Ausdruck einer Gruppensolidarität, welche den internen Unterschieden nach Rassenmischung und Klassenzugehörigkeit bewußt geringe Bedeutung beimißt und statt dessen die Symbole des Schwarzseins betont.«[13] Nimmt man die verschiedenen Seiten zusammen, so könnte man leicht überspitzt sagen: Wo es unter Weißen die Furcht vor dem »unsichtbaren Schwarz« gibt, gibt es unter Schwarzen die Gemeinsamkeit im »symbolischen Schwarz«. Und beides gilt unabhängig von der jeweiligen Hautfarbe.

Diesem Hinweis auf ein symbolisches Schwarzsein können wir immer wieder begegnen, wenn wir Interviews, Erfahrungsberichte, Autobiographien von Schwarzen lesen. Der Grundgedanke heißt,

13 Ebd., S. 139.

pointiert zusammengefaßt: Schwarz ist nicht eine Frage der Hautfarbe, sondern eine Frage der Lebenswelt und der Erfahrung. Das kommt anschaulich zum Ausdruck in folgendem Interview-Ausschnitt, wo ein schwarzer alter Mann einem blinden schwarzen Anthropologen erklärt, was Schwarzsein bedeutet: »Sie müssen das so verstehen, das ist einfach ein Name, den wir haben. Ich bin nicht schwarz und Sie auch nicht, wenn man es wörtlich nimmt, vom Hinschauen ... Also wichtig ist, Schwarze gibt es in allen Hautfarben. Die Weißen sehen auch nicht alle gleich aus, aber bei uns gibt es mehr Unterschiede als bei ihnen. Dann gibt es auch noch einen Zwischenbereich, wo man gar nicht sagen kann, ob jemand weiß oder schwarz ist. Was ich an Leuten so sehe, also da sind viele, die man Schwarze nennt, aber vom Aussehen her könnten die genau so gut Weiße sein. Und was ich an Weißen so sehe, also da sind viele schwarz, so weit ich das vom Äußeren her sagen kann. Soviel zum Äußeren. Das Äußere bedeutet eben nicht viel. Der Unterschied liegt in der Art, wie wir denken. Was wir glauben, wie wir das Leben so ansehen, darauf kommt es an.«[14]

»Schwarze gibt es in allen Hautfarben«: Das ist, aufs knappste zusammengefaßt, die Grundformel. Sie ist auch der Schlüssel zur Frage, warum nicht wenige der prominenten Führer der Schwarzen-Bewegung hellhäutig waren, ja, was zu mancher Verwirrung beitrug, für Außenstehende selbstverständlich als Weiße erschienen.[15] James Baldwin berichtet z. B. von einem Ereignis, das sich 1956 bei einem Kongreß schwarzafrikanischer Künstler und Schriftsteller zutrug. Der Leiter der amerikanischen Delegation bei diesem Kongreß war John Davis. Die Vorstellung übernahm ein Franzose, der nach seinen einleitenden Worten als erstes fragte, warum Davis sich denn als Schwarzer betrachte, wo er doch ganz offensichtlich nicht wie ein Schwarzer ausschaue. Baldwin kommentiert diese Geschichte folgendermaßen: »Nach der bemerkenswerten juristischen Definition in den USA *ist* [Davis] natürlich ein Schwarzer. Aber noch wichtiger ist, wie er dem Frager klar zu machen versuchte, daß er Schwarzer ist aus Wahl und innerem Erleben – ja, eben aus Erfahrung.«[16]

14 Gwaltney 1980, zit. nach Davis 1991, S. 1.
15 Davis 1991, S. 6ff.; Williamson 1980, z. B. S. 109.
16 James Baldwin 1962, zit. nach Davis 1991, S. 13; Hervorhebung im Original.

Denselben Grundgedanken finden wir bei Walter White, einem der bekanntesten Vertreter der amerikanischen Schwarzen-Bewegung. Er beginnt seine Autobiographie, bewußt provokativ, mit folgenden Sätzen: »Ich bin ein Neger. Meine Haut ist weiß, meine Augen sind blau, meine Haare sind blond. Die Merkmale meiner Rasse sind mir nicht anzusehen.« Und wenig später fährt er fort, nicht weniger provokativ: »Ich bin kein Weißer. Weder vom Kopf noch von den Gefühlen her bin ich in irgendeiner Weise versucht zu glauben, ich sei einer.« Was also macht ihn zum Schwarzen, ja zu einem, der ganz bewußt und entschieden die Seite der Schwarzen vertritt? White selbst liefert die Erklärung. Sie weist zurück auf eine frühe, nie vergessene Kindheitserfahrung. Damals, im Atlanta des frühen 20. Jahrhunderts, erlebte er einen Ausbruch vehementen Rassenhasses von seiten der Weißen, Szenen voller Haß, eskalierend in Gewalt, Brandstiftung, Mord. Damals, als die blutrünstige Menge der Weißen in seine Straße vordrang, dann vor dem Haus zu toben begann, damals, so White, wurde sein Bewußtsein geformt: »Im flackernden Licht schwankte die Menge, hielt an und begann dann, sich auf uns zuzubewegen. Das war der Augenblick, wo mir etwas ganz klar zu Bewußtsein kam. Da wußte ich, wer ich war. Ich war ein Neger, ein menschliches Wesen, versehen mit einer unsichtbaren Pigmentierung, und damit war ich gekennzeichnet als jemand, ... den man jagen, aufhängen, mißhandeln, ausgrenzen konnte ... Es war ganz gleichgültig, wie intelligent oder begabt wir waren, meine Millionen Brüder und ich, oder wie anständig wir lebten. Ein Fluch wie der des Juden lag auf uns ...«[17]

Wenn es aber, wie der schwarze alte Mann dem blinden Anthropologen erklärt hat, nicht um die Hautfarbe geht, sondern um das, »was man denkt, was man glaubt« – dann muß sich – wenn man diesen Gedanken weiterverfolgt – im Umkehrschluß eine irritierende Frage aufdrängen. Wie nämlich sind dann die zu betrachten, die zwar dunkle Hautfarbe aufweisen – aber sich vom Lebensstil, den Gewohnheiten, dem Denken der anderen Schwarzen immer weiter entfernen? Sind sie also nur noch äußerlich schwarz – aber nicht mehr »wirkliche Schwarze«? Dies ist durchaus keine bloß theoretische Frage, sondern eine, die häufig auftaucht und, man kann es wohl ahnen, eine beträchtliche Portion Explosivstoff enthält. In einer Studie, die typische Unterschiede im Verhaltens- und Kommunikationsstil von Schwarzen und Weißen aufzeigt, kommt Kochman z.B. zu folgendem Schluß: Anhand der Befunde läßt sich aufzeigen, »welche Aspekte der schwarzen Kultur verlorengehen –

17 White 1969, S. 3 und S. 11.

oder vielleicht auch bewahrt werden –, wenn Schwarze sich in solche Bereiche hineinbewegen, wo die kulturellen Normen der Weißen gelten. So wird z. B. seit langem gefragt, wie ›schwarz‹ oder wie ›weiß‹ die schwarze Mittelschicht ist.«[18] Oder nehmen wir eine Untersuchung von William Julius Wilson, einem bekannten schwarzen Soziologen, über die Lebenslage der schwarzen Unterschicht. Einer der Arbeitgeber, die in Wilsons Studie befragt wurden, äußert sich so: »Wir haben ein paar schwarze Arbeiter – über die sagt eine Frau, mit der ich mich gut verstehe, eine der schwarzen Sekretärinnen, die schon seit einigen Jahren hier ist: ›Naja, das sind Schwarze, aber ihre Seele ist weiß‹... Denn kulturell gesehen, da sind sie weiß. Sie haben keinen schwarzen Akzent ... Ich glaube, der Akzent macht viel aus ... Wenn jemand schwarz ist, aber wenn sie genauso wie ein Weißer aus dem mittleren Westen reden, dann hat man ein ganz anderes Bild von ihnen. Und dann auch die Art, wie sie sich anziehen, auch das gehört dazu.«[19]

Wenn es derart Schwarze gibt, deren Schwarzsein zweifelhaft ist, weil sie sich nicht mehr wie »richtige Schwarze« verhalten – dann könnte man ja, logisch weiter gedacht, irgendwo in der Geschichte vielleicht auch auf Weiße stoßen, deren Zugehörigkeit aus ähnlichen Gründen unsicher ist. Und tatsächlich: auch das hat es gegeben. Um die Jahrhundertwende war unter den weißen Südstaatlern der Rassenhaß so verbreitet, daß von allen eine gemeinsame klare Front gegen die Schwarzen erwartet wurde. Wer sich diesem Grundklima nicht völlig einfügte, wer eine annähernd gemäßigte Haltung einnahm, der war sogleich verdächtig. Dies galt z. B. für diejenigen, die im politischen Rahmen mit Schwarzen Kontakt hatten, so etwa für die führenden Mitglieder der Republikanischen Partei, die in die unteren Parteiränge auch Schwarze zuließen. Für solche Weißen gab es dann einen eigenen Ausdruck: Sie wurden »weiße Nigger« genannt. In den Augen ihrer weißen Mitbürger waren sie Schwarze, was Verhalten, innere Einstellung, moralische Werte anging. »Schwarzsein«, so schreibt Williamson, bestimmte sich um 1900 im Süden »nicht mehr nach der äußeren Erscheinung und ironischerweise auch nicht mehr nach dem einen, alles entscheidenden schwarzen Blutstropfen. Es

18 Kochman 1981, S. 12.
19 Wilson 1996, S. 234.

hatte sich vielmehr zu einer Angelegenheit der inneren Moral und des äußeren Verhaltens weiterentwickelt. Diejenigen, die irgendeinen Anteil schwarzer Vorfahren aufwiesen, konnten sich nicht offen darum bemühen, zu Weißen zu werden. Aber Weiße konnten leicht den Abstieg zum Schwarzsein erfahren, wenn sie auf der Moralebene versagten. Auf diese Weise entstand im weißen Denken eine neue und eigentümliche Form des Mulatten – ein Mulatte, der zwar genetisch gesehen weiß war, aber moralisch gesehen schwarz. Kurz, ›Neger‹ wurde zu einer *Idee.*«[20] Folgt man solchen und ähnlichen Hinweisen, so beginnt man allmählich zu ahnen, wie komplex, wie vielschichtig, wie verwickelt die Kriterien sind, die für die Einordnung nach »Schwarz« bzw. »Weiß« ins Gewicht fallen.

Mit Geld wird man weißer

Das Bild wird noch komplizierter, wenn man nicht nur die Situation in den USA in den Blick nimmt. Denn anderswo gelten andere Regeln. In vielen Ländern Lateinamerikas war seit je her das Verhältnis zwischen Schwarzen, Weißen und sonstigen ethnischen Gruppen relativ offen, es gab zahlreiche Heiraten und gemischte Familien, weshalb heute breite Bevölkerungsgruppen – manchmal sogar die Mehrheit – Vorfahren unterschiedlicher Hautfarbe haben. Während in den USA die polarisierte Unterscheidung – hier Schwarze, dort Weiße – vorherrscht, existieren in Lateinamerika oft zahlreiche Abstufungen und Bezeichnungen, um die verschiedenen Varianten der gemischten Herkunft anzuzeigen.[21] Wie bzw. wo man die jeweiligen Personen einordnet, hängt dann nicht von der langen Liste der Vorfahren ab, detailliert ausgezählt und berechnet, vielmehr geht man hier weit pragmatischer vor.[22] Es sind zwei Kriterien, die zählen: zum einen das äußere Erscheinungsbild einer Person (sprich Gesichtszüge, Hautfarbe, Augenfarbe, Farbe und Beschaffenheit der Haare), zum anderen der soziale Status dieser Person (Einkommen, Vermögen, Bildung, Beruf usw.). Danach

20 Williamson 1980, S. 107 f.; Hervorhebung im Original.
21 Eine Darstellung solcher Bezeichnungen findet man z. B. bei Banton 1988, S. 33.
22 Davis 1991, S. 81 ff.

bemißt sich, wo immer wer sich auf jener Feinskala befindet, die von weiß bis zu schwarz reicht, mit diversen Zwischenstufen dazwischen.

Die Konsequenz liegt auf der Hand: Wer erfolgreich ist, wem der soziale Aufstieg gelingt, dessen Einordnung entlang der Skala verschiebt sich. In Brasilien gibt es einen eigenen Ausdruck dafür, er lautet, ebenso schlicht wie verständlich: »Money whitens«[23], mit Geld wird man weißer, wenn nicht gar ein Weißer. Elemente einer ähnlich flexiblen, ähnlich wohlstandsorientierten Praxis können wir übrigens auch in Südafrika finden, genauer im früheren Apartheids-Regime. Dort existierte bekanntlich eine strikte Trennung der Rassen, verbunden mit einer umfassenden Ordnung des öffentlichen wie des privaten Lebens, immer auf einer Einteilung in drei Klassen basierend (»Weiße«, »Mischlinge«, »Schwarze«). Hellhäutige Mischlinge konnten unter Umständen eine Änderung ihres offiziellen Rassenstatus durchsetzen, sie konnten zur privilegierten Klasse der Weißen aufsteigen. Voraussetzung dafür war nicht nur, daß sie aussahen wie Weiße. Sie mußten auch darlegen können, daß sie sozial akzeptiert waren unter den Weißen. Da ging es dann um den richtigen Beruf und das entsprechende Einkommen, um die Zugehörigkeit zur richtigen Kirche und zum richtigen Klub – kurz, um den Nachweis des »weißen Verhaltens«.[24]

Auch solche Zuordnungsverfahren, wie sie vorwiegend in Lateinamerika praktiziert werden, enthalten in sich, wie leicht zu erraten, manches an leicht paradox anmutenden Folgen, an Überraschungseffekten. So kann es hier durchaus passieren, daß der »Rassenstatus« einer Person von dem ihrer Eltern abweicht oder daß die Rassenzuordnung von Geschwistern unterschiedlich ausfällt. Ebenso kann die Einstufung ein und derselben Person in verschiedenen Lebensabschnitten unterschiedlich ausfallen, wenn ein markanter sozialer Aufstieg gelingt (oder umgekehrt, wenn diese Person ihre sozial anerkannte Stellung verliert).[25] Von daher erklärt sich auch, warum Elaine Rocha, die in der Einleitung genannte Historikerin mit Vorfahren unterschiedlicher Hautfarbe, ihren Lebensweg in den Sätzen zusammenfaßt: »Als Kind war ich

23 Ebd., S. 101.
24 Ebd., S. 97.
25 Ebd., S. 101.

schwarz. Als ich studierte, war ich Mulattin. Als ich meinen Universitätsabschluß hatte, wurde ich Weiße.«[26]

Die Wohlstandsskala, das können wir hier noch einmal anschaulich sehen, hat vielerlei Varianten. Sie beeinflußt nicht nur, wen wir als Ausländer wahrnehmen, wen nicht. Sie spielt darüber hinaus auch in jene Ordnung hinein, die angeblich doch eine natürliche, qua Biologie und Genetik vorgegebene ist: die Aufteilung der Menschen nach Hautfarbe. Sehr häufig sind es – sei's bewußt oder unterbewußt – auch soziale Kriterien, die unser Bild von der Hautfarbe des anderen in diese oder jene Richtung »einfärben«.

Schwarz als politische Hautfarbe

Schaut man nach Großbritannien, findet man eine nochmals andere Variante der Farbenskala. Sie ist entstanden als eine Art Postskriptum in der Geschichte des Britischen Empire, im Gefolge der großen Einwanderungsbewegungen der fünfziger und sechziger Jahre, als aus den verschiedenen Teilen der früheren Kolonien – aus Südasien, Afrika und der Karibik – zunehmend Menschen nichtweißer Herkunft nach Großbritannien kamen, um dort Arbeit zu finden (genauer: um diejenigen Arbeitsplätze zu übernehmen, die die Weißen selbst nicht mehr wollten). Das war die britische Form des Gastarbeiterimports, und auch diese Gastarbeiter erfuhren, wie die in anderen Ländern, in vielen Bereichen massive Diskriminierung – und dies, obwohl sie britische Staatsbürger waren und einen britischen Paß hatten. Initiiert vom radikalen Flügel der Labour Party, entstand dann eine politische Gegenbewegung, deren Ziel es war, dem offen hervortretenden Rassismus im Land zu begegnen und die Rechte, die Lebenschancen der Einwanderergruppe zu wahren. Um im politischen Raum Gewicht zu gewinnen, schien es sinnvoll, Koalitionen zu schmieden, die verschiedenen Einzelgruppen unter den Zuwanderern zusammenzubinden unter einem gemeinsamen Dach. So wurde, als Inbegriff und Signum dieser Bewegung, ein neues politisches Konzept aufgebaut: »Schwarz« wurde hier zu einem politischen Begriff, in dem sich all die Erfahrungen der Unterdrückung, Benachteiligung, Diskriminierung

26 Elaine Rocha, zit. in: Ellis Cose, *Pride and Power*, in: *Newsweek*, 9. März 1998, S. 46.

bündeln sollten zu einem Fanal der postkolonialen Einwanderergruppen. Der Sozialwissenschaftler Stuart Hall, selbst aus Jamaika stammend und einer der prominentesten Vertreter dieser Richtung, hat ihre Entstehungsgeschichte und ihren Impuls einmal so formuliert:

»Schwarz ist ... keine Frage der Pigmentierung. Das Schwarz, von dem ich rede, ist eine historische, eine politische, eine kulturelle Kategorie ... Ich hörte das Wort schwarz zum erstenmal zu Beginn der Bürgerrechtsbewegung, zu Beginn der antikolonialen und nationalen Befreiuungskämpfe. Schwarz wurde in einem bestimmten historischen Moment als eine politische Kategorie geschaffen. Sie wurde als Resultat symbolischer und ideologischer Kämpfe geschaffen. Wir sagten: Ihr habt fünf-, sechs- oder siebenhundert Jahre damit verbracht, eine Symbolik zu entwickeln, in der ›schwarz‹ zu einem negativen Faktor wurde. Jetzt möchte ich diesen negativen Ausdruck, genau den ... Ich möchte ihn aus dieser bisherigen Artikulation herausreißen und auf eine neue Weise artikulieren ... Diese Vorstellung von Schwarz war für die antirassistischen Kämpfe der siebziger Jahre überaus bedeutsam: Es war der Gedanke, daß Menschen aus unterschiedlichen Gesellschaften und Kulturen, der Karibik, Ostafrika, dem indischen Subkontinent, ... die in den fünfziger und sechziger Jahren als Teil einer großen Einwanderungswelle nach Britannien gekommen waren, sich alle politisch als Schwarze identifizieren konnten. Sie sagten: ›Unsere Hautfarben mögen zwar unterschiedlich sein, aber ... angesichts des politischen Systems des Rassismus gibt es zwischen uns mehr Gemeinsames als Trennendes‹. Die Briten fingen an, einen zu fragen: ›Kommst du von Jamaika, aus Trinidad oder aus Barbados?‹ Da können wir genau diesen Prozeß des ›Teile und Herrsche‹ sehen. ›Nein. Sprich mich einfach als den an, der ich bin. Ich weiß, daß du die Unterschiede sowieso nicht erkennen kannst, daher nenne mich einfach schwarz ... Wir sehen sowieso alle gleich aus. Du kennst die Unterschiede sowieso nicht. Nenn mich einfach schwarz. Schwarze Identität.‹ Nur unter dem Slogan einer schwarzen Politik und einer schwarzen Erfahrung konnte in den siebziger Jahren der antirassistische Kampf geführt, konnte in den Gemeinschaften und Stadtvierteln Widerstand geleistet werden.«[27]

Jedoch: diese Koalition der verschiedenen Einwanderungsgruppen unter dem Dach eines gemeinsamen, eines politisch gewendeten »Schwarz« hielt nicht lange. Das hatte vor allem zwei Gründe. Zum einen begannen die Vertreter der asiatischen Gruppen, dieses Bündnis zurückzuweisen, weil sie es als Vereinnahmung empfan-

27 Hall 1994, S. 79-82.

den und darin eine Vorherrschaft der aus Afrika und der Karibik stammenden Gruppen sahen, in der für sie, die Asiaten, bestenfalls eine Randstellung, schlimmstenfalls gar kein Raum übrig blieb. Stuart Hall hat in seinen späteren Schriften dies Problem selbst angesprochen: »Die Wahrheit ist, daß die Kategorie schwarz ... ein Schweigen beinhaltet. In bestimmter Weise überging sie die spezifischen Erfahrungen der Menschen aus Asien mit Schweigen.«[28] Weitaus deutlicher hat Tariq Modood diese Kritik formuliert, ein britischer Sozialwissenschaftler pakistanischer Herkunft.[29] Er weist z. B. nach, wie im Diskurs des »politischen Schwarz« die Einwanderer asiatischer Herkunft immer wieder übergangen, vergessen, hintangesetzt werden, kurz: unsichtbar bleiben. Ein anschauliches Beispiel dafür liefern die oben zitierten Sätze von Stuart Hall: Es ist zwar richtig, daß die meisten Briten einen Mann aus Jamaika kaum von einem aus Trinidad unterscheiden. Aber zwischen einem Mann aus Jamaika und einem aus Asien würden auch sie einen Unterschied sehen – nur daß in dem Beispiel von Hall, bezeichnenderweise, kein Mann aus Asien vorkommt.

Um solchen und ähnlichen Argumenten zu begegnen, von den Vertretern der asiatischen Einwanderergruppen formuliert, hat Stuart Hall später ein neues Stichwort, ein neues Konzept in die politische Diskussion eingebracht: Er spricht nun von »plural blackness«, von den »vielen Formen des Schwarz«, damit bewußt die Vielheit in der Einheit signalisierend. Dies ist ganz offensichtlich ein Angebot an die Adresse der asiatischen Gruppen, auch deren spezifische Erfahrungen und Lebensweisen aufzunehmen – und dabei gleichzeitig die politische Gemeinschaft zu bewahren.

Aber auch diese Idee von den »vielen Formen des Schwarz« hat die inneren Vorbehalte, die offenen Einwände von seiten der britischen Asiaten letztlich nicht ausräumen können.[30] Dies lag wohl auch daran, daß es von Anfang an einen zweiten Grund gab, warum die Koalition der verschiedenen postkolonialen Einwanderergruppen immer schon brüchig war: Sie war und sie blieb eine künstliche Kategorie, d. h. nicht aus gelebter Gemeinschaft des Alltags entstanden, sondern am politischen Reißbrett entworfen. Schon

28 Ebd., S. 82.
29 Modood 1994a, 1994b, 1998.
30 Siehe Modood 1998.

für die, die aus Afrika und der Karibik stammten – also für die »schwarzen Schwarzen« gewissermaßen –, galt nicht selten, daß sie gegenüber der Kategorie des »politischen Schwarz« verständnislos blieben. Stuart Hall nennt hier seine eigene Mutter als Beispiel, deren Haltung er so charakterisiert: »Als anständige Frau der jamaikanischen Mittelschicht haßte sie selbstverständlich alle Schwarzen.«[31] Um so mehr galt für diejenigen, die aus Indien, Pakistan, Bangladesch stammten, daß sie sich in der Kategorie des »politischen Schwarz« nicht wiederfanden, ja oft gar nicht erkannten. Dies haben verschiedene empirische Untersuchungen gezeigt: Nur eine Minderheit, nur zwanzig Prozent der Asiaten sehen sich selber als Schwarze.[32] Dagegen haben sehr viele, ja wohl die meisten noch gar nicht gemerkt, daß dann, wenn von den »Schwarzen« die Rede, auch sie selber gemeint sind.[33] So würde es vielen nie einfallen, auf Stellenanzeigen zu antworten, wo im Ausschreibungstext ausdrücklich »Schwarze« zur Bewerbung aufgefordert werden: Nach ihrer Lesart werden damit nicht sie selbst angesprochen, sondern nur die »anderen«, eben die aus Afrika und der Karibik.[34] Hinzukommt, daß im Erfahrungshorizont der asiatischen Einwanderer dunkle Hautfarbe sich mit niedrigem Status verknüpft, mit der Zugehörigkeit zu einer unteren Kaste. Auch dies ist ein Grund, warum sie wenig bereit sind, dies Etikett auf die eigene Person anzuwenden.[35] Man könnte, ironisch gewandt, vielleicht auch sagen, hier handle es sich um eine neue Variante des »unsichtbaren Schwarz« – nämlich eine, die derart unsichtbar ist, daß nicht einmal die Betroffenen selbst sie zu sehen vermögen.

Als Resultat ist ein Nebeneinander bis Durcheinander von Etikettierungen entstanden, die je nach Kontext ihre Bedeutung verändern – eine Fundgrube für Sprachforscher. Wie Baumann schreibt: »Es gibt also eine offensichtliche Diskrepanz zwischen dem Begriff ›Schwarz‹, wie er nach 1968 in den USA verwandt wurde, und dem Begriff ›Schwarz‹ im Sinne der Antirassismus-Bewegung, und der Bedeutung schließlich, die viele der [britischen

31 Hall 1994, S. 80.
32 Modood 1998, S. 4.
33 Baumann 1996, S. 161ff.
34 Modood 1994, S. 94.
35 Baumann 1996, S. 164.

Zuwanderer aus Südasien] mit dem Begriff ›Schwarz‹ verbinden ... Was klar ist, ist die enorme Kluft, die die [politischen Aktivisten] von denen trennt, ... deren Sprecher sie sein wollen. Es zeigt sich, daß ›Schwarz‹ als politische Farbe und ›Schwarz‹ als Hautfarbe zu zwei unvereinbaren Diskursen gehören.«[36] Kurz, klar ist nur die Unklarheit, die allgemeine Verwirrung.

Migration und die Folgen

Die Verwirrung wächst weiter, wenn man an dieser Stelle auch die Prozesse internationaler Migration einbezieht, die zum Zeitalter der Globalisierung gehören. Nehmen wir als Beispiel die Autorin Yasmine Bahrani. Sie hat im Lauf ihrer Lebensgeschichte mehrfach das Land und den Wohnort gewechselt, und die biographischen Folgen dieser Mobilität schildert sie folgendermaßen:

»Als ich in England lebte, war ich eine Schwarze. So werden dort alle eingeordnet, die wie ich aus den früheren Kolonialländern kommen. Wir alle gehören dort zur Gattung der Schwarzen. Aber mein Schwarzsein war zeitlich befristet. Als ich in den USA ankam, habe ich mich weiter als Schwarze betrachtet, bis meine Freunde auf dem College in Indiana mich auslachten. Sie machten mir klar, daß ich durchaus keine Schwarze sei. Ich sei eine Weiße, sagten sie. Ich ließ mich überzeugen, aber auch das hielt nicht lange an. Ein paar Jahre später entdeckte ich, daß mein amerikanischer Arbeitgeber mich wieder in eine andere Schublade gesteckt hatte. Zu meiner Überraschung stellte ich fest, daß ich nun eine seiner asiatischen Angestellten war ... Wenn Sie jetzt neugierig sind, woher ich komme: Ich stamme aus dem Irak, und in meinem Familienstammbaum finden sich Araber, Perser und Türken. In Mesopotamien hat sich viel Blut miteinander vermischt – fast so viel, wie dort vergossen wurde –, und ›rassisch‹ gesehen könnte ich mit meinem Äußeren wohl von vielen Orten herstammen.«[37]

Aus dieser Schilderung wird unmittelbar sichtbar, wie die alte Regel »Andere Länder, andere Sitten« offensichtlich auch da gilt, wo es um die Einteilung nach Hautfarbe bzw. »Rassenzugehörigkeit« geht. Wie Watson schreibt: »Definitionen von ›Rasse‹ und ›Hautfarbe‹ fallen sehr unterschiedlich aus, je nach Wahrnehmung und

36 Ebd., S. 166.

37 Yasmine Bahrani, *Racial Identity in America: Can't We Just Be Ourselves?*, in: *International Herald Tribune*, 20. Februar 1998.

sozialem Erwartungshorizont des Betrachters. Besucher aus Amerika finden es eigenartig, daß Engländer diejenigen, die aus Südasien kommen, als ›Farbige‹ bezeichnen. In den USA würden dieselben Personen zur Gruppe der Weißen gezählt.«[38]

Das aber heißt in der Schlußfolgerung: Wenn Menschen von einem Land in ein anderes wechseln (oder manchmal auch nur in einen anderen Teil desselben Landes), dann kann es geschehen, daß sie in der neuen Umwelt eine neue ethnische Zuordnung erfahren. Ein interessantes historisches Beispiel liefert die Situation der Indianer im amerikanischen Bundesstaat Mississippi: In denjenigen Landesteilen, wo es viele Indianer gab, wurden sie den Schwarzen zugeordnet. Dies galt aber nicht in denjenigen Gegenden, wo nur wenige Indianer zu finden waren. Derart konnte ein Indianer, sofern er eine Reise von 60 Kilometern unternahm, seinen »rassischen« Zuordnungsstatus verändern.[39] Ein einschlägiges Beispiel für die Gegenwart sind die Puertorikaner, die als Neueinwanderer heute in die USA kommen. Ihre Situation läßt sich folgendermaßen umreißen[40]:

Da in Puertorico, ähnlich wie in anderen südamerikanischen Ländern, die oben beschriebene Wohlstandsskala vorherrschend ist, gelten viele von denen, die mehr bis minder gemischten Familien entstammen, in ihrer Heimat als Weiße, sofern sie Erfolg und bessere Bildung aufweisen. Dies ändert sich aber, sobald sie in die USA kommen. Von den Puertorikanern, die heute in den USA leben, haben schätzungsweise 10 Prozent ausschließlich schwarze Vorfahren, und von den übrigen hat etwa die Hälfte auch ein paar Schwarze irgendwo in der Familiengeschichte. Nach dem Maßstab der USA, der Regel des »schwarzen Blutstropfens«, gelten also mehr als die Hälfte der Zuwanderer als Schwarze, während die meisten von ihnen zu Hause entweder zur Gruppe der Weißen gehörten oder zu einer der zahlreichen Zwischenkategorien, die dort existieren. Für viele von ihnen kommt es als Schock, wenn sie in den USA sich plötzlich in der Kategorie »Schwarze« eingestuft sehen. Um dem zu entgehen, versuchen dann einige, die in ihrem

38 Watson 1977, S. 8.
39 Banton 1988, S. 67.
40 Siehe hierzu Davis 1991, S. 104f.

Äußeren nicht zu dunkel erscheinen, sich als Weiße lateinamerikanischer Herkunft darzustellen, indem sie die spanische Sprache und ihr spanisches Erbe betonen. Bei manchen gelingt dies, bei anderen nicht. Aber für wohl alle gilt: Bei der Ankunft in dem neuen Leben, dem neuen Land machen sie einen schwierigen Übergang durch, weil sie plötzlich mit einer Gesellschaft konfrontiert sind, die auf einer radikalen Polarisierung zwischen hier Schwarzen, dort Weißen aufbaut und wo die ihnen vertrauten vielen Feinabstufungen dazwischen nichts gelten.

Eine ähnliche Erfahrung machen auch die Jamaikaner, wenn sie nach Großbritannien einwandern. Während in ihrem Herkunftsland ebenfalls die Wohlstandsskala vorherrschend ist, also Personen aus schwarzen oder gemischten Familien, sofern sie höhere Bildung und höhere Berufsposition aufweisen, tendenziell zu den Weißen gezählt werden, kennt man in Großbritannien derartig subtile Differenzierungen nicht. Dort herrscht ein sehr viel einfacherer Maßstab, kurz zusammengefaßt: »Für die Engländer sieht jeder Schwarze gleichermaßen schwarz aus.«[41] Unter diesen Bedingungen wird für die meisten Jamaikaner die erste Begegnung mit Großbritannien zum Schock: Unabhängig davon, ob sie dunklere oder hellere Hautfarbe haben, und unabhängig auch von den individuellen Leistungen, die sie vorweisen können, die Jamaikaner gelten den meisten Engländern als Angehörige einer unteren und unterlegenen Klasse.[42]

Versuchen wir an dieser Stelle eine kleine Zwischenbilanz. Vom »unsichtbaren Schwarz« über »symbolisches Schwarz« und »politisches Schwarz« bis hin zu den »vielen Formen des Schwarz«, daneben »weiße Nigger«, aber auch »weißes Verhalten« – dem Leser, der Leserin wird es vielleicht allmählich zu bunt. Sie sehen, statt klarer Linien, ein endloses Dickicht, Sie sind gründlich verwirrt? Wunderbar, denn das heißt: Sie haben verstanden. »Schwarz« und »Weiß« sind nicht Hautfarben, sondern kulturelle Erfindungen, die – variierend je nach Ort, je nach Zeit – ihre eigene Logik, ihre eigene Dynamik, ihre eigene Explosivkraft entfalten.

41 Foner 1977, S. 131.
42 Ebd.

2. In Israel und anderswo: Wer ist Jude?

Nur wahrhaft Ahnungslose können der Auffassung sein, es müsse doch leicht sein zu sagen, wer Jude sei. Die anderen wissen dagegen: Das ist eine gefährliche, belastete, uralte Frage. Eine Frage, die Dauerstreit auslöst und Beklemmungen wachruft. Rührt man daran, so wird eine Pandorabüchse geöffnet, in der all die unbeantworteten Fragen und ungelösten Probleme jüdischen Überlebens, all die Identitäten zwischen Diaspora und Zionismus, all die Empfindlichkeiten zwischen Israel und den Juden in anderen Ländern, all die Konflikte zwischen Religiösen und Nichtreligiösen sich heillos vermischen.

Früher einmal, schreibt Mordecai Roshwald, war ein Jude ein Mann mit einem langen Bart, der dreimal am Tag betete, am Schabbat ruhte; der an den Festtagen feierte, an den Fastentagen nicht aß und alle religiösen Vorschriften streng befolgte; der den Herrn pries, bevor er etwas unternahm, und nach jeder Mahlzeit dem Herrn dankte. Das Leben eines Juden war derart von morgens bis abends durchdrungen von dem Bewußtsein der besonderen Beziehung, die ihn mit dem Allmächtigen verband. Dann aber kam, mit dem Übergang zur Moderne, der Einschnitt: Im Lauf von ein paar Generationen haben sich die Formen und Inhalte des Judentums tiefgreifend verändert. Juden in vielen Ländern haben sich von ihren religiösen wie ethnischen Traditionen weit entfernt. Und da genau liegt nun der Kern des Problems: »Das moderne Judentum kann nicht mehr länger nach dem alten Muster definiert werden. Es muß vor dem Hintergrund der neuen sozialen Wirklichkeit begriffen werden. Aber das ist viel schwieriger als die Definition des Judentums früher. Denn das Judentum ist nicht nur verdünnt worden, was Inhalt und Intensität angeht, auch die Art seiner Auflösung folgt nicht einem einheitlichen Muster. So gibt es heute ein breites Spektrum des Judentums, mit Differenzierungen sowohl quantitativer wie qualitativer Natur.«[43]

Dabei ist im Prinzip die Angelegenheit weiterhin einfach. Nach den jüdischen Religionsgesetzen, der Halacha, ist Jude, wer Kind einer jüdischen Mutter ist oder wer zum Judentum konvertiert ist.

43 Roshwald 1970, S. 233 f.

Beginnen wir mit dem zweiten Kriterium, der Konversion. Für die Aufnahme in die jüdische Religionsgemeinschaft sind, was ja durchaus einleuchtend ist, Rabbiner zuständig, die Frage ist nur: welche Rabbiner? Im Judentum gibt es, wie in anderen Religionen auch, verschiedene Richtungen, grob zusammengefaßt Orthodoxe, Konservative und Reformanhänger. Diese haben – jetzt nähern wir uns dem kritischen Punkt – ihre je eigenen Bestimmungen und Regeln für diejenigen, die zur jüdischen Religion übertreten wollen. Während anderswo auch die Übertritte nach konservativem bzw. Reformritus anerkannt werden, hatten bisher in Israel die Orthodoxen das Monopol. Das war deshalb sehr folgenreich, weil die Orthodoxen dort gleichzeitig eine enge Verbindung zwischen Staat und Rabbinat durchgesetzt hatten, die in viele Belange des öffentlichen wie des privaten Lebens eingreift. Nach der bisher geltenden Regelung werden all diejenigen, die nicht nach orthodoxem Ritus übertraten, weder von staatlicher Seite als Juden anerkannt noch können sie in Israel heiraten oder auf einem jüdischen Friedhof begraben werden.

Aber gleichzeitig gibt es in Israel auch das sogenannte »Rückkehrgesetz«, das allen Juden das Grundrecht der Einwanderung nach Israel zuerkennt. Bei diesem Gesetz wird nicht die orthodoxe und sehr enge Definition des Judentums angewandt, sondern eine erheblich weitere, um all denjenigen, die aufgrund ihres Judentums verfolgt werden, eine potentielle Zuflucht in Israel zu ermöglichen. Diese Regelung ist, wie leicht zu verstehen, aufgrund der Erfahrungen mit der Verfolgungs- und Vernichtungspolitik während der NS-Zeit eingeführt worden. Doch aufgrund der verschiedenen Definitionen, die nun nebeneinander existieren und zu zahlreichen Unstimmigkeiten geführt haben, ist in Israel schon seit vielen Jahren ein Dauerstreit darum im Gange, wer Jude sei.[44]

Was beim Streit um die Konversion heute aufbricht, sind die Folgen eines von der Staatsgründung an unklaren Verhältnisses zwischen Staat und Religion in Israel.[45] Grundsätzlich festgelegt wurde dieses Verhältnis im sogenannten Status quo des ersten Koalitionsvertrages zwischen Ben Gurion und der orthodoxen Partei ›Agudat Israel‹ 1949. Diese Vereinbarung regulierte Lebensbereiche, die die damalige Orthodoxie für wesent-

44 Siehe ebd.
45 Siehe zum folgenden Weiss/Brenner 1999.

lich hielt. Doch seitdem ist es zu ständigen Verschiebungen und Neudefinitionen gekommen, bedingt durch Mißinterpretationen, Verschiebung der Machtverhältnisse, Wandel der Lebensformen. In der Folge wird der Staat Israel heute vor immer größere Zerreißproben gestellt. Weil er von Anfang an auf Kompromisse aufgebaut war, die man endgültig festzulegen vermied, bricht heute in vielen Konflikten immer wieder die Grundfrage auf, wie sich die Balance zwischen alt und neu herstellen läßt, wie ein Ausgleich zwischen religiösen Belangen und säkularen Forderungen möglich sein kann.

Lange Zeit freilich blieb der Streit um die Konversion eher latent. Doch er eskalierte, als einige Israelis, die nach nicht-orthodoxem Ritus konvertiert waren, 1996 vor Gericht gingen. Nun gewann er schnell an Gewicht, und zwar nicht zuletzt deshalb, weil er inzwischen zwei große Gruppen betrifft. Zum einen warten in Israel immer mehr nicht-jüdische Einwanderer – man spricht derzeit von 200 000[46] – auf eine Konversion, darunter insbesondere Zuwanderer aus Rußland, von denen viele nach den Regeln des israelischen Rabbinats als »Gojim« (Nichtjuden) gelten. Zum anderen wehren sich heute auch viele der amerikanischen Juden – die selbst meist zum konservativen und Reformflügel zählen – gegen das Definitionsprivileg der Orthodoxen. Sie tun dies auch deshalb, weil viele von ihnen mit Partnern nicht-jüdischer Herkunft verheiratet sind, die nach nicht-orthodoxem Ritus konvertierten, in Israel damit nicht anerkannt würden. So nimmt an diesem Punkt die Polarisierung zwischen Diaspora-Juden und Israel bedrohliche Ausmaße an, was wiederum den Israelis nicht gleichgültig sein kann. In der Folge wurde der Streit bis zum israelischen Parlament, der Knesset, getragen und innerhalb der Regierung zum Gegenstand mehrerer Koalitionskrisen, mit immer wieder neuen Vorschlägen, Kompromißversuchen, Gegenvorschlägen – bislang ohne Aussicht auf Ende.

Wie schwankend der Boden hier ist, welche Abgründe hier lauern, ist exemplarisch deutlich geworden, als die Zeitschrift *Die Woche* zum 50. Jahrestag der Gründung Israels jüdische Politiker, Künstler, Intellektuelle und Geistliche bat, sich zum Thema »Wer ist Jude?« zu äußern. Gefragt wurde unter anderem auch der damalige israelische Premierminister, Benjamin Netanyahu. Statt Stel-

46 *Süddeutsche Zeitung*, 25. Februar 1998, S. 7.

lung zu nehmen, entschied dieser sich, auf diplomatisch neutralem Boden zu bleiben. Es lohnt sich, seine Antwort im genauen Wortlaut zu lesen: »Ich möchte diese Frage lieber nicht beantworten. Sie ist so kompliziert, daß man mir jede Antwort, wie auch immer sie ausfallen mag, falsch auslegen wird. Und jedes Mißverständnis könnte zum Bruch meiner Koalition zwischen säkularen und religiösen Parteien führen.«[47]

Das Kriterium der jüdischen Mutter

Im Normalfall freilich ist es die jüdische Mutter, von der sich qua Halacha die Zugehörigkeit zum Judentum ableitet. Dies Kriterium immerhin ist relativ einfach – in der Theorie jedenfalls. In der Praxis dagegen existieren auch hier konkurrierende Zuordnungsverfahren nebeneinander. Während nach dem jüdischen Religionsgesetz allein die Mutter zählt, der Vater dagegen bedeutungslos bleibt, findet in den Augen der nicht-jüdischen Umwelt vor allem die Seite des Vaters Beachtung. Sie ist es ja auch, die nach außen sichtbarer wird, weil der Familienname meist vom Vater her kommt, auch die Einordnung in die Familiengeschichte und Generationenabfolge sich meist über den Vater bestimmt. Man nehme, um das Beispiel anschaulich zu machen, etwa diejenigen, die Levi, Kohn oder Abraham heißen oder was der guten jüdischen Namen mehr sind. Sie werden in Gesellschaft und Öffentlichkeit, von seiten der Behörden, Beamten, Kollegen und Nachbarn, meist schnell als »jüdisch« eingestuft werden, nicht nur einmal hier oder da, sondern gewissermaßen in Serie, als prägende Erfahrung, die sie durchs Leben begleitet. Und doch sind nicht wenige unter ihnen, die nach jüdischer Auslegung als nicht-jüdisch gelten – all diejenigen nämlich, die aus sogenannten Mischehen stammen, zwar mit jüdischem Vater, aber mit nicht-jüdischer Mutter. Deren Zahl ist durchaus beträchtlich, weil die meisten der jüdisch-nichtjüdischen Ehen folgende demographische Verteilung aufweisen: In den meisten Fällen ist es ein jüdischer Mann, der eine Nichtjüdin heiratet; viel seltener dagegen ist das andere Muster, die jüdische Frau, die mit einem nicht-jüdischen Mann die Ehe eingeht.[48] Das wiederum heißt, die

47 Benjamin Netanyahu, in: *Die Woche*, 8. Mai 1998.
48 Z.B. Mayer 1980.

meisten der Kinder, die aus sogenannten Mischehen stammen, haben einen doppelt problematischen Status. Während sie den Juden als Nichtjuden gelten, sehen umgekehrt die Nichtjuden sie vorwiegend als Juden.[49]

Peter Finkelgruen, dem wir schon ganz zu Anfang in der Einleitung begegnet sind, ist einer aus genau dieser Gruppe. Geboren wurde er in Shanghai, wohin seine Eltern – der jüdische Vater, die nicht-jüdische Mutter – aus Nazideutschland geflohen waren. Die Erfahrung dieser Familiengeschichte machte aus ihm einen »Veteran der Ausgrenzungsmechanismen«, wie er in einem autobiographischen Bericht schreibt. »Nicht mehr zu überraschen dadurch, daß es Menschen gab, die mich an Hand meines Namens als Juden definierten, während andere meinten, mich als Nichtjuden wahrnehmen zu sollen, weil meine Mutter keine Jüdin war. Beiden gemeinsam war ein offensichtliches Unwohlgefühl, eine aggressive Irritation.«[50]

Ähnliche Erfahrungen hat auch Sergej Eruchimowitsch gemacht, der aus Rußland nach Potsdam kam. Er besucht dort zwar den Deutsch-Sprachkurs der jüdischen Gemeinde, möchte aber eigentlich nichts mit ihr zu tun haben, weil er als Jude nicht anerkannt wird und deshalb in der Gemeinde auch kein Stimmrecht bekommt. Für ihn ist dies unverständlich: »Wenn deine Mutter Russin ist und dein Vater Jude, statt umgekehrt, hattest du in Rußland ständig mit deinem jüdischen Nachnamen Schwierigkeiten. Aber hier machen sie dich zum Paria.«[51]

Erinnern wir uns an dieser Stelle noch einmal an diejenigen Zurechnungsverfahren, die bei der Frage, wer Schwarzer sei, angewandt werden. Was in den USA sich durchgesetzt hat, ist, wie oben mehrfach beschrieben, die Regel des »schwarzen Blutstropfens« oder, frei übersetzt, wer auch nur einen schwarzen Vorfahren hat, gilt damit als Schwarzer. Bei der Frage, wer Jude sei, wird dagegen, wie wir jetzt sehen, ein anderes Zuordnungsverfahren angewandt. Man könnte es, um zu einer ähnlichen Begriffsbildung zu kom-

49 Zur Situation dieser »Verlorenen Juden«, wie Klein sie nennt, siehe auch Klein 1996.

50 Finkelgruen 1997, S. 189.

51 Siehe Christian Esch, *»Die Leute müssen begreifen, daß wir kein Sozialamt sind«*, in: *Frankfurter Allgemeine Zeitung*, 17. Juli 1998.

men, die Spur des »mütterlichen Blutstropfens« nennen. Weil beide Regeln eine Vereinfachung der Wirklichkeit vornehmen, nämlich Teile der jeweiligen Familiengeschichte systematisch ausblenden (allerdings je andere Teile der Familiengeschichte), weisen beide eine grundsätzliche Asymmetrie auf, die zwangsläufig ihre eigenen Paradoxien, Merkwürdigkeiten, Inkonsistenzen erzeugt.

Welche Überraschungseffekte sich daraus im Falle der Schwarzen ergeben, genauer für die Frage, wer denn zur Gruppe der Schwarzen zähle, haben wir oben gesehen. Betrachten wir nun, wie die Asymmetrie der Zurechnungsverfahren im Fall derer ausschaut, die jüdisch-nichtjüdisch gemischten Familien entstammen. Weil in Alltagssituationen ein »jüdischer Name« häufig zum Indiz für die Zugehörigkeit zum Judentum wird, gelten in den Augen der Umwelt vielfach auch diejenigen als Juden, die im Extremfall nicht mehr als einen jüdischen Urgroßvater oder gar Ururgroßvater aufweisen. Und entsprechend bekommen sie oft die geballte Kraft des Antisemitismus, der Vorurteile, der Diskriminierung zu spüren – und haben doch selbst nicht mehr als eine ferne, verblaßte Ahnung, wenn überhaupt, von weit zurückliegenden jüdischen Wurzeln. Auf der anderen Seite gibt es die, die im Extremfall nicht mehr als eine jüdische Urgroßmutter oder Ururgroßmutter aufweisen, während die jeweiligen Männer bzw. Väter stets Nichtjuden waren – und dennoch gelten sie, die Nachkommen, nach jüdischem Gesetz als jüdisch.

Nehmen wir, um diesen selektiven Blick auf die Vorfahren konkreter zu machen, eine Person, die auf seiten des Vaters zwei jüdische Großeltern hat und auf seiten der Mutter einen jüdischen Großvater – kurz, nur die Mutter der Mutter ist nicht-jüdisch. Obwohl also drei der vier Großeltern jüdisch sind, muß die Enkelin oder der Enkel nach dem Religionsgesetz dennoch als nicht-jüdisch gelten. Um die Paradoxie weiterzutreiben, kann man noch anmerken, daß die Gesetze der Nationalsozialisten für diesen Fall eine andere Rechnung aufmachten. Da nämlich wurde jeder, der drei jüdische Großeltern aufwies, als »Volljude« definiert, entsprechend ausgegrenzt, verfolgt, in die Vernichtungslager gebracht. Was wiederum heißt: Um nach Auschwitz zu kommen, reichten drei jüdische Großeltern. Nach dem Religionsgesetz dagegen ist allein die Spur des mütterlichen Blutstropfens entscheidend.

Und diese spezielle Form der Asymmetrie können wir nicht nur beim Blick auf die Vergangenheit finden, im Gegenteil, sie wirkt direkt bis in die Gegenwart weiter. Man nehme die Geschichte des jungen Nikolai Rappaport, der als Neueinwanderer von Rußland nach Israel kam, zusammen mit Vater und Schwester. Er ging zur israelischen Armee und diente bei den Einheiten im Libanon, bis er durch ein Schrapnell tödlich verletzt wurde. Die militärische Trauerfeier zu seinen Ehren wurde in Israel abgehalten, doch das Begräbnis selbst fand später im Nordkaukasus statt, wo er geboren war und wo seine Mutter noch lebte. Warum aber sollte der tote Körper zurück in eine ehemalige Heimat, die der Lebende bewußt hinter sich ließ? Die Antwort läßt sich, wie die *International Herald Tribune* kommentiert, im Religionsgesetz finden: »Ein Faktum wurde bei der Trauerfeier nicht angesprochen, und doch war es allen Anwesenden bewußt. Hätte Ilya Rappaport [der Vater] entschieden, das Begräbnis in Israel stattfinden zu lassen, so wäre sein Sohn außerhalb der Friedhofsmauern bestattet worden. Denn nach geltendem orthodoxen Recht war dieser, da Sohn einer nichtjüdischen Mutter, kein Jude.«[52] So könnte man sagen, um die Paradoxie der verschiedenen Zurechnungsverfahren deutlich zu machen: Nikolai Rappaport war zwar jüdisch genug, um nach Israel einzuwandern und die israelische Staatsangehörigkeit zu bekommen, die ihn wehrpflichtig machte, und er konnte auch für die Armee dieses Staates sterben. Aber er war nicht jüdisch genug, um auf einem jüdischen Friedhof begraben zu werden.[53]

Bleibt schließlich die Frage: Was ist eine jüdische Mutter? Nach den Religionsgesetzen zumindest schien die Antwort darauf bisher einfach zu sein. Aber auch das hat sich inzwischen geändert, seit mit den Fortschritten der Medizintechnologie, genauer mit den Segnungen der modernen Reproduktionsmedizin, neue Formen der »technisch assistierten Elternschaft« aufkamen, nämlich Samenspende und Eispende. Dabei kann die Samenspende für unseren Kontext als unwichtig gelten, weil der Vater, wir wissen es

52 Siehe Serge Schmemann, *Fallen Hero's Misery Shames Israel*, in: *International Herald Tribune*, 12. Februar 1998.

53 Dies hat zu tun mit der oben angedeuteten Situation in Israel, mit dem komplizierten Verhältnis zwischen ethno-nationaler und religiöser Definition des Judentums, die in Israel miteinander verknüpft werden.

schon, nach dem Buchstaben der Halacha bedeutungslos ist. Aber die Eispende! Jetzt beginnt es, spannend zu werden, weil mit einem Mal, zum historisch ersten Mal in der Geschichte, mehrere Mütter auftreten. Zum einen eben die Eispenderin, von der her sich die genetischen Anlagen des Kindes bestimmen; inzwischen wird schon (als neueste Variante) das Erbgut einer anderen Frau in die Eizelle der Spenderin eingebaut, wobei gleichzeitig Erbinformationen der Eispenderin in der Zelle verbleiben; und dann die weitere Frau, die das Kind neun Monate austrägt, über Schwangerschaft und Geburt die sichtbare Verkörperung von Mutterschaft wird. So sind dann zwei, ja der Möglichkeit nach sogar drei Frauen am Entstehen des Kindes beteiligt. Interessant wird es nun, wenn nur eine oder zwei von ihnen jüdisch sind – in welchen Kombinationen auch immer –, aber eben nicht alle. Was ist dann, in welchem der Fälle, der Status des Kindes?

Verschiedene rabbinische Autoritäten kommen angesichts dieser Frage zu verschiedenen Antworten. Wer bei der Leihmutterschaft die »richtige« Mutter ist, bleibt also vorerst halachisch umstritten. Zu erwarten sind diffizile, hochkomplizierte Interpretationsangebote, um die Kluft zwischen den traditionellen Vorschriften der Religion und den Möglichkeiten der modernen Medizintechnologie zu überbrücken. Angesichts der Komplexheit der Aufgabe – und der rasanten Weiterentwicklung der Medizintechnologie, die vielleicht demnächst noch weitere Varianten anbietet – kann dieser religiöse Disput noch länger andauern.[54]

Was die offiziellen Statistiken zählen

So viel als Einstieg, um zu zeigen, welche Fallen die scheinbar so harmlose Frage »Wer ist Jude?« enthält. Nun gibt es aber, so könnte man sagen, doch immer wieder Berichte über Juden in Deutschland, mit genauen Zahlenangaben, wie viele von ihnen, vor Hitler und nach Hitler, hier lebten und leben. Demnach kann, abgesehen von einigen strittigen Punkten am Rande, die Angelegenheit wohl so schwierig nicht sein. So die Vermutung. Wer aber näher hinschaut, sieht schnell: Auch die Zahlen sind längst nicht so eindeutig,

54 Siehe Miryam Z. Wahrman, *Die doppelte Mame*, in: *Allgemeine Jüdische Wochenzeitung*, Nr. 12/1997, 12. Juni 1997.

wie sie erscheinen, und die Statistiken bieten nicht mehr als einen groben Näherungswert. Sie zählen meist nämlich einfach diejenigen als Juden, die als Mitglied in einer jüdischen Gemeinde registriert sind. Tatsächlich aber ist die Gesamtzahl der in Deutschland lebenden Juden, folgt man dem Urteil einschlägiger Experten, wohl um einiges höher. Beginnen wir mit einem Blick auf die Geschichte. In einem Abschnitt, explizit der »Antinomie der Zahlen« gewidmet, verweist Michal Bodemann zunächst auf die Volkszählung vom Juni 1933, derzufolge damals genau 499 682 »Glaubensjuden« in Deutschland lebten. Dann fährt er fort: »Mit Selbstverständlichkeit werden diese Statistiken heute wie ehedem präsentiert. Doch die Volkszählung, der Zensus, ist das Produkt des Zensors, der Grenzen, auch ethnische, bestimmt und seine eigenen Kategorien schafft.« Für Bodemann sind die in der offiziellen Statistik benutzten Kategorien fragwürdig. Er hält folgende Rechnung dagegen: Einzubeziehen sind »etwa 150 000 weitere Personen..., die nicht Mitglieder jüdischer Gemeinden waren, sich aber entweder selbst als Juden verstanden, nach nazistischer Definition Juden waren oder von der Umwelt als Juden angesehen wurden. Damit wären wir nicht bei 499 682 Juden, sondern ungefähr bei der Zahl 650 000 angelangt.«[55]

Ähnlich reicht es auch heute nicht aus, nur die in den jüdischen Gemeinden offiziell gemeldeten Juden als Juden zu zählen. Ende der neunziger Jahre liegt deren Zahl bei knapp 80 000, doch hinzu kommt eine beträchtliche Dunkelziffer. Der Historiker Julius Schoeps nennt 15 000, für Anfang der neunziger Jahre spricht Bodemann gar von 30 000 bis 35 000 Juden außerhalb der jüdischen Gemeinden.[56] Die offiziell gemeldeten Juden repräsentieren also stets nur einen Teil des Geschehens, und die Diskrepanz ist beträchtlich. Als Erklärung dafür nennt Schoeps verschiedene Ursachen: Vermutlich gibt es Personen, »denen ihr Judentum gleichgültig ist, vielleicht auch solche, die sich zwar als Juden fühlen, aber keine Kultussteuern entrichten wollen. Vielleicht hängt es aber auch mit der historischen Erfahrung zusammen: Wer gemeldet ist,

55 Bodemann 1996a, S. 16.
56 Interview mit Julius Schoeps, in: Mattenklott 1992, S. 134; Bodemann 1996a, S. 23.

der ist erkennbar, somit auch greifbar.«[57] Hinzu kommt, dies als aktuelle Ursache, die Zuwanderung aus Osteuropa seit 1989. Unter diesen Zuwanderern gibt es eine beträchtliche Gruppe, die aus halachischen Gründen, d. h. nach dem oben beschriebenen religiösen Recht, von seiten der Gemeinden nicht als Juden anerkannt werden.

Kürzen wir ab. In der einschlägigen Literatur über Juden und Judentum finden wir unterschiedliche und konkurrierende Deutungsvorschläge. Die Grundfrage ist stets: Wie definiert sich, wer Jude ist? Durch Religion, Volk oder gar Rasse? Durch Mitgliedschaft in einer jüdischen Gemeinde oder durch Zugehörigkeit zu einer Schicksalsgemeinschaft? Über das Urteil der anderen (nach Sartres vielzitiertem Diktum, wonach Jude ist, wen die anderen dazu machen) oder über die Selbstdefinition (Jude ist, wer Jude sein will)?

Ein Potpourri also, zusammengemischt aus den verschiedensten Zutaten. Manchmal passen alle zusammen, dann ist es einfach, dann kann man sagen: Der oder der ist ein Jude, und niemand wird dagegen sich äußern. Das sind, um einen neuen Begriff einzuführen, die gewissermaßen unstrittigen Juden. Aber es gibt eben auch – und dies durchaus nicht selten – die anderen, sprich die »unsicheren Juden«. Das sind die Zweifelsfälle, die, je nachdem, welches Kriterium man wählt, einmal dazugehören, das andere Mal nicht. Betrachten wir also diese Zweifelsfälle genauer: Welche Bevölkerungsgruppen, welche typischen Konstellationen finden wir da?

Über Paßjuden, Schicksalsjuden, Als-ob-Juden

Da sind zunächst die, wie schon oben gesagt, die qua Halacha als nicht-jüdisch gelten, aber sich selbst – mehr bis minder vage, mehr bis minder entschieden – als jüdisch verstehen. Hier kollidieren also Religionsgesetz und Selbstdefinition. Dies gilt z. B., wie schon mehrfach beschrieben, für viele von denen, die als Kontingentflüchtlinge von Rußland nach Deutschland kamen. Ihre Erfahrung mit dem, was Judentum heißt, ist vom Leben im Sowjetstaat geprägt. Dort galten die mit jüdischem Vater, so die damals übliche

57 Interview mit Julius Schoeps, in: Mattenklott 1992, S. 134.

Zuordnungspraxis, als der jüdischen Nationalität zugehörig, und als jüdisch wurden sie auch im sowjetischen Paß ausgewiesen. Wenn sie nun in Deutschland ankommen, erfahren sie plötzlich, daß nicht der Vater entscheidend ist, sondern die Mutter. So diese fehlt, sind sie hier keine Juden, jedenfalls keine echten, sie sind bloße »Paßjuden« nur, wie es abschätzig heißt.[58] Dabei ist die Gruppe der Betroffenen recht beträchtlich: 25 bis 50 Prozent der Neueinwanderer, so schätzt man, sind nach halachischem Recht keine Juden.[59] War ihr Status in der Sowjetunion mit Diskriminierung verknüpft, so ist er hier nun allseitig prekär, gleichermaßen den jüdischen Gemeinden wie den deutschen Behörden verdächtig. Die Folgen lernen sie bald: Für die Sowjetunion war Jüdischsein eine Nationalität, für die deutschen Behörden ist es eine Religionsgemeinschaft, für die Halacha ist die jüdische Mutter entscheidend. Im Alltag kollidieren die drei Auffassungen für die Betroffenen manchmal tragisch. »Es gibt Zuwanderer, die erst, wenn sie bei der Gemeinde anklopfen, erfahren, daß sie streng nach der Halacha keine Juden sind und deshalb auch nicht Mitglied der Gemeinde werden können. In der Praxis mancher deutscher Behörden wird wiederum die Gemeinde-Mitgliedschaft zur Voraussetzung gemacht für Leistungen an jüdische Kontingentflüchtlinge, etwa den Deutschkurs; eine Praxis, die nicht rechtens ist, sagt die Gemeinde. Wer sich jüdisch fühlt, es aber halachisch nicht ist, kann nur übertreten; das heißt: Hebräisch lernen, Thorastudium, Dauer ein bis zwei Jahre; für Zuwanderer in ihrer desolaten Anfangssituation nicht zu bewältigen.«[60]

In ähnlicher Situation befinden sich die, die von Rußland nach Israel ausgewandert sind oder von Äthiopien nach Israel. Im Mai 1994 sagte ein Mitarbeiter des israelischen Innenministeriums vor der Knessetkommission aus, von den Einwanderern des Jahres 1993 hätten 29 Prozent keine jüdische Mutter und seien folglich keine Juden. Ein Abgeordneter der religiösen »Degel Hatora«-Partei fügte hinzu, mindestens 10 weitere Prozent seien durch die Regierungsstellen nicht entdeckt worden, und schlug eine Ände-

58 Siehe Runge 1995, S. 20.
59 Bodemann 1996a, S. 43.
60 Charlotte Wiedemann, *»Phönix aus der Asche von Auschwitz«*, in: *Die Woche*, 20. Dezember 1996.

rung des bisherigen »Rückkehrgesetzes« vor, das allen Juden das Recht zur Einwanderung nach Israel gibt.[61] Einer der äthiopischen Einwanderer, seit über 15 Jahren in Israel lebend, hat die Ambivalenz ihrer Situation so zusammengefaßt: »Wir wissen, daß wir Juden sind. Aber sie [die anderen] schwingen dauernd ein großes Fragezeichen über unseren Köpfen.«[62]

Betrachten wir weiter, wer zu den »unsicheren Juden«, den Zweifelsfällen gehört. Als zweite große Gruppe sind hier diejenigen zu nennen, die zwar die vom Religionsgesetz geforderte jüdische Mutter aufweisen, aber der inneren Einstellung nach areligiös, wenn nicht gar bewußt antireligiös sind, weshalb sie der Bestimmung des Religionsgesetzes keine Bedeutung beimessen. Das sind diejenigen vor allem, die den westlich-jüdischen Weg der Emanzipation und Assimilation gegangen sind, der Herauslösung aus der Bindung an Tradition und eben auch Religion. Was also, wenn weder jüdischer Glaube noch jüdische Mutter, was macht dann ihre Zugehörigkeit zum Judentum aus? Ja, existiert diese Zugehörigkeit noch? Ist sie nur Relikt vergangener Zeiten, weil ihr der Inhalt abhanden gekommen, oder ist sie nicht einmal mehr das, hat sie sich selbst aufgelöst? Diese Fragen sind keineswegs neu, im Gegenteil, sie haben mit dem Eintritt in die Moderne begonnen, als die ersten Juden die Ghettos verließen und im historischen Bruch zwischen Thora und Moderne sich auf Identitätssuche begaben. In unzähligen Variationen kehrt seit damals das Motiv der Identitätssuche wieder. Liest man aktuelle Selbstzeugnisse dieser Art, so fällt zunächst einmal ein Merkmal auf, das viele der Schilderungen kennzeichnet. Offensichtlich fällt es vielen der Betroffenen leichter zu sagen, was das Judentum bzw. ihr Judentum *nicht* ist, als das, was es vielleicht am Ende noch ist. Das läßt sich, wenn überhaupt, nur noch mit Mühen, Einschränkungen, Abgrenzungen sagen.

Zum Beispiel der Schriftsteller Yoram Kaniuk: »Vor der Gründung des Staates Israel war das [wer Jude sei] sehr einfach zu definieren. Uns verband die Religion oder ein Sinn für die gemeinsame Geschichte. Nun steht in meinem israelischen Personalausweis unter Nationalität: ›Jüdisch‹. Doch was soll das heißen? ›Jüdisch‹ ist keine Nationalität, denn es gibt amerikanische oder französische Juden oder solche, die sich in erster

61 Runge 1995, S. 20.
62 Moshe Beta, in: *Die Woche*, 8. Mai 1998.

Linie als Amerikaner, Franzosen, Deutsche verstehen, nicht als Israelis. Eine Nation sind wir also nicht. Ein Volk vielleicht? Auch das nicht, denn in Israel leben sowohl Juden als auch Araber. Eine Rasse? Blanker Unsinn. Eine Religion? Ich bin nicht religiös, aber ganz gewiß Jude. Vielleicht eine Schicksalsgemeinschaft.«[63]

Kaniuk hat im letzten Satz, ja mit dem letzten Wort ein wichtiges Stichwort gegeben. Für einige bleibt, wenn sie sich lang genug weiter befragen, immerhin eines: Judentum als Schicksalsgemeinschaft – manchmal nur vage umrissen, manchmal empathisch betont, manchmal eher unwillig, manchmal aus den Tiefen des Innern. Dahinter steht, oft direkt angesprochen, die Erfahrung nicht zuletzt des nationalsozialistischen Schreckens, der Verfolgung, Vertreibung, Vernichtung. Auch wenn wir von Gott nicht mehr wissen, von Auschwitz wissen wir doch. Auschwitz als Signum der jüdischen Identität.

Zum Beispiel der Schriftsteller Jean Améry: »Das Nürnberger Reichsbürgergesetz, über das ich in einem Wiener Café las und dessen Text ich damals bald auswendig wußte, hat mir endlich mit voller Deutlichkeit klargemacht, daß ich für die Nazis – und nicht eben nur für die engagiertesten unter ihnen, vielmehr für die Mehrheit aller Deutschen und Österreicher – ein Jude war bzw., wie es hieß: ›als Jude galt‹. Einmal versuchte ich es auch mit der Geschichte der Juden von Graetz, aber sie langweilte mich. Dabei ist es bis heute geblieben, auch das muß einbekannt werden. Meine Kenntnis biblischer Vorgänge beschränkt sich auf die Josephs-Tetralogie Thomas Manns. Ich habe das Geschichtsbild des Durchschnitts-Europäers, der sich ›gebildet‹ nennt, dabei aber, wie Robert Musil das einmal so köstlich von sich gesagt hat, nur ›vielseitig ungebildet ist‹. Das heißt, es gibt in diesem Bilde riesige Leerstellen, die ich niemals so recht aufzufüllen mich bemühte. Zu ihnen gehörte die Historie des auserwählten Volkes. Ein einziges Mal in meinem Leben ... wohnte ich in der französischen Internierung zu Gurs in den Pyrenäen einer orthodox-jüdischen Chanukka-Feier bei. Ich kam mir angesichts des ergreifenden leidvollen Schreiens, zu dem der Singsang der Betenden sich steigerte, vor, als sei ich in eine andere und durchaus unheimliche Welt verschlagen worden. Neben mir stand der Philosoph Georg Grelling. Wir blickten einander sprachlos und leider auch etwas beschämt an. Der feine Herr aus Berlin räusperte sich und sagte verlegen: Es ist wie im Museum für Völkerkunde.« Aber trotzdem bleibt eines: »1935 vernahm und interiorisierte ich für immer die Nürnberger Gesetze. Mein *Judesein* wurde mir klar. Was es in diesem Moment für mich bedeutete, hat sich durch die

63 Yoram Kaniuk, in: *Die Woche*, 8. Mai 1998.

späteren Erfahrungen zwar graduell schreckhaft intensiviert, qualitativ aber nicht eigentlich verändert.«[64]

Auch wenn die Verankerung in der Religion längst abhanden gekommen, verstehen also viele sich dennoch weiter als Juden, gewissermaßen als »Schicksals-Juden«[65], als Teil einer wie auch immer definierten Gemeinschaft und ihrer Geschichte. Ob und wie lange eine solche Bindung tragfähig ist, ob die nachfolgenden Generationen sie noch annehmen werden, ist allerdings eine andere Frage. Sie ist selbst Teil jener endlosen jüdischen Kontroverse, um Diaspora versus Zionismus kreisend. Zumindest bei manchen Beobachtern überwiegt hier die Skepsis. Sie betonen, wie vage, fragil, wenn nicht gar inhaltsleer eine solche religionslose Bindung zwangsläufig wird – jedenfalls für die, die nicht durch das Leben in Israel eine neue Identitätsbasis aufbauen. In diesem Sinne urteilt z. B. der Historiker Michael Wolffsohn, und er spricht gar von der Absurdität einer auf die Verfolgungsgeschichte reduzierten Identität: »Bei nichtreligiösen Diaspora-Juden wird Geschichte auf den Holocaust als einzigen Identitätsstifter verkürzt ... Die vielfältigen Formen des Jüdischen prägen nur noch Israel und 10 Prozent religiöser Diaspora-Juden. Die übrigen 90 Prozent sind absurde Als-Ob-Juden.«[66]

Nicht viel anders fällt das Urteil bei Göran Rosenberg aus, der über *Identitäten zwischen Diaspora und Zionismus* schreibt und dabei vor allem deren Brüche und Krisen hervorhebt. Bei den Juden, die in den USA leben, sieht er als hervorstechendes Merkmal eine Einstellung, die er jüdische Orientierungslosigkeit nennt – man könnte wohl auch Beliebigkeit sagen oder Potpourri-Mentalität. Demnach eignen amerikanische Juden sich heute die unwahrscheinlichsten Kombinationen vorgeblich jüdischer Ideen an, die weitgehend aus ihrem historischen und religiösen Zusammenhang herausgerissen sind. »Soweit Religionsausübung zu diesem Paket gehört, ist die Auslegungsfreiheit total. Zwischen *Juden für Jesus* in San Francisco und *Chabad* in Crown Heights gibt es für jeden Geschmack und jede Laune das passende Gericht. Ist man mit dem einen nicht zufrieden, kann man ein anderes wählen oder sich ein

64 Améry, in: Schultz 1986, S. 70f; Hervorhebung im Original.
65 Lang 1979, S. 266.
66 Michael Wolffsohn, in: *Die Woche*, 8. Mai 1998.

drittes zubereiten. Die meisten amerikanischen Juden stehen heute außerhalb jeder Art von jüdischer Gemeinde. Innerhalb von dreißig Jahren ist der Anteil der Mischehen von neun Prozent auf fünfzig Prozent gestiegen.«[67] In ähnliche Richtung hat sich, so Rosenberg, auch die Situation der Juden in Großbritannien entwikkelt. Er verweist hier auf eine umfassende Untersuchung zur Einstellung britischer Juden in den neunziger Jahren, die das eigenartige Gemengelage von Zutaten, in denen jüdische Identität heute sich ausdrückt, zu dem Befund zusammenfaßt, »daß der Grad religiöser Observanz weit mehr an ethnische Identität als an Glauben gebunden ist. Für die meisten Juden ist religiöse Observanz eine Art, sich mit der jüdischen Gruppe zu identifizieren, weniger ein Ausdruck jüdischen Glaubens.«[68] Nach Rosenberg zeigt sich hier eine jüdische Identität, die immer weniger auf religiöser Zugehörigkeit beruht und immer mehr auf vagen ethnischen Reflexen. Symptomatisch ist für ihn auch die sich vergrößernde Kluft in Einstellungen und Bewertungen zwischen einer abnehmenden Gruppe, die sich mehr als jüdisch denn als britisch bezeichnet, und einer völlig dominierenden Gruppe, die von sich sagt, sie sei stärker britisch als jüdisch. Aus all dem zieht er folgenden Schluß: Immer mehr der entsprechenden Bevölkerungsgruppen nennen sich »aus Sentimentalität, Zufall oder Schlendrian, nicht aus einer aktiven Entscheidung Juden.«[69]

Gibt es nichtjüdische Juden?

Und manche nennen sich auch gar nicht mehr Juden. Sie haben eine aktive Entscheidung gefällt: Indem sie sich davon lossagen, haben sie die letzte Konsequenz aus einer Bindung gezogen, die für sie gänzlich fraglich geworden ist. Sie selbst sehen keinen Sinn mehr in dieser Gemeinschaft, die für sie ein Relikt aus Urzeiten ist. Nur der Staub der Vergangenheit also: Weil sie eine solche Identität nicht länger annehmen wollen, kündigen sie die Gemeinschaft zum Judentum auf. Manche verabschieden sich leise daraus. Andere tun dies öffentlich, leidenschaftlich, entschieden, ja manchmal scharf

67 Rosenberg 1997, S. 47.
68 Miller u. a., zit. nach Rosenberg 1997, S. 50.
69 Rosenberg 1997, S. 50.

bis polemisch, um endlich Klarheit zu schaffen, um den Deutungen der Umwelt ihre eigene entgegenzusetzen.

Zum Beispiel der Schriftsteller Arthur Koestler: »Was die Religion angeht, bin ich der Meinung, daß die Zehn Gebote und die Bergpredigt Jesu ebenso untrennbar sind wie die Wurzel und die Blüte. Was die Rasse angeht, habe ich keine Ahnung und es ist mir im übrigen gleichgültig, wie viele Hebräer, Babylonier, römische Legionäre, christliche Kreuzfahrer und ungarische Nomaden zu meinen Vorvätern gehören. Ich betrachte es als reinen Zufall, daß mein Vater jüdischen Glaubens war, fühlte mich jedoch moralisch verpflichtet, mich mit der zionistischen Bewegung zu identifizieren, solange es für die Verfolgten und Heimatlosen keine Heimat gab. In dem Augenblick, in dem Israel Wirklichkeit wurde, sah ich mich von meiner Verpflichtung befreit und hatte die Freiheit, mich zu entscheiden, ob ich ein Isreaelit in Israel oder ein Europäer in Europa sein wollte ... Ich betrachte mich in erster Linie als naturalisierter britischer Staatsbürger von ungewisser und vermischter Herkunft, der die ethischen Werte akzeptiert und die religiösen Dogmen in unserer hellenisch-jüdisch-christlichen Tradition ablehnt. In welchen Taubenschlag mich andere stecken wollen, ist ihr Problem.«[70]

In Koestlers Sätzen kommt exemplarisch die Haltung jener zum Ausdruck, die die Selbstdefinition bewußt von der Fremddefinition absetzen. Auch wenn Gesellschaft und Umwelt, Juden wie Nichtjuden sie weiter als Juden ansehen mögen – sie selbst wollen diesem Etikett und der Identität, die es signalisiert, sich nicht mehr zuordnen. Aus der Diskrepanz zwischen dem eigenen Bild und dem der anderen erwächst, Koestler selbst hat am Ende das Stichwort gegeben, das nächste Problem, das aus seiner Sicht freilich bedeutungslos ist. Dies Problem ist seit dem Eintritt der Juden in die Moderne bekannt, seitdem aktuell und heftig umstritten. Die Frage heißt stets: Kann man aus dem Judentum austreten? Oder bleibt der, der einmal als Jude geboren, deshalb lebenslang Jude?

Statt der einen Antwort gibt es wiederum viele verschiedene, abhängig von Blickwinkel und Überzeugung des jeweiligen Betrachters. Eine in diesem Zusammenhang häufig zitierte Antwort ist in jener paradoxen Formel enthalten, die Isaac Deutscher geprägt hat und die einprägsam die Gegensätze verbindet, zur Einheit verknüpft. Von den »nichtjüdischen Juden« spricht Deutscher, und er

70 Arthur Koestler, zit. nach Rosenberg 1997, S. 48.

versteht darunter die »jüdischen Abtrünnigen«[71], die, weil sie das Judentum für zu beschränkt, zu einengend hielten, jenseits davon nach Idealen und Zielen suchten, ja zu Revolutionären des jüdischen Denkens wurden – von Spinoza bis Heine, von Marx bis zu Freud. Sie waren nicht-jüdisch, weil sie sich vom Judentum lossagten. Und sie waren dennoch insofern Juden, weil die ihnen eigentümliche Zwischenposition ihr Denken prägte, ja mehr noch: befreite. »Ihr Denken reifte dort heran, wo die verschiedenartigsten kulturellen Einflüsse sich kreuzten und wechselseitig befruchteten. Sie lebten an den Randzonen oder in den Ritzen und Falten ihrer jeweiligen Nation. Jeder von ihnen gehörte zur Gesellschaft und doch wiederum nicht. Dieser Zustand hat sie befähigt, sich in ihrem Denken über ihre Gesellschaft, über ihre Nation, über ihre Zeit und Generation zu erheben!«[72] Kurz, selbst in ihrer Auflehnung gegen das Judentum zeigte sich in gewissem Sinne noch einmal – ihr Judentum eben.

Vom Verschwimmen der Ränder

Versuchen wir zusammenzufassen. Auf die Frage, wer Jude sei, haben wir eine Gruppe von unstrittigen Juden gefunden, daneben aber allerlei andere, unsichere: von den Paßjuden, den Schicksalsjuden, den Als-ob-Juden bis zu den nicht-jüdischen Juden. Welche Verwirrung! Und dies alles kein Zufall, sondern systematisch bedingt. In der Vielfalt liegt Methode, es spiegeln sich darin die verschiedenen Richtungen, die im Judentum heute präsent sind, und ebenso die Erfahrungen der jüngeren Geschichte, von verschiedenen Gruppen wiederum unterschiedlich verarbeitet. Ost und West, Diaspora und Israel, Religion und Zionismus treffen hier aufeinander. Kurz: In der Vielfalt der Antworten spiegeln sich die Gegensätze und Brüche, das Dilemma jüdischer Identität.

Wer also ist Jude? Vielleicht gilt, was der Schriftsteller Ralph Giordano sagt: »Die einzigen, die darauf eine einigende Antwort wissen, sind die Antisemiten: Für sie sind alle Juden gleich.«[73]

Für die Orthodoxie gibt es zwar, wie gesagt, weiterhin klare Kri-

71 Deutscher 1977, S. 8.
72 Ebd., S. 8f.
73 Ralph Giordano, in: *Die Woche*, 8. Mai 1998.

terien und entsprechend auch eine eindeutige Unterscheidung zwischen Juden und Nichtjuden. Sofern man aber statt des religiösen einen soziologischen Blickwinkel wählt, trifft wohl eher die Deutung, die der Sozialwissenschaftler Walter P. Zenner vorschlägt. Demnach wird in dem Maß, wie die Moderne immer weiter fortschreitet, dabei das Judentum nicht unberührt läßt, es zunehmend unmöglich, eine scharfe Trennlinie zu ziehen und klar zwischen hier Juden, dort Nichtjuden zu scheiden. Zenner verweist auf die vielen Gruppen, Erscheinungsformen, Abstufungen, die sich heute herausgebildet haben und irgendwo zwischen den Polen bewegen: von den Kindern jüdischer Väter, vom Reformflügel inzwischen anerkannt, von den anderen Richtungen nicht; über Juden, die Christen geworden, und Christen, die zum Judentum übergetreten; bis zu den Mitgliedern schwarzer Sekten, die sich selbst als Israeliten verstehen, aber von Juden keineswegs immer als solche anerkannt werden (die Aufzählung ist damit noch keineswegs vollständig). Zenner spricht in diesem Zusammenhang von »jüdischen Randgruppen« oder auch denen, »die sich an den Rändern der jüdischen Gemeinschaft bewegen«, und seine Schlußfolgerung lautet: »All diese Fälle weisen auf das Unscharfwerden der einst eindeutigen ethnischen bzw. religiösen Trennlinien. Es gibt Entscheidungen und Wahlen verschiedenster Art, was Religion und ethnische Identität angeht. Deshalb wird es enorm schwierig, solche Trennlinien zu ziehen, die ja manchen Positionen (z. B. Barth 1969) als wesentlicher Bestandteil von Ethnizität gelten.«[74]

Wer also ist Jude? Der israelische Schriftsteller Amos Oz hat einmal folgende Definition vorgeschlagen: »Jeder Mensch, der verrückt genug ist, sich als Jude zu bezeichnen, ist einer.«[75]

Vielleicht läßt sich die Komplexheit dessen, was mit dieser Frage und ihren möglichen Deutungen angerührt wird, am Ende besser mit anderen Mitteln als denen der Wissenschaft ausdrücken. Vielleicht ist es ja kein Zufall, daß die jüdische Literatur voll ist von Anekdoten, Erzählungen, Bildern, die auf ihre Weise versuchen, die Tiefen und Untiefen jüdischer Identität auszuloten. Vielleicht kann dies am ehesten mit den Mitteln des Witzes, der Ironie und Satire

74 Zenner 1998, S. 124 und S. 128.
75 Zit. nach Ellen Presser, *»Jeder Traum, der wahr wird, verliert«*, in: *Allgemeine Jüdische Wochenzeitung*, Nr. 12/1997, 12. Juni 1997.

geschehen – im Verblüffungseffekt, im Moment der Irritation und im Lachen.

Vielleicht lesen wir nach bei Isaac Bashevi Singer, in seinem Roman *Die Familie Moschkat*. Da fragt eine Figur: »Was sind denn die Juden?« Und eine andere antwortet: »Ein Volk, das nicht schlafen kann und das die anderen nicht schlafen läßt.«[76]

76 Singer 1984, S. 664.

Kapitel 6

Der Blick auf das eigene Land: Wie deutsch sind die Deutschen?

> »Zu Beginn des Kalten Krieges wollte die Mehrheit der Ostdeutschen Deutsche sein und sehr viele Westdeutsche Europäer. Heute möchten sehr viele Westdeutsche Deutsche sein, weil sie die Nebenkosten fürchten, die Deutschland in die Europäische Einigung einbringen soll. Dafür wollen die Ostdeutschen zehn Jahre nach dem Ende der DDR endlich Ostdeutsche sein. Tröstlich an dieser Entwicklung ist, daß die deutsche Bevölkerung trotz ihrer immensen Selbstbezogenheit ... in Europa ankommen wird ... Vielleicht sollte ich mich ... mit dem Gedanken anfreunden, bald eine Post-Deutsche zu sein.«
>
> *Rita Kuczynski*[1]

Daß deutsche Autos nicht unbedingt in Deutschland (sagen wir mal: München, Stuttgart, Wolfsburg) hergestellt werden, sondern oft ganz anderswo in der Welt; daß, allgemeiner gesagt, deutsche Markenartikel in Osteuropa oder Asien oder den USA zusammengebaut werden, wo immer die Löhne und Sozialabgaben und Steuern niedriger liegen, daran haben wir uns im Zeitalter der Globalisierung inzwischen gewöhnt.

Auch beim Sport finden wir längst ein die Länder und Kontinente überspannendes Beziehungsgeflecht. Im Sportteil einer großen Tageszeitung konnte man etwa vom »Babylon in Oberstdorf« lesen, gemeint war das Sprachen- und Pässegemisch derer, die dort zu den Meisterschaftskämpfen der Deutschen (!) Eislauf-Union antraten.[2] Unter der Überschrift *Multikulti-Liga* berichtete dieselbe Zeitung 1997 vom Saisonbeginn in der Bundesliga, genauer von der Zusammensetzung der Mannschaften: Mehr als ein Drittel

1 Rita Kuczynski, *Vereint und dennoch durch Welten getrennt. Von der Schwierigkeit, eine Deutsche in Deutschland zu sein*, in: *Süddeutsche Zeitung*, 16. Februar 1999.

2 Detlef Hacke, *Babylon in Oberstdorf*, in: *Süddeutsche Zeitung*, 7. Januar 1997.

von denen, die zum Spiel antraten, waren Ausländer.[3] Und im folgenden Jahr stieg die Zahl der Ausländer noch weiter an. Beim VFL Wolfsburg z. B. durften nur noch drei deutsche Staatsbürger antreten. Und die Niedersachsen mußten sogar eigens einen Amateur verpflichten, damit sie auf die vom DFB vorgeschriebene Mindestzahl von Spielern deutscher Nation kamen.[4]

Dabei ist der Trend zum Völkergemisch durchaus nicht nur auf Deutschland beschränkt, vielmehr spielen ebenso deutsche Spieler in italienischen, französischen und englischen Vereinen. Auch die Ursachen dieser Entwicklung sind hinlänglich bekannt. Je mehr der Sport, über Massenmedien verbreitet, zu einem Teil der Unterhaltungsindustrie wird und weltweit Zuschauer anzieht; je mehr damit Wirtschaftsinteressen und Werbungsstrategen seinen Rahmen vorgeben, desto mehr wächst der Drang der namhaften Vereine, durch Einkauf anderer Spieler, woher auch immer sie kommen, die eigenen Erfolgsaussichten zu stärken. Kurz, wo das Geschäft zählt, wird die Nationalflagge mehr bis minder fiktiv. So auch wieder bei der Fußball-Weltmeisterschaft im Sommer 1998: Viele der Spieler, die in den sogenannten Nationalteams antraten, spielen im Alltag fern ihrer Heimat, vorzugsweise in Italien, England und Spanien, den Hochlohnländern des Fußballs. »Diese WM hat der Global player bestimmt«, schrieb die *Süddeutsche Zeitung* dazu.[5] Und die *Frankfurter Allgemeine Zeitung* kommentierte den Trend zum nationübergreifenden Fußball folgendermaßen: »Vereinsmannschaften sind bunter gemischt als die Brüsseler EG-Kommission. Überhaupt versinnbildlicht der Fußball einen Kontinent der Migration, auf dem hergebrachte nationale Eigentümlichkeiten zunehmend den Rang von Folklore bekommen … Ohne peinliche Übertreibungen und künstliches Kriegsgeschrei könnten die Fans die Nationalmannschaften kaum mehr auseinanderhalten, so fiktiv sind die alten Grenzziehungen mittlerweile geworden.«[6]

3 *Multikulti-Liga*, dpa-Bericht, in: *Süddeutsche Zeitung*, 5. August 1997.
4 Ludger Schulze, *Geliebte Bundesliga*, in: *Süddeutsche Zeitung, 17. August 1998.*
5 Jörg Kramer, *Italienischer Stil mit englisch-japanischem Einfluß*, in: Süddeutsche Zeitung, 8. Juli 1998.
6 *Endspiel*, mit »dsch« gezeichneter Kommentar, in: *Frankfurter Allgemeine Zeitung*, 29. Juni 1996.

Gemischte Familienverhältnisse

Im Zeitalter der Globalisierung werden die ethnischen Zuordnungen also zunehmend komplizierter. Und dies gilt nicht nur für Sport oder Wirtschaft oder die Mischung der beiden, sondern immer mehr auch für den Bereich der Familie. Wie schon eingangs gesagt: In anderen Ländern, aber durchaus auch in Deutschland zeichnet unverkennbar ein Trend zu »bunteren« Familienverhältnissen sich ab. Die amtliche Statistik nennt hier folgende Zahlen:

Zunächst einmal die Eheschließungen: Im Jahr 1960 waren die, die in der Bundesrepublik heirateten, fast immer ihrer Staatsangehörigkeit nach Deutsche. Nur bei jeder 25. Ehe waren, wie es in der Sprache der amtlichen Statistik heißt, »Ausländerinnen oder Ausländer beteiligt«, d.h., mindestens einer der Partner hatte einen ausländischen Paß. Im Jahr 1997 dagegen war bereits jede sechste Eheschließung in Deutschland (Ost und West) eine »von oder mit Ausländern«, d.h., Mann oder Frau oder beide waren ausländischer Staatsangehörigkeit.[7] Ähnlich auch die Geburten: Im Jahr 1960 stammten die Kinder, die in der Bundesrepublik geboren wurden, fast immer aus einer im Sinne der Staatsangehörigkeit »rein deutschen« Verbindung; nur 1,3 Prozent der Kinder, die hier geboren wurden, hatten einen ausländischen Vater und/oder eine ausländische Mutter. Im Jahr 1997 dagegen hatten bereits 20 Prozent der in diesem Jahr geborenen Kinder einen ausländischen Vater und/oder eine ausländische Mutter, d.h., jedes fünfte Kind stammte nun aus einer deutsch-ausländischen oder ausländischen Verbindung.[8]

Was diese – schnell wachsende! – Gruppe der Migranten und ihrer Familien angeht, stellt sich immer wieder das gesellschaftliche Zuordnungsproblem: Wo gehören sie hin, zu uns, zu den andern, zu welchen andern? Da hat man es mit bunten, beweglichen, mehrfach verwickelten Lebensläufen zu tun, die sich den etablierten Kategorien nicht einfügen wollen. Da begegnen uns Menschen mit exotisch klingenden Namen, fremd anmutendem Äußeren, mit an-

7 Für 1960 siehe Statistisches Bundesamt 1995, S. 26; für 1997 eigene Berechnung nach Statistisches Bundesamt, Fachserie 1, Reihe 1, 1997, Tabelle 8.13: Eheschließungen nach der Staatsangehörigkeit der Ehepartner.

8 Für 1960 siehe Statistisches Bundesamt 1995, S. 29; für 1997 eigene Berechnung nach Statistisches Bundesamt, Fachserie 1, Reihe 1, 1997, Tabelle 9.13: Lebendgeborene nach der Staatsangehörigkeit der Eltern.

derer Hautfarbe und Haarfarbe, die alle Assoziationen von Ferne und Orient in uns anklingen lassen; und dann antworten sie plötzlich auf Bayerisch oder auf Schwäbisch, dann stellt sich heraus, sie sind aufgewachsen in Berlin-Kreuzberg oder in Duisburg; kurz, sie kehren unsere Erwartungen um, sie stellen unsere Normalitätsbilder in Frage.

Wie es in einem Roman des indisch-britischen Autors Kureishi heißt: »Jeder schaut dich an und denkt: ›ein Junge aus Indien, ach wie exotisch und faszinierend, was für Geschichten von Tanten und Elefanten werden wir von ihm zu hören bekommen‹.«[9] Bis sich dann herausstellt, daß der indische Junge aus Orpington ist, einem Londoner Vorort, und nicht mal besuchsweise in Indien war, kurz: Die Welt spielt verrückt. Nichts ist, wie es scheint. Wer ist was, wer ist wer?

So etwas erzeugt Irritationen und Verblüffung im Alltag, schon in Großbritannien, wo man allmählich zu ahnen beginnt, daß das sogenannt Britische inzwischen eine Kulturmischung darstellt[10], erst recht in Deutschland, wo viel tiefsitzender noch eine Homogenitätsvorstellung regiert. Demnach besteht Deutschland vor allem aus Deutschem und Deutschen, wenn man von einigen – nun ja, Ausnahmen, Sonderfällen mal absieht. Tatsächlich aber hat sich die gesellschaftliche Wirklichkeit immer weiter von diesem Weltbild entfernt. Die Diskrepanz zwischen den beiden schafft auf amtlicher Ebene komplizierte Behördenprozeduren, Ermessensfragen, angesichts der schwierigen Materie naheliegenderweise auch Pannen und Irrtümer. Schon oben wurde gezeigt, daß die Frage, wer Schwarzer sei oder wer Jude, in ein Dickicht von Regelungen, Kriterien, Auslegungsbestimmungen hineinführte. Jetzt stellt sich heraus, daß auch die Frage »Wer ist Deutscher?« nicht so einfach ist, wie sie scheint. Hier nur ein Beispiel, beliebig herausgegriffen, wieder aus einer »gemischten« Familie:

»Ein Vierteljahrhundert lebte Georgios Chatzimarkakis unbehelligt in der Bundesrepublik und begann als deutsch-griechischer Doppelstaatsbürger eine aussichtsreiche politische Karriere. Nun entschieden Bonner Bürokraten: Der Jungpolitiker und angehende Doktor der Politikwissenschaft war all die Jahre gar kein deutscher Staatsbürger. Den 29jähri-

9 Kureishi 1990, S. 141.
10 Modood 1998.

gen forderten sie auf, seinen deutschen Paß zurückzugeben ... Die Slalomfahrt des Deutschgriechen zwischen den absurden Bestimmungen begann, als Chatzimarkakis sich zur Heirat entschloß: Im Standesamt Bonn verlangte eine Beamtin angesichts des fremd klingenden Namens einen Staatsbürgerschaftsnachweis.

Der Sohn einer Deutschen und eines Kreters machte sich auf die Suche nach einem Dokument, das seine Einbürgerung belegen sollte. Bis dahin war der gebürtige Duisburger selbstverständlich davon ausgegangen, daß er Deutscher sei. Bis 1974 galt allerdings die Regel, daß Kinder mit einem ausländischen Elternteil nicht eingebürgert wurden. ›Sie können gar kein Deutscher sein!‹ hörte Chatzimarkakis im Zuge seiner Nachforschungen deshalb von einem Beamten im Innenministerium.

Der Ministerialbeamte lag richtig, wie sich nun herausstellte. Zunächst ging die Ausländerbehörde noch davon aus, Chatzimarkakis sei auf dem Gnadenweg zum Deutschen geworden, weil die griechischen Behörden die in Deutschland geschlossene Ehe seines Vaters nicht anerkannt hätten und der Sohn deshalb staatenlos geblieben wäre. Als dann aber aus Duisburg die Akten nach Bonn geschickt wurden, entdeckten die Bürokraten auf der Rückseite eines Formulars noch ein Hindernis: Der Vater des Politikers hatte seinen Sohn nachträglich in Griechenland legalisiert. Damit wurde das Kind 1970 zum Griechen, Grund genug für gründliche deutsche Beamte, ihm die deutsche Staatsbürgerschaft wieder zu entziehen: Die Einbürgerung wurde rückgängig gemacht, die Entscheidung aber versehentlich nicht an andere Behörden weitergegeben.«[11]

Die Frage der Staatsbürgerschaft

Nun könnte manch einer vielleicht auf die Idee kommen, die Antwort sei einfach, die Staatsbürgerschaft zeige sich doch am Paß, ergo: Wer einen deutschen Paß hat, sei auch ein Deutscher. Doch diese Vermutung ist – nun, eben zu einfach. Denn der Paß allein reicht keineswegs aus, um von Amts wegen als Deutscher zu gelten, vielmehr werden weitere Dokumente benötigt. Das Problem freilich ist, daß (a) keineswegs klar ist, welche und wie viele Papiere erforderlich sind, und (b) im Zeitalter von Migration, Flucht, Vertreibung, von Krieg, Unruhen, politischen Umbrüchen manche Dokumente verbrannt sind oder verloren gegangen, andere gestohlen wurden oder vernichtet, weshalb leider nicht jeder über eine umfassende Sammlung verfügt. Das wiederum ist von Amts wegen nicht vorgesehen. Nach den Bestimmungen der Bürokratie

11 Hans Monath, *Sie sind ja gar kein Deutscher!*, in: *taz*, 27. Juli 1995.

wird im Grunde erwartet, die Welt wäre überall so, wie sie in der Bundesrepublik der Gegenwart ist – geregelt, geordnet, mit Stempeln beglaubigt. Wer einen anderen Lebenslauf hat, weniger geordnet, nicht ganz lückenlos nachweisbar, kann – trotz deutschem Paß – manche Hürden erleben, vielleicht auch in Sackgassen landen. Dazu eine Fallgeschichte, wieder aus einer »gemischten« Familie.

»Kreisverwaltungsreferat. Hauptabteilung II: Einwohnerwesen. Abteilung 1: Staatsangehörigkeit. Sachgebiet 1: Staatsangehörigkeitsangelegenheiten. Auf dem Tisch die Akte des Münchner Bürgers W. Was hat der Mann getan? Er hat, fahrlässigerweise, vor Jahren eine Tochter gezeugt, welche nun den Beruf der Ärztin auszuüben gedenkt; um aber die Stelle an einem deutschen Krankenhaus antreten zu können, braucht diese Tochter den Nachweis, so deutsch zu sein wie das Krankenhaus. Es spielt in diesem Zusammenhang gottlob keine Rolle, daß der Bürger W., fahrlässig abermals, zur Frau und späteren Mutter seiner Tochter einst eine Italienerin erwählt hat, da die Mutter kraft ihres Frauseins in Sachen Staatsangehörigkeit nicht relevant ist. Aber der Vater! Er ist 71 Jahre alt. Ist im deutschen Dresden geboren. Ist Soldat gewesen im Dienste des größten Feldherrn aller Deutschen; hat deshalb gesessen in deutscher Kriegsgefangenschaft. War Lehrer in der Deutschen Demokratischen Republik und bald eingekerkert im Deutschen Demokratischen Gefängnis. Büchste anschließend aus in den westdeutschen Teil Berlins. Arbeitete 25 Jahre lang für den Bayerischen Rundfunk in München. Ist er deutsch? Ja nun, nichts Genaues weiß man nicht.

Was man nur weiß: Es könnte schon irgendwie sein, daß W. ein Deutscher ist. Es spricht immerhin nicht direkt gegen ihn, daß er zehn Jahre lang an einer amerikanischen Universität arbeitete; auch die Tatsache, daß er beim Rundfunk die Redaktion für fremdsprachige Sendungen leitete, muß man nicht unbedingt zu seinen Ungunsten auslegen. Schwerer wiegt die Abwesenheit schlüssiger Beweise des Deutschtums, als da wären: Ja nun, was denn? Reisepaß? Reicht nicht. Ausweis? Lächerlich. Geburtsurkunde? Kann jeder kommen. Familienstammbuch? Geh mir weg damit. Was sagt Karl Thiem, Sprecher des Kreisverwaltungsreferats? ›Wir haben nicht vor, ihm die Staatsbürgerschaft abzuerkennen.‹ Anders aber verhalte es sich mit der Zuerkennung der töchterlichen Staatsbürgerschaft, welche sich eben vom Vater herleite; kurz: Eine zweifelsfreie deutsche Tochter braucht einen ganz bestimmt deutschen Vater – und da hapert's bei W. insofern, als er seine Jahrzehnte währende Existenz nun doch nicht hundertprozentig nachweisen kann. Wer nämlich, sagt Thiem, vor dem Zweiten Weltkrieg geboren sei, aber einen nach 1945 gefertigten Ausweis besitze, beweise mit diesem Ausweis leider nichts; auch eine Geburtsurkunde reiche bei weitem nicht hin. Wie aber ein Deutscher sein Deutschsein schlüssig darlegen könne, sagt Thiem, ›Das zu klären, füllt bei uns eine ganze Abteilung‹. Jedenfalls gebe es grundsätzlich genug Anhaltspunkte und Papiere, nur müßten es halt genügend sein, auf daß die Indizienkette zu einer Art Beweis sich verdichte.«[12]

Wem welche Staatsbürgerschaft zusteht, regelt bekanntlich das jeweilige Staatsbürgerrecht, und dieses setzt in Deutschland – anders als in anderen Ländern – bisher primär auf Abstammung (»ius sanguinis«, wörtlich das »Recht des Blutes«) und nicht auf Wohn- und Geburtsort und tatsächliche Lebensumstände. Im Zeitalter der großen Wanderungsbewegungen, der durch Massenmedien und Massenverkehr geschaffenen kurzen Wege, der sich dabei herausbildenden »transnationalen sozialen Räume«[13] kann eine solche Regelung freilich die Lebenswirklichkeit vieler Menschen nicht mehr erfassen. Sie ist vielmehr geradezu prädestiniert, Paradoxien zu schaffen: Die neue Miß Germany sei Türkin, konnten wir z. B. vor einiger Zeit lesen.[14] Der Anachronismus der geltenden Regelungen wird besonders deutlich am Beispiel der Kinder ausländischer Arbeitnehmer. Heute sind knapp zwei Drittel aller Migrantenkinder unter 18 Jahren in Deutschland geboren, stellt die Beauftragte der Bundesregierung für Ausländerfragen in ihrem Bericht fest. Diese Kinder werden, so heißt es da weiter, zum größten Teil auch in Deutschland aufwachsen, Kindergärten besuchen, zur Schule gehen, Berufe erlernen, arbeiten, heiraten und wieder »ausländische« Kinder haben.[15] Der Bericht selbst versieht das Adjektiv »ausländisch« hier mit Anführungszeichen, und zwar um anzuzeigen, daß diese Begriffswahl nur noch näherungsweise, wenn überhaupt, den tatsächlichen Lebensverhältnissen entspricht. Dies Problem wird auch direkt angesprochen: »Die Bezeichnung von Kindern und Jugendlichen bereitet besondere Schwierigkeiten, da sie oftmals nicht selbst gewandert sind, sondern seit ihrer Geburt in Deutschland leben und nur mittelbar – durch ihre Eltern und Großeltern – über Migrationserfahrungen verfügen,

12 Michael Knopf, *Die späte Identitätskrise des deutschen Bürgers W.*, in: *Süddeutsche Zeitung*, 26./27. August 1995.
13 Pries 1996.
14 *International Herald Tribune*, 20./21. Januar 1996.
15 Bericht der Beauftragten der Bundesregierung ... 1997, S. 21.

gleichwohl aufgrund des geltenden Staatsangehörigkeitsrechts aber Ausländer sind. Für sie wurde daher die Bezeichnung ›Jugendliche mit ausländischem Paß‹ oder ›Kinder von Migranten‹ gewählt.«[16]

Auch hier also begegnen wir, wieder einmal, den Schwierigkeiten der angemessenen Begriffswahl. Wir haben oben gesehen, daß der Begriff »Ausländer« verschiedene Bedeutungen aufweist. Aber mindestens ebenso gilt, daß sein Komplementärbegriff, der »Inländer«, also der Deutsche, heute alles andere als klar ist. Während »Ausländer« und »Inländer« polare Gegensätze anzeigen, sieht die Wirklichkeit im Zeitalter der Globalisierung längst anders aus, viel vermischter, viel vielfältiger. Neben den »Gastarbeitern«, seit den fünfziger Jahren gekommen, und deren Nachfolge-Generationen sind hier vor allem die neuen Migranten zu nennen, die Pendler, die sich im Tages-, Wochen-, Monats-, Saisonrhythmus, manchmal auch in ganz unregelmäßigen Abständen zwischen Herkunftsort und Zielgebiet bewegen. Insbesondere seit der Öffnung der Grenzen in Osteuropa hat sich diese Migrationsform in schnellem Tempo entwickelt, weil die Pendelmigranten die Ressourcen verschiedener ökonomischer Welten nutzen können, nicht zuletzt das bestehende Lohn- und Kaufkraftgefälle.

Lesen wir dazu eine einschlägige Beschreibung. »Eine typische Alltagssituation der MigrantInnen der 90er Jahre ist das Pendeln zwischen Berlin und Polen. In der Regel fahren die PendelmigrantInnen mit dem Zug, mit Bussen oder PKWs für die Dauer von einigen Monaten, Wochen, Tagen oder auch nur Stunden nach Berlin, um hier zu arbeiten. Zu den PendelmigrantInnen zählen z. B. erstens die ›Gastarbeiterinnen‹, die in längeren Intervallen in Berlin bleiben und arbeiten und hin und wieder an einem freien Wochenende ihre Angehörigen in Polen besuchen; zweitens die Personen, die als TouristInnen in Deutschland einreisen und in Berlin – ohne Arbeitserlaubnis – arbeiten; drittens deutsche Staatsangehörige, die den (Spät-)Aussiedlerstatus nicht geltend machen können und somit keine Integrationshilfen in Deutschland erhalten. Sie behalten ihren Lebensmittelpunkt in Polen und arbeiten phasenweise in Berlin. Viertens setzen auch einige der MigrantInnen, die bereits in

16 Ebd., S. 17.

den 80er Jahren zwischen Berlin und Polen als AussiedlerInnen oder prekarisierte MigrantInnen gependelt sind, diese Lebensform fort.«[17] Wie dies Beispiel zeigt, sind es der Staatsangehörigkeit nach unterschiedliche Gruppen, nämlich Polen wie Deutsche, die hier aus dem Pendeln eine kleine Existenzgrundlage machen.

Ob nun die früheren Arbeitsmigranten, ob deren Nachkommen, ob die Pendler der neunziger Jahre, für alle gilt, wenn auch in unterschiedlichem Maße: Hier sind neue Lebenslagen, Lebensläufe, Identitäten entstanden, die sich zwischen den einzelnen Ländern bzw. Kulturen bewegen und sie gleichzeitig miteinander verknüpfen. Auf all dies sind wir im Denken, erst recht im politischen Handeln noch wenig vorbereitet. »Einwanderungsprozesse haben in der Gegenwart oft ein anderes Gesicht als in der Geschichte«, schreibt der Historiker Klaus J. Bade. »Auswanderung war zur Zeit der ›klassischen‹, vorwiegend transatlantischen Massenwanderungen des 19. Jahrhunderts, und vordem erst recht, meist das definitive Verlassen des Herkunftslandes ohne die feste Absicht, jemals wieder auf Dauer dorthin zurückzukehren ... Einwanderung war, vice versa, die in der Regel dauerhafte Eingliederung im Bestreben, auch Staatsbürger des Einwanderungslandes zu werden. Zwischen diesen aus der Geschichte bekannten Eckpositionen von definitiven Aus- und Einwanderungsentscheidungen liegt im Wanderungsverhalten heute oft eine große Bandbreite von Zwischenstufen und Übergangszonen.«[18]

Genau dieser Zwischenbereich ist auch der Ort der »transnationalen Migranten«, deren Lebensformen und Lebensprojekte sich zwischen verschiedenen Ländern aufspannen.[19] Während die Sozialwissenschaften fast immer noch vom Bild in sich geschlossener Gesellschaften ausgehen, also in Theorien befangen sind, die jede Gesellschaft als eigenständige und begrenzte Ganzheit begreifen[20]; während in Deutschland das politische Projekt einer doppelten Staatsbürgerschaft, von der neuen rotgrünen Koalition 1998 propagiert, alsbald auf verbissenen Widerstand trifft, daraufhin sogleich wieder eingegrenzt wird; während die Staatsangehörigkeit hierzu-

17 Miera 1997, S. 243.
18 Bade 1994, S. 16.
19 Siehe oben, Kapitel 1, Abschnitt »Mehr ethnische Buntheit«.
20 Zur Kritik daran siehe Schiller u. a. 1977a, S. 86ff.

lande immer noch als ein exklusiver Status verstanden wird, so als hieße das erste Gebot »Du sollst keine anderen Staatsangehörigkeiten neben mir haben« – während all dies geschieht, hat sich die Realität längst weiterbewegt, in vielerlei Zwischenformen und mehrfache Zugehörigkeiten aufgefächert. Längst gibt es erhebliche Gruppen von Menschen, für die das eingeforderte Entweder/Oder – sei Deutscher oder sei Türke, sei Deutscher oder sei Grieche – schlicht dem widerspricht, was den Kern ihrer Erfahrung und ihres Lebensgefühls ausmacht. Das tägliche Leben dieser Einwanderer, so schreiben die Sozialwissenschaftlerinnen Schiller/Basch/Blanc, ist »eingebettet in vielfache und dauerhafte Beziehungsnetze über internationale Grenzen hinweg, und ihre öffentliche Identität umfaßt die Beziehung zu mehr als einem Nationalstaat.«[21] Dabei ist ihre Herkunftsverbundenheit »als Ergänzung, nicht als Widerspruch zu ihrer Niederlassung im Gastland« zu begreifen.[22] Hier sind neue Lebensweisen entstanden, von Wohnen bis Essen und Freizeitverhalten, die charakteristischerweise die Gestalt von Mischformen annehmen: »Es handelt sich nicht einfach um einen ›Diaspora-Lebensstil‹, der getreu die sozialen Muster der Herkunftsgesellschaft reproduziert, und es handelt sich auch nicht einfach um die schrittweise Annäherung an den … dominanten Lebensstil der Ankunftsgesellschaft.«[23]. Hier vermengen sich Anatolien und Stuttgart, Sizilien und Nürnberg, und in der Folge finden wir was? Schwäbische Türken und italienische Bayern, die sich – mehr bis minder geschickt, mehr bis minder erfolgreich – in den transnationalen Räumen ihres Daseins bewegen.

Um die Komplexheit der neuen Verhältnisse wenigstens annähernd faßbar zu machen, hat sich in Wissenschaft und Politik inzwischen eine ganze Palette an neuen Begriffen und Differenzierungen herausgebildet, die die vielfältigen Zwischenstufen anzeigen sollen, nicht zuletzt auch die falsche Polarisierung zwischen hier Inländern, dort Ausländern aufbrechen wollen. So ist die Rede nun von »einheimischen Ausländern« und »fremden Deutschen«[24], von »Inländern mit fremdem Paß« und »Fremden mit

21 Schiller u.a. 1997b, S. 121.
22 Schiller u.a. 1997a, S. 87.
23 Pries 1996, S. 468.
24 Bade 1992, S. 393 und S. 401.

deutscher Volkszugehörigkeit«[25], von »Bildungsinländern« und »Bildungsausländern«[26], von »echten Ausländern« und »Ausländern nur im statistischen Sinn«[27], von »pendelnden Aussiedlern«[28], »etablierten Ausländern« und »Quasi-Fremden«[29], nicht zuletzt auch von »Bindestrich-Deutschen«[30] und »Anderen Deutschen«.[31] In dieser Weiterentwicklung der Sprache kommt zum Ausdruck, was das deutsche Staatsbürgerrecht, anachronistisch geworden, immer noch zudeckt. »Deswegen entlarven paradoxe Begriffe eine paradoxe Situation«[32], schreibt Klaus J. Bade. Die »Einwanderungssituation ohne Einwanderungsland«[33] schafft in der Sprache sich Raum.

Ob man die multikulturelle Gesellschaft als Zielvision anstrebt oder wütend bekämpft, egal auch, welche politischen Konzepte und Strategien man hier vertritt, ein Sachverhalt also stellt sich als sicher heraus. Viele der Einheimischen sind nicht mehr nur einheimisch, viele der Fremden sind nicht mehr nur fremd. Kurz, die »Grenzen zwischen Einheimischen und Fremden [sind] fließend« geworden[34], und sie werden, je mehr die Globalisierung fortschreitet, auch fließend bleiben.

Die Tücken der internationalen Heirats- und Familienstatistik

Aber trotz des restriktiven deutschen Staatsbürgerrechts können manche Personen bzw. Gruppen schließlich doch die deutsche Staatsbürgerschaft erlangen. Damit ändert sich ihr Status, sie werden von »Ausländern« zu »Inländern«. Gleichzeitig wird im Zuge der politischen Umbrüche, nicht zuletzt durch den Zusammenbruch des ehemaligen Ostblocks, auch die politische Landschaft neu geregelt, manche Staaten verschwinden, andere entstehen. In

25 Nuscheler 1994, S. 113 ff. und S. 122 ff.
26 Bericht der Beauftragten der Bundesregierung … 1997, S. 39.
27 Hradil 1995, S. 292.
28 Mammey/Schiener 1996, S. 161 ff.
29 Hallson 1996, S. 276 f.
30 Opitz 1992, S. 135.
31 Mecheril/Teo 1994.
32 Bade 1994, S. 10.
33 Ebd.
34 Schäfers 1997, S. 429.

der Folge verändert sich auch hier die Staatsbürgerschaft vieler Menschen, aus ehemaligen »Tschechoslowaken« werden z. B. entweder »Tschechen« oder »Slowaken«. Da aber jeder Ordnungsversuch implizit stabile Verhältnisse voraussetzt, muß die sich ausbreitende Instabilität der Verhältnisse, die real herrschende Unordnung in der Welt auch ein neues Potential an Mißverständnissen, Fehleinschätzungen, Irrtümern schaffen, und dies bis hinein in die Kategorien der bundesdeutschen Statistik. Man nehme z. B. die Angaben der deutschen Eheschließungsstatistik, genauer die für das Thema der »gemischten Familien« einschlägigen Spalten, wo es um Heiraten zwischen Deutschen und Ausländern geht. Wer diese liest, ohne die Unordnung und Instabilität im Zeitalter der Globalisierung mitzudenken, wird an manchen Stellen zu falschen Schlußfolgerungen kommen. Viele Kategorien sind mehrdeutiger, als sie auf den ersten Blick scheinen, sie bedürfen der Interpretation, lassen sich entziffern nur im Wissen um Politik, Geschichte und die vielfältigen Wechselfälle derselben. Dazu im folgenden ein kleiner Exkurs.

In den letzten Jahrzehnten konnte man immer wieder beobachten, wie im Gefolge von Kriegen, politischen Umbrüchen und internationalen Wirtschaftsgefällen einige typische Muster binationaler Eheschließungen entstanden. Zum Beispiel stieg nach dem Zweiten Weltkrieg die Zahl der Verbindungen zwischen US-amerikanischen Männern und deutschen Frauen. Umgekehrt heirateten seit den achtziger Jahren deutsche Männer zunehmend Frauen aus wirtschaftlich benachteiligten Ländern, insbesondere von den Philippinen und aus Thailand. Mit dem Zusammenbruch des Ostblocks hat, wie aktuelle Untersuchungen zeigen, eine neuerliche Verschiebung auf dem Heiratsmarkt stattgefunden, und zwar heiraten deutsche Männer nun statt der Asiatinnen vermehrt auch Frauen aus Osteuropa.

Wie hoch der Anstieg genau ist, ist für Untersuchungen, die sich mit der Herausbildung internationaler »Heiratsmärkte« befassen, eine interessante Frage – aber anhand der veröffentlichten Daten nur schwer bzw. annähernd zu beantworten. Wer nämlich die Daten des Statistischen Bundesamtes betrachtet, erlebt eine Überraschung: Haben im Jahr 1987 noch 1 207 deutsche Männer Frauen aus Jugoslawien geheiratet[35], so stieg deren Zahl im Jahr 1991 auf 1778[36] – aber im Jahr 1993 gab es nur noch 1145 Männer, die eine Frau aus dem »ehemaligen Jugoslawien« (so heißt die Kategorie jetzt) geheiratet haben.[37] Warum aber diese Wellenbewegung, warum nach dem erwarteten Anstieg ein unvermuteter Rückgang? Eine Nachfrage beim Statistischen Bundesamt brachte eine zumindest teilweise Klärung: Unter der Kategorie »ehemaliges Jugoslawien« werden nur solche Personen erfaßt, die einen jugoslawischen Paß vorlegen. Diejenigen dagegen, die ihren Paß haben umschreiben lassen (in »serbisch« bzw. »kroatisch«), werden in der deutschen Eheschließungsstatistik der Grobkategorie »übriges Europa« zugezählt – und verschwinden darin. Ähnlich wurde auch die Kategorie »Sowjetunion« den veränderten politischen Bedingungen angepaßt und nun in neue Einzelkategorien (»russisch«, »sowjetisch«, »weißrussisch«, »ukrainisch«) ausdifferenziert. Man ahnt schon, daß das Vergleiche nicht einfacher macht.

Und vielleicht sind ja auch die deutschen Männer in solchen Verbindungen weniger »deutsch«, ihre ausländischen Partnerinnen weniger »ausländisch«, als es dem naiven Blick scheint? Als wir in einem Seminar zum Thema »Binationale Ehen« über das neue Heiratsmuster der deutschen Männer mit osteuropäischen Frauen diskutierten, meldete sich ein Student, selbst Rumäniendeutscher, zu Wort. Er wandte ein, ein Teil dieser Verbindungen sei Artefakt der Statistik: Unter den Aussiedlern gäbe es nämlich junge Männer, die nach Deutschland ausreisten, hier die deutsche Staatsbürgerschaft erwerben würden und dann eine Braut aus der ehemaligen Heimat nachholen und in Deutschland heiraten würden – eine Heirat, die in den offiziellen Statistiken dann als binationale (z. B. deutsch-rumänische) erscheint, was aber den tatsächlichen Verhältnissen offensichtlich wenig entspricht. Statt dessen werden die, die durch Geschichte und Herkunft eng verbunden, durch die Logik der statistischen Erfassung nun getrennt, zu wechselseitig »Fremden« gemacht.

35 Esteves 1988, S. 17.
36 Statistisches Bundesamt, Reihe »Statistik für alle«, Ausgabe 1991, Tabelle N 24: Eheschließungen nach der Staatsangehörigkeit der Ehegatten.
37 Statistisches Bundesamt, Reihe »Statistik für alle«, Ausgabe 1993, Tabelle 8.11: Eheschließungen nach der Staatsangehörigkeit der Ehepartner.

Hinzukommt, um das Labyrinth noch ein wenig komplizierter zu machen, daß im Zeitalter der Globalisierung manche Menschen nicht nur einen Paß haben, sondern gleich zwei oder noch mehr. Nach einschlägigen Schätzungen umfaßt, trotz des restriktiven deutschen Staatsbürgerrechts, die Gruppe derer, die »Mehrstaatigkeit« aufweisen, in Deutschland inzwischen 2 bis 2,5 Millionen Personen.[38] Diese mehrfache Staatsbürgerschaft schafft, ordnungspolitisch gesehen, neue Probleme. Wo etwa soll man solche Personen in den demographischen Statistiken verorten, als Inländer oder als Ausländer? Für den Umgang mit dieser Frage hat man, wie zu erwarten, eigene Regelungen geschaffen. Nach dem bisher Gesagten dürfte vielleicht nicht überraschen, wenn diese wiederum eigene Paradoxien enthalten. Man nehme als Beispiel die Kinder aus deutsch-spanischen Ehen: »Diese Kinder erwerben in der Regel beide Staatsangehörigkeiten und erscheinen in der deutschen Statistik als Deutsche, in der spanischen als Spanier.«[39] Diese Zählpraxis muß man kennen, um die Zahlen, die sie hergibt, richtig zu interpretieren. Denn von den fünf großen Nationalitätengruppen, die in Deutschland leben, »sind die Spanier ... die einzige Gruppe, deren Zahl nach der deutschen Statistik von Jahr zu Jahr kleiner wird«.[40] Dies deshalb, weil es zahlreiche deutsch-spanische Ehen gibt und die Kinder daraus in der deutschen Statistik nur noch als Deutsche auftauchen – folgte man der spanischen Statistik, käme man wohl zu anderen Resultaten.

Nur noch als kleine Pointe sei abschließend erwähnt, was (wiederum in einem Seminar über »Binationale Ehen«) eine Studentin erzählte. Sie, aus einer deutsch-griechischen Ehe stammend, hatte zwei Pässe und Staatsbürgerschaften, ihre Schwester genauso. Als die beiden einmal zusammen nach England reisten, nahm sie selbst den griechischen Paß, weil sie den deutschen gerade verlegt hatte. Die Schwester dagegen reiste mit dem deutschen Paß. Bei der Wiedereinreise nach Deutschland wurde die Schwester, da »Deutsche«, anstandslos durchgewunken – während sie, die »Griechin« einer genauen Befragung unterzogen wurde.

38 Migration und Integration, 1997, S. 57.
39 Thränhardt 1995, S. 5.
40 Ebd.

Betrachten wir nach diesem Exkurs in die Statistik und ihre Tücken noch einmal die innere Vielfalt, genauer verschiedene Gruppen von Deutschen. Als Ausgangspunkt empfiehlt sich ein kurzer Blick auf die jüngste deutsche Geschichte. Der historische Verlauf ist bekannt. Nachdem über 40 Jahre hinweg zwei Deutschländer – Ost und West – nebeneinander bestanden, ja, um die Weltgeltung in heftigem Wettbewerb miteinander/gegeneinander standen; nachdem die Menschen in diesen Ländern über Jahrzehnte hinweg durch unterschiedliche Politik, Geschichte, Erfahrung geprägt wurden; kam 1989 ganz plötzlich und unerwartet jenes Ereignis, das »Wende« dann hieß. Die Grenzen fielen. Nun sollte wieder »zusammenwachsen, was zusammengehört« – dieser Gedanke, von Willy Brandt prägnant zur Formel zusammengefaßt, war die vorherrschende Erwartung, von der offiziellen Politik (vor allem des Westens) bis zu breiten (jedoch keineswegs allen) Bevölkerungsgruppen.

Seitdem sind zehn Jahre vergangen. Statt der hochfliegenden Anfangserwartungen ist nun Ernüchterung die vorherrschende Stimmung, und zwar in beiden Teilen des Landes. In der Zwischenzeit nämlich ist sichtbar geworden, daß die Jahrzehnte davor sich nicht einfach spurenlos austilgen lassen, vielmehr als Trennlinien im Innern weiterbestehen und nun teils untergründig, teils offen bis in die Gegenwart reichen. Dies gilt, wie die zahlreichen Studien aus dem Bereich der Transformationsforschung zeigen, von Wirtschaftsstruktur und Vermögensverteilung bis zu Sozialstruktur und Bevölkerungsaufbau, von Wahlverhalten und konfessioneller Orientierung bis zu Lebensstil und Freizeitgewohnheiten.[41] Was, in einer Studie zur Lebenslage alter Menschen, als Fazit formuliert wurde, läßt sich als Befund wohl verallgemeinern: Es wird noch über Jahre hinweg »zwei deutsche Alter« geben[42] – und ähnlich auch zwei deutsche Kindheiten und Jugendverläufe, zwei deutsche Szenarien in Wirtschaft, Politik, Arbeitsmarkt usw.

In der Folge sind die, die sich nun zögernd begegnen – die Menschen aus Duisburg und Dresden, aus Hannover und Halle –,

41 Siehe z. B. Pollack u. a. 1998; Stenger/Lüchauer 1998; Welzel 1998.
42 Schwitzer 1992, S. 44.

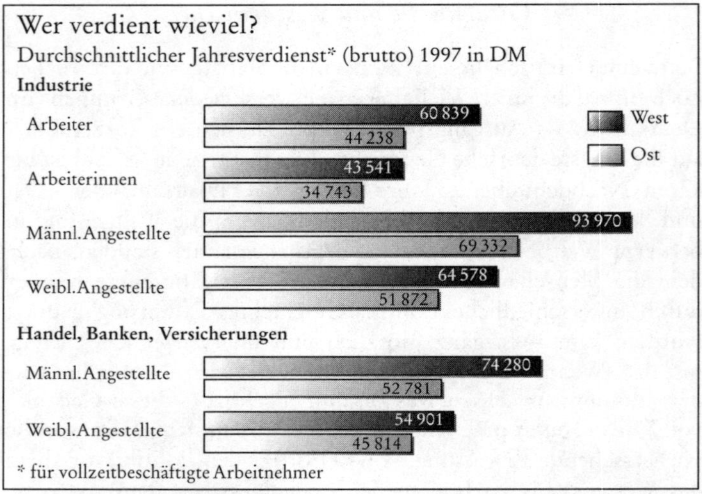

Aus: *Süddeutsche Zeitung*, 11. August 1998, S. 15

sich in vielem sehr fremd.[43] Im Westen das Gefühl, dauernd für die da drüben zahlen zu müssen; im Osten ein Arbeitsmarkt, der vor allem durch den Mangel an Arbeitsplätzen gekennzeichnet ist, dazu ein sichtbares, spürbares Wohlstandsgefälle; das ist der Stoff, aus dem zusätzlich neue Aversionen entstehen. Auf der einen Seite die »Besser-Wessis«, die Systemgewinnler, die forschen Alt-Bundesrepublikaner; auf der anderen Seite die »Ostalgie« jener, die sich vor allem der Vorzüge der DDR-Gesellschaft erinnern; dazwischen oft Empfindlichkeiten, Mißverständnisse, Mißtrauen. Die gegenwärtig vorherrschende Stimmung in weiten Teilen von Ostland wie Westland hat die Schriftstellerin Rita Kuczynski in der Formel zusammengefaßt: »Vereint und dennoch durch Welten getrennt.«[44]

Dazu zwei Beispiele, um das auf allgemeiner Ebene Bekannte im Konkreten greifbar zu machen. Im Sommer 1998 wurde in Berlin eine großangelegte Jugendstudie veröffentlicht, für die im Herbst

43 Siehe z.B. Geyer 1995; Stenger 1998.
44 Rita Kuczynski 1999 (siehe Anmerkung 1).

Parteipräferenz Berliner Schüler/innen (9. bis 12. Klassen) und Azubis (Angaben in Prozent; ohne Ausländer) Ostberliner N=2394, Westberliner N=1406

	Ostberlin	**Westberlin**
Grüne/B. 90	10,3	21,6
CDU	6,5	15,1
FDP	1,0	1,6
PDS	11,9	2,0
SPD	12,1	17,3
Rep./NPD/FAP	13,3	7,3
andere Partei	6,3	5,8
weiß nicht	38,6	29,4
	100,0	100,1

Quelle: Diese Zusammenstellung der Befunde aus Merkens/Steiner/Wenzke 1998 verdanke ich Gerhard Wenzke

zuvor in den beiden Teilen der Stadt Auszubildende und Schüler von Hauptschulen bis Gymnasien befragt worden waren, und zwar in bezug auf Lebensstil, politische Einstellungen und potentielles Wahlverhalten.[45] Vor allem im politischen Bereich sind die Ergebnisse auffällig: Wenn man die Parteipräferenzen vergleicht, findet man massive Unterschiede zwischen Osten und Westen – und zwar egal, welche der Parteien man nimmt, ob CDU oder SPD oder eine der kleinen, die Unterschiede bestehen durchgängig. Dies ist besonders auffallend, weil hier Jugendliche befragt wurden, nicht etwa die Älteren; weil die Befunde acht Jahre nach Fall der Mauer zustande kamen; und weil die Studie sich allein auf die beiden Teile Berlins beschränkte, nicht etwa einen Vergleich zwischen Hauptstadt und ländlichen Regionen anstellte. Bezieht man diese Bedingungen in die Wertung mit ein, so kann man beim Anblick der folgenden Zahlen wohl sagen: Der Riß geht quer durch die Hauptstadt.

Das zweite Beispiel kommt aus einem ähnlichen Bereich, betrifft Westberlin im Sommer 1998. Hier beginnt, nachdem die Euphorie der Wendezeit kräftig abgekühlt ist, eine Stimmung spürbar zu werden, die die *Frankfurter Allgemeine Zeitung* die »Angst vor

45 Merkens u.a. 1998.

dem Umland« genannt hat.[46] Deren Auslöser ist die besondere geographisch-politische Konstellation der neuen Hauptstadt, in der sich die Jahrzehnte der deutsch-deutschen Trennung noch einmal auf engstem Raum widerspiegeln. Zu den Folgen gehört, daß sich das Berliner Umland, das die Stadt in allen Richtungen von Osten umgibt, zunehmend als fremdenfeindliches Ausland gebärdet, was vor allem die einschlägigen Randgruppen erfahren, also »Linke, Lehrer, Dunkelhäutige, Mandeläugige und Eltern mit schulpflichtigen Kindern«[47]: ein Reizzustand breitet sich aus, in dem die Sanktionen gegen Eindringlinge von Pöbelei bis zur Vertreibung aus »national befreiten Zonen« reichen. Die Situation eskalierte, als mehrere Berliner Schulklassen, die Klassenfahrten ins Brandenburgische Land unternahmen, dabei tätlichen Angriffen ausgesetzt waren. Die Gewalttäter waren Jugendliche aus Brandenburg, die Opfer vor allem ausländisch aussehende Jugendliche der Berliner Klassen. »Ins Umland reisen oder nicht?« wurde daraufhin zur offen gestellten Frage. Als die *tageszeitung* ihre Leser bat, zu diesem Thema Stellung zu nehmen, kamen Antworten wie die, man möge sich wie früher auf Transitverkehr und Nordseeküste beschränken, bis hin zur ironischen Empfehlung, man möge sich nur noch mit Notfallausrüstung durch die feindlichen Linien, sprich das eigene Umland bewegen.[48] Unter Eltern und Lehrern begannen erregte Diskussionen darüber, ob man solche Klassenfahrten überhaupt noch fortsetzen solle. Der Beschluß des Berliner Landeselternausschusses, nach langer Aussprache gefaßt, liest sich bezeichnend. Er zeigt »großes Verständnis für die Ängste und die Verunsicherung« und hält es gleichwohl tapfer für verfehlt, auf Klassenfahrten nach Brandenburg zu verzichten. Die drei ersten Empfehlungen lauten beschwörend: »Fahren Sie weiterhin nach Brandenburg! Nehmen Sie ausreichend Betreuer mit! Lassen Sie sich nicht einschüchtern!«[49] Um dem Vorhaben zusätzliches politisches Gewicht zu verleihen, fuhr bei der nächsten Klassenfahrt die Berliner Schulsenatorin mit, und zum Empfang traten die brandenburgische Ju-

46 Uwe Schmitt, *Wandel durch Abstoßung. Die Angst vor dem Umland: Ein Berliner Schulbeispiel*, in: *Frankfurter Allgemeine Zeitung*, 29. Juni 1998.

47 Ebd.

48 Siehe hierzu die Leserbrief-Diskussion, abgedruckt in der *taz*, 5. Juni/12. Juni/26. Juni 1998.

49 Siehe Uwe Schmitt 1998 (siehe Anmerkung 46).

gendministerin und ein Schülerlotsen-Team aus Brandenburg an.[50] Die Lektion ist deutlich genug: Wo Begegnungen mit so viel Aufwand inszeniert werden, ist Normalität weit entfernt. Der Riß geht nicht nur quer durch die Hauptstadt, er trennt vor allem Westberlin ab vom ganzen Umfeld. Westberlin ist immer noch, wie in den Jahrzehnten davor, eine Enklave, eine »Insel im Ost-Meer«.[51]

Fremde Deutsche: Die Aussiedler

Soviel zu den fortbestehenden Unterschieden zwischen Ostdeutschen und Westdeutschen. Hinzukommen die Aussiedler. Zur Erinnerung ein kurzer Rückblick auf die Entwicklung der letzten Jahrzehnte: Zum festen Repertoire bundesdeutscher Ostpolitik gehörte lange Zeit die beschwörende Erinnerung an die Volksdeutschen in der Sowjetunion, Polen, Rumänien und an ihre leider unerfüllbaren Ausreisewünsche. Vor dem Hintergrund der Systemkonkurrenz zwischen Osten und Westen kam dieser Bevölkerungsgruppe damals hoher politischer Stellenwert zu. Der Umschwung begann mit den tiefgreifenden politischen Umbrüchen im Ostblock, die unter den Stichworten »Perestroika« und »Glasnost« in die Geschichte eingingen. Nun lockerten sich die starren Ausreiseschranken. Schon im Jahr 1987 stiegen die Aussiedlerzahlen stark an, und sie stiegen in den darauffolgenden Jahren schnell weiter. Erst als man, diesmal von deutscher Seite, in den neunziger Jahren begann, die Hürden höher zu setzen, gingen die Zahlen wieder zurück.[52]

Es änderte sich also die Grundstimmung, in Politik wie Bevölkerung. Eine Gruppe, die zuvor willkommener Beleg für die Überlegenheit des Westens gewesen war, wurde nun – angesichts der finanziellen Folgelasten der Vereinigung, der hohen Kosten für den »Aufbau Ost«, nicht zuletzt auch angesichts der sich verschärfenden Krise auf dem Arbeitsmarkt und der rapide ansteigenden Zahlen von Arbeitslosen – zunehmend als Last empfunden. Dar-

50 Meldung in der *Berliner Zeitung*, 3. Juli 1998.
51 Reich 1994, S. 21.
52 Zur Migrationspolitik siehe Miera 1997. Zur Entwicklung der Aussiedlerzahlen Bade 1994, S. 148 f.; BiB-Mitteilungen (Informationen aus dem Bundesinstitut für Bevölkerungsforschung beim Statistischen Bundesamt), Nr. 1/1999, S. 25.

Zuzüge von Aussiedlern aus der ehem. Sowjetunion,
Republik Polen, Rumänien und aus übrigen Ländern
1950–1998

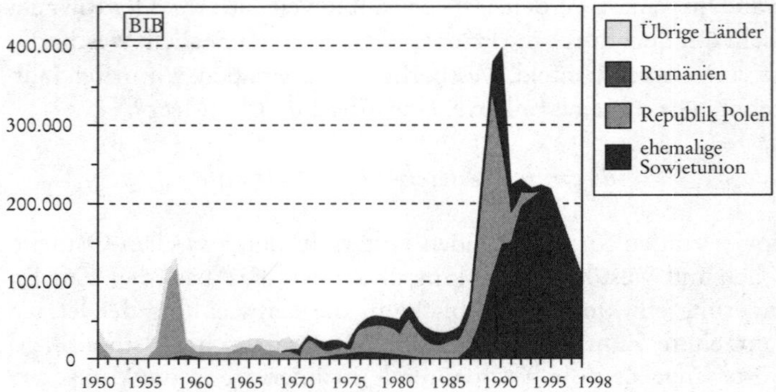

Hinweis: bis Oktober 1990 bisheriges Bundesgebiet
ab November 1990 Bundesrepublik Deutschland

Datenquelle: Bundesausgleichsamt

Aus: *BiB-Mitteilungen*, Nr. 1/1999, S. 25

über hinaus wurde der zwischen den Gruppen bestehende historische Epochenbruch sichtbar. Für Westdeutsche und Ostdeutsche (hier nun tatsächlich beide vereint) erscheinen die Aussiedler fremd. Deren Gewohnheiten und Bräuche, deren Kleidung, Sprache, Religiosität, Lebensstil usw.: So vieles wirkt merkwürdig, sonderbar altmodisch, unzugänglich bis unverständlich. Die Aussiedler, vor allem die älteren, sehen umgekehrt häufig Sittenverfall und Verlust aller Werte. Im Gegenbild begreifen sie sich selbst dann als die eigentlichen Bewahrer deutscher Kultur und deutscher Werte, als die »wahren Deutschen« mithin.[53] In einem Interview kommt prägnant diese Enttäuschung zum Ausdruck, ein Rußlanddeutscher sagt da: »Deutschland ist nicht mehr Deutschland ... Es ist kein Deutschland nicht mehr.«[54]

Erst recht wuchsen die Ressentiments von seiten der Einheimischen. Die Pflege des »Deutschtums« hatte den Aussiedlern eine

53 Ingenhorst 1997, S. 129.

54 Interview-Aussage in ebd., S. 188.

von Generation zu Generation weiter vererbte, lange lebendige, heute zum Teil nur noch in Mundart und Brauchtum faßbare Gruppenidentität gesichert, die auf die unterschiedlichste Weise Anlaß war für Unterdrückung, Verfolgung, Vertreibung. Mit der Ankunft in der Bundesrepublik entstanden gerade daraus neue Probleme: »Was die Aussiedler als ihr ›Deutschtum‹ verstehen, mag in der scheinbar so aufgeklärten Bundesrepublik ... in eins gesetzt werden mit der Erinnerung an die ethnisch-nationalistischen Irrwege eben dieser Geschichte ... Die fremden Deutschen aus Ost- und Südeuropa wurden deshalb am Ziel ihrer Wünsche, als ›Deutsche unter Deutschen‹, vielfach gerade wegen eben jenes ›Deutschtums‹ zunächst mit Skepsis und Argwohn betrachtet, das ihren Herkunftsgebieten lange Verfolgungsanlaß war.«[55] Sie müssen nun wieder Ausgrenzung erfahren. Wegen ihres harten Akzents, ihrer mangelhaften Sprachkenntnisse und ihrer fremd wirkenden Lebensformen werden sie hierzulande häufig für Polen oder Russen gehalten, gar »Polacken« oder »Rußkis« gerufen. Wie eine Aussiedlerin sagt: »Dort waren wir die Fritzen und Faschisten, hier sind wir die Russ.«[56] Als Resultat stellt sich nach anfänglicher Zufriedenheit nicht selten ein Grundgefühl der Heimatlosigkeit ein, ein Schwanken zwischen den Welten, das nostalgisch verklärtes Erinnern an die frühere Heimat enthält und oft in Rückzugstendenzen einmündet, also Meidung der Öffentlichkeit und Konzentration ganz aufs Private. Dies geht teilweise so weit, daß die Aussiedler alltägliche Situationen und Kontakte, zum Beispiel Einkaufen, meiden, wo sie durch ihre Aussprache als andere, als Fremde, als Nicht-Einheimische erkennbar werden.[57] Je mehr eine solche Abschottung einsetzt, desto schwieriger, wenn nicht gar unmöglich gestaltet sich aber die Integration – und dies nicht nur für die Älteren, sondern auch noch für die nachwachsende Generation, die Jugendlichen und Kinder.

Und schließlich, auch das kommt noch hinzu, gibt es gar nicht »die« Aussiedler im Sinn einer einheitlichen Gruppe. Im Gegenteil, sie sind eine ökonomisch, sozial, aber auch religiös-weltanschaulich sehr vielgestaltige Gruppe. Jenseits der Absicht, in Deutsch-

55 Bade 1994, S. 161.
56 Interview-Aussage in Ingenhorst 1997, S. 202.
57 Ingenhorst 1997, S. 166ff.

land zu leben und die deutsche Staatsbürgerschaft zu erwerben, beginnen bereits die Unterschiede: »nicht nur nach Deutschkenntnissen oder verschiedenen Vorstellungen von ›Deutschland‹, sondern auch nach Herkunftsländern, danach, wann die Vorfahren dort eingewandert sind, nach Art und Grad der Unterdrückung ihres ›Deutschtums‹ bzw. dessen, was sie nach Generationen noch darunter verstehen, und nach ihren Wegen im Zeichen von Zwangsumsiedlung und Deportation«.[58] Aus all dem erwachsen zwischen deutsch- und fremdsprachigen Aussiedlern verschiedener Herkunft nicht selten Skepsis, Argwohn und wechselseitige Infragestellung des jeweiligen »Deutschtums«.

Darüber hinaus haben diese Unterschiede in der bisherigen Lebensgeschichte auch spürbaren Einfluß darauf, wie die Ankunft in Deutschland und die damit geforderte Umstellung bewältigt wird. Eine aktuelle Studie kommt hier zu einem überraschenden, ja auf den ersten Blick paradoxen Ergebnis. Demnach haben oft gerade diejenigen Aussiedlergruppen erhebliche Schwierigkeiten bei der Anpassung an die neuen Lebensbedingungen, die sich am meisten als Deutsche verstehen und mit Deutschland verbunden fühlen: Es müssen »die besonders an der tradierten deutschen Kultur orientierten Ausländer als die eigentlichen Verlierer gelten, und dies, obwohl sie sich doch mehr als alle anderen Aussiedler als Deutsche fühlen und verhalten« – als Deutsche allerdings, so heißt es dann weiter, und hier eben liegt dann die Erklärung der Paradoxie, »wie sie in der modernen Gesellschaft der Bundesrepublik Deutschland nur noch selten anzutreffen sein dürften«.[59] Diese Aussiedler vor allem sind es, die nach einigen Jahren am stärksten enttäuscht und desillusioniert sind. Daran zeigt sich, »wie sehr die vermeintlich ›deutsche‹ Identität und die scheinbar paßgenauen Voraussetzungen dieser Aussiedlerpopulation mit der Situation in Deutschland konfligieren«.[60] In bewußter Abkehr von der bisherigen politischen Praxis könnte man daraus eine neue Entscheidungsregel ableiten, provokativ überspitzt: Je weniger deutsch, desto eher Ausreise nach Deutschland.

58 Bade 1994, S. 160.
59 Lantermann/Hänze 1999, S. 182.
60 Fuchs u.a. 1999, S. 355.

Besondere Deutsche: Juden in Deutschland

Und dann erst die Juden! Sie erst recht sind eine alles andere als einheitliche Gemeinschaft, vielmehr nach Herkunft, Sozialisation, religiöser Orientierung, Aufenthaltsdauer in Deutschland bunt zusammengewürfelt.[61] Wenn man in einer gewissermaßen historischen Reihenfolge vorgeht, kann man vor allem drei Gruppen erkennen. Zunächst sind da die »deutschen Juden«, sprich diejenigen, die vor dem Nationalsozialismus in Deutschland geboren wurden, hier mit der deutschen Sprache und deutschen Lebensformen aufwuchsen. Von denen, die die nationalsozialistische Verfolgung überlebten (sei's in einem der Lager, sei's im Versteck, sei's über Flucht und Exil), entschieden sich einige wenige, nach dem Krieg zurückzukehren und wieder ein Leben in Deutschland zu führen. Zu dieser vergleichsweisen kleinen Gruppe der »deutschen Juden« sind auch deren Nachkommen zu zählen – die allerdings, das ist nicht unwichtig, häufig in einem der Fluchtländer geboren wurden (in Tel Aviv, London, Stockholm, wo auch immer) und erst in der späteren Kindheit, mit der Rückkehr der Eltern, nach Deutschland kamen.

Die nächste Gruppe bilden die osteuropäischen Juden, vor allem diejenigen polnischer Herkunft, die seit Ende des Zweiten Weltkriegs in Deutschland ansässig sind. Die Lage dieser Personen war vor allem durch Entwurzelung bestimmt, weil sie nach dem Ende der nationalsozialistischen Verfolgung weder in ihre Heimatorte zurückkehren konnten noch Aufnahme in anderen Ländern fanden, sei's aufgrund politischer Vorgaben (beschränkte Einreisequoten in Palästina und USA) oder individueller Umstände (angegriffene Gesundheit, fortgeschrittenes Alter). Derart meist unfreiwillig in Deutschland gestrandet, am Anfang meist abgesondert in einer eigenen Welt, neuen Lagern – für DPs, für »displaced persons«, wie es nun hieß –, fingen sie an, zunächst ein Leben auf gepackten Koffern zu führen, dann allmählich, wie zögernd auch immer, sich am Rande der bundesrepublikanischen Normalität einzurichten. Sie heirateten, bekamen Kinder und Enkel – die dann in Deutschland aufwuchsen und zum großen Teil auch heute in Deutschland noch leben.

61 Siehe hierzu z. B. Bodemann 1996a, S. 21 und ausführlicher unten, Kapitel 8: »Erinnerungslandschaften II: Jüdische Kultur in Deutschland heute«.

Aus diesen beiden Gruppe setzten sich die jüdischen Gemeinden der Nach-Hitler-Zeit vor allem zusammen. Schon zwischen ihnen bestand deutliche Distanz, nicht selten auch Fremdheit, waren doch die einen westlich geprägt, die anderen mit osteuropäischer Kultur und Tradition aufgewachsen. Und nun kommen seit Ende der achtziger Jahre auch noch all die russischen Zuwanderer hinzu. Sie haben eine wiederum ganz andere Geschichte, sind vom Leben unter den Bedingungen der Sowjetunion geprägt und von den darauffolgenden Jahren des tiefgreifenden politischen Umbruchs. In den Augen der schon länger hier Ansässigen – der Juden deutscher wie osteuropäischer Herkunft – sind diese russischen Juden von Religion und Tradition weit entfernt, deshalb mehr russisch als jüdisch. Und doch haben sie, die neu Hinzugekommenen, aufgrund ihrer großen Zahl in vielen Gemeinden inzwischen die Mehrheit. Im Ergebnis wachsen die Spannungen, auch die Spaltungstendenzen. Im Innern der jüdischen Gemeinden gibt es unverkennbar Solidarität und viele Zeichen der Hilfsbereitschaft, aber daneben auch Mißtrauen und Vorwürfe – weil die einen, die alten Gemeindemitglieder, sich überrollt fühlen, während die anderen, die neuen, sich oft zurückgesetzt oder gar ausgegrenzt fühlen.

So viel zu den Gegensätzen innerhalb der jüdischen Gemeinden. Aber da dieser Abschnitt ja von der Bundesrepublik handelt und den verschiedenen Gruppen von Deutschen, muß die entscheidende Frage nun lauten: Wie *deutsch* sind die Juden in Deutschland? Und hier, man ahnt es vielleicht, betritt man sensibles Terrain. Beginnen wir, um ein einfaches Kriterium zu nehmen, mit der Staatsbürgerschaft. Schon da ist die Situation bunt durcheinandergemischt. Viele der Juden deutscher oder ehemals osteuropäischer Herkunft haben den deutschen Paß, manche auch einen zweiten, sei's aus den Zeiten der Emigration oder aus Rückversicherungsgründen oder aus beidem zusammen. Andere haben nur einen ausländischen Paß oder sind staatenlos, nicht selten aufgrund bewußter Entscheidung, weil sie die deutsche Staatsbürgerschaft nicht annehmen wollen. Von den russischen Neuzuwanderern wiederum haben die meisten noch die russische Staatsbürgerschaft, aber nicht wenige warten darauf, bald hier eingebürgert zu werden.

Erst recht gibt es verschiedene Strömungen, was die innere

Orientierung, die Haltung zu Deutschland angeht. Der Konflikt um dies Thema brach schon auf in den ersten Jahren nach 1945.[62] Während viele der deutschen Juden damals ein Wiederaufleben der alten deutsch-jüdischen Traditionen erhofften und loyale Bürger eines neuen demokratischen Deutschland sein wollten, erschien den aus Osteuropa Gekommenen die Idee eines patriotischen deutschen Judentums nurmehr grotesk. Die letztere Gruppe setzte sich durch und damit die Fraktion jener, die gegen Assimilation waren. Aber auch sie begannen über die Jahre hinweg, wie zögernd auch immer, sich niederzulassen und einzurichten für länger. Was sich daraus im Lauf der Jahr entwickelt hat, ist eine eigentümliche Sonderstellung der Juden in Deutschland, mindestens dreifach prekär.

Erstens nämlich erfahren die Juden in Deutschland häufig Mißtrauen und Ablehnung von Seiten der Juden in anderen Ländern, nicht zuletzt derer, die in Israel leben. Der Vorwurf, der ihnen begegnet, heißt stets: wie sie es denn aushalten könnten, ausgerechnet im Land der Täter zu leben. Dieser Konflikt fand deutlichen Ausdruck, als der israelische Präsident Weizman 1996 zum Staatsbesuch nach Deutschland kam. In einem Interview mit Journalisten äußerte Weizman ganz offen seine Mißbilligung: Er könne nicht verstehen, wieso Juden in Deutschland lebten, ausgerechnet in Deutschland. Worauf Ignatz Bubis, der Vorsitzende des Zentralrats der Juden in Deutschland, und prominente andere der hier lebenden Juden sich vehement solche Einmischung verbaten.[63]

Zweitens, und das macht die Sache nicht leichter, haben die Juden in Deutschland selbst ein sehr gespaltenes Verhältnis zu diesem Land, in dem sie, als Ergebnis von allerlei Zufällen und Umwegen des Schicksals, nun einmal leben. Dabei mag, von außen betrachtet, ihr Alltag in vielem durchaus normal erscheinen. Aber gleichzeitig und daneben, darunter ist stets auch die Erinnerung da, die Geschichte jener Verbrechen, von Deutschen an Juden verübt. Wo diese Erinnerung angerührt wird, durch welche Anlässe auch immer, ist die Normalität gleich wieder durchbrochen, und die alten Ängste kommen hoch, die Gefühle der Beklemmung, Verstörung,

62 Bodemann 1996a, S. 49.
63 Siehe Moritz Neumann, *Szenen eines Familienstreits*, in: *Allgemeine Jüdische Wochenzeitung*, 25. Januar 1996.

Bedrohung. Exemplarisch dafür ist ein Kommentar in der *Allgemeinen Jüdischen Wochenzeitung*, der die heftigen innerjüdischen Reaktionen auf Weizmans Interview-Äußerung zum Gegenstand macht. Er erinnert die Mitglieder der jüdischen Gemeinden in Deutschland daran, daß sie, die Weizmans Äußerung so vehement abwehren, selbst nie ganz frei sind von Zweifeln. So ist inzwischen zwar das Leben auf gepackten Koffern vorbei, die Koffer sind ausgepackt und weggestellt. »Aber sie stehen, leicht angestaubt, immer noch in Griffnähe. Und es bedarf nur tagesaktueller Erscheinungen, ehe wir die alte Frage wieder stellen, ob dieses Land denn wirklich unser Land sei, ob Juden denn tatsächlich in Deutschland leben können und sollten.«[64]

Also wachsende Normalität, und doch immer ein Fragezeichen daneben: Beide Seiten zusammen ergeben ein merkwürdig schizophrenes Verhältnis. Dies wird sichtbar, wieder einmal, bis in die Namensgebung hinein. So nannte Ignatz Bubis sich zwar, ganz bewußt und entschieden, einen »deutschen Staatsbürger jüdischen Glaubens«.[65] Aber die Vereinigung, deren Vorsitzender er bis zu seinem Tod war, trägt einen anderen Namen, sie heißt »Zentralrat der Juden in Deutschland«. Darin zeigt sich programmatisch das Selbstverständnis der Gruppe, eben Juden in Deutschland, nicht deutsche Juden. Auch im bemühten Versuch, solche sprachliche Umschreibungen zu wählen, offenbart sich noch einmal die Schwierigkeit jüdischer Existenz hierzulande, heißt es in der *Allgemeinen Jüdischen Wochenzeitung*: »Wenn es um unser Selbstverständnis als Deutsche geht, halten wir uns gerne einen kleinen Freiraum offen.«[66]

Drittens schließlich ist auch das Verhältnis der nicht-jüdischen Deutschen gegenüber denen, die nun »jüdische Mitbürger« heißen, alles andere als einfach. Weil die Geschichte sich nicht auslöschen läßt, ist Normalität auch von ihrer Seite nicht möglich. Statt dessen fühlen die meisten der Deutschen (genauer muß es natürlich heißen: der nicht-jüdischen Deutschen) sich im Umgang mit Juden befangen, beklommen. Sie beginnen, wie oben mehrfach beschrieben, nach Worten zu suchen – und geraten dabei nicht selten in neue

64 Ebd.
65 Bubis 1996, S. 13 ff.
66 Neumann 1996 (siehe Anmerkung 63).

Peinlichkeiten hinein. Dazu ein exemplarisches Beispiel. Als die Zeitschrift *Die Woche* vor kurzem einen ausführlichen Beitrag zum Thema jüdischer Identität brachte, erinnerte einleitend die Journalistin Sabine Rosenbladt an einen Fehler, den politisch ahnungslose Deutsche immer wieder begehen: Im Gespräch mit Ignatz Bubis sprechen sie diesen auf sein Land, seine Heimat an, dabei Israel meinend – womit sie implizit unterstellen, daß »der Jude Bubis« eben dorthin gehöre. Um den Irrtum auch dem letzten Leser deutlich zu machen, schreibt Rosenbladt dann, Bubis sei doch »so deutsch wie Sie und ich«.[67] Aber auch dies ist ein Irrtum, in wie guter Absicht auch immer. Indem die Korrektur über das Ziel hinausschießt, indem sie gewissermaßen überüberkorrekt zugleich wieder falsch wird, macht sie unfreiwillig die Tiefendimension des Problems noch einmal sichtbar. Denn Bubis war zwar ein Deutscher, aber doch nicht ein Deutscher genau wie alle anderen auch. Aufgrund der Spätfolgen deutscher Geschichte ist und bleibt er statt dessen – ein besonderer Deutscher.

Was das heißt, kann man bei Michael Blumenthal nachlesen. Blumenthal, selbst noch im Vor-Hitler-Deutschland geboren, nun als Direktor des Jüdischen Museums zwischenzeitlich aus den USA nach Berlin zurückgekommen, hat seine Beobachtungen zum heutigen Deutschland vor kurzem in einem Artikel zusammengefaßt. Schon die Überschrift lautet bezeichnend: *Ein noch immer verkrampftes Verhältnis*. Im Text schreibt er anerkennend, daß viele Deutsche sich darum bemühen, die Vergangenheit zu ergründen und mehr über die jüdische Geschichte zu erfahren. Aber dennoch, so Blumenthal, bleibt die Spannung stets spürbar: »Jedesmal, wenn ich nach Deutschland komme, lande ich als Amerikaner und fliege als Jude wieder ab. Immer, ohne Ausnahme, wenn ich in Deutschland mit jemandem spreche, wird mir vollkommen klar, daß mein Gegenüber mich in erster Linie als Jude sieht und nicht zunächst als menschliches Wesen.«[68]

67 Sabine Rosenbladt, *Wer ist Jude?*, in: *Die Woche*, 8. Mai 1998.
68 Michael Blumenthal, *Ein immer noch verkrampftes Verhältnis*, in: *Der Tagesspiegel*, 5. Juni 1998.

Über deutsche Tradition und Kultur

Die Ausgangsfrage dieses Kapitels heißt: Wie deutsch sind die Deutschen? Folgt man dem Postulat der offiziellen deutschen Politik, die über Jahre hinweg refrainartig immer wieder einen Leitsatz wiederholt hat, nämlich: wir sind kein Einwanderungsland, so müßte man eigentlich annehmen, daß wir beim Blick auf das eigene Land eine homogene Bevölkerung finden. Tatsächlich aber ist das Bild, das sich abzeichnet, durchaus anders geartet, in sich weitaus bunter, verweist auf eine Gesellschaft von Menschen sehr verschiedener Herkunft und Lebensgeschichte, so etwa Bindestrich-Deutsche, Paß-Deutsche oder Andere Deutsche – um nur einige der Zwischenkategorien zu nennen, die die heutige Vielzahl ausdrükken sollen.

Aber gibt es nicht dennoch eine Eigenart deutscher Kultur als gemeinsames Moment, als verbindende Grundlage? Statt auf diese Frage eine direkte Antwort zu geben, beginne ich zur Einstimmung mit einem Exkurs, der Geschichte einer bikulturellen Ehe. Eine junge Frau, wir wollen sie Antonia nennen, wuchs auf im Norden Europas und begegnet einem Mann aus dem Süden. Es entsteht Sympathie, es funkt zwischen den beiden. Sie besucht ihn und schaut in seiner Heimat sich um, ist entzückt, auch von den fremden Sitten und Bräuchen, nur das Essen und Trinken kommen ihr ungesund vor. Man heiratet schnell, und ebenso schnell beginnt es in der Ehe zu kriseln. Am Mann, dessen Lockerheit ihr früher gefiel, kann sie jetzt nur noch Phlegma und mangelnden Ehrgeiz erkennen. Auch die Sitten des Landes wirken jetzt abstoßend auf sie. Wie die Einheimischen reden! Wie sie essen! Wie sie sich benehmen! Antonia empfindet alles als grob und primitiv, und sie wiederum gilt als hochnäsig und lächerlich gar. Als die Gegensätze, die kulturellen Gräben immer unüberbrückbarer werden, verläßt sie den Mann und kehrt in ihre Heimat zurück. Dort schildert sie in dramatischen Tönen, was ihr in der Fremde widerfahren ist: »In fremderes [Land] konnte ich nicht kommen, und lieber ginge ich in die Türkei.«. Erregt weist sie jeden Gedanken eines Neuanfangs dort unten zurück. »Nein, bei Leuten ohne Würde, Moral, Ehrgeiz«, bei unhöflichen Leuten, »die zu gleicher Zeit träge und leichtsinnig, dickblütig und oberflächlich sind«, da könne sie nicht heimisch werden. Wohin also hat es die Ärmste verschlagen? Nun, von Lübeck nach München. Die, die da spricht, die lieber in der Türkei wäre als in der bayerischen Hauptstadt, wird Tony genannt, geborene Buddenbrook, und ihre Liebes- und Leidensgeschichte kennen wir aus jenem Roman, mit dem Thomas Mann Weltruhm und Nobelpreis erlangte.[69] Wohl schon damals stand es etwas unsicher um jene kulturelle Gemeinsamkeit, die alle Deutschen vereint.

Aber bis heute berufen sich nicht wenige Politiker gern auf deutsche Tradition und Kultur, von Literatur bis Musik, von Sprache bis Essen bis Festen, so als sei völlig klar und unzweifelhaft, was das Gemeinsame sei. Diese Kultur sei es, die geachtet, erhalten, gepflegt werden solle, auch gegen die Gefahr der Überfremdung und des Heimatverlusts in der multikulturellen Gesellschaft. Für ein Deutschland, wo man noch »Deutschland vorfindet« – so oder ähnlich lautet der Kern solcher Parolen. Sie finden zweifellos Beifall in breiten Gruppen, ja entwickeln eine Suggestivkraft eigener Art. Und dennoch: Sie sind in mehrfacher Hinsicht zu schlicht, zu simplistisch. Wenn die Diagnose dieses Kapitels stimmt, wenn unter dem Sammelbegriff »Deutsche« verschiedene Gruppen mit sehr divergenten Traditionen und Herkunftsgeschichten zusammengefaßt sind, dann ist das Postulat von der gemeinsamen Kultur, die alle Deutschen selbstverständlich verbinde, zu guten Teilen naiv. Es ist ein Wunschbild, in dem sich erträumte Zukunft und erträumte Vergangenheit mischen, kurz, ein »Mythos der Nation« im geradezu klassischen Sinn. Pointiert zusammengefaßt: Um »das Deutsche« vorfinden zu können, muß man es zunächst erst erfinden – sprich auswählen, zusammensuchen, verbinden aus Mosaikteilen verschiedenster Art.

Was ist also deutsche Kultur? Als der Berliner Innensenator Jörg Schöhnbohm mit Blick auf die Ausländer, vor allem die Arbeitsmigranten türkischer Herkunft, eine Anpassung an die »deutsche Leitkultur« forderte, kam es in den Berliner Zeitungen zu vehementen Diskussionen. Der SPD-Politiker Wolfgang Thierse verfaßte als Replik einen Artikel, der die programmatische Überschrift *Unsere deutsche Mischkultur*[70] trägt. Darin erinnert Thierse daran,

69 Mann 1962, S. 341 f.
70 Wolfgang Thierse, *Unsere deutsche Mischkultur*, in: *Berliner Zeitung*, 8. Juli 1998.

wie schwierig eine Definition allein deshalb schon ist, weil in der Geschichte sich die Grenzlinien vielfach verschoben. Repräsentieren die vielen ehemals polnischen Bergarbeiter im Ruhrgebiet, oder die nach Berlin geflohenen Hugenotten und ihre Nachkommen, oder die Fußkranken der Völkerwanderungen, die nicht mehr weiterkonnten und in Bayern sich niederließen – repräsentieren sie nun deutsche Lebensweisen und Sitten? Ja, sagt Thierse, und er folgert daraus: »Es gibt sie nicht, die genau abgrenzbare ›deutsche‹ Kultur. Sie unterliegt vielmehr einem beständigen Wandel, ist Einflüssen von außen ausgesetzt, entwickelt immer neue Mischformen ... Ein Blick in die Geschichte zeigt, daß es zum Eigentümlichen der deutschen Kultur (›In der Mitte Europas‹) gehört hat, daß sie in besonders intensiver Weise kulturelle Einflüsse aus West und Ost ... zu integrieren vermochte.«

Nicht zuletzt ist Kultur immer umstrittenes, dauernd umkämpftes Terrain. Man nehme, um an die neuere deutsche Geschichte zu erinnern, die Bücherverbrennung, 1933 von den Nazis inszeniert, oder ihr Kampf gegen »entartete« Kunst. Was wir heute zu den Meisterwerken der »deutschen« Kultur zählen und entsprechend feiern, zitieren, in Schulbüchern abdrucken, in Museen vorzeigen, das galt damals – und nur ein paar Jahrzehnte ist's her – als »undeutsch«. Und um ein Beispiel aus der noch jüngeren deutschen Geschichte zu geben: Galt der offiziellen Politik der DDR nicht vieles von dem, was in der Kunstszene im Westen entstand, als Produkt falschen Bewußtseins, als Werk der Bourgeoisie, des Klassenfeindes, des Weltkapitalismus? Und sahen die Westdeutschen nicht umgekehrt vieles von dem, was im Osten entstand, als Staatskunst und Propaganda-Werkzeug: Machwerk statt Kunstwerk?

Was also ist deutsche Kultur? Für die einen ist es Bismarck, für die anderen König Ludwig II. Bei Helmut Kohl wurde der ausländische Staatsgast mit Saumagen bewirtet, in München bekommt er Weißwurst statt dessen. Manche denken bei Kultur an das, was vielen vertraut ist, Melodien wie das innige »Stille Nacht, Heilige Nacht« (das, beiläufig gesagt, von der Geburt eines Kindes im fernen Palästina handelt). Manche denken eher an Hochkultur, die Malerei eines Max Liebermann etwa (der 1933 seinen Austritt aus der Preußischen Akademie der Künste erklärte und verfemt starb) oder eines Paul Klee (der war Schweizer und floh vor den Nazis in seine Heimat zurück); die Werke von Thomas Mann (der im Protest Deutschland verließ und ins Exil nach Amerika ging) oder Bertolt Brecht (dito); die Musik von Richard Wagner (aber der war bekennender Antisemit, das ist heute peinlich), die Philosophie eines Heidegger (auch der hatte sehr braune Flecken in seiner Lebensgeschichte). Vielleicht dann die Walhalla, Ruhmestempel der Deutschen (nach antik-griechischem Vorbild errichtet); oder die Loreley, berühmte Dame am Rhein (von Heinrich Heine, dem Juden, besungen); oder die Schloßanlagen von Potsdam, wo die Touristen in Scharen hinpilgern (nach französischem Vorbild gebaut und französisch genannt, »Sanssouci« eben).

Was also ist deutsche Kultur? Allmählich beginnt man zu ahnen, warum jeder Versuch, hier eine schnelle Antwort zu finden, so leicht in Fallen gerät.

Zwischenbilanz

Am Ende dieses Kapitels bietet es sich an, in einem Bogen an die Befunde des vorangehenden Kapitels anzuknüpfen. Wir haben insgesamt drei Gruppen betrachtet und gefragt, wer jeweils zu ihnen gehört: Wer ist Schwarzer? Wer ist Jude? Wer ist Deutscher? So unterschiedlich diese Gruppen in vielem auch sind, bei der für unseren Zusammenhang entscheidenden Frage, nämlich wie sich die Regeln der Zuordnung gestalten, finden wir auffallende Parallelen. In jedem Fall nämlich stoßen wir, statt auf eine feste und eindeutige Ordnung, die klare Abgrenzungen nach außen erlaubt, auf ein weites Feld der Abstufungen, Zwischenkategorien, Unsicherheiten. Im Resultat entstehen zahlreiche Paradoxien und Unstimmigkeiten – so z.B. das Phänomen des »unsichtbaren Schwarz«, die »nichtjüdischen Juden« oder die »inländischen und die ausländischen Deutschen«. Welche der betrachteten Gruppen auch immer man nimmt, durchgängig zeigt sich: Die Ränder werden unscharf, die Grenzen verschwimmen. Im Zeitalter der Globalisierung, der Migration, der gemischten Familien werden die alten Zugehörigkeitsregeln zunehmend anachronistisch. Sie werden zum Dschungel und Dickicht, nicht selten zum umkämpften Terrain.

An dieser Stelle empfiehlt sich ein kurzer theoretischer Exkurs. Zu den bekanntesten Theorieperspektiven der Ethnizitätsforschung gehört der Ansatz von Fredrik Barth. Barth wendet sich gegen die vorherrschende Vorstellung, wonach ethnische Gruppen sich durch ihre jeweiligen kulturellen Inhalte und Gemeinsamkeiten definieren. Dagegen setzt Barth: Das entscheidende Merkmal einer ethnischen Gruppe sind die Grenzziehungen, die Abgrenzungen, die Trennlinien, mit denen sich eine Gruppe von einer anderen – sprich: einer als anders vorgestellten – Gruppe abhebt. Nun lautet aber das Fazit aus diesem wie den beiden vorangehenden Kapiteln, daß zur Gegenwart hin solche klaren Grenzziehungen zunehmend unmöglich werden. An ihre Stelle tritt das Prinzip der fließenden Übergänge, der widersprüchlichen Überlappungen. Wie paßt dieser Befund mit Barths zentraler These zusammen? Deutet sich hier nicht ein Gegensatz an?

Durchaus nicht. Im Gegenteil, wenn man an Barth anknüpft[71], kann man die Befunde dieser Kapitel noch schärfer fassen. Wir erkennen dann nämlich, wie gerade im Dschungel der ethnischen Kategorien, im Wirrwarr der Grenzen mit bestimmten Reaktionsformen zu rechnen ist, die den Dschungel und Wirrwarr ausblenden wollen. Anders gesagt: Je schwieriger es wird, eindeutige Grenzlinien zu ziehen, desto mehr werden – durchaus im Sinne von Barth – als Reaktion darauf die Bemühungen zunehmen, solche Grenzziehungen *dennoch* zu behaupten, in einem Versuch, sich der tatsächlichen Entwicklung entgegenzustemmen. Denn wenn die Abgrenzungen wegfallen, was bleibt dann noch von der Ethnizität, vom »Wir«-Bewußtsein der eigenen Gruppe? Nicht mehr viel, folgt man Barth. Also muß man, angesichts der hier beschriebenen Bedingungen, die Anstrengungen verdoppeln, um die Grenzlinien zu erhalten, zu betonen, gegebenenfalls neu zu erfinden. Das Motto heißt dann: Jetzt erst recht! Wir sind Schwarze, wir sind Juden, wir sind Deutsche – das waren wir immer, und das werden wir auch immer bleiben!

Und in der Tat, wie die letzten Kapitel zeigen, gibt es genug Strömungen dieser Art. So ist geradezu auffallend, mit welcher Vehemenz Repräsentanten der verschiedenen Gruppen oft an den alten Grenzlinien festhalten wollen, ungeachtet der tatsächlichen Bevölkerungsentwicklung, ungeachtet auch der Konfliktfelder, der Un-

71 Barth 1969.

stimmigkeiten, der Widersprüche, die beim Auseinanderklaffen zwischen alter Ordnung und neuen Lebenslagen notwendig entstehen. Ob diejenigen Vertreter der Schwarzen, die gegen neue Kategorien wie »multiracial« sich wenden; ob jene orthodoxen Rabbiner, die in der Frage der Konversion zum jüdischen Glauben eine ganz strikte Auslegung vertreten; ob jene deutschen Politiker, die gegen Überfremdung, gegen multikulturelle Gesellschaft, gegen doppelte Staatsbürgerschaft sich wenden – sie alle wollen, so ihre offiziell verkündeter Anspruch, existentielle Interessen bzw. Traditionen der jeweiligen Gruppe bewahren. Indem sie politische Kampagnen organisieren und Anhänger mobilisieren, indem sie Druck ausüben, Einflußkanäle nutzen, in manchmal militanten Formen sich rüsten, verfolgen sie durchgängig ein Ziel: Sie stemmen sich gegen die aktuelle Entwicklung, gegen das Verschwimmen der Grenzen. Ob sie damit auf Dauer erfolgreich sein werden, ist eine andere Frage.

Kapitel 7
Erinnerungslandschaften I: Auf der Suche nach Afrika

> »Ja, Mutter, ich bin zurückgekommen – mehr als 440 Jahre später. Ich spürte die Gegenwart meiner Ahnen, und ich weiß, warum wir ein starkes Volk sind. Schwarz werde ich immer sein. Mutter Afrika, ich liebe dich.«
>
> *Eintragung im Gästebuch des Sklavenmuseums auf Goree/Senegal*[1]

Nicht nur die Deutschen zelebrieren gern ihre Tradition und Kultur und haben doch Schwierigkeiten damit, genau zu bestimmen, was diese Kultur ausmachen soll. Nicht nur sie entwickeln, erfinden, inszenieren das, was das Alte sein soll, immer wieder neu und von neuem, je nach Bedarf, Optik, politischer Konjunktur. Andere Gruppen befinden sich in durchaus ähnlicher Lage: Die »Mythen der Nation« haben international Konjunktur. Deshalb lohnt es sich, dies Terrain ausführlicher zu erkunden, am Leitfaden von exemplarischen Beispielen. Was sind die Formen – Symbole, Rituale, Bilder, Erinnerungszeichen –, in denen der Bedarf nach kultureller Identität und Selbstinszenierung sich äußert? Welche kollektiven Hoffnungen und Ziele verbinden sich damit? Auf die Spuren welcher historischer Enttäuschungen und Verletzungen stößt man dabei? Welche Akteure treten hier auf mit welchen Interessen, Absichten, Plänen, von wem erhalten sie Unterstützung, wo werden vielleicht Gegenspieler erkennbar? Welche Konstellationen und Koalitionen entstehen hier im Wechselverhältnis der Kräfte? Das sind die Leitfragen der nächsten Kapitel. Um zu Antworten zu kommen, betrachten wir wieder die beiden Gruppen, die schon in den vorangehenden Kapiteln durchgängig präsent waren, nämlich zum einen die Schwarzen, zum andern die Juden.

1 Zit. nach Richburg 1998, S. 214.

Karneval in Notting Hill: Afrika in Großbritannien

Jedes Jahr Ende August findet im Londoner Stadtteil Notting Hill ein zweitägiges Straßenfest statt, genannt der Karneval von Notting Hill.[2] Die Zahl der Besucher geht in die Hunderttausende, ja, kann bis zu zwei Millionen erreichen. Es sei, so heißt es, das größte Straßenfest Europas. Das Ganze ist sehr farbig, sehr laut, sehr exotisch. Straßenumzüge, Musikbands, Gruppen von Tänzern, deren Kostüme und Masken ausgewählte Motive umkreisen, orientiert an einer Vielfalt kultureller und politischer Themen, inspiriert insbesondere an den afrikanischen Traditionen – welch ein Spektakel. Die Vorbereitung und Inszenierung dieses Ereignisses ist sehr aufwendig, kostet viel Zeit und nicht wenig Geld und liegt ganz in der Hand der farbigen Briten. Heute sind dies meist die Nachkommen jener, die in den fünfziger und sechziger Jahren, als in Großbritannien Arbeitskräfte dringend gesucht wurden, in schnell wachsender Zahl aus der Karibik einzuwandern begannen. Sie kamen aus Trinidad, aus Jamaika oder von einer der vielen weiteren westindischen Inseln, wohin ihre Vorfahren einst aus Afrika verschleppt worden waren. Sie kamen, weil sie Arbeit und eine Existenzgrundlage zu finden hofften. Und sie kamen, weil sie einen britischen Paß hatten und sich als britische Staatsbürger verstanden.

Heute ist der Karneval von Notting Hill *das* große Ereignis der schwarzen Briten, das Fest und Symbol, mit dem sie ihre Geschichte, ihre Gemeinschaft, ihre Tradition feiern – und zu dem die Weißen als Zuschauer, Besucher, Touristen strömen.

Der zwei Tage dauernde Karneval von Notting Hill bildet den Höhepunkt vieler Aktivitäten, an denen Musikbands und Kostümgruppen das ganze Jahr über zusammenarbeiten und üben. Aus diesen Gruppen, ihren Helfern und Anhängern sind im Laufe der Jahre dauerhafte Freundesgruppen geworden, die auch über den Karneval hinaus eng miteinander verbunden sind. Nach und nach haben sie eigene Rituale und Normen, eigene Vorstellungen und Verhaltensmuster entwickelt. Zu den Vorbereitungen für den Karneval gehören viele Treffen verschiedenster Art, von Festen und Feiern und Tanzabenden bis zu Seminaren, Ausstellungen, Aufführungen. Solche kulturellen Aktivitäten, die von lokalen Gruppen in Gang gesetzt werden, gehen Hand in Hand mit politischen Aktivitäten in größerem Rahmen. So haben die Zuwanderer aus der Ka-

2 Siehe zum folgenden Alleyne-Dettmers 1997 und Cohen 1993.

ribik auch kontinuierlich Informationen darüber bekommen, was die Veranstalter an Kämpfen auszufechten hatten – Kämpfe um finanzielle Unterstützung von verschiedenen Institutionen; um von Polizei und Behörden überhaupt die Erlaubnis zum Abhalten des Karnevals zu bekommen; um dabei sich durchzusetzen gegen den Widerstand und die Beschwerden einiger in diesem Viertel lebender Weißer, die sich durch Lärm und Unruhe gestört fühlten.[3]

Identität und Gemeinschaft

Verankert ist dies Fest also bei den schwarzen Einwanderergruppen, und vor dem Hintergrund ihrer Lebenslage muß man es sehen. Hier vor allem findet man die Bedingungen, Interessen, Motive, die dazu beitragen, daß der Karneval von Notting Hill, zahlreichen Hindernissen und Widerständen zum Trotz, solche Bedeutung und Massenanziehung entfalten konnte. Folgt man den vorliegenden Untersuchungen, so wird zunächst einmal das Motiv der Entwurzelung und Entfremdung sichtbar, das aus der Migrationserfahrung sich speist. Im Wirbel der Bilder und Masken, der Melodien, Rhythmen und Klänge läßt sich immer wieder ein Subtext erkennen, handelnd von Heimatverlust und Zersplitterung, von Diaspora-Dasein und der Frage, wohin man gehört, dahinter die Erfahrung der zwei großen Migrationswellen, einst von Afrika in die Karibik, dann von der Karibik nach Großbritannien.[4] Geradezu exemplarisch können wir hier auch eine Auswirkung des Globalisierungsprozesses erkennen, nämlich das Wechselspiel zwischen einer immer kleiner werdenden Welt und dem dadurch erzeugten Bedürfnis, vor dem Hintergrund des hereinströmenden Anderen, der Eindrücke und Einflüsse von draußen, auch den Innenraum neu zu bestimmen, einen identifizierbaren eigenen Ort sich zu schaffen, wie vorläufig auch immer.[5]

Ist der Karneval mit seiner Betonung von Afrika und Exotik also eine Wiederaufnahme, Neubestärkung der ursprünglichen Identität? So sieht es aus. Und doch ist es anders, wie man bei einem genaueren Blick auf die Geschichte erkennt. Denn als die Einwanderer aus der Karibik in Großbritannien ankamen, war ihr Be-

3 Cohen 1993, S. 4f.
4 Alleyne-Dettmers 1997, S. 163f.
5 Ebd., S. 164f.

wußtsein und Selbstbewußtsein zunächst zu guten Teilen britisch geprägt.

Wenn heute eine eigenständige Kultur der Karibik betont wird, »so unterscheidet sich diese Haltung drastisch von den Einstellungen und Verhaltensweisen, mit denen die erste Generation der Zuwanderer aus der Karibik in den fünfziger Jahren ankam. Diese sahen Großbritannien als ihr Heimatland an, sprachen Englisch als Muttersprache, gehörten der christlichen Religion an, waren in einem britisch geprägten Schulsystem erzogen worden und mit vielen Elementen der britischen Kulturtradition aufgewachsen. Sie hatten auf die Anerkennung von seiten der Einheimischen gehofft und auf deren Unterstützung, um sich ganz in die britische Gesellschaft und Kultur integrieren zu können. Doch seit damals hat sich die Situation grundlegend verändert. Ökonomische, politische, demographische und soziale Bedingungen haben dazu geführt, daß die Zuwanderer zunehmend begannen, eine eigenständige, in sich homogene Kultur der Karibik zu entwickeln.«[6]

Zentral für sie wird die Zurückweisung und Ablehnung durch die einheimischen Briten, die Erfahrung, eben doch nicht britisch genug zu sein in den Augen der anderen. All diese negativen Eindrücke verstärken sich noch, als der Wirtschaftsboom endet, die Arbeitslosigkeit steigt und in der Konkurrenz um die wenigen Arbeitsplätze neue Spannungen im Verhältnis zu den weißen Briten entstehen.[7]

Migration, Globalisierung, ethnische Diskriminierung: Vor dem Hintergrund dieser Bedingungen beginnt die Suche nach Gemeinschaft, nach einer neuen Identität als wenn schon nicht gleichberechtigte Briten und Bürger, dann wenigstens als eigene Gruppe, als schwarze Briten mit schwarzer Identität. Das ist das Deutungsmuster, das, im Kern weitgehend ähnlich, aus den Untersuchungen von Alleyne-Dettmers und Cohen sich ablesen läßt. Demnach versuchen die Einwanderer, nachdem sie sich an die Randzone der britischen Gesellschaft verbannt finden, eine neue »Balance« und ein »neues Ortsgefühl« zu entwickeln, eine »eigene kulturelle Nische« innerhalb der von den Weißen dominierten britischen Gesellschaft.[8] Im Karneval findet dieses Bedürfnis seinen Ausdruck, genauer in all den um den Karneval kreisenden, damit verknüpften

6 Cohen 1993, S. 6.
7 Ebd., S. 21, S. 79f.
8 Alleyne-Dettmers 1997, S. 163 und S. 167f.

Aktionen, vom monatelangen Planen, Vorbereiten, Entwerfen bis hin zum eigentlichen Ereignis, dem ausgelassenen Feiern: In all diesen Stadien eines kollektiven Handelns bilden sich die Anfänge zu einer ersten Version einer schwarzen britischen Identität.[9] Indem sie die wechselvollen Stadien ihrer Geschichte, von Afrika bis zur Karibik, in künstlerischen Formen umsetzen, beginnen die schwarzen Einwanderer, ein eigenes Bewußtsein und Selbstbewußtsein zu entwickeln, und werden in wachsendem Maß empfänglich für Themen, die um ethnische und nationale Zugehörigkeit kreisen.[10] Indem sie diese ihre Geschichte an einem sehr sichtbaren Ort, nämlich auf der Bühne der Weltmetropole London zur Aufführung bringen, können sie den weißen Briten ihren eigenen Beitrag zur multikulturellen britischen Gesellschaft vorführen und gewinnen daraus wiederum Stärke und Stolz.[11] Kurz, für die Menschen aus der Karibik ist der Karneval zum Symbol geworden, um ihre Identität, Zusammengehörigkeit, Besonderheit öffentlichkeitswirksam zu demonstrieren und zelebrieren und gleichzeitig zum Medium, um eben diese Identität, Zusammengehörigkeit, Besonderheit zu erfinden, zu finden.[12]

Zurück zu den Wurzeln: Afro-Amerikaner in Afrika

Roots, also Wurzeln: Das ist der Titel des Romans von Alex Haley, in dem der Schriftsteller die Spuren seiner Familie bis nach Afrika zurückverfolgt, bis zu jenem Ort, aus dem einst seine Vorfahren stammten.[13] Im westafrikanischen Staat Gambia, im Dorf Juffure, fand der Afro-Amerikaner die Sippe seiner Ahnen: Ein Griot (Sänger und Stammeshistoriker) namens Kebba Kanji Fofana hatte Haley von Menschen berichtet, die dieser aus Erzählungen seiner Großmutter kannte. Der Amerikaner stieß auf den Namen eines Vorfahren auf der Preisliste einer Sklavenversteigerung. Sein Buch wurde ein Welt-Bestseller, die Fernsehserie sahen Hunderte Millionen.

9 Ebd., S. 168.
10 Ebd., S. 179.
11 Cohen 1993, S. 49.
12 Ebd., S. 79.
13 Siehe zum folgenden Hans Hielscher, *Ein Kontinent voller Brüder*, in: *Der Spiegel*, Nr. 34/1997, S. 150-55.

Am tiefsten beeindruckt hat *Roots* Amerikas Schwarze. Es wurde zu einer Art Kult-Buch und hat Hunderttausende dazu inspiriert, sich für ihre Wurzeln zu interessieren. Sie befragten Großeltern und organisierten jährliche Familientreffen. Hatten früher nur einzelne Intellektuelle auf Afrikareisen ihre Identität gesucht, so begann nach dem Erscheinen von *Roots* ein anhaltender Tourismus zum Kontinent der Ahnen. Immer mehr Afro-Amerikaner machen sich auf Erinnerungsreisen. Zu Tausenden fahren sie nach Afrika, um die Spuren jener fernen Vorfahren zu finden, die dort vor Jahrhunderten lebten, bevor sie in die Fremde verschleppt und zu Sklaven gemacht wurden. Sie pilgern zu Häfen, von denen einst Sklavenschiffe mit ihrer menschlichen Fracht Richtung Neue Welt in See stachen: Mindestens zehn Millionen Afrikaner, vielleicht auch 100 Millionen sind dabei umgekommen. Für die Verschleppten und die vielen, die auf der Fahrt über den Atlantik elendig umkamen, beten die US-Schwarzen, wenn sie die Sklavenforts an Afrikas Küsten besuchen, und erschüttert betasten sie Ketten, mit denen die Gefangenen gefesselt wurden.

Inzwischen hat diese Form des Tourismus eine solche Bedeutung gewonnen, daß in der internationalen wie in der deutschen Presse darüber Berichte erscheinen. Demnach reisen die US-Touristen besonders gern in das kleine und arme Gambia, wo Haley auf die Spur seiner Vorfahren stieß. Schon gibt es von Amerika aus organisierte Pauschalreisen dorthin, angekündigt auf afro-amerikanischen Radiostationen, und in Gambia ein spezielles »Roots Home Coming Festival«, ein großes Begrüßungsfest für die Diaspora-Heimkehrer, das man im Rahmen solcher Pauschalreisen besuchen kann. Das Ereignis wird im Nationalstadion abgehalten, von der Präsidentengattin selbst eröffnet und offensichtlich sehr bewußt inszeniert: »Die einheimische Prominenz, das diplomatische Korps und über tausend Staatsbeamte und Schulkinder erheben sich von ihren Plätzen, als eine Militärkapelle Gambias Nationalhymne intoniert. Auf der Ehrentribüne stehen die Heimkehrer aus der Diaspora«, also die schwarzen Touristen, die meisten aus den USA, einige aus der Karibik.[14] In den nächsten Jahren soll deren Zahl kräftig anwachsen, hofft der Direktor des Reiseveranstalters Gamtours. Das

14 Ebd., S. 154.

Land will künftig überall da, wo Schwarze leben, das »Roots Festival« anpreisen, um auch außerhalb der Saison Gäste herbeizulokken.

In den Presseberichten finden wir Beschreibungen darüber, was auf dem speziellen Besuchsprogramm steht. »Auch die Badeurlauber aus Europa buchen gern Exkursionen ins Haley-Dorf Juffure und zum James Island drei Bootsstunden flußaufwärts im Gambia-Fluß. Für farbige Touristen ist der Ausflug dorthin ein Muß ... Jahrhundertelang war die Region Ausgangspunkt für Sklaventransporte. James Island, eine kleine Insel im kilometerbreiten Gambia-Fluß, diente als Sammelplatz. Hier hielten brutale Menschenjäger Afrikaner bis zur Verladung auf Ozeanschiffe in finsteren Verliesen gefangen.«[15] Heute kann man das unheimliche Einland durchstreifen, in ein unterirdisches Gefängnis hinabsteigen. Auf den Spuren von Haley pilgern die Touristen nach Juffure. Als die Boote dort anlegen, läuft ein Routineprogramm ab: »Männer trommeln, Mädchen tanzen, Schulkinder singen ein Begrüßungslied. Binta Kinte, eine würdige alte Frau und angeblich der letzte Nachkomme von Haleys Romanhelden Kunta Kinte, empfängt die Besucher. Dort wie an anderen Orten, wo die Touristen ankommen, bieten Andenkenhändler T-Shirts und alle Arten von afrikanischem Kunsthandwerk feil, Statuen, Masken und Instrumente. Am Ende gibt es ein von der Ministerin für Tourismus und Kultur unterschriebenes Dokument, ein spezielles »Certificate of Celebration«: »Zur Erinnerung an die Heimkehr eines Sohnes/einer Tochter der afrikanischen Diaspora«.

Seitdem das Apartheidregime in Afrika abgelöst wurde, ist auch Südafrika zu einem beliebten Reiseziel geworden, ja gar zu einer »Art Wallfahrtsort schwarzer Amerikaner«.[16] Die amerikanischen Besucher kommen für kurze Zeit, um als Touristen sich umzuschauen, oder bleiben auch länger, als Geschäftsleute oder Mitarbeiter von gemeinnützigen Unternehmen, um das Land mitaufbauen zu helfen. Und auch sie lassen starke emotionale Motive erkennen: Endlich zu Hause! Endlich angekommen im Land der Vorfahren! Das ist, wie Beobachter schildern, die Grundstimmung,

15 Ebd., S. 155.

16 Siehe Gerd Behrens, *Karriere auf dem Kontinent der Ahnen*, in: *Süddeutsche Zeitung*, 30. Mai 1997.

die viele Amerikaner verbreiten. Manche reden von Afrika als dem gelobten Land, wo sie ihre Wurzeln zu finden hoffen. Einige zeigen geradezu »missionarischen Eifer«, wie ein Refrain taucht das »Leitmotiv der geistigen Heimat, der Rückkehr aus der Diaspora, der schwarzen *fraternité*« auf.[17] Im Vergleich mit den Berichten aus Gambia fällt ins Auge, daß bei den schwarzen Besuchern in Südafrika oft geradezu euphorische Töne anklingen. Und dies wohl nicht zufällig: Während Gambia ärmlich ist, ist Südafrika sichtbar im Aufbruch begriffen, ein Land mit Selbstbewußtsein, Stärke und Zukunftsverheißung. Aber auf der anderen Seite liegt genau hier auch ein Grund, warum zugleich mehr Distanz aufkommen kann. Denn noch ein weiterer Unterschied ist auffällig: Wie die Presseberichte explizit festhalten, wirken die Gefühlswallungen der Afro-Amerikaner auf die einheimischen Südafrikaner oft leicht befremdlich.[18] Eben weil sie mehr Selbstbewußtsein besitzen, mehr Bewußtsein damit auch der eigenen Kultur und Geschichte, können sie kaum verstehen, was die Amerikaner – diese Besucher aus der Ferne – zu solchen Verbrüderungsgesten bewegt.

Trauma und Erinnerung

Fragen wir also: Warum reisen schwarze Amerikaner nach Afrika, in ein Land, über dessen Gegenwart sie kaum etwas wissen? Warum ist ihnen eine Vergangenheit, die schon Jahrhunderte zurückliegt, bis heute so wichtig? Immer wieder wird in den entsprechenden Berichten, von Beobachtern wie von den Betroffenen selbst, als Motiv die Suche nach den »Wurzeln« genannt. So kann man sagen – ähnlich wie oben, beim Karneval der schwarzen Briten –, es geht um Identitätssuche eben, um die Verortung in der Geschichte.

Diese Deutung ist, so allgemein formuliert, sicherlich richtig. Nur bleibt sie ein wenig allgemein. Um zum Besonderen zu kommen, muß man diese Geschichte genauer betrachten. Es ist ja eine Geschichte besonderer Art, die Verschleppung der eigenen Vorfahren als Sklaven, also Gewalt, Grausamkeit, schlimmste Demütigung. In der Diaspora dann wurden die Schwarzen über die

17 Siehe Suzanne Daley, *American Blacks Find a Chill in South Africa*, in: *International Herald Tribune*, 8. April 1998.

18 Behrens 1997 (siehe Anmerkung 16) und Daley 1998 (siehe Anmerkung 17).

verschiedensten Regionen verstreut, ihrer Traditionen und Sprache beraubt, in Armut, Elend, Erniedrigung gefangen gehalten. Nachdem sie diesen Zustand durch ihr eigenes Handeln geschaffen hatten, konnten die weißen Herren ihr Bild von den Sklaven und deren »Mentalität« entsprechend formen: Sie sahen die Schwarzen als kulturlos und geistlos, schmutzig und primitiv, faul und verschlagen, bestenfalls harmlos in der Art zurückgebliebener Kinder, schlimmstenfalls gefährlich und triebhaft. Kurz, sie versahen sie mit allen Attributen einer minderwertigen Rasse.[19]

Warum also begeben sich schwarze Amerikaner auf die Suche nach dieser speziellen Geschichte, einer Geschichte der Demütigung und Erniedrigung? Ist es nicht paradox, ausgerechnet die Schrecken wieder aufleben zu lassen? Oder können sie daran Erbauliches finden, und wenn ja, was könnte das sein? In den Presseberichten, die solche Reisen beschreiben, ist zu solchen Fragen wenig zu finden. Da werden eher die äußeren Ereignisse beschrieben, kaum nach den Hintergründen und Beweggründen gefragt.

Vielleicht hilft es da, noch einmal den Karneval von Notting Hill zu betrachten, der ja in vielen Inhalten auch das Thema Afrika aufnimmt. Vielleicht kann man anknüpfen an dem, was die vorliegenden Untersuchungen hier herausgearbeitet haben. Demnach sind die Kunstdarbietungen des Karnevals tief verwurzelt in der »traumatischen historischen Erfahrung der Karibik«.[20] Was die Darbietungen »dramatisieren und neu schaffen, sind reale Begebenheiten aus verschiedenen historischen und soziopolitischen Landschaften Afrikas, die durch das Trauma der Kolonialisierung zerstört wurden«.[21] Symbolisch wird hier Afrika »wieder in das Zentrum des Geschehens gerückt«, auf jenen Platz eben, den es einst auf »tragische Weise« verlor.[22]

Auch im Karneval also, in all dem Getöse, immer wieder die Hervorhebung der Momente von Tragik und Trauma. Und so stellt die Frage sich wieder: Warum? Warum der Blick ausgerechnet auf diese Anteile der Geschichte? Weil man, so lautet die Deutung, in den vergrabenen Schichten die Anzeichen der früheren Größe entdek-

19 Siehe hierzu z. B. Gronemeyer 1991.
20 Alleyne-Dettmers 1997, S. 165.
21 Ebd., S. 169.
22 Ebd., S. 170.

ken kann: »Die Macht der afrikanischen Dorfgemeinschaft wird wiedererschaffen als Symbol der Wiedererstehung, um den Angehörigen der schwarzen britischen Gemeinschaft neue Kräfte zu geben, um sie aus ihrer verarmten Geschichte zu lösen.«[23] In der Berufung auf das afrikanische Erbe finden wir derart eine »psychosoziale Wiederaufrichtung« der erniedrigten afro-karibischen Bevölkerungsgruppen.[24] Weil die afrikanischen Sklaven ihrer Kultur beraubt wurden, wurde auch im Bewußtsein der karibischen Schwarzen Afrika oft mit Vorstellungen von »Identitätslosigkeit, Fortschrittsferne, Aberglauben« verbunden, kurz mit jenen Negativ-Bildern, die der Westen sich von Afrika schuf.[25] In bewußtem Kontrast dazu stehen nun Motive und Darbietungen des Karneval, insofern sie jener afrikanischen Identität neue Gestalt geben, deren Wachstum im Gefolge der kolonialen Ausbeutung verstümmelt und unterdrückt wurde.[26] Hinter den spielerischen Erscheinungsformen des Karnevals sehen wir also ein ernstes Thema. Indem die zwangsweise Verschleppung aus Afrika neu verhandelt wird, geht es um die »Annahme, Wiederbelebung und kulturelle Kraft« der afrikanischen Geschichte, um Katharsis und Erlösung, kurz: um die Neubewertung und Aufwertung der afrikanischen Kultur.[27]

Nimmt man diesen Interpretationsfaden auf, um die Reisen der schwarzen Amerikaner nach Afrika zu verstehen, so formt sich ein Bild etwa folgender Art: Ein zentrales Motiv auch dieser Reisen ist der verlorene Stolz, die verlorene Würde. Um diese wiederzufinden, knüpft man da an, wo die Geschichte ihren Ausgangspunkt nahm, wo die Vorfahren noch ihre Kultur, ihr Wissen, ihre Traditionen besaßen. Dem Bild der Weißen, die Afrika nur als Kontinent der unzivilisierten wilden Horden begreifen, will man ein anderes Bild entgegenhalten, kündend von Reichtum und Schönheit und eigener Kraft. Indem man die Geschichte mit all ihren Schmerzen nicht verdrängt, sondern nachvollzieht, was einst geschah, wird das Verlorene wieder erkennbar.

So jedenfalls die Hoffnung. Was ist historisch belegt, wo sind die

23 Ebd.
24 Ebd.
25 Ebd., S. 178.
26 Ebd.
27 Ebd., S. 179.

Spuren im Staub der Jahrhunderte verweht? Wo läßt sich was noch entziffern, wo bilden sich heute neue Mythen, neue Legenden? Manches mischt sich, manches ist durch zu viele Interessen gegangen und unentwirrbar geworden. Ein schwarzes Paar aus den USA, mit der Enkelin durch Gambia reisend, hat die Kleine auf Afrika vorbereitet: »Wir haben [ihr] auch von der Sklaverei erzählt«, sagt der Großvater, »mehr aber von den afrikanischen Königreichen.«[28] Gern sehen die Besucher die Begegnung mit Afrika in romantischem Licht, Gambia als »freundlichstes Land« auf der Welt[29], die Regierung Mandelas als eine »der aufgeklärtesten der Erde«, die überlieferte Tradition eine Philosophie der »Humanität«, den Afro-Amerikanern »instinktiv« nahe.[30] So ist es wohl auch kein Zufall, daß ausgerechnet Gambia und Südafrika zum Zielpunkt der Reisenden werden: Von der Vergangenheit zur Zukunft, von der verlorenen Welt zum Aufbau einer neuen, gerechten und guten Gesellschaft, so spannt sich der Bogen der Hoffnung.

Der schwarze Literaturwissenschaftler Henry Louis Gates hat einmal in anderem Kontext geschrieben: »Narratives of ascent, whether or not we like to admit it, are also narratives of alienation, of loss.«[31] Damit hat er gemeint, für diejenigen Schwarzen, denen der soziale Aufstieg gelingt, sei in der biographischen Erzählung zwangsläufig das Motiv der Entfremdung präsent, der Riß zwischen den Welten, der Sprung von den schwarzen Familien und Stadtvierteln zu den weißen Universitäten, Berufslaufbahnen und Ämtern. Vielleicht kann man, in abgewandelter Form, für unseren Zusammenhang sagen: »Narratives of descent«, also Erzählungen, die um die Herkunft kreisen, berichten ebenfalls von Verlust und Entfremdung – aber gleichzeitig auch vom Versuch, die verlorene Heimat wiederzufinden und die verletzte Würde neu zu begründen.

Was also sehen die schwarzen Besucher, die mit solchem Hoffnungsgepäck nach Afrika reisen, und was sehen sie nicht, was blenden sie aus? In einem vieldiskutierten Buch hat der Journalist Keith B. Richburg – selbst Afro-Amerikaner, der jahrelang in

28 Hielscher 1977 (siehe Anmerkung 13) S. 151.
29 Ebd., S. 155.
30 Joe Ritchie, *Afrika – Eine Lehre für uns*, in: *Der Spiegel*, Nr. 34/1997, S. 152.
31 Gates 1996, S. 3.

Afrika gelebt hat – sich zum Afrika-Bild seiner afro-amerikanischen Landsleute geäußert. Immer wieder, schreibt Richburg, »verbinden wir unsere Selbstachtung als schwarze Rasse in Amerika mit dem Erfolg oder dem Versagen unabhängiger Regierungen in Afrika«.[32] Deshalb, so Richburg weiter, nehmen die kurzfristigen Besucher oft die tatsächlichen politischen, sozialen, ökonomischen Bedingungen in den jungen afrikanischen Staaten kaum wahr. Lieber pflegen sie die Hoffnungen, die Illusionen: »Mit vielen amerikanischen schwarzen Führern scheint etwas höchst Merkwürdiges zu passieren, wenn sie nach Afrika kommen. Sobald sie den Fuß auf das Land ihrer Väter setzen, durchlaufen sie eine bizarre Art von Metamorphose. Einige der prominentesten Veteranen der Menschenrechtsbewegung – wortgewandte Verfechter der Menschenrechte und Grundfreiheiten der Schwarzen in Amerika – scheinen, wenn sie nach Afrika kommen, eine Art moralische und intellektuelle Black Box zu betreten. Diktatoren werden dann als Staatsmänner gepriesen, Regierungen, die das Volk nicht repräsentieren, werden für Demokratien gehalten, korrupte Regime werden dafür gepriesen, daß sie den Kolonialismus abgeschüttelt und ›Entwicklung‹ ermöglicht hätten.«[33] Gegen diese Art nostalgischer Sehnsucht, die für ihn vorwiegend aus Unkenntnis sich speist, wendet sich Richburg vehement: »Wenn ich nie meinen Fuß auf afrikanischen Boden gesetzt hätte, könnte ich vielleicht meine ›Schwarzheit‹ feiern, mein ›Afrikanertum‹. Dann würde ich mich vielleicht als ein Teil Afrikas fühlen, und Afrikas Schmerz wäre der meine... [Aber] ich war hier, ich habe hier gelebt und habe Afrika in all seinen Schrecken gesehen. Ich weiß jetzt, daß ich hier ein Fremder bin ... Ich fühle keine Verbindung zu diesem fremdartigen Land.«[34]

Wie unschwer zu erraten, haben Richburgs Thesen bei den schwarzen US-Amerikanern nicht überall Beifall gefunden. Aber eines steht in jedem Fall fest. »Beauty is in the eye of the beholder«, was Schönheit ist, hängt vom Blick des Betrachters ab, so lautet ein klassisches amerikanisches Sprichwort. Und ähnlich könnte man hier sagen, »Africa is in the eye of the beholder«, was Afrika ist,

32 Richburg 1998, S. 191.
33 Ebd., S. 188.
34 Ebd., S. 296.

hängt vom Blick des Betrachters ab. Von seinem Blick – und vielleicht auch, siehe Richburg, von seinem Selbstbild, seinen Selbstachtungswünschen. Das Afrika-Bild, das schwarze Amerikaner sich von Afrika machen, enthält derart ein Spiegelbild auch ihrer eigenen Lage, der Geschichte der Schwarzen in Amerika von den Anfängen bis heute, der vielen Formen von Ausgrenzung und Diskriminierung. Oder noch pointierter gesagt: Das Afrika-Bild, das schwarze Amerikaner sich von Afrika machen, hält auch den Weißen in Amerika ein Spiegelbild vor, es verweist auch auf ihr Tun und Treiben.

Massai-Insignien und Gikuyu-Tracht: Afrikanische Symbolik in der afrikanischen Politik

An Symbole der afrikanischen Vergangenheit knüpfen gern auch Staatsmänner im modernen Afrika ein. So z.B. Nelson Mandela: Als ihm das Apartheid-Regime wegen seiner politischen Aktivitäten den Prozeß machte, trat er, der ansonsten Maßanzüge zu tragen pflegte, vor Gericht einmal im Gewand eines Thembu-Kriegers auf (die Thembu sind diejenige ethnische Gruppe, der er entstammt). Damit kehrte er die Rolle eines Angeklagten in die eines Anklägers um, und unter seinen im Gerichtssaal anwesenden Anhängern entstand ein riesiger Aufruhr.[35] Auch nach dem Ende der Apartheid griff Mandela bewußt auf Symbolik zurück. Als er im April 1994, inzwischen 75 geworden, zum erstenmal in seinem Leben an einer Parlamentswahl teilnehmen konnte, suchte er sich den Ort seiner Stimmabgabe sehr genau aus, nämlich die Oblange High-School in der Nähe der Stadt Durban. Dort war die Wirkungsstätte und der Begräbnisort von John Dube, des ersten Präsidenten der ANC, also derjenigen Partei, für die Mandela nun als Spitzenkandidat antrat.[36] In seiner Autobiographie kommentiert Mandela dies folgendermaßen: »Mit meiner Stimmabgabe nahe seiner Grabstätte schloß sich der Kreis der Geschichte, denn die von ihm 82 Jahre zuvor eingeleitete Mission ging ihrer Vollendung entgegen.«[37]

Aber schaut man genauer hin, waren die politischen Ansprüche

35 Marx 1997, S. 390.
36 Ebd., S. 373.
37 Mandela, zit. nach Marx 1997, S. 373.

des frühen ANC deutlich anders geartet als die der heutigen Partei. Darauf weist Christoph Marx, der eine Studie über die Strategien und Schriften dreier prominenter afrikanischer Politiker vorgelegt hat. Demnach weiß jeder, der sich mit südafrikanischer Geschichte befaßt, »daß 1912 mitnichten das anvisiert wurde, was Mandela 1994 abschloß«.[38] So gesehen entspricht die Symbolik der Schließung des Kreises, in der sich die Vollendung eines historischen Werkes anzeigen soll, durchaus nicht den historischen Tatsachen. Eher verweist die Kontinuität, die Mandela behauptet, auf seinen eigenen politischen Anspruch. Sie ist zu guten Teilen ein Mythos, ein von Mandela bewußt eingesetztes Instrument, um die Legitimation der von ihm vertretenen Partei zu stärken. Oder wie Marx schreibt: »Offenbar wird hier an einem neuen Nationalmythos, einer heilsgeschichtlichen Mission von Befreiung gestrickt, deren Vollzug im Rückblick... geradezu unwiderstehlich wird.«[39]

Ebenso wie Nelson Mandela aus Südafrika stehen auch Kwame Nkrumah aus Ghana und Jomo Kenyatta aus Kenia für kritische Momente in der Entkolonialisierung Afrikas. Nkrumah war der erste Politiker, der eine Kolonie, die ehemalige Goldküste, 1957 in die Unabhängigkeit führen konnte. Und er war wohl ein Pionier auch, was die Formen populistischer Mobilisierung der afrikanischen Bevölkerung betraf. Das Vorbild, das er hier setzte, trug bei zur lawinenartigen Abfolge von Unabhängigkeitserklärungen afrikanischer Territorien, allein 17 im Jahr 1960.[40] Seine prägende Ausbildung erhielt Nkrumah in den USA und Großbritannien, wo er lange Zeit lebte, und dort wurde er auch zu seinem Programm eines marxistisch orientierten Sozialismus inspiriert. Nachdem er wieder nach Afrika zurückgekehrt war, griff er bewußt auf afrikanische Symbolik zurück. Nkrumah mobilisierte seine Anhänger, indem er als Kriegshäuptling auftrat, sich in einheimische Tracht kleidete und sich im Wahlkampf für seine Partei auf die einheimischen Götter berief. Nicht zuletzt änderte er auch seinen Vornamen, statt Francis nun Kwame – ein demonstrativer Schritt, um sich aus den Vorgaben der angelsächsischen Kolonialherren zu lösen und zurückzukehren zu den Ursprüngen, den afrikanischen Wur-

38 Marx 1997, S. 374.
39 Ebd.
40 Ebd., S. 379.

zeln. Auch der Name Ghana für die unabhängige Goldküste war durchaus nicht zufällig, sondern programmatisch gewählt. Zwar stammte die Idee für diese Bezeichnung nicht von Nkrumah, doch er nahm sie auf. Dabei lag das alte afrikanische Reich Ghana, dessen Blütezeit zwischen dem 7. und 11. Jahrhundert angesetzt wird, etliche tausend Kilometer von der Goldküste entfernt. Aber das stellte für Nkrumah kein Hindernis dar, sah er doch die Unabhängigkeit der Goldküste ohnehin nur als Anfang, seine politische Vision zielte auf ein vereintes Afrika ab.[41]

Mit Jomo Kenyattas Ernennung zum Premierminister Kenias im Jahr 1963 begann die Entkolonialisierung der im östlichen und südlichen Afrika gelegenen Siedlerkolonien. Auch Kenyatta verbrachte einige Jahre in Großbritannien, wo er insbesondere an Seminaren des Sozialanthropologen Bronislaw Malinowski teilnahm, die sein Denken nachhaltig beeinflussen sollten. Auch er änderte, nach Afrika zurückgekehrt, seinen Namen, von Johnston in Kenyatta – ein Schritt, mit dem er seinen Anspruch, Vater der Nation zu sein, frühzeitig anmeldete. Auch Kenyatta zeigte sich gern in afrikanischer Bekleidung, wobei er die Traditionen verschiedener ethnischer Gruppen aufnahm. So trug er eine Luo-Kopfbedeckung, ließ sich mit Massai-Insignien fotografieren und trug Gikuyo-Kleidung – oft alles gleichzeitig. Nicht zuletzt veröffentlichte er noch in London eine berühmt gewordene ethnologische Untersuchung über sein Volk, die Gikuyu. Auf dem Umschlag des Buches posiert er in traditioneller Kleidung, mit einem eigens für ihn geschnitzten Holzspeer, um so die Authentizität seiner Analyse zu unterstreichen. Im Inhalt beschreibt er die traditionelle Gesellschaft der Gikuyu als harmonische Ordnung, wo niemand unterdrückt wurde, wo Gerechtigkeit herrschte und wo kollektive Wünsche nach Einheit wie individuelle Bedürfnisse nach Ruhm und Würde gleichermaßen befriedigt wurden. Dies Bild der Vergangenheit dient Kenyatta als Folie, um seine Vision der Zukunft zu entwerfen: Die Unabhängigkeit, so postuliert er, werde die Rückkehr zu jener harmonischen Gesellschaft bringen, die nur durch die Kolonialherren vorübergehend gestört war. Aber auch hier gilt wohl wieder, wenn man genauer hinschaut, daß eine My-

41 Ebd., S. 378-381.

thenbildung stattfindet. Das Bild der Vergangenheit trägt deutlich verklärende Züge, ist mehr von den Ideen Malinowskis inspiriert als durch historische Fakten belegbar.[42]

Mandela, Nkrumah, Kenyatta: Warum greifen diese drei Staatsmänner, die für den Weg in die Unabhängigkeit stehen, so tief in das Repertoire der afrikanischen Symbolik? Was bewegt sie dazu, ein sehr eigenes und eigenwilliges Bild der Vergangenheit zu entwerfen, mit eklektischen, ja verklärenden Inhalten? Nach Marx kommen hier mindestens zwei Motive zusammen. Alle drei Politiker haben Diskriminierung, Ausgrenzung, Rassismus erfahren und darüber den entscheidenden Impuls zur politischen Radikalisierung erhalten.[43] In der Folge haben sie sich von den eurozentrischen kulturellen Normen des Westens entfernt und statt dessen die Identifikation mit der eigenen, der afrikanischen Kultur gesucht.[44] Von daher erklärt sich z. B. die Neigung Nkrumahs, die vergangene Größe Afrikas zu betonen. Er will damit zeigen, daß die Afrikaner einst Großes geleistet haben und auch in Zukunft zu Großem fähig sind.[45] Folgt man dieser Deutung, so finden wir hier ein ähnliches Motiv wie weiter oben, beim Karneval der schwarzen Briten oder den Afrikareisen der schwarzen US-Touristen. Indem die Momente afrikanischer Größe betont werden, wird eine bewußte Abkehr vom Bild der Weißen vollzogen. Afrika ist nun nicht mehr Kontinent der Zivilisationsferne, der Wilden. Afrika hat seine eigene Kultur, seine eigene Würde.

Soweit die Parallelen zum schon bisher Gefundenen. Hier nun, bei den drei Staatsmännern, die den Prozeß der Staatsbildung vorantreiben wollen, kommt offensichtlich ein zusätzlicher Beweggrund hinzu. Sie wollen die Kolonialherrschaft abstreifen und die Unabhängigkeit aufbauen: was liegt da näher, als dies auch an äußeren Symbolen – wie eben Namen und Kleidung – sichtbar zu machen. Da zeigt sich direkt der Anspruch, loszukommen vom Fremden, vom »Anderen« und auf das »Eigene« sich zu besinnen.

Nur eben, was genau ist dieses Eigene? Da liegt die Crux. Um

42 Ebd., S. 383-386.
43 Ebd., S. 396.
44 Ebd., S. 377.
45 Ebd., S. 379.

diesen für unseren Zusammenhang zentralen Punkt verstehen zu können, muß man ein Stück weiter ausholen und auf die Kolonialgeschichte und ihre Folgen zurückgreifen. Bekannt ist – und daran erinnert auch Marx –, daß die Kolonialherren, als sie Afrika unter sich aufteilten, dies nach ihren eigenen Plänen und Absichten machten, nicht nach den gewachsenen Strukturen der dort lebenden Bevölkerungsgruppen.[46] Zwar bemühten sich die Kolonialherren um die Bewahrung von Stammesstrukturen, weil hierarchisch zentrierte Organisationsformen die Durchsetzung kolonialer Herrschaft erleichterten. Aber wie Speitkamp in einer Studie über Kolonialpolitik und Tribalismus in Afrika schreibt: »Die scheinbare Konservierung traditionaler ethnischer Einheiten war im Grunde eine Rekonstruktion tribaler Elemente, bei der Altes zerstört und Neues geschaffen wurde.«[47] In zahlreichen Fällen kreierten die Kolonialherren aus territorial oder sprachlich verbundenen Gruppen sogar gänzlich neue Stämme.[48] Ja mehr noch – es waren die Europäer, die Weißen, die die Elemente afrikanischer Überlieferung aufschrieben, festschrieben und als Kanon »afrikanischer Tradition« neu erfanden:

»Das Selbstverständnis afrikanischer Stämme in vorkolonialer Zeit ist nur schwer zu ermitteln... Schriftliche Dokumente dafür gab es nicht; außerhalb des islamisch beeinflußten Raumes... waren es erst die Forschungsreisenden und Kolonialbeamten des späten 19. und frühen 20. Jahrhunderts, die die Schrift mit sich brachten und zur Aufzeichnung der Traditionen drängten. Sie verkannten dabei freilich Charakter und Funktion mündlicher Überlieferungen ... Da sie nun, auf der Suche nach Stämmen und Häuptlingen, Erzählungen sammelten und niederschrieben, fixierten sie nicht nur, was naturgemäß im Fluß bleiben mußte, sondern sie manipulierten es auch oft ungewollt.«[49] Dies galt um so mehr, weil viele der befragten Afrikaner bald die Chance erkannten, diese Art der Geschichtsschreibung für ihre persönlichen Interessen zu nutzen. Sie bemühten sich, die eigene Stellung in der Konkurrenz um Posten und Einfluß zu behaupten, »indem sie politische Auto-

46 Ranger 1992; Speitkamp 1996.
47 Speitkamp 1996, S. 311.
48 Ebd., S. 314.
49 Ebd., S. 321.

rität durch historisch-mythische Erzählungen legitimierten«.[50] Der Tribalismus, der so entstand, »suchte und fand vorkoloniale Traditionen, an die er anknüpfen wollte«.[51] Aus dieser eigentümlichen Mischung von Teilnehmern mit je eigenen Hintergründen, Erfahrungen, Interessen entstand derart ein neues Gebilde: »ein Geflecht von Erzählungen über Ursprünge, vorkoloniale Königreiche, Genealogien, Wanderungen und kriegerische Konflikte; die Tradition wurde erfunden«.[52]

Im 20. Jahrhundert, als der Widerstand gegen die Kolonialherrschaft sich herauszubilden begann, gewann dann der Tribalismus eine neue Funktion: Er wurde eingesetzt im Kampf gegen die Kolonialherren. Indem die Afrikaner sich auf »ihre« Tradition und Wurzeln beriefen, legitimierten sie ihren Anspruch auf Autonomie, auf Freisetzung aus fremder Herrschaft. »Der Traditionalismus avancierte nunmehr zur Ideologie von Selbstbehauptung, Widerstand und Emanzipation, der Tribalismus politisierte sich … Die Überlagerung von kolonialen Identitätszuweisungen, neuem Stammesgeschichtsbewußtsein, kulturellem Gefälle und ethnischen Differenzen verschärfte so die politischen Konflikte.«[53]

An dieser Stelle schließt sich der Kreis. Wir sind wieder bei den Unabhängigkeitsbewegungen in Afrika und den Politikern, die sie vorantrieben, also bei Mandela, Nkrumah und Kenyatta. Wie konnten sie, die ihr Land in die Unabhängigkeit führen wollten, ethnische Identitäten, afrikanische Kultur und die erst neu zu schaffende Nation miteinander verbinden? Das genau war die Grundfrage, mit der Mandela wie Nkrumah wie Kenyatta konfrontiert waren. Sie war insbesondere deshalb so wichtig, weil sich diese Politiker nicht auf einen Bestand kanonisierter nationaler Schriften beziehen konnten, zudem ein erheblicher Teil ihrer Anhänger Analphabeten waren.[54] Um die Motivationsbasis für die Unabhängigkeit zu schaffen, mochte es reichen, die Afrikaner als Opfer und Objekte kolonialer Herrschaft zu mobilisieren. Aber wie konnte man über diesen Zeitpunkt hinaus eine Solidaritätsbasis

50 Ebd.
51 Ebd.
52 Ebd.
53 Ebd., S. 323.
54 Marx 1997, S. 374.

erhalten? Wie konnte man die ethnischen Identitäten, die ihrerseits zum guten Teil Produkt des Zugriffs der Kolonialherren waren, in ein dauerhaftes Nationalbewußtsein in einem gemeinsamen Staatsgebilde überführen? Um diese Aufgabe zu lösen, mußte ein »weiteres, längerfristig haltbares Bindemittel, eine nationale Identität geschaffen werden, die über den Tag der Unabhängigkeit hinaus wirken konnte«.[55] Das ist es, wozu der Rückgriff auf afrikanische Symbolik wesentlich diente.[56]

Und doch ist der Tribalismus, der hier eine wichtige Rolle gewinnt, »kein Produkt afrikanischer Kultur, kein Beleg für die Beharrungskraft der Tradition, sondern eine Reaktion auf koloniale Politik. Er spiegelt Wahrnehmungsweisen, die aus Europa in die afrikanische Welt hineinprojiziert wurden, und reagiert auf eine Herrschaftsform, die Europa in Afrika errichtete.«[57] Wie afrikanisch ist also die afrikanische Symbolik und Tradition? So mag, angesichts solcher Befunde, mancher Leser am Ende sich fragen. Diese Frage ist, wie wir sehen, durchaus berechtigt. Und sie ist zugleich wiederum schief, in Ansatz wie Absicht verfehlt, wenn damit unterstellt wird, die Erfindung von Traditionen würden wir nur in Afrika finden – weil sie, die »Primitiven«, im Grunde nichts Eigenes haben –, während »wir«, die Hochzivilisationen, einen festen Fundus authentischer Tradition vorweisen können. Solche Annahmen sind durch die neuere Geschichtsschreibung gründlich erschüttert. Diese Forschung hat an vielen Einzelfallstudien gezeigt, und wir sind in Kapitel 2 darauf zu sprechen gekommen, wie das, was wir hier am Beispiel von Afrika sahen, sich in ähnlicher Form auch in anderen Ländern und Kontinenten abgespielt hat und weiter abspielt. Wie man mit Symbolpolitik und Mythenbildung Nationen schafft: Das ist das Grundthema, das sich wie ein roter Faden durch die Geschichte der Moderne hindurchzieht. Das ist das Werk, an dem unter Einsatz verschiedenster Techniken, viele Staatsmänner im 19. und 20. Jahrhundert bauen und basteln. In Afrika – und anderswo auch.

55 Ebd., S. 377.

56 Wie Marx 1997 herausarbeitet, beschritten die drei genannten Politiker dabei im einzelnen durchaus unterschiedliche Wege. Für unseren Zusammenhang ist aber vor allem das gemeinsame Problem und der gemeinsame Kern der eingeschlagenen Problemlösungsstrategien wichtig.

57 Speitkamp 1996, S. 325.

Mit der Betonung, Erinnerung, ja auch Erfindung von Symbolen, die auf ethnische Kultur und Geschichte verweisen, verbinden sich also nicht nur emotionale, sondern durchaus instrumentelle Beweggründe. Die Schlußfolgerung, hier am Beispiel der Staatengründung im modernen Afrika entwickelt, ist weder neu noch überraschend. Im Gegenteil: Es gehört zum inzwischen klassischen Repertoire der einschlägigen Forschung, den Zusammenhang zwischen Ethnizitätsorientierung und instrumentellem Nutzen zu thematisieren. Nicht wenige Forscher gehen sogar so weit, Ethnizität primär als strategische Ressource oder Instrument im Konkurrenzkampf der Gruppen zu begreifen.[58] Demnach reichen die Vorteile, die sich aus dem strategischen Einsatz von Ethnizität ziehen lassen, von der moralischen und materiellen Unterstützung, die ethnische Netzwerke bieten, bis hin zur Gewinnung von politischem Einfluß und Macht. Ethnische Gruppen sind so gesehen nicht nur eine Art sentimentaler Vereine, aus Personen mit gemeinsamen Gefühlsbindungen zusammengesetzt, sondern auch oder gar vor allem eines: eben Interessengruppen.

Wenn man sich im Feld von Ethno-Kult und Gedächtnistheater bewegt, stößt man auf viele Beispiele, die die Verflechtung von Ethnizität und Interessen vorführen. Betrachten wir diesen Aspekt zunächst einmal allgemein, bevor wir den Blick wieder speziell auf Afrika richten. Entscheidend für unseren Zusammenhang ist: Die Vermarktung von Ethnizität und Erinnerung ist ein klassischer Aktionsraum der instrumentellen Interessen. Davon lebt die folkloristische Geschichtsindustrie, der nationale wie internationale Souvenirhandel. Von der Schwarzwälder Uhr bis zum bayerischen Dirndl: Geboten werden Erinnerungsstücke mit Lokalkolorit. Manchmal gibt es darüber hinaus auch ganze Unterhaltungsprogramme, Aufführungen der Art »Vergangenheit live«, etwa Ritterspiel oder mittelalterliches Festmahl. Bekanntlich haben nicht wenige Angehörige des britischen Adels ihre Schlösser für solche Angebote geöffnet – mit Spuk und Schloßgeist im Preis inklusive. Ein besonders anschauliches Beispiel wird aus Afrika berichtet, aus

58 Zum Beispiel Glazer/Moynihan 1970; Neckel 1997.

Kenia genauer. Dort hat die MCI Incorporated einen Vertrag mit Angehörigen des Stammes der Massai geschlossen. Die Aufgabe der Massai besteht darin, daß sie sich »als Massai gebärden«, den Zuschauern ständig das »Spiel der Wilden« vorführen: ein Blick also auf die Letzten der Vorzeit. Dafür bekommen sie, durchaus modern, ein genau geregeltes Einkommen (die finanziellen Aspekte sind festgelegt bis ins Detail, von der Eintrittsgebühr bis zur Lohnhöhe bis zu Fernseh- und Filmrechten).[59]

Jedoch nicht nur als historisches Erinnerungsstück, sondern auch in mehr gegenwartsorientierter Form zeigt sich die Verflechtung von Ethno-Kult mit instrumentellen Interessen. Einschlägig sind hier die vielen Branchen des florierenden Ethno-Gewerbes, die zahlreichen ethnischen Nischen auf dem Arbeitsmarkt und in der Geschäftswelt, die sich auf »ethnische« Waren spezialisiert haben und dazu gern auch »ethnische« Verhaltensweisen und Symbole vorführen. Zu den bekanntesten Beispielen zählen die italienischen (griechischen, türkischen usw.) Lokale, die nicht nur auf der Speisekarte, sondern auch im Dekor südliche Lebensweise dem Nordländer bieten. Ein paar Palmen, ein bißchen Wandmalerei, das Gipsmodell einer antiken Statue: Das macht Stimmung, das bedient die Sehnsucht nach Sonne und Meer und Freiheit vom Alltag, das weckt Erinnerungen an Urlaub und die schönsten Wochen im Jahr.[60] Weniger bekannt, doch im Kern durchaus ähnlich ist ein Beispiel aus der Lebenswelt der Zigeuner. Unter ihnen gibt es viele, die ihren Lebensunterhalt mit ambulantem Kleingewerbe verdienen. Dabei basiert der Handel, den sie betreiben, nicht nur auf dem Verkauf von Waren, sondern auch von Klischees. Geschickt betonen sie je nach Situation bestimmte Attribute im äußeren Auftreten. Wo es nützlich erscheint, setzen sie auf die ethnische Karte: Sie »machen sich als Zigeuner zurecht«, stilisieren sich mit romantischen bis exotischen Zutaten. Kopftuch, goldene Ohrringe, besondere Sprechweise: Das gibt Flair, eine Ahnung von Orient, eine Prise Verruchtheit. Damit kann man bestimmte Waren und Dienstleistungen – etwa Spitzenborten oder Handlesen – besser verkaufen.[61]

59 Siehe Featherstone 1995, S. 121.
60 Pichler 1997.
61 Okely 1979.

Daß Ethnizität, wo sie derart zur Ware gerät, häufig nicht mehr authentisch ist, ist naheliegend, ja trivial. Was Pizza Napolitana sich nennt, ist eher »Pizza tedesca«, die Pizza nach deutscher Art.[62] Es ist das, was Italiener in Deutschland anbieten, angepaßt an deutschen Geschmack und deutsche Gewohnheiten. Und im Hintergrund hören wir schon das leise Grummeln der Toskana-Fraktion unter den Deutschen, ihr verächtliches Klagen, solches Essen sei doch nicht mehr »echt«, nicht mehr »italienisch«. Also muß es genauer wohl heißen: Pizza tedesca ist das Produkt, das entsteht, wenn italienische Gastronomen, in Deutschland ansässig, sich anpassen an den Geschmack und die Gewohnheiten der Durchschnittsdeutschen – und das, was sie, die Italiener, sich unter den Durchschnittsdeutschen vorstellen. Man ahnt schon, hier wird es kompliziert. Betrachten wir deshalb, um auf dieser Spur weiterzukommen, noch einmal das Beispiel der Zigeuner im ambulanten Gewerbe. Was die Zigeuner dabei vorführen, ist ja nicht Zigeunerleben pur und authentisch. Sondern dargeboten werden im Grunde die Kundenerwartungen, die Zigeunerklischees, sprich die Bilder, die Nicht-Zigeuner über Zigeuner sich machen. Ach nein, es ist noch eine Schleife verwickelter, noch komplizierter: Es sind die Vorstellungen, die Zigeuner sich darüber machen, wie Nicht-Zigeuner sich Zigeuner vorstellen. Es sind Bilder von Bildern von Bildern – ein Prozeß der mehrfachen Spiegelungen also.

Um den Knäuel zu entwirren, ist es hilfreich, die einzelnen Fäden darin zu sortieren und zu sichten: Wer ist wo tätig, wer wie beteiligt, wenn Ethnizität als instrumentelle Ressource eingesetzt wird? Betrachten wir nochmals die bisher beschriebenen Beispiele, sei's Ethnizität zu symbolischen Zwecken (die afrikanischen Staatsmänner), sei's zu ökonomischen Zwecken (die italienischen Gastwirte oder die Zigeuner, die sich ihr Geld im ambulanten Kleingewerbe verdienen). Nie haben wir es nur mit einer Gruppe zu tun. Vielmehr sind es mindestens zwei, manchmal vielleicht auch noch mehr Gruppen, die miteinander agieren. Die Staatsmänner hoffen auf Wähler, die Gastwirte auf Klienten, die Zigeuner auf Kunden: Es begegnen sich also verschiedene Akteure mit je eigenen Motiven, Beweggründen, Interessen. Auch das Verhältnis der

62 Pichler 1997, S. 111.

Gruppen untereinander läßt sich genauer bestimmen: Diejenigen, die den aktiven Part spielen, also ethnische Symbole und Erinnerungsstücke gezielt einsetzen, weil sie sich daraus Vorteile versprechen, sind eben deshalb gehalten, die andere Gruppe – Kunden, Klienten, Wähler, was sonst auch immer – in den Blick zu nehmen und genau zu beobachten.[63] Nicht zuletzt müssen sie deren Gewohnheiten und Erwartungen, Sympathien und Abneigungen, Vorurteile oder auch Sehnsüchte erkunden, soweit sie das weite Feld des »Ethnischen« anrühren. Auf der Grundlage dieses Bildes über die anderen müssen sie selbst dann versuchen, ihr eigenes Bild – ihr Image, ihre Selbstpräsentation, ihre Darbietung von Ethnizität – entsprechend zu gestalten. Das meint nicht, oder nur in seltenen Fällen, ein plump-dreistes Fälschen, sondern eher ein Akzenteverschieben, ein diskretes Abstimmen und Einstimmen (mehr exotisch oder mehr unauffällig normal, vielleicht ein wenig temperamentvoll und südlich, aber nicht zu grell jüdisch oder arabisch oder orientalisch).

Dieses Verfahren der mehrfach gestaffelten und ineinander verschachtelten Bilder erzeugt seine eigenen komischen bis bizarren Muster. So heißt es z. B. in einer Studie über die Authentizität von Orientteppichen: Die Vorstellung von Authentizität »ist ein Produkt der Interaktion zwischen uns und den anderen«, zwischen westlichen Käufern und türkischen Teppichherstellern. Da versuchen die Hersteller, das zu erraten, was die Westler sich unter »echt« und »traditionell« vorstellen. Indem sie sich dem aber anpassen, verändern sie die Teppiche und deren Muster. So finden die Westler sich in einer Situation, wo sie sich, welch bizarrer Effekt, im Grunde immer weiter vom Ziel ihrer Wünsche entfernen: »Je mehr wir die Türken erkennen lassen, daß wir Authentizität suchen, desto mehr werden sie ihre Ware verändern nach ihrem Bild von unserem Geschmack – desto mehr werden sie uns ablenken vom Ziel unserer Wünsche.«[64] Je nach Bedarf wird versüßt und verkitscht, mal dramatisch oder auch tragisch gestaltet, ein wenig gefeilt, ein wenig geschönt. Je nach Kontext, Begabung, Interessen der beteiligten Gruppen wird aus Geschichte so »Geschichte« in Anführungszeichen, ein phantasievoll inszeniertes Marktprodukt,

63 Siehe hierzu z. B. wieder die Studie von Okely 1979.
64 Spooner 1986, S. 228.

Museumsprodukt, Tourismusprodukt – eine Reise ins Disneyland der Ethnizität.

Wenn diese Diagnose stimmt, dann sind Ethno-Kult und Gedächtnistheater nicht monokausal zu begreifen, aus emotionalen Motiven allein, sondern als komplexes Geschehen, in dem sich verschiedene Schichten überlagern und verschiedene Akteure begegnen. Wir können uns das Ganze vielleicht auch als eine Art Bühne vorstellen, mit aktiven Darstellern, Publikum, verschiedenen Rollen. Wichtig ist in jedem Fall: Es sind mehrere Gruppen beteiligt, nicht bloß eine, und ihre Begegnung ist wesentlich nach der Vorgabe von Bildern bestimmt, ja von Bildern von Bildern. Das gibt Stoff für Mißverständnisse und Spannungen, für Irrungen und Wirrungen, für Interessengegensätze und auch für Konflikte.

All dies können wir auch in Afrika finden.

Das Geflecht der Akteure, Bilder, Interessen

Immer mehr schwarze Amerikaner, so wurde oben geschildert, begeben sich auf Afrika-Tour, um ihre Wurzeln, ihre Heimat zu suchen. Aber das ist offensichtlich erst ein Teil der Geschichte. Bekanntlich ist Afrika kein leeres Land, sondern mit Menschen besiedelt. Und diese Menschen sind nicht bloß passiv und stumm, gesichts- und geschichtslos, sondern haben eigene Gewohnheiten, Erwartungen, Erfahrungen. Das wiederum heißt: Will man nicht bloß einen sehr begrenzten Ausschnitt erfassen, muß man zwei Gruppen betrachten, nicht allein eine. Dann stellen sich Fragen etwa folgender Art: Wie ist das Verhältnis der beiden Gruppen, zwischen Amerikanern und Afrikanern? Wie und wo begegnen sie einander? Und nicht zuletzt, wie reagieren die Afrikaner, in deren Land die Reisenden kommen, welche Rolle übernehmen sie in diesem Verhältnis?

Liest man die einschlägigen Presseberichte noch einmal genauer, nun mit solchen Fragen im Kopf, kann man zunächst einmal deutliche Hinweise darauf entdecken, daß die zwei Gruppen an vielen Punkten weit voneinander entfernt sind, was ihre Erwartungen und Erfahrungen angeht. Nicht selten ist wohl das Afrika-Bild, mit dem die Amerikaner ankommen, mehr sentimental eingefärbt als auf die Realität heute bezogen. Deswegen werden die schwarzen Touristen vom Reisebüro zunächst einmal auf einen »Kulturschock« vorbereitet, bevor sie in die ersehnte, erträumte Heimat (!) nach Gambia kommen.[65] Und von den Südafrika-Besuchern wird folgende Episode berichtet: Als eine US-Handelsdelegation, vor allem aus Afro-Amerikanern zusammengesetzt, nach Südafrika reiste, scheuten die Abgesandten weder Kosten noch Mühe, um den afrikanischen Gastgebern Reverenz zu erweisen. »In wallendem Kaftan und mit bestickter Bou-bou-Kappe auf dem Kopf glich der Delegationsleiter einem nigerianischen Prinzen. ›Wir haben uns gekleidet wie unsere Brüder‹, verkündete er im Brustton der Überzeugung.« Dann aber fragte er doch einmal nach, was schwarze Geschäftsleute in Südafrika tragen. Die Antwort war etwas ernüchternd: »Armani«.[66]

So viel zu den Bildern, die sich Afro-Amerikaner von der »Heimat Afrika« machen. Solche Mißverständnisse mögen noch eher komisch erscheinen. Aber wie oben schon angedeutet, gibt es auch manche Anzeichen dafür, daß nicht wenige Südafrikaner das Auftreten der Amerikaner – die Sentimentalität, die Verbrüderungsgesten, das ganze Gehabe – als aufdringlich und nervend empfinden. Jedenfalls bleiben die Spannungen, die im Binnenklima der beiden Gruppen entstehen, nicht mehr bloß verdeckt, sondern werden schon zum offenen Diskussionsthema in den südafrikanischen Medien. Demnach klagen nicht wenige Afrikaner, die Attitüde der Amerikaner sei paternalistisch, besserwisserisch, arrogant. Manche Südafrikaner sprechen die Distanz auch offen an: »Viele der schwarzen Amerikaner kommen hierher mit der Vorstellung, ihre Brüder und Schwestern zu finden. Aber sie haben mit uns weder die Sprache noch die Kultur noch den historischen Hintergrund gemeinsam. Alles, was sie mit uns gemeinsam haben, ist die schwarze Hautfarbe.«[67]

In solchen Aussagen kommen Spannungen zum Ausdruck, die aus der Diskrepanz der Erfahrungswelten der beiden Gruppen sich herleiten. Aber daneben gibt es auch Vorwürfe, die einen direkt ökonomischen Kern haben. Nach den Presseberichten sehen sich nicht wenige Afrikaner enttäuscht und ausgenutzt durch das Ver-

65 Hielscher 1997 (siehe Anmerkung 13), S. 151.
66 Behrens 1997 (siehe Anmerkung 16).
67 Daley 1998 (siehe Anmerkung 17).

halten der Amerikaner. Was haben sie nicht alles großartig versprochen, und wie wenig davon ist bis heute eingelöst worden, heißt es da. Manche klagen, die schwarzen Amerikaner würden den Südafrikanern Arbeitsplätze wegnehmen; oder sie würden die Südafrikaner benutzen, um geschäftliche Beziehungen zu knüpfen, und sie danach fallen lassen. Weiße Amerikaner würden dies wohl ähnlich machen, sagt z.B. Mzimkulu Malunga, Herausgeber eines Wirtschaftsmagazins, »aber die Weißen kommen wenigstens nicht daher und verkünden, sie seien wieder zurück in der Heimat«.[68] Im Gegenzug klagen nun auch etliche der Afro-Amerikaner, die Südafrikaner würden sie unfreundlich behandeln und ausnutzen.

Was an diesen Vorwürfen ist berechtigt, was nicht? Was läßt sich auf kulturelle Mißverständnisse und Empfindlichkeiten zurückführen? Wo wird das Reden von der Heimat und schwarzen Gemeinschaft als Zuckerguß eingesetzt, als schöne Verpackung, während man im Kern Geschäftsinteressen im Sinn hat? Natürlich kann, so pauschal gefragt, niemand eine Antwort geben. Die einzige Antwort heißt: Es reicht nicht, allein nach emotionalen Motiven zu fragen.

Betrachten wir deshalb noch ein weiteres Mal auch die Gambia-Reisen der schwarzen US-Amerikaner. Wenn Touristen mit großer Begeisterung doch wenig Wissen in ein fremdes Land reisen; in ein Land, das noch dazu arm ist, die Besucher zumindest nach den Standards der Einheimischen wohlhabend erscheinen; dann kann es kaum ausbleiben, daß mehr als emotionale Bedürfnisse (nach Heimat und Identität) ins Spiel kommen. Wer allein davon spricht, tut so, als würde das ganze Geschehen nur von den einen bestimmt, den Besuchern; als wären die andern, die Einheimischen, nicht existent oder ganz passiv. Sieht man statt dessen, daß hier zwei Gruppen einander begegnen – in der Hautfarbe ähnlich, in der Lebenslage weit voneinander entfernt –, dann gewinnt das Geschehen eine neue Dynamik. Es gewinnt auch mehr Spannung, es wird tatsächlich zur Bühne. Pointiert zusammengefaßt: Je stärker die emotionalen Bedürfnisse der Touristen, desto wahrscheinlicher ist es, daß die Einheimischen auch ökonomische Interessen und Wünsche entdecken. Reiseveranstalter, Händler, Tourismus-Manager, Bus-

68 Ebd.

fahrer und Bootsfahrer, Gastwirte, Dolmetscher, Hoteldiener, sie alle wollen – verständlicherweise – leben und ihre Familien ernähren. Sie mögen dabei die schwarzen Amerikaner durchaus als Verwandte ansehen und deshalb herzlich begrüßen. Aber das eine schließt das andere bekanntlich nicht aus: Willkommen sind die Amerikaner *auch* deshalb, weil sie Geld und Arbeit ins Land bringen.

Aus diesen disparaten Erfahrungswelten und Interessen entstehen zwangsläufig Spannungen. Lesen wir die entsprechenden Presseberichte nochmals, nun aus dieser Perspektive heraus, so können wir wieder einige Hinweise finden. »In der Nachmittagshitze bieten Andenkenhändler T-Shirts und alle Arten von Kunsthandwerk feil. Sie werden immer aggressiver – und billiger –, je näher die Abreise der Besucher kommt. Kinder betteln unverhohlen. Etliche Afro-Amerikaner fühlen sich unwohl: Sind sie doch nur Touristen wie alle anderen? Wollen die afrikanischen Brüder von ihnen nur ihr Geld?«[69] Zwar überwiegt am Ende die Begeisterung. Aber dazwischen gibt es offensichtlich Augenblicke, da fühlen sich die schwarzen Touristen mehr ausgenommen als in die Heimat zurückgekommen.

Auch in Südafrika repräsentieren die zwischen Afrikanern und schwarzen Amerikanern auftretenden Spannungen nur einen Teil des Geschehens. Folgt man den Medienberichten, fühlen die meisten der Amerikaner sich in Südafrika wohl, nicht wenige wollen weiter im Land bleiben. Aber offensichtlich wird dennoch, an den Beispielen aus Gambia wie aus Südafrika, daß es nicht ausreicht, das Geschehen aus der Perspektive nur einer Gruppe verstehen zu wollen. Ebenso greift es zu kurz, wenn man allein nach emotionalen Motiven fragt und die instrumentellen Interessen von vornherein ausblendet; oder wenn man umgekehrt die Kraft der emotionalen Motive nicht sieht und das Ganze nur als Sentimentalitätsshow begreift, als Inszenierung zweifelhafter bis unechter Gefühle. All dies wäre zu einfach, zu grob gestrickt. Man kommt davon nur los, wenn man bewußt das Geflecht der Akteure, ihrer Motive, Interessen, handlungsleitenden Bilder ins Zentrum rückt, und nicht zuletzt auch: deren Spannungs- und Mischungsverhältnis. Erst dann

69 Hielscher 1997 (siehe Anmerkung 13) S. 155; siehe auch Tom Masland, *Looking for Their Roots*, in: *Newsweek*, 6. September 1999, S. 76f.

kann man die Dramaturgie verstehen, die sich um Ethno-Kult und Gedächtnistheater entfaltet. Erst dann kann man auch die Faszination und Anziehungskraft ahnen, die sich für viele Menschen damit verbindet. Identitätssuche und Heimatgefühle und verlorene Würde, aber auch Marktanteile, Arbeitsplätze, Wählerstimmen: Bei der Inszenierung ethnischer Symbole und Traditionen wird vieles angerührt, vieles erhofft, nicht zuletzt auch sehr Verschiedenes miteinander verknüpft.

Metamorphosen

Kehren wir jetzt, nach den Afrika-Reisen, noch einmal nach London zurück. Noch einmal zum Karneval von Notting Hill, dem großen Straßen- und Volksfest. Es ist das Fest der schwarzen Briten – so jedenfalls haben wir oben gesagt, weil dies die übliche Darstellung ist. Aber stimmt dies denn? Gibt es vielleicht auch hier noch andere Mitspieler, die bisher bloß noch nicht ins Blickfeld gerieten? Inwieweit also stimmt das bisherige Bild, was läßt es aus?

In der ausführlichen Fallstudie, die Cohen vorgelegt hat, wird die Geschichte des Karnevals genau untersucht. Cohen geht zurück bis zu den Anfängen, bis ins Jahr 1966, als der Karneval zum ersten Mal stattfand. Und er fördert überraschende Schichten zutage.[70] Damals, als alles anfing, dachte niemand daran, dies Ereignis als Fest der schwarzen Briten zu sehen. Im Gegenteil. Im England des 19. Jahrhunderts hatte es die Tradition der Jahrmärkte gegeben, und ein solcher fand regelmäßig auch in Notting Hill statt, bis er nach der Jahrhundertwende in Vergessenheit geriet. In der schnell wachsenden Weltmetropole London wurde die Gegend zu einem Wohnviertel der Arbeiter der Unterschicht, und als immer mehr Zuwanderer aus der Karibik ankamen, zogen viele von ihnen auch hierher. Um die Mitte der sechziger Jahre war es eine düstere und ziemlich heruntergekommene Gegend. Und dann kam Rhaune Laslett, früher Sozialarbeiterin und nun auf Kommunalebene aktiv, um das Wohl dieses Stadtteils bemüht. Ihre Idee war, dem Niedergang und Verfall etwas Positives entgegenzusetzen. Gleichzeitig

70 Cohen 1993, Kapitel 1, S. 10ff.

wollte sie die verschiedenen Bevölkerungsgruppen, die nun in dieser Gegend ansässig waren, näher zusammenbringen. Nicht zuletzt waren ihr auch die Zukunftschancen der Zuwanderer ein Anliegen, und hier setzte sie ganz auf das Projekt der Integration, auf möglichst enge Einbindung in die bestehende britische Kultur und Gesellschaft. All dies brachte Laslett auf den Gedanken, an der alten Form des Jahrmarktes anzuknüpfen, ihn aus der Vergangenheit in die Gegenwart zu transportieren. Und das tat sie dann auch, mit der aktiven Unterstützung von ein paar Hundert jungen Männern und Frauen. Das Fest, das dank ihres Einsatzes zustande kam, war im wesentlichen englisch geprägt, eine Wiederbelebung des alten Jahrmarktes eben, in Formen wie Inhalten vor allem auf das Repertoire der englischen bzw. westlichen Kultur zurückgreifend. So gab es Pfeilwurfwettbewerbe, ein klassisch englisches Spiel, ebenso wie Filme und Dichterlesungen, Volksmusik und Tanz. Viele der Darbietungen nahmen auch Themen aus der lokalen und nationalen Geschichte auf. Zum Beispiel traten einige Gruppen als Gestalten aus den Romanen von Dickens auf, andere stellten in Kostümen und Festwagen die Geschichte des Stadtteils Kensington nach. Nirgendwo gab es Anzeichen, daß das Ganze die Form eines Karnevals haben sollte, weder Karneval in der Karibik noch Karneval irgendwo sonst. Und auch Rhaune Laslett, die Initiatorin, war mitnichten karibischer Herkunft. Ihre Familiengeschichte war zwar multiethnisch geprägt, aber verband ganz andere Richtungen und Wurzeln: Ihre Mutter war eine Indianerin aus North Carolina, ihr Vater ein Russe, sie selbst in London geboren.

Damals, in jenem ersten Jahr 1966, war der Karneval also kein Karneval, sondern angelehnt an die alte Form des Jahrmarktes. Und er war auch nicht schwarz oder karibisch, sondern in seinen Ausdrucksformen vor allem englisch geprägt. Er war ein lokales Ereignis, ein Angebot für die Bevölkerungsgruppen, die hier ansässig waren. Manche waren weiß, manche schwarz, und die meisten ziemlich arm. Die Zahl der Besucher betrug ein paar Tausend, wohl die Hälfte von ihnen stammte aus der Karibik.[71]

Erst zu Beginn der siebziger Jahre kam der Umschwung.[72] Immer mehr wurde das Ereignis von Einwanderern aus der Karibik

71 Ebd.
72 Ebd., Kapitel 2, S. 21 ff.

übernommen, immer mehr wurde es in seinen Ausdrucksformen »schwarz«, sprich an Afrika und der Karibik orientiert. Jetzt nahm es tatsächlich die Form eines Karnevals an, und auch die Dimensionen veränderten sich. Aus einem lokal begrenzten wurde ein nationales, ein landesweit berühmtes Ereignis. Aus ganz England kamen Besucher, um das mitzubekommen, was die Zuwanderer aus der Karibik nun als Symbol für ihre Kultur und Tradition feierten.

Und in dem Maß, wie der schwarze Karneval immer weitere Bedeutung gewann, entwickelte sich auch eine eigene Mythologie um seine Ursprünge und Wurzeln. Viele der Einwanderer sahen in der Institution des schwarzen Karnevals in Form und Inhalt eine Fortsetzung afrikanischer Traditionen. Andere dagegen datierten den Anfang auf das Jahr 1834, das Jahr der Sklavenbefreiung in der Karibik; dort und damals sei der schwarze Karneval entstanden, als Feier der Befreiung, der Freiheit.[73] Auch der Karneval von Notting Hill bekam rückwirkend eine neue Geschichte. Lange Zeit war mit den Anfängen des Karnevals unbestritten der Name von Rhaune Laslett verknüpft, sie war als seine Gründerin anerkannt, ja, vielen der Teilnehmer noch persönlich bekannt. Aber dann, so um die Mitte der achtziger Jahre, brachten einige der jüngeren schwarzen Aktivisten eine neue Sichtweise in Umlauf, wonach die Feiern von Notting Hill ihre Wurzeln in einem Kostümfest der Zuwanderer hatten, veranstaltet Ende der fünfziger Jahre – auf Initiative wiederum einer Frau, doch nun einer Schwarzen aus der Karibik.[74] Das fügte sich besser in das Bild, das die Aktivisten beanspruchten: der Karneval als Lebens- und Ausdrucksform ihrer Tradition und Kultur.

Auch im weiteren Verlauf, als der Karneval sich schon als Fest der Schwarzen etabliert hatte, machte er noch mehrere Wandlungen durch. Ende der siebziger Jahre wurde das Bild bestimmt von der zweiten Generation der schwarzen Briten, als Nachkommen der ersten Zuwanderer in Großbritannien geboren und aufgewachsen. Viele von ihnen waren in einem Niemandsland zwischen den Kulturen hängengeblieben, entfremdet, in der Schule erfolglos, desillusioniert und demoralisiert.[75] Reggae-Musik und Rasta-

73 Cohen 1993, S. 5.
74 Ebd., S. 5 f. und S. 76 f.
75 Ebd., S. 33 ff.

fari-Symbole: Das war es, womit sie sich identifizierten, worin sie ihren Lebensstil suchten, und das führten sie als neue Elemente auch in den Karneval ein. Ende der achtziger Jahre setzte eine wiederum andere Gruppe sich durch, ebenfalls Nachkommen der Zuwanderer, aber diesmal erfolgreich und aufstiegsorientiert, von der Mentalität der Thatcher-Ära geprägt. Die zentrale Koordinationsstelle, vorher CAC geheißen, Carnival Art Committee, wurde nun umgetauft in CEC, Carnival Enterprise Committee. Nicht mehr die Kunst, sondern das Wirtschaftsunternehmen stand jetzt im Mittelpunkt, und in dieser Akzentverschiebung spiegelten sich die neuen Leitlinien wider. Kompetenz und Effizienz, Konkurrenz, Initiative, Profit: So hießen die Glaubenssätze der Ära Thatcher.[76]

Cohens Studie, die die Geschichte des Karnevals untersucht, reicht bis zum Jahr 1992. Aus Cohens Sicht wird zu diesem Zeitpunkt der Trend zur Kommerzialisierung des Karnevals immer sichtbarer, immer massiver. Entsprechend sieht er auch die Zukunftsaussichten: Nach Cohen wird sich der Karneval wohl immer mehr in Richtung einer Show-Inszenierung, eines Touristenspektakels entwickeln.[77]

Ist diese Prognose in Erfüllung gegangen? Um dies beurteilen zu können, müßte man neuere, detaillierte Untersuchungen haben. Aber zumindest ein Stück weit hilft auch ein Blick auf eher zufällig gefundene Zeitungsausschnitte. Darin wird für das Jahr 1997 als bemerkenswert festgehalten, der gerade gewählte Führer der Konservativen Partei habe ein Zeichen gesetzt, als er sich – bekleidet mit einer Baseballmütze, im Arm seine Verlobte – in ausgelassener Stimmung unter die Feiernden mischte.[78] Im Jahr 1998 wird die Zahl der Besucher auf insgesamt zwei Millionen geschätzt, und 3800 Polizisten waren demnach im Einsatz.[79] Auch das Fernsehen war mit dabei, und im Fernsehprogramm wird die Sendung mit folgenden Worten angekündigt: »Notting Hill Karneval: Die Teenager in der Provinz träumen davon, teilnehmen zu können. Und die

76 Ebd., S. 66.

77 Ebd., S. 153.

78 Gina Thomas, *Dunkle Fremde im britischen Mutterland*, in: *Frankfurter Allgemeine Zeitung*, 29. August 1998.

79 Louise Jury, *London streets swing to carnival sounds*, in: *The Independent*, 31. August 1998.

Einwohner von Notting Hill fahren in die Provinz, um ihm zu entkommen.«[80]

Wir haben anfangs gesagt, der Karneval sei das Fest der schwarzen Briten. Dann wurde sichtbar, daß er zunächst als Stadtteilfest für Weiße wie Schwarze in einem ziemlich heruntergekommenen, ziemlich ärmlichen Viertel entstand, wobei er in der Form die Tradition des alten englischen Jahrmarktes aufnahm. Ist am Ende das daraus geworden, ein Ethno-Rummel für Touristen, für Provinzmäuse gar? Exotik für pubertierende Kleinstadtbewohner, Abenteuer für die Jungen und Mädchen vom Land?

Vielleicht ist es so – *auch* so. Vielleicht ist der Karneval dennoch und weiter das Fest der schwarzen Briten, identitätsstiftendes Ereignis, die Zuwanderer als Gruppe vereinend. Vielleicht ist der Karneval heute beides zusammen. Vielleicht finden sich auch hier wieder unterschiedliche Akteure, Perspektiven, Absichten nebeneinander.

Im Nachzeichnen der historischen Linien ist eines zumindest unmittelbar sichtbar geworden. Der Umgang mit Traditionen und Symbolen ist kein statisches Ereignis, sondern selbst in einem andauernden Wandel begriffen. Der Karneval von Notting Hill gewinnt neue Formen, Farben und Töne – nicht nur im übertragenen, sondern auch im durchaus wörtlichen Sinn – je nach Kontext, Zeitpunkt, beteiligten Gruppen. Dies gilt nicht nur für den Umschwung von der mehr englischen Frühphase zu den späteren, mehr »schwarzen« Phasen. Es gilt ebenso für die gesamte weitere Epoche, wo die schwarzen Briten den Karneval bestimmten. Denn auch sie übernahmen die »schwarzen« Themen und Inhalte nicht einfach aus Afrika oder aus der Karibik, sondern sie entwarfen sie neu, entwickelten weiter, veränderten wieder. Und dies allein schon aus einem ganz einfachen Grund: Die meisten der schwarzen Briten waren nie in ihrem Leben in Afrika gewesen. Und viele waren aufgewachsen auf karibischen Inseln, wo die Institution des schwarzen Karnevals unbekannt war.[81] Sie lernten ihn erst in Großbritannien kennen, von denen aus Trinidad, wo der schwarze Karneval im wesentlichen beheimatet war. Was sie an Techniken und Ausdrucksformen aus Trinidad übernahmen, wurde bald ab-

80 *The Independent*, 31. August 1998.
81 Cohen 1993, S. 5 und S. 32.

gewandelt, umgeformt, neu interpretiert, wurde in diesem Prozeß zum Ausdruck dessen, was ihnen in der Gegenwart widerfuhr, hier im Leben in Großbritannien. Es wurde Teil ihrer neuen Identität in der neu sich formierenden Gemeinschaft der schwarzen Briten. Soweit die Einwanderer an Afrika anknüpften, waren dies nicht Erbstücke aus einer lang vergessenen Vergangenheit, fertig so vorgefunden. Vielmehr wurden frühere Elemente wiederbelebt und frei variiert, um daraus neue Erzählungen und neue Mythen zu schöpfen. Das Afrika des Karnevals, schreibt Alleyne-Dettmers, »ist kein Kontinent. Es ist eine Vorstellung, eine Idee« – eine Vision, eine Inspiration.[82]

Der Karneval ist derart »in ständigen Metamorphosen begriffen«.[83] Er ist immer auch eine Antwort auf die aktuellen Bezüge, die ökonomischen und die politischen Bedingungen, mit denen die Zuwanderer konfrontiert sind.[84] So entstehen immer wieder neue Bilder und Schichten. Entscheidend ist also, der Umgang mit der Erinnerung wird aktiv gestaltet: Vergangenheit, Gegenwart, Zukunft begegnen einander. Und das, was Tradition scheint, das Zelebrieren der eigenen Wurzeln, ist zwar ein Zelebrieren – aber keineswegs nur der eigenen Wurzeln. Vielmehr schöpft es gerade aus dem Zusammentreffen der verschiedenen Kulturen, dem Vermischen der Symbole und Welten.

Wenn schwarze Briten aus der Karibik ihre Kultur feiern, was feiern sie also: Afrika? Karibik? Großbritannien? Nichts davon oder genauer von allem etwas. Vielleicht »Afkabri« oder »Briafka«, in jedem Fall: ein eigenes Arrangement, kunstvoll zusammengeschlungen, in dem die verschiedenen Elemente, Wurzeln und Lebenswelten zusammenkommen.

82 Alleyne-Dettmers 1997, S. 179.
83 Ebd., S. 168.
84 Cohen 1993, S. 40.

Kapitel 8
Erinnerungslandschaften II: Jüdische Kultur in Deutschland heute

> »Es gibt kaum einen Film zum Thema Juden, in dem nicht – wie wenig es zum Gegenstand auch passen mag – Leichenberge gezeigt werden, der ›Jude‹ mit Käppi und Schläfenlocken dargestellt wird. Wenn ... der ›jüdischen Kultur‹ gedacht wird, verbirgt sich hinter dieser Sammelbezeichnung ... oft eine abenteuerliche Mischung aus folkloristischer Vorstellung von Ostjuden, Assoziationen an Bankiers und Warenhausbesitzer, Genies wie Sigmund Freud und Albert Einstein. Jede dieser Erinnerungen ist, falls nicht mit Haß, so mit Tremolo in der Stimme verbunden.«
>
> *Hazel Rosenstrauch*[1]

> »Studenten verbringen die Sommermonate mit Ausgrabungen im Konzentrationslager bei Neuengamme, ... beteiligen sich am Neuaufbau einer Synagoge in Essen oder an der Errichtung eines Mahnmals im ehemaligen Dachauer Satellitenlager Landsberg. Ganze Brigaden junger Deutscher begeben sich erneut pflichtbewußt nach Auschwitz, wo sie heruntergekommene Ausstellungshallen in Stand setzen, sich um die Sträucher rund um die Baracken kümmern und Unkraut im Niemandsland zwischen den ehemals elektrischen Zäunen entfernen. Nicht weniger emsig als ihre Elterngeneration beim Wiederaufbau des Landes nach dem Krieg oder die Generation ihrer Großeltern beim Aufbau des Dritten Reiches arbeiten deutsche Jugendliche nun an der Errichtung von Mahnmalen.«
>
> *James E. Young*[2]

»Deutschland und die Juden – eine seltsame neue Liebesbeziehung«: So lautete die Überschrift zu einer Titelblattgeschichte der

1 Rosenstrauch 1998, S. 9.
2 Young 1997, S. 50f.

Zeitschrift *Newsweek*, erschienen im Sommer 1998.[3] Mit besonderer Faszination, so hieß es da, würden viele Deutsche sich heute für Themen interessieren, die um das Judentum kreisen. Als Beleg wird dann aufgezählt, welche Formen dies Interesse annimmt: Scharenweise strömen die Deutschen zu Klezmer-Konzerten, der Musik mit den traditionell osteuropäisch-jüdischen Klängen; sie kaufen Bücher zu jüdischen Themen und kommen zu einschlägigen Vorträgen; sie diskutieren Goldhagens Thesen über *Hitlers willige Helfer* und schauen sich Filme an wie *Schindlers Liste*; sie besuchen Judaistik-Seminare an den Hochschulen und Hebräisch-Kurse der Jüdischen Gemeinden und reisen nach Israel.[4]

Was *Newsweek* hier zum Gegenstand der internationalen Aufmerksamkeit macht, ist auch in Deutschland schon mehrfach bemerkt worden. Michal Bodemann beginnt einen soziologischen Essay mit den Sätzen: »Ein Blick auf Neuerscheinungen an belletristischer Literatur und Sachbüchern, ein Blick auf Fernsehprogramme und Zeitungen, und es kann kein Zweifel bestehen, daß das Interesse an jüdischen Themen in Deutschland unvermindert anwächst.«[5] In der *Allgemeinen Jüdischen Wochenzeitung* erscheint ein Artikel, dem Thema gewidmet: »Judaistik ... in Deutschland im Aufwind.«[6] In der *Woche* schreibt Sylke Tempel: »Bis zu 80 Prozent der Besucher öffentlicher Veranstaltungen in jüdischen Gemeinden sind Nichtjuden ... Nirgendwo, die USA und Israel eingeschlossen, werden mehr jiddische Filme gezeigt und jiddische Theaterstücke aufgeführt. Pünktlich zu den Gedenktagen rund um die ›Reichskristallnacht‹ büßen in den Sälen jüdischer Gemeinden Nichtjuden bei den unvermeidlichen Konzerten von Giora Feidmann und seinen Klezmer-Epigonen. Und zwischen Flensburg und Garmisch-Partenkirchen, Chemnitz und Wanne-Eickel widmen sich deutsche Hausfrauen in Volkshochschulkursen der Herstellung von ›gefilte Fisch‹ und ›Matzeknödel‹.«[7]

In der Tat, eine bemerkenswerte Konstellation. Jüdische Kultur

3 *Newsweek*, 8. Juni 1998.

4 Andrew Nagorski, *Getting to Know You*, in: *Newsweek*, 8. Juni 1998, S. 23ff.

5 Bodemann 1996b, S. 45.

6 Viola Roggenkamp, *Judaistik ohne Juden?* in: *Allgemeine Jüdische Wochenzeitung*, Nr. 14/9. Juli 1997.

7 Sylke Tempel, *Der virtuelle Jude*, in: *Die Woche*, Nr. 5/30. Januar 1998.

in Deutschland heute, mehr als 50 Jahre nach dem Ende des Nazi-Regimes, nach der fast vollständigen Vertreibung bzw. Vernichtung der deutschen Juden? Jüdische Kultur im Land der Täter, wo es nach Kriegsende kaum Juden gab und wo diese wenigen meist nur unfreiwillig hier blieben, nach Odysseen der verschiedensten Art? Jüdische Kultur ausgerechnet hier? Woraus speist sich die Faszination, was erklärt die Konjunktur? Ist jüdische Kultur nun zu einer Veranstaltung nur für die Deutschen geworden, gewissermaßen rein arisch? Oder ist die Zusammensetzung gemischter, sind vielleicht auch Juden dabei? Und wenn sowohl Deutsche kommen als auch Juden – pardon, nicht-jüdische wie jüdische Deutsche –, kommen sie dann aus ähnlichen oder aus verschiedenen Motiven?

Was für Fragen. Um es vorweg gleich zu sagen: Ich habe keine gesicherten Antworten zu bieten – dazu ist die Materialbasis an vielen Punkten zu spärlich –, eher Anmerkungen und erste Hinweise. In jedem Fall ist es nötig, diese merkwürdige Konstellation, diese sogenannt neue Liebesaffäre, genauer zu betrachten. Wer bietet hier jüdische Kultur an und für wen? Wer sind die Protagonisten, wer bildet das Publikum, wie lassen sich deren jeweilige Motive und Interessen kennzeichnen? Was wird unter dem Etikett »jüdisch« gesucht, erwartet, erhofft? Was angeboten, ausgestellt, vorgeführt, vielleicht auch erfunden?

1. Vom Verlust jüdischer Tradition

Assimilation und politische Identität: Die deutschen Juden

Zum Einstieg empfiehlt sich noch einmal ein Blick auf die jüdischen Gemeinden in Deutschland, genauer auf die verschiedenen Gruppen, die unter dem Dachbegriff der »jüdischen Gemeinden« zusammengefaßt sind.[8] Da ist zunächst die Minderheit der deutschen Juden, sprich jener, die vor Hitler in Deutschland gelebt und in der einen oder anderen Form überlebt hatten, sowie deren Nach-

8 Die Heterogenität und vor allem auch starke Fluktuation innerhalb der jüdischen Gemeinden in Nachkriegsdeutschland kann hier nur in sehr vereinfachter Form skizziert werden. Zu einer weiterführenden Darstellung siehe Richarz 1986 und Bodemann 1996a.

kommen. Will man diese Gruppe soziologisch beschreiben, so ist ihr gemeinsames Merkmal die sehr weitgehende Assimilation, die starke Annäherung an die nicht-jüdische Umwelt. Nicht wenige der überlebenden Juden waren getauft, viele standen eher am Rande der jüdischen Gemeinschaft, lebten in Mischehen und hatten erst angesichts der Verfolgung ein stärkeres jüdisches Bewußtsein erlangt.[9] Um die weitere Entwicklung zu beschreiben, muß man unterscheiden zwischen den Juden deutscher Herkunft, die nach 1945 in Westdeutschland lebten, und denjenigen, die dann in Ostdeutschland waren. Für die Situation in Westdeutschland gilt: Zwar entstanden allmählich wieder jüdische Gemeinden, aber die Mehrheit der Gemeindemitglieder bestand hier aus Juden osteuropäischer Herkunft, die nach 1945 als »displaced persons« in Deutschland ankamen und die Gewohnheiten und Rituale ihrer osteuropäischen Heimat mitbrachten. »Der zaghafte Neubeginn jüdischen Lebens im Nachkriegsdeutschland hatte kaum etwas mit der ausgelöschten Tradition des deutschen Judentums zu tun.«[10] Wo früher die liberalen, die reformierten Strömungen vorherrschend waren, setzte sich nun die Gegenrichtung durch, eine praktisch ausschließliche Orientierung an der orthodoxen Interpretation der Religionsgesetze. Den deutschen Juden erschienen solche Gebräuche oft seltsam und fern, wenn nicht gar unverständlich. Sie, die Assimilierten, die paradigmatischen Vertreter des Westjudentums, erlebten sich, sofern sie am jüdischen Gemeindeleben teilhaben wollten, auch da nun als Fremde, in eine Außenseiterrolle gedrängt.[11]

In der DDR dagegen gab es kaum Juden, die aus Osteuropa stammten, da waren die verbliebenen Juden fast alle deutscher Herkunft. Aber waren sie überhaupt denn noch Juden, und wenn ja, in welchem Sinne? Fest steht, daß bei denen, die nach 1945 in Ostdeutschland lebten, die Assimilation besonders tiefreichend war, noch mehr als bei denen im Westen. Das hängt mit den besonderen Charakteristika dieser Personengruppe zusammen. Viele waren areligiös bis antireligiös, viele politisch engagiert bis deutlich kommunistisch geprägt, viele waren aus dem Exil zurückgekehrt, um

9 Siehe Bodemann 1996a, Kapitel 1.
10 Julius H. Schoeps/Willi Jasper/Bernhard Vogt, *Einleitung*, in: Dies. 1996, S. 17.
11 Siehe Bodemann 1996a, Kapitel 1; exemplarisch Dischereit 1998.

am Aufbau eines »neuen Deutschland« aktiv mitzuarbeiten. Ihre Identität war primär begründet im Antifaschismus, über die jüdische Herkunft dagegen wurde in den Familien gar nicht oder selten gesprochen.[12] Vergleicht man mit Westdeutschland, wo Juden deutscher Herkunft nur noch eine marginale Rolle einnehmen, so könnte man argumentieren – schreibt Michal Bodemann –, daß die Juden der Ex-DDR »in kultureller Hinsicht… das letzte Überbleibsel des deutschen Judentums darstellen«. Denn zu dieser Gruppe gehören, so die Begründung, »eine ungewöhnlich große Zahl von Personen aus der Mittelschicht und Intellektuelle«, davon viele mit außergewöhnlichen Leistungen in Politik wie in Wissenschaft wie in Kunst.[13] Wenn diese Gruppe deshalb in kultureller Hinsicht an das deutsche Judentum der Vorkriegszeiten erinnert, dann muß man freilich auch fragen, *welche* Art von Kultur sie repräsentiert. Ihre Bindung ans Judentum ist jedenfalls, vorsichtig gesagt, eher unterentwickelt, oder, wie Bodemann schreibt: Die meisten dieser Personen sind »dem Judentum weitgehend entfremdet«.[14]

So unterschiedlich die Lebenswege der Juden deutscher Herkunft also auch sein mögen, die nach dem Krieg in den beiden deutschen Staaten gelebt haben – sie weisen, zumindest an einem Punkt, heute eine starke Gemeinsamkeit auf. Ob Ost oder West, gemeinsam ist beiden: Die meisten, die zu diesen Gruppen gehören, sind von jüdischer Kultur, Tradition, Religion weit entfernt.

Provisorium und Traditionsbruch: Die als »displaced persons« gekommenen Juden

Ganz anders dagegen die Juden osteuropäischer Herkunft, die nach dem Krieg als »displaced persons« in Westdeutschland ankamen. Sie waren zumeist, viel mehr als die assimilierten westlichen Juden, mit einer starken Bindung an jüdische Kultur und Tradition aufgewachsen, in einem Milieu, in dem die Religionsgesetze noch alltagsprägende Bedeutung besaßen, in dem Jiddisch oft die Umgangssprache war und wo man sich durch Essen, Kleidung, Erziehung

12 Kahana 1998.
13 Bodemann 1997, S. 257.
14 Ebd.

deutlich von der nicht-jüdischen Umgebung abhob. Diese Gruppe war also viel eher geeignet, beim Wiederaufbau einer jüdischen Kultur in Nachkriegsdeutschland die aktive Rolle zu übernehmen.

So jedenfalls könnte man meinen. Tatsächlich sind die Anstrengungen dieser Gruppe unverkennbar, und dennoch: Auch die osteuropäischen Juden haben es nur partiell vermocht, für die jüdische Kultur hierzulande eine neue Grundlage zu schaffen. Aber ist dies erstaunlich? Wie könnte man, realistisch gesehen, mehr denn erwarten? Man stelle sich einmal die Ausgangsbedingungen vor, den Anfang der »displaced persons« in Deutschland.[15] Weil sie Deutschland lange Zeit nicht als Ankunftsort oder gar Heimat ansahen, richteten sie sich zunächst nur auf ein Provisorium ein. Deshalb sahen sie zu Beginn auch wenig Anlaß, etwas Dauerhaftes aufzubauen. Eigene Schulen, Kindergärten, Kultureinrichtungen, um der jüdischen Tradition einen festen Platz einzuräumen – wozu dies alles, wenn hier nur eine Zwischenstation war? Darüber hinaus waren die weitverzweigten Familiennetzwerke, die bei der Weitergabe der jüdischen Tradition stets eine wichtige Rolle gespielt hatten, durch die Schoah ausgelöscht oder über die ganze Welt verteilt. Übrig blieben verzweifelte Individuen. Von ihnen zogen die meisten nach ein paar Jahren tatsächlich weiter. Von den schätzungsweise 250000 Flüchtlingen blieben nur etwa 15 000 bis 20000 in Deutschland, meist gegen eigene Absicht. Es waren die Schwächsten der Schwachen, die sich selbst als »Sitzengebliebene« empfanden, wie dies Rachel Salamander beschrieb, die selbst als Kind osteuropäischer Eltern im DP-Lager Föhrenwald aufwuchs. Auf die Frage, wie die Zurückbleibenden mit ihrer Lage nach der Auswanderung der aktiveren Personen nach Palästina/Israel fertig wurden, sagte sie: »Die Lager leerten sich, wurden aufgelöst, bis nur noch Föhrenwald bestand. Und da machte sich natürlich eine hoffnungslose Stimmung breit. Denn wer blieb übrig? Es waren die psychisch und physisch Schwächsten, die sogenannten Hardcorefälle ...«[16]

Wie also sollten diejenigen, die nicht mehr die Kraft hatten, in einem anderen Land einen Neuanfang für sich selber zu machen,

15 Siehe hierzu Bodemann 1996a, Kapitel 1; Königseder/Wetzel 1994.

16 Rachel Salamander, zit. nach Bodemann 1997, s. 261.

wie sollten ausgerechnet sie eine neue, lebendige jüdische Kultur aufbauen können? Wie sollten sie, die alles verloren hatten, die selbst mit einem großen Traditionsbruch konfrontiert waren – vom kleinbürgerlichen Leben in den osteuropäischen Stetls zur Realität deutscher Großstädte in den fünfziger Jahren –, unter diesen Bedingungen an die alte Tradition selbstverständlich anknüpfen können? Wie sollten sie, die oft kaum über die Vergangenheit reden konnten, das traditionelle Band zwischen Vergangenheit, Gegenwart, Zukunft wiederherstellen, die Erinnerung weitergeben über die Generationen hinweg? Die Antwort muß wohl lauten: Viele konnten es nicht. Viele von ihren Kindern – also die zweite und dritte Generation der osteuropäischen Juden im Nachkriegsdeutschland – wuchsen mit etwas auf, das zwar jüdische Tradition hieß, aber seine Kraft schon verloren hatte: mit den Bruchstücken einer leer gewordenen Tradition.

Zum Beispiel der Journalist Richard Chaim Schneider, als Sohn osteuropäischer Eltern 1957 in München geboren. In einem autobiographischen Buch schreibt er über die Widersprüche der Welt, in der er aufwuchs: »Die zweite Generation bekam nur noch einen Abglanz des jiddischen Stetls vermittelt. Versatzstücke aus einer Welt, die wir nicht kannten… Gemeinhin setzte sich bei unseren Eltern… ein Mittelweg durch. Man lebte traditionell, ohne tiefe Spiritualität, man führte einfach ein jüdisches Leben, ohne sich allzuviel Rechenschaft abzulegen, inwiefern dies einen Sinn machte… Für uns Nachgeborene bedeutete dies, mit Ritualen und Traditionen aufzuwachsen, die zwar zum alltäglichen Leben gehörten, weil wir sie Woche für Woche, Jahr für Jahr erlebten, deren tieferer Sinn uns aber bisweilen verborgen blieb. Freitagabend zündete die Mutter die Kerzen an, der Vater sprach den Kiddusch, den Segen über den Wein, und wir setzten uns an den schön gedeckten Tisch und aßen Gefilte Fisch. Doch dies war kein Hinderungsgrund, im Anschluß an das Abendessen Fernsehen zu schauen – ein Sakrileg am Schabbat.« Schneiders Schlußfolgerung, auf die Gegenwart bezogen, lautet pointiert: »In diesem desinteressierten Pragmatismus der Eltern keimte bereits der Verfall der jüdischen Gemeinden in unserer Zeit. Wir Nachkriegsgeborenen durften uns aus einem religiösen Gemischtwarenladen bedienen.«[17]

Zum Beispiel Rachel Salamander, heute als Buchhändlerin in München lebend. In der Rede, die sie anläßlich der Verleihung des kulturellen Ehrenpreises der Stadt München hielt, heißt es: »Wir Juden der zweiten Generation… müssen unsere Existenz in Deutschland klären … Wir

17 Schneider 1994, S. 86-90.

müssen uns hier finden, uns eine Geschichte geben. Wo anschließen?... Der Verlust des kulturellen Erbes und die Abkoppelung vom jüdischen Wissen haben ein bislang nicht gefülltes Vakuum hinterlassen. Alles, was eine Lebenspraxis ausmacht, fehlte: ihre Einrichtungen, ihre Symbole, die Menschen. Die traditionelle jüdische Welt war hier abwesend... Da ist eine Leerstelle, die für meine Generation bestimmend ist. Dieses Fehlen von all dem, was sich von selbst versteht, diese Abwesenheit bleibt das herausragende Ereignis unserer Existenz. Dieses Abgeschnittensein von jeglichem Erbe gleicht einem sonderbaren Nichts.«[18]

Zu berücksichtigen sind hier aber nicht nur die biographischen Schicksalswege und -schläge, sondern auch die soziologischen Merkmale, die die Gruppe der »displaced persons« kennzeichnen. Auch nach Herkunft und Ausbildung fehlen ihnen offensichtlich bestimmte Ressourcen – Dispositionen, Orientierungen, Fähigkeiten –, die für den Aufbau einer eigenen Kultur wesentlich sind. Schneider beschreibt die gegebenen – oder anders gesagt, die fehlenden – Bedingungen aus der Sicht des direkt Betroffenen folgendermaßen: »Hier war der Schutthaufen des einstmals blühenden Ostjudentums..., fernab von allem, was mit emanzipatorischem Gedankengut auch nur annähernd zu tun hatte. Unsere Eltern waren Handwerker und Kaufleute, Kleinbürger eben. Die wenigsten hatten vor dem Krieg irgendeine Ausbildung machen, geschweige denn beenden können, und noch viel weniger waren übriggeblieben, die an den Universitäten von Warschau oder Budapest studiert hatten... Selbstverständlich hatte es auch solche Menschen in Osteuropa gegeben. Doch sie waren in den Gemeinden der Bundesrepublik nur ganz, ganz selten zu finden. Statt dessen also in der Mehrzahl Autodidakten.«[19] Bodemann kommt aus mehr soziologischer Sicht zu einer im Kern durchaus ähnlichen Diagnose: Diese Gemeinschaft ist »heute nicht viel anders, als wie sie Maòr schon vor über dreißig Jahren beschrieben hat: eine Gemeinschaft der Pensionäre und kleiner Geschäftsleute am Rande des deutschen Wirtschaftslebens. Dieser Gemeinschaft fehlt das für Diasporagemeinden so typische, kulturbeflissene und sich als solches verstehende gehobene Bürgertum ... Dieser jüdischen Gemeinschaft fehlt eine autonome religiöse Kultur, international anerkannte

18 Rachel Salamander, *Man kann nicht Wurzeln im Nichts schlagen*, in: *Frankfurter Allgemeine Zeitung*, 27. Januar 1999.

19 Schneider 1994, S. 115 f.

Rabbiner und Akademiker. In Berlin beispielsweise waren im Sommer 1996 alle vier Rabbinerstellen unbesetzt … Im Vergleich zur jüdischen Elite in anderen Ländern und möglicherweise mit der Ausnahme von Ignatz Bubis und einer kleinen Handvoll anderer ist diese Führung weder durch Bildung, Familienherkunft oder Reichtum distinguiert … Ihr fehlt deshalb die nötige Autonomie, um sich nur um der Gemeinschaft willen … für diese Gemeinschaft zu engagieren.«[20]

Unterdrückung und Vergessen: Die russischen Juden

Bleibt schließlich die dritte Gruppe innerhalb der jüdischen Gemeinden in Deutschland heute, also die seit Ende der achtziger Jahre zugewanderten russischen Juden. Aber welche Beziehung haben sie denn zum jüdischen Erbe? Der Tenor aller einschlägigen Berichte lautet übereinstimmend: kaum eine. Häufig beschränkt sich die jüdische Identität dieser Neuzuwanderer darauf, daß in ihren sowjetischen Pässen gestempelt stand: Jude. Weil in den Zeiten der Sowjetunion die Ausübung der jüdischen Religion sehr erschwert, wenn nicht gar unterdrückt war, sind die alten Rituale und Bräuche allmählich untergegangen, heute fast gänzlich vergessen. Weil zudem viele der Zuwanderer mit einem christlichen oder atheistischen Partner verheiratet sind[21], findet die Tradition auch innerhalb der Familie immer weniger Grundlage. Das Ergebnis faßt eine soziologische Studie folgendermaßen zusammen: »Die Emigranten haben … in den meisten Fällen seit mindestens zwei Generationen praktisch keinen Kontakt mehr mit der jüdischen Religion, besitzen keine oder nur geringe Kenntnisse der Tradition und Lebensweise und verfügen nur über ein rudimentäres Wissen aus der jüdischen Geschichte.«[22]

Und wie reagieren darauf nun die jüdischen Gemeinden in Deutschland? Mit sehr gemischten Gefühlen. Zunächst hatten sie mit dem Zustrom an Einwanderern große Hoffnungen verbunden. Die Gemeinden würden nun zahlenmäßig anwachsen, sich verjüngen, ja mehr noch: neue Kräfte gewinnen, zu neuem Leben erwa-

20 Bodemann 1997, S. 273.
21 Jasper u. a. 1996, S. 57 und S. 131.
22 Ebd., S. 138.

chen. Und tatsächlich sind viele gekommen, auch viele Junge, aber viel Judentum haben sie nicht mitgebracht. Entsprechend enttäuscht reagieren nun viele der bisherigen Gemeindemitglieder. Judith Kessler, die in der Sozialabteilung der Berliner Jüdischen Gemeinde Zuwanderer betreut, schildert die vorherrschende Stimmung: »Die Gemeinde hatte auf eine Bereicherung gehofft und dann kommen Leute, die vom Judentum keine Ahnung haben.«[23]

Die entscheidende Frage ist nun, wie die Entwicklung weiter verläuft, ob die Integration schließlich gelingt oder pointiert formuliert: ob aus den Russen am Ende doch Juden noch werden. Manche sehen durchaus Aussichten dafür. So z. B. Leibl Rosenberg, der in einem Leitartikel der *Allgemeinen Jüdischen Wochenzeitung* einen leidenschaftlichen Appell an die alten Gemeindemitglieder formuliert. Er erinnert sie daran, daß auch sie, vor gar nicht so langer Zeit, die »Neuen« waren, die unbeholfenen Fremdlinge mit der falschen Kleidung und der falschen Sprache. Eindringlich ruft er sie auf, die heutigen Neuen, die russischen Einwanderer, hereinzuholen in die Gemeinden. Rosenberg beginnt mit einer Selbstkritik: Wir bisherigen Gemeindemitglieder, so sagt er, sind »keineswegs frei von Eitelkeit und Dünkel. An unserem Judentum ließen wir noch nie rütteln. Wir waren und sind selbstverständlich ›richtige‹ Juden... Solange die Mauern des Sowjetreiches unübersteigbar waren, legten wir uns unermüdlich ins Zeug und forderten: ›Laß mein Volk ziehen!‹ Nun sind die Mauern endlich gefallen, unser Volk zieht, aber uns paßt die Richtung nicht.« Im nächsten Schritt wirbt Rosenberg um Verständnis: »›Die Russen‹, heißt es dann manchmal, wollen sich gar nicht integrieren. Also ob das so einfach wäre. Die ›Neuen‹ kommen schließlich gleich in mehrfacher Hinsicht in die Fremde... Sie sind – wenigstens die ersten Jahre – einsam, kennen einander und uns nicht. Also halten sich die ›Neuen‹ ans ›Alte‹. Wer in der alten Heimat nicht ›Russe‹ war, wird hier zu einem gemacht. Das gemeinsame Judesein gestehen wir ihnen ja nicht so ohne weiteres zu – und laufen Gefahr, unsere Chance auf Neuanfang, auf Entwicklung, auf Lebendigkeit zu verspielen.« Und hier betont Rosenberg die Zukunftschance: Die Zuwanderer sind »Flücht-

23 Charlotte Wiedemann, *Phönix aus der Asche von Auschwitz*, in: *Die Woche*, 20. Dezember 1996.

linge, aber sie kommen nicht mit leeren Händen. Mit sich führen sie jede Menge Neugier auf Jüdisches im Gepäck.«[24]

Diese Neugier sehen auch Schoeps u. a. in ihrer Studie über russische Juden in Deutschland. Nach ihren Ergebnissen findet bei vielen der russischen Zuwanderer eine »Rückbesinnung auf die verschütteten kulturellen und religiösen Traditionen« statt[25], was sich z. B. im Interesse am jüdischen Gottesdienst äußert. Demnach nehmen 13 Prozent der Zuwanderer regelmäßig einmal in der Woche am Gottesdienst teil, weitere 25 Prozent besuchen einmal monatlich eine Synagoge, und weitere 37 Prozent kommen mindestens einmal im Jahr.[26] Auch beim Gemeindeleben sind die Neuzuwanderer vertreten: Knapp die Hälfte von ihnen kommt häufig oder gelegentlich zu Veranstaltungen.[27] Zur Zeit registrieren Schoeps u. a. deshalb einen positiven Trend, doch was die Zukunft angeht, formulieren sie vorsichtig: »Für eine Prognose der weiteren Entwicklung der religiösen Präferenzen der jüdischen Emigranten ist es zum gegenwärtigen Zeitpunkt noch zu früh.«[28]

Man kann die Ergebnisse der von Schoeps u. a. vorgelegten Studie freilich auch umgekehrt lesen. Demnach nimmt immerhin die Hälfte der Einwanderer am Gemeindeleben selten oder nie teil.[29] Noch mehr, deutlich über 50 Prozent, finden selten oder nie den Weg in die Synagoge.[30] Und ob diejenigen, die zum Gottesdienst kommen, dies primär aus religiösen Motiven heraus tun – oder vielleicht aus ganz anders gelagerten –, wäre auch noch zu fragen. In dem von Schoeps u. a. herausgegebenen Sammelband sagt David Polnauer, Rabbiner der Gemeinde Duisburg/Mülheim/Oberhausen: »Bei uns besuchen die Leute den Gottesdienst zwar zahlreich, das besagt aber nicht, daß sie damit auch zurechtkommen. Die rege Teilnahme an den Gottesdiensten bestätigt lediglich, daß die Besucher eine gewisse Sehnsucht nach einer jüdischen Solidargemeinschaft haben.« Und was die Zukunft der Gemeinden angeht, sieht

24 Leibl Rosenberg, *... daß auch ihr einst Fremde wart*, in: *Allgemeine Jüdische Wochenzeitung*, Nr. 23, 12.11.1998.
25 Julius H. Schoeps/Willi Jasper/Bernhard Vogt, *Einleitung*, in: Dies. 1996, S. 22.
26 Ebd.
27 Jasper u. a. 1996, S. 134.
28 Ebd., S. 145.
29 Siehe ebd., S. 134.
30 Ebd., S. 147.

Polnauer, daß die neuen Mitglieder aus Rußland einen »sehr schweren Weg gehen müssen«, wenn sie zu einer normalen jüdischen Identität (was immer das ist) kommen wollen.[31]

Noch skeptischer beurteilt der Soziologe Bodemann die Aussichten für ein »Jüdischwerden« der russischen Juden. Er kann an ihnen fast nur Russisches sehen und schildert dies in einer exemplarischen Szene: »Während der Jüdischen Kulturtage in Berlin im Jahr 1992 füllten Russen über drei Abende lang den großen Saal des Gemeindezentrums, um die Moskauer Gruppe Babylon zu hören. Obgleich als jüdisch deklariert, waren diese Tänze und selbst die Musik schwerlich als jüdisch auszumachen. Kostüme, die Rabbiner darstellen sollten, hatten eher Ähnlichkeit mit denen der russisch-orthodoxen Popen, und jüdische Musik, auch die Hatikva, klang eher gekünstelt im Kontrast zum Temperament in den russischen Stücken.« Weniger die Chance jüdischer Erneuerung, mehr die Gefahr einer Art russischen Unterwanderung rückt Bodemann deshalb ins Zentrum: »Das ethnische Gedächtnis und die kulturellen Traditionen dieser Einwanderer, auch wo sie nominell Juden sind, sind weit russischer als jüdisch, und die jüdischen Organisationen erkennen möglicherweise nicht, daß sich unter dem Dach der jüdischen Gemeinden eine transitorische russische Ethnie, als jüdisch verkleidet, herauszubilden beginnt.«[32]

2. Jüdische Themen

Soweit also zu den drei Hauptgruppen innerhalb der jüdischen Gemeinden in Deutschland. Offensichtlich ist in jeder der Gruppen der Bezug zur Tradition brüchig geworden, mehr bis minder weitgehend. Am nächsten der Tradition sind noch die »displaced persons« und ihre Nachkommen, am deutlichsten ist die Traditionsferne bei den russischen Juden – und die stellen inzwischen die Mehrheit der Gemeindemitglieder. Eine Erneuerung der jüdischen Kultur, eine Renaissance jüdischen Lebens? Man muß schon sehr Optimist sein, um dafür Anzeichen zu finden.

Aber nun gibt es ja, wie eingangs beschrieben, in Deutschland

31 Polnauer 1996, S. 277 und S. 275.
32 Bodemann 1997, S. 274f.

eine Konjunktur für »Jüdisches« aller Art. Welchen Platz haben die Juden darin? Oder halten sie sich am Ende ganz fern? Sind nur die Deutschen (pardon, die nicht-jüdischen Deutschen) darauf aus, jüdische Bräuche kennenzulernen, jüdische Lieder zu hören, nach jüdischen Rezepten zu kochen? Ist jüdische Kultur eine Veranstaltung allein für die Deutschen?

Nein, so einfach ist es auch wieder nicht. Was jüdisches Erbe ist, sagt Hermann Simon, der Direktor des Centrum Judaicum in Berlin, müsse heute »ebenso in die eigenen Reihen wie nach außen« vermittelt werden.[33] Bei beiden, Juden und Deutschen (wahlweise: jüdischen wie nicht-jüdischen Deutschen) können wir ein Interesse an jüdischen Themen finden. Sobald man aber die Motive dafür zu betrachten beginnt, wird vielfach eine Trennlinie sichtbar. Da zeigen sich die Unterschiede zwischen den Gruppen – Unterschiede der Herkunft, der Erfahrung, der Sozialisation –, die dann auch in unterschiedlichen Fragen, Bedürfnissen, Interessen sich ausdrücken.

Warum Juden »Jüdisches« suchen

Wenn Juden heute Jüdisches suchen, dann steht dahinter zunächst oft ein sehr einfacher Grund. Wie eben beschrieben, haben viele einen Großteil der Tradition schon vergessen oder auch: niemals gelernt. Und deshalb bei manchen, gerade auch der jüngeren Generation, nun die Suche. Ihre Motivation erinnert an Bestrebungen, wie wir sie ähnlich bei Schwarzen oder anderen ethnischen Minderheiten beobachten können. Zunehmend beginnen ethnische Gruppen, die in ihrer Geschichte Unterdrückung und Diskriminierung erfuhren, in einer Art Gegenbewegung, ihre »Wurzeln« neu zu entdecken.[34] Sie wollen über ihre Ursprünge erfahren, die Spur der Geschichte verfolgen. Woher kamen die Eltern, die Großeltern, die Generationen davor? Wie lebten sie?

Und nun also auch bei den Juden. Annetta Kahahne, in den fünfziger Jahren als Kind jüdischer Eltern, doch fern aller Tradition in Ostberlin aufgewachsen, schildert dies aus eigener Erfahrung. Demnach begann in den letzten Jahren der DDR unter den Nach-

33 Wiedemann 1996 (siehe Anmerkung 23).
34 Siehe hierzu auch oben, Kapitel 7: Erinnerungslandschaften I.

kommen der zurückgekehrten jüdischen Emigranten eine erst zaghafte, dann nachhaltigere Bewegung der Re-Ethnisierung, der Spurensuche. Während über die jüdische Herkunft zuvor in den Familien meist Schweigen geherrscht hatte, fingen nun die Angehörigen der zweiten, später auch der dritten Generation an, Fragen zu stellen. Entscheidend dabei war die Bildung einer Gruppe, die gegen Ende der achtziger Jahre über die gemeinsamen Anliegen sprach: die Gruppe »Wir für uns«, von Irene Runge und Wolfgang Herzberg ins Leben gerufen. Da wurde zum Erstaunen aller mit einem Mal deutlich, daß diese Gruppe bereits existierte, lange bevor sie auf diese Weise in die Jüdische Gemeinde eingeladen worden war. »Die Kinder der jüdischen Emigranten hatten, ohne dies zu reflektieren über viele Jahre, meist schon während der gesamten Schulzeit eine Gruppe gebildet. So wie die Eltern sehr häufig Freundschaften untereinander pflegten, weil sie dann Auseinandersetzungen mit ihrem deutschen Umfeld nicht führen mußten und einer gemeinsamen Lebenserfahrung sicher waren, bildeten auch viele der zweiten Generation einen solchen Freundeskreis. Wir wußten wohl, daß unsere Eltern im Exil waren, aber es war durchaus nicht jedem klar, was sie außer dem politischen Engagement in dieses Exil getrieben hatte.« Nun fanden sich die Vertreter der zweiten Generation zusammen und »begannen, sich mit ihrer jüdischen Identität und Religion auseinanderzusetzen. Weil eine ganze Reihe von Personen … gänzlich ohne Kenntnis ihrer Herkunft herangewachsen waren, war diese Phase besonders aufregend.« Und was wurde aus dieser neuen Identität? »Zurück in die Religiosität führte der so begonnene Prozeß nur wenige. Andere verstanden aber stärker als vorher, daß sie nicht so sehr an Religion selbst, sondern an dem mit jüdischen Werten verbundenen sozialpolitischen Engagement interessiert waren … Inzwischen ist eine dritte Generation herangewachsen, die sich sehr viel freier auf den Spuren ihrer Eltern und Großeltern bewegt. Viele der Kinder der dritten Generation sind in die Exilländer ihrer Großeltern gegangen, um dort zu leben oder zu studieren … Die dritte Generation … geht mit der Frage der religiösen Bindung auch sehr viel freier und leichter um.«[35]

35 Kahane 1998, S. 10f. und S. 13.

Solche Bestrebungen, nach der jüdischen Herkunftsgeschichte zu fragen, finden wir ebenso bei Angehörigen der zweiten und dritten Generation, die in Westdeutschland leben. Das Ergebnis ist auch hier nicht unbedingt die Rückkehr zu jener Tradition, die die Vertreter des orthodoxen Judentums meinen, mit Käppchen, Gebetsriemen und Speisegesetzen. Manchmal ist es eher ein sozialpolitisches Engagement, wie es Kahane beschreibt, vielleicht auch eine Mischung aus Sozialethik, Zugehörigkeitsgefühl, Verbundenheit mit Jüdischem allgemein, ja, eine Grundstimmung, die sich schlicht als »leidenschaftlich jüdisch« bezeichnet.[36]

Das klingt vage, und ist oft auch so. Und doch ist dieser Mangel an Erdung wohl mehr als nur Ausdruck persönlicher Neigungen, übersteigerter Schwärmereien. Statt dessen kann man diese Vagheit in zweifacher Hinsicht als Ausdruck bestimmter Situationen begreifen. Zum einen finden wir hier ein exemplarisches Beispiel jener »symbolischen Identität«, der selbstgewählten und selbstgebastelten Identifikation mit dem Erbe der Vorfahren, wie sie unter den Nachkommen von Einwanderern häufig feststellbar ist. Zum anderen spiegelt sich hier das Schicksal der »orphans in history«[37], der nach der Schoah aufwachsenden Juden, deren kulturelles Erbe, die jüdische Lebenswelt also, schon vor ihrer Geburt ausgelöscht worden war.

Beginnen wir mit der »symbolischen Identität«. In den USA, dem klassischen Einwanderungsland, ist oft darüber diskutiert worden, inwieweit die Kinder und Kindeskinder derer, die, einst aus Europa gekommen, sich noch für die Herkunft ihrer Väter und Mütter interessieren, für die Traditionen der (beispielsweise polnischen, italienischen, deutschen) früheren Heimat. Gerade in den letzten Jahrzehnten gab es manche Anzeichen für ein solches Interesse, was einige Beobachter dazu veranlaßte, von einem »ethnic revival« zu sprechen, vom Wiederaufleben der kulturell-ethnischen Bindung unter den Nachkommen der Einwanderer europäischer Herkunft. Gegen diese Sichtweise hat dann Herbert Gans dezidiert Stellung genommen. Er argumentiert, hier handle es sich nicht um ein wirkliches Wiederaufleben der früheren Bindung, die sei längst schon verblaßt, ja, in weiten Bereichen vergessen. Vielmehr sei das, was da

36 A. 1998.
37 Cowan 1982.

an Interesse sich neuerdings melde, im Gegenteil eher Teil des fortschreitenden Prozesses der Akkulturation und Assimilation. Gerade *weil* die Tradition der Vorväter so weit ins Vergessen absank, beginnen die Nachkommen nun danach zu fragen, wollen vielleicht auch ein paar der Überbleibsel – ausgesucht nach eigenem Geschmack – wiederaufnehmen, um einen besonderen, einen persönlichen Stil sich zu geben. Eine solche Identität aber, so Gans, ist grundsätzlich verschieden von der fraglosen Verankerung in Tradition, mit der die Väter aufwuchsen. Die Identität der Nachkommen ist, soweit sie sich überhaupt auf Ethnisches einläßt, unverbindlich, dekorativ und eklektisch, beschränkt aufs Symbolische bloß:

»Die säkularen ethnischen Kulturen, die die Einwanderer mitgebracht hatten, sind heute nur noch eine Erinnerung an die Vorfahren oder eine exotische Tradition, von der man hin und wieder kostet, wenn man ein Museum besucht oder ein Festival mit ethnischer Ausrichtung.« Den Angehörigen der heutigen Generation geht es nicht so sehr um konkrete Gruppenbindungen und Gruppenloyalitäten im Alltag. Was sie statt dessen wollen, ist mehr eine subjektive ethnische Identität, sprich »das *Gefühl*, jüdisch oder italienisch oder polnisch zu sein«. Charakteristisch für diese symbolische Ethnizität ist vor allem eine »nostalgische Anhänglichkeit an die Kultur der einwandernden Vorfahren bzw. der alten Heimat; eine Liebe zur Tradition, und ein Stolz darauf, die man fühlen kann, ohne sie ins Alltagsverhalten übersetzen zu müssen … Die Menschen haben vielleicht sogar den ehrlichen Wunsch, ›zurückzukehren‹ zu diesen Wunschbildern einer Vergangenheit, aus denen jedoch praktischerweise die ganze Komplexheit entfernt wurde, die in der wirklichen Vergangenheit dazugehörte. Und selbst dann, wenn diese Menschen schnell einsehen, daß eine solche Rückkehr unmöglich ist, halten sie vielleicht dennoch am Wunsch fest … All die kulturellen Muster, die zu Symbolen umgeformt werden, sind durchgängig von einem pragmatischen Imperativ bestimmt: Sie müssen sich … leicht darstellen und eingängig einfühlen lassen, ohne allzu große Rücksichten im sonstigen Leben zu fordern.«[38]

Wenn Gans hier über die Nachkommen der europäischen Einwanderer spricht, so meint er dabei nicht zuletzt auch die Nachkommen der jüdischen Einwanderer aus den verschiedenen Teilen Europas. Ja, er spricht nicht nur über »symbolische Ethnizität«, sondern explizit auch von »symbolischem Judentum«.[39] Auf eine

38 Gans 1996, S. 432-436; Hervorhebung EBG.
39 Ebd., S. 458.

besondere Art dieses symbolischen Judentums stoßen wir, wenn wir, statt auf Amerika zu blicken, wieder nach Europa zurückkehren und hier speziell die Situation und Existenzform jener betrachten, die die »Nachgeborenen« heißen. Was meint das denn hier, im Falle der Juden? Von der jüdischen Welt, die einst war, in ihren traditionellen wie assimilierten Varianten, ist praktisch alles ausgelöscht, im millionenfachen Mord untergegangen. Das ist die Zäsur. Auch heute, im Zeitalter der vielfachen Mobilität, können junge nicht-jüdische Deutsche oft sagen, das ist das Dorf, wo meine Familie herkam, das ist das Haus, in dem der Großvater aufwuchs. Aber wie viele Juden der zweiten oder dritten Generation können das schon? Da ist nichts – nichts mehr. Im besseren Fall noch ein paar Bilder, Briefe, persönliche Erinnerungsstücke, letzte Spuren aus den Zeiten »davor«. Im schlechteren Fall nicht einmal das.

Weil von der Vergangenheit fast nichts übriggeblieben ist, suchen sich die Nachgeborenen selber einen Ort in der Geschichte. Wenn dabei Vagheit herauskommt, ist das dann erstaunlich? Über die Identitätsformen, die bei solcher Suche entstehen – und über die bizarren Effekte, die seltsamen Wandlungen, die oft ihr Kennzeichen sind –, schreibt Alain Finkielkraut in einem autobiographischen Text und in bewußt provozierender Form. Finkielkraut, geboren 1949, lebt als Jude in Frankreich. Aber viele Züge der Ausgangssituation, die er schildert – und wohl auch manche der Folgen – kann man ebenfalls bei jungen Juden in Deutschland erkennen. Die Ausgangssituation, das ist die Vernichtung der jüdischen Lebenswelt durch die Schoah: »Das Judentum ist nichts Natürliches für mich. Zwischen mir und der jüdischen Vergangenheit gibt es einen unüberbrückbaren Abstand ... Ein unstillbares, sehnsüchtiges Verlangen nach dem jüdischen Leben in Mitteleuropa – das ist mein ganzes Erbteil. Das Judentum fehlt mir, es definiert mich nicht. Es ist der ziehende Schmerz eines Mangels.«[40] Deshalb ist sein Buch vor allem eine Geschichte der »Juden, die vom Verlangen nach Erinnerung erfüllt sind«.[41] Es ist ein Buch über die Generation der Nachgeborenen und ihre Identitätssuche. Da diese, die Nachgeborenen, nur noch über sehr vage Erinnerungsbruchstücke verfügen, führen sie allerlei merkwürdige

40 Finkielkraut 1982, S. 42.
41 Ebd., S. 8.

Sprünge auf, vollführen Schauspiele, die das Vakuum ausfüllen sollen: »Sie stellen ihr Judentum zur Schau und meinen durch die Kühnheit der Geste die Unwirklichkeit dessen, was sie zeigen, zu kompensieren.« Sie steigern sich hinein in ihr Jüdischsein. Weil es keinen real erfahrbaren Gehalt mehr hat, müssen sie sich selbst einen machen. Da sind für Finkielkraut zum einen die »Romantiker des Judentums«, diejenigen, die ein »rein dekoratives Judentum« pflegen.[42] Dann gibt es noch die anderen, die über das bloß Dekorative hinauskommen wollen. Deshalb »entdecken manche junge Juden heute den strengen Zauber der Tradition wieder... Sie überlassen sich den Freuden strenger Observanz und finden Geschmack an den aufwendigen Riten«, ja, sie »erfinden sich Verpflichtungen und Bräuche... Aber dies zwingende Bedürfnis nach Zwang ist kein Glaubensbekenntnis, sondern ein Zugehörigkeitsbedürfnis.«[43]

Gans spricht von »symbolischer Ethnizität«; Finkielkraut spricht von »dekorativem Judentum«, Selbstfindung und Selbsterfindung, geschuldet nicht bloß dem Traditionsbruch in Zeiten fortschreitender Modernisierung, sondern hier spezifischer: der Traditionsvernichtung durch die Schoah. Nimmt man diese Begriffe zusammen – und die historischen, politischen, biographischen Konstellationen, für die sie stehen –, so kann man die Motive verorten, aus denen heraus Juden heute »Jüdisches« suchen. In Deutschland – wie anderswo auch.

Warum Deutsche heute »Jüdisches« suchen

»Welchen Grund mag es wohl haben, daß Deutsche, von denen laut Umfrage immerhin 12 Prozent keinen jüdischen Nachbarn haben wollen, sich so obsessiv für das Judentum interessieren?« So fragt Sylke Tempel in der *Woche*.[44] Und in der Tat, die Frage liegt auf der Hand. Doch zunächst sollte man daran erinnern, daß es kaum »die« Deutschen sind, die solche Interessen zeigen. Statt dessen sind es einige, wohl eher kleinere Gruppen, wenn man in der Gesamtzahl der Bevölkerung mißt. Den Reaktionen auf Martin Walsers Frie-

42 Ebd., S. 110.
43 Ebd., S. 110f.
44 Tempel 1998 (siehe Anmerkung 7).

denspreisrede – von den Leserbriefen, die in den Zeitungen abgedruckt wurden, bis hin zu den über tausend Briefen, die Martin Walser persönlich bekam –, der ganzen Diskussion, die da im Herbst 1998 in Gang kam, konnte man deutlich entnehmen, daß viele Deutsche durchaus genug haben von dem »jüdischen Thema« und dem, was sie damit verbinden.

Die Frage bleibt dennoch: Warum Deutsche heute »Jüdisches« suchen? Und, um es vorweg zu sagen, eine einfache Antwort ist nicht zu erwarten. Im Gegenteil, wir geraten hier in ein Gefecht der verschiedensten Deutungen, in denen Geschichte dargestellt, nein: verhandelt und ausgehandelt wird. Das ist zunächst einmal die Geschichte der Deutschen und die der Juden; dann auch die der deutschen Identität nach dem Krieg und der Deutschen im Verhältnis zur Weltöffentlichkeit; und schließlich auch die Geschichte der deutschen Teilung und der beiden deutschen Staaten, die nach dem Krieg in feindlicher Abgrenzung existierten. Aufgrund dieser verschiedenen Bezugspunkte ist die Materiallage vielschichtig bis schillernd, an zentralen Punkten von Wertungen und konkurrierenden Annahmen durchsetzt. Wir befinden uns, ob offen oder verdeckt, auf umstrittenem Terrain.

Zusätzliche Schwierigkeiten entstehen, weil die Ausgangsfrage – warum Deutsche »Jüdisches« suchen – noch sehr undifferenziert ist. Schon ein flüchtiger Blick zeigt: Die Palette an jüdischen Themen und Veranstaltungen ist breit. Sie reicht von offiziellen Gedenkfeiern in staatlichem Rahmen, unter Beteiligung hoher Würden- und Amtsträger, bis hin zu Veranstaltungen, die von Privatleuten besucht werden und die Vielfalt eher subjektiver Interessen bedienen, sei's Klezmer-Konzert oder Hebräisch-Sprachkurs oder israelische Filmwochen. Mir scheint es sinnvoll, hier zwischen offiziellen und privaten Interessen zu unterscheiden. Im folgenden möchte ich mich vor allem mit der offiziellen, der politischen Seite befassen, und dies aus einem durchaus pragmatischen Grund: weil sich hierzu mehr Materialien finden.

Für deutsche Politiker heute ist die Befassung mit »Jüdischem« eine wichtige Aufgabe. Zum jüdischen Neujahrsfest erscheinen regelmäßig Grußbotschaften an die Adresse der jüdischen Bürger bzw. »Mitbürger«, verfaßt von Repräsentanten der Regierung wie der Opposition, von hohen Bundespolitikern bis hin zu den Ministerpräsidenten der einzelnen Länder. Die Kontroverse um die Errichtung eines zentralen Holocaust-Denkmals hat Jahre gedauert, mit immer wieder neuen Vorschlägen, wechselnden Standpunkten und Argumenten, unter Beteiligung vieler Vertreter aus Parteien, Kirchen, Verbänden, nicht zuletzt auch vielen Prominenten. Bei der Eröffnung des Jüdischen Museums in Berlin, Januar 1999, erscheinen Bundestagspräsident, Bundeskanzler, amtierende und einstige Minister und natürlich der Regierende Bürgermeister. Bei speziellen Gedenktagen, z. B. »Kristallnacht« oder Auschwitzbefreiung, halten hohe und höchste Würdenträger des Staates Gedenkreden, erinnernd an den Massenmord an den Juden, die verbrecherische Politik der Nationalsozialisten. Sie fragen, wo es unbequem wird, auch nach dem Mitwissen, der Mittäterschaft der Normalbürger. Und die Botschaft, wenn auch mit variierenden Akzenten, heißt immer wieder: Dies soll, dies darf nie wieder geschehen. Deutschland muß sich seiner Vergangenheit stellen, Deutschland muß aus dieser Vergangenheit lernen.

Bodemann beschreibt den 50. Jahrestag der Kristallnacht im November 1988 und seine persönlichen Eindrücke dazu folgendermaßen: »An diesem Tag fanden in ganz Westdeutschland schätzungsweise über 10000 Gedenkakte statt. Dazu zählen Hunderte von Sendungen in Fernsehen und Rundfunk, einschließlich Diskussionsrunden spät abends im Fernsehen; Ausstellungen zu jüdischen Themen und zum Holocaust, von den großen Städten bis hin zu kleinen ländlichen Gemeinden; Veranstaltungen zahlloser Kirchen, Einladungen an emigrierte Juden, ihren Heimatort zu besuchen; Ringvorlesungen an fast allen Universitäten, Vorträge von ehemaligen Lagerinsassen in den Gymnasien und Volkshochschulen; Kunstausstellungen zu jüdischen Themen oder über jüdische Künstler, Bücher, Sonderseiten und Artikel in Zeitungen, Mahnwachen und vieles mehr.

In Berlin war der Abend dieses 9. November voll intensiver Aktivität und Spannung. Die (West-)Berliner Geschichtswerkstatt hatte unter anderem am Kurfürstendamm eine Straßenausstellung organisiert; Tafeln vor den Gebäuden erzählten die Geschichte des Hauses unter dem Nationalsozialismus: Arisierung, das Schicksal der jüdischen Bewohner mit namentlicher Nennung, Berichte über die Novemberpogrome, als jüdische Geschäfte demoliert und jüdische Bürger aus den Häusern geprügelt wurden. Mahnwachen auch hier, einschließlich der vierundzwanzigstündigen Mahnwache eines Mannes nahe der Ecke Kurfürstendamm/Joachimstaler Straße, umgeben von Kerzen und unterstützt von etlichen

Freunden; feierliche Reden fast der gesamten politischen Elite vom Kanzler bis zum kleinen Bürgermeister.«[45]

Kurz, wir befinden uns heute in einer Erinnerungskultur oder gar, wie Bodemann schreibt, in einer »Epidemie des Gedenkens«.[46] Dies war durchaus nicht von Anfang an so. In den ersten Jahrzehnten nach dem Krieg waren die meisten Politiker wie die übrige Bevölkerung weitaus mehr mit Wiederaufbau und Wirtschaftswunder befaßt. Was die Juden anging, mußte man »Wiedergutmachung« zahlen; das war teuer genug, da konnte man sich weiteres Nachdenken sparen. Eine genauere Hinwendung zur deutschen Geschichte und zu dem, was Deutsche an Juden verübten, setzte gegen Ende der sechziger Jahre ein, im Gefolge der Studentenunruhen, auch mit dem politischen Kurswechsel, der neuen sozialliberalen Koalition. Das eigentliche Gedenken begann nochmals später[47] in den späten siebziger Jahren, erst recht in den achtziger Jahren, als mit 1983 die runden Jahreszahlen des halben Jahrhunderts einsetzten – 50 Jahre nach 1933, 1939, 1945 –, wohl nicht zuletzt auch mit dem Wechsel der Generationen, mit dem Abtreten jener, die am Geschehen einst aktiv beteiligt, ob als Täter, Mithelfer, Mitwisser oder duldende Beobachter. Seitdem, wie gesagt, mehr des offiziellen Gedenkens, in Bund, Ländern, Kommunen, mit eigenen Trägern und Institutionen, auch mit eigenem Vokabular: Wörter wie »Erinnerungsarbeit«, »Trauerarbeit«, »Geschichtswerkstatt« gehören heute zum politischen Alltag.

Es wäre einfach, wenn die Darstellung hier enden könnte. Aber Sozialwissenschaftler fragen nicht nur nach der zeitlichen Abfolge von Ereignissen, sondern auch nach Ursachen und Auslösern, nach Akteuren, Interessen, Motiven. Und nicht zuletzt auch: Sie akzeptieren nicht ohne weiteres die offizielle Version, die Selbstdarstellung der Akteure. Und jüdische Beobachter erst recht haben gelernt, aus langer und oft leidvoller Erfahrung, alle Aktivitäten, die vom Staate ausgehen – und insbesondere vom deutschen Staate –, mit Skepsis bis Mißtrauen zu sehen. Sie akzeptieren nicht einfach die offizielle Version. Auch sie stellen in Frage. Aus solchen Blickwinkeln entsteht dann ein Bild mit deutlich anderen Akzenten.

45 Bodemann 1996a, S. 85.
46 Ebd., S. 86.
47 Siehe zum folgenden ebd., S. 80ff.

Um diese Seite des Bildes sichtbar zu machen, sollte man vor der Wiedervereinigung einsetzen, als es noch zwei deutsche Staaten gab. Diese waren zwar im politisch-ideologischen Aufbau gegensätzlich orientiert. Aber über all die Differenzen gab es, was das Verhältnis zu den jeweiligen jüdischen Gemeinden betraf, an einem zentralen Punkt auch eine ähnliche Grundhaltung – so der Tenor einschlägiger sozialwissenschaftlichen Aussagen. »In beiden deutschen Staaten«, schreibt die Historikerin Monika Richarz in einem 1986 erschienenen Text, »gilt die Anwesenheit von Juden als Beweis für die Überwindung dieser [nationalsozialistischen] Vergangenheit und für die Errichtung eines demokratischen Staates. Beide Regierungen stellen den jüdischen Gemeinden kontinuierlich finanzielle Mittel für kulturelle und soziale Zwecke zur Verfügung. Die Politik gegenüber der jüdischen Minorität hat primär symbolischen Charakter.«[48]

Beginnen wir mit der DDR. Nachdem die jüdischen Gemeinden dort lange Zeit allein auf den religiösen Bereich beschränkt, dagegen die nationalen oder ethnischen Dimensionen jüdischer Identität unterdrückt worden waren, verfolgte die Regierung der DDR ab Mitte der achtziger Jahre einen neuen politischen Kurs. Ab da kam es zur Ermunterung und Förderung jüdischen Lebens. Folgt man vorliegenden Deutungen, so geschah dies freilich nicht zufällig, sondern aus außenpolitischen Interessen. Der Kurswechsel, so schreibt Robin Ostow, war Teil des Vorhabens, »den Brückenschlag zu westlichen Ländern und besonders zu den USA zu erleichtern«. Nicht beabsichtigt war eine autonome Entfaltung jüdischen Lebens, spontan, von innen heraus. Was unter diesen Umständen entstand, war vielmehr, so Ostow weiter, jenem Typ staatlich geförderter Kultur in der DDR zugehörig, »der vor allem von oben gelenkt wird: sehr sichtbar, sehr repräsentativ, geringes Risiko«.[49] Auch Anetta Kahana, Ostberliner Sozialwissenschaftlerin jüdischer Herkunft, führt die zu Ende der DDR-Zeit einsetzende Liberalisierung des jüdischen Lebens wesentlich auf direkte politische Interessen der DDR-Staatsführung zurück. Kahane nennt ein konkretes Beispiel dafür: »Erich Honecker wollte unbedingt als Höhepunkt seines Bemühens um die Anerkennung der Zweistaatlichkeit Deutschlands

48 Richarz 1986, S. 26.
49 Ostow 1989, S. 206f.

in die USA eingeladen und vom Präsidenten empfangen werden. Einem alten antisemitischen Klischee folgend glaubte er, das mit Hilfe der Juden bewerkstelligen zu können.« Deshalb, so Kahane, bemühte sich Honecker um ein besseres Verhältnis zur jüdischen Gemeinde in Berlin und zum Jüdischen Weltkongreß. Deshalb, so Kahane weiter, wurden in dieser Zeit einige Aktionen mit großer Öffentlichkeitswirkung begonnen, so z. B. die Gründung der Stiftung Centrum Judaicum, um die Wiedererrichtung der großen Synagoge auf der Oranienburger Straße einzuleiten.[50] In ähnlicher Richtung argumentiert schließlich auch Michal Bodemann. Nach seiner Deutung war die Existenz von Juden der politischen Führung der DDR in zweifacher Hinsicht wichtig. Zum einen waren die Juden ein Beleg für die »antifaschistische Grundordnung« der DDR; zum anderen wurden sie zu einem »Instrument der Außenpolitik im internationalen Aktionsfeld der DDR«.[51]

Und im Westen, wie sah es da aus? Eine ausführliche Darstellung zum Verhalten bundesdeutscher Politiker im Spannungsfeld jüdischer Themen hat Michal Bodemann vorgelegt. Demnach ist »offenkundig, daß jüdischen Themen und dem Gedenken an Juden in Deutschland heute große Aufmerksamkeit zuteil wird, mit großzügiger Unterstützung von seiten offizieller deutscher Stellen«.[52] Das klingt positiv, jedoch: Die schönen Worte und vielen Reden sind für Bodemann nur ein Oberflächenereignis. Darunter entdeckt er andere Schichten, vor allem andere Absichten. Nach Bodemann sehen die letzten Kanzler, Helmut Schmidt wie Helmut Kohl, die »jüdische Gemeinschaft rein instrumentell als gesellschafts- und außenpolitischen Faktor«.[53] Bei Kohl wie auch bei anderen konservativen Politikern wird die Schuldfrage konventionell behandelt: Jüdisches Leben in der Bundesrepublik gilt ihnen als »Zeichen dafür, daß Auschwitz durch demokratische Politik überwunden wurde«.[54] Und vor allem »bestätigt [ihnen] die jüdische Präsenz in Deutschland die Richtigkeit deutscher Politik«.[55] In der Vorstellungswelt bundesdeutscher Politiker sind Juden

50 Kahane 1998, S. 11.
51 Bodemann 1996 a, S. 100.
52 Ebd., S. 82.
53 Ebd., S. 174.
54 Ebd., S. 175.
55 Ebd., S. 175.

ferne und unbekannte Wesen. »Diese Anonymität und Abstraktheit ist zentral, denn so können die Juden für nationale, parteiliche oder persönliche Zwecke jeweils neu erfunden werden: von der CDU als Zeichen der Erlösung von Schuld und Beweis der Reinigung vom Nazismus; von der SPD als stille Alliierte sozialdemokratischer Ideale und Werte.«[56] Ja, bei den neueren Gedenkritualen werden Juden vielfach vereinnahmt als »Erinnerungsherolde einer glorreichen deutsch-jüdischen Vergangenheit«.[57] Das Gedenken fungiert hier als »wichtiges Element in der neuen deutschen Identitätspolitik«, deren Leitsatz lautet: »Nationales Gedenken bildet nationale Identität.«[58] Was wir hier sehen, ist ein Wiederaufblühen des deutschen Judentums, jedoch nicht in der Realität, sondern »vor allem auf dem Terrain der deutschen öffentlichen Imagination«.[59] Soweit Bodemann in seinem Buch mit dem bezeichnenden Titel *Gedächtnistheater*, auch der Untertitel lautet entsprechend: *Die jüdische Gemeinschaft und ihre deutsche Erfindung.*

Folgt man den genannten Deutungen, so ist die Unterstützung jüdischer Gemeinden und jüdischer Themen, die wir in Deutschland (Ost wie West) in den letzten Jahrzehnten zunehmend finden, stets von einem ähnlichen Grundmuster bestimmt, überall instrumentelle Zwecke, Selbstdarstellung nach innen wie außen. Dieses Deutschland will Aufnahme und Anerkennung in der zivilen Staatengemeinschaft, deshalb sind Juden als Alibifiguren willkommen. Erinnern wird als moralische Pflichtübung absolviert, Philosemitismus ist modisch, weil nützlich. Kurz, es wird Fassadenoptik betrieben, und dies nach bewährt deutscher Art: pflichtschuldig und gründlich.

Bleibt nur die Frage, ob diese Deutungen stimmen, oder vielleicht auch: wie weit sie stimmen. Ich wage es nicht, hier zu sagen, ich könnte eine objektive Antwort anbieten. Statt dessen scheint es mir eher angemessen, meine eigene Reaktion darauf zu schildern, die sichtbar ihre subjektiven Komponenten enthält. Auffallend ist: Soweit die Darstellungen die Politik der DDR-Führung betrafen, bin ich mühelos, ja, bereitwillig gefolgt. Eigene Erfahrungen,

56 Ebd., S. 177.
57 Ebd., S. 55.
58 Ebd., S. 99.
59 Ebd., S. 55.

eigene Kenntnisse über die damalige Zeit habe ich nicht. Und was ich als Bild hatte aus Büchern und Medien, paßte umstandslos zusammen mit den zitierten Aussagen, den SED-Staat und sein Verhältnis zu Juden betreffend.

Schwieriger wurde es aber, als ich Bodemanns Darstellung zur Situation in der Bundesrepublik las. Hier bin ich aufgewachsen, hier lebe ich, hier habe ich selbst meine Erfahrungen gesammelt. Deshalb konnte ich viel von dem wiedererkennen, was Bodemann schildert. Zweifellos gibt es in Politik und Parteien die unbeholfenen, naiven, plumpen, manchmal auch dreisten Annäherungen offizieller Repräsentanten an jüdische Themen – oder das, was sie sich darunter vorstellen. Zweifellos findet sich hier viel Schiefes, Ungekonntes, Verqueres, Verquastes, Aufgeblasenes und nicht selten auch Falsches. Zweifellos finden sich auch – manchmal massiv und direkt, manchmal eher versteckt – die instrumentellen Absichten, die Bodemann in seiner Analyse betont.

Und dennoch, trotz all dieser Wiedererkennungseffekte, bleibt bei mir noch ein Unbehagen, ein Ungenügen zurück. Meine Frage heißt schlicht: Ist das denn alles? Ist es das vollständige Bild?

Ich behaupte, das Bild hat auch andere Seiten. Der prominente Historiker oder Mediziner, der ein Forschungsprojekt darüber beginnt, wie an seiner Fakultät die Vertreibung jüdischer Kollegen nach 1933 verlief; der Student, der bei einer Mahnwache der Kirchengemeinde am 9. November mitmacht; die Lehrerin, die jüdische Zeitzeugen in den Geschichtsunterricht einlädt; der Bürgermeister, der am einstigen Sammelplatz der Deportationen eine Gedenktafel anbringen will; die Stadträtin, die in ihrem Stadtteil den Spuren des früheren jüdischen Lebens nachgeht, vielleicht gar nach vielen Anträgen einen Betrag aus der Gemeindekasse bewilligt bekommt, um eine Dokumentation zu diesem Thema zusammenzustellen – folgen sie denn alle unterschiedslos instrumentellen Motiven? Wohl kaum. Sie opfern Zeit, manchmal auch eigenes Geld, sie müssen oft gegen Widerstände ankämpfen, manchmal persönliche Angriffe aushalten (denn, das sollte man nicht übersehen, durchaus nicht überall sind jüdische Themen heute beliebt und willkommen). Nun könnte man sagen, diejenigen, die derart aktiv werden, hätten instrumentelle Motive im weiteren Sinn, hätten wiederum tiefere, verborgene Gründe für ihr Handeln (meinetwegen Abrechnung mit den eigenen Eltern oder der Wunsch, sich hineinzuphantasieren in die Rolle des Opfers). Aber wenn man so argumentiert, begibt man sich offensichtlich auf schwieriges Terrain: Was sind echte Motive, was falsche? Was ist »authentisch«, was nicht? Wo ist die Trennlinie zu ziehen? Wer soll sie ziehen, wer ist hier Richter? Und wo läßt sie sich vielleicht gar nicht ziehen, die saubere Trennlinie, weil beim Handeln, zumal dem im politischen Raum, sich oft verschiedenste Motive verbinden; weil Betroffenheit, Scham und Entsetzen deshalb durchaus einhergehen können mit dem Versuch, auch in der internationalen Öffentlichkeit das Bild eines demokratischen, sich seiner Geschichte bewußten Deutschland zu stärken?

Wie immer die Antwort im Einzelfall ausfallen mag, in jedem Fall sollte man nicht übersehen: Die von mir genannten Beispiele sind Versuche der Annäherung an die Geschichte und der Auseinandersetzung mit dieser Geschichte. Viele dieser Versuche mögen gut gemeint sein, aber nicht gut gekonnt. Sie mögen dilettantisch sein, manchmal peinlich naiv. Ja, mehr noch, gerade hier *muß* man erwarten, daß viele Versuche dilettantisch geraten; und dies nicht bloß deshalb, weil überall unbequeme, verstörende Fragen auftauchen, z. B. die nach dem Mitwissen und Mithandeln der eigenen Eltern und Großeltern. Vielmehr haben die Schwierigkeiten auch einen systematischen Grund: Sie sind das Ergebnis eben jener Politik der Nationalsozialisten, die alle Spuren jüdischen Lebens radikal auslöschen wollten. Danach sind leibhaftige, lebendige Juden den meisten Deutschen der jüngeren Generation unbekannt, ja exotisch. Das aber ist nicht die Schuld der Jungen, sondern der Alten. Und wenn sie, die jüngeren Deutschen, sich heute der Geschichte anzunähern versuchen, wenn sie auf jüdische Themen neugierig sind und jüdische Veranstaltungen besuchen – dann wird ihre Neugier oft peinlich sein und ihre Fragen werden naiv klingen. Aber wie sonst sollte es sein? Wie anders als über solche Versuche kann vielleicht Verständnis sich aufbauen?

Man könnte Witze machen der Art »Trifft ein Deutscher heute seinen ersten leibhaftigen Juden…« Im wirklichen Leben sind Begegnungen dieser Art meist weniger komisch, jedenfalls nicht für die Juden. Aber dennoch: Was wäre die Alternative? Wäre Schweigen denn besser, Gleichgültigkeit?

Am Anfang dieses Abschnitts stand die Frage, warum Deutsche »Jüdisches« suchen. Am Ende haben wir nicht eine objektive Antwort gefunden, sondern eher ein Wechselspiel der Deutungen. Vielleicht auch eine Art Spiegel, in dem sich Ostdeutsche und Westdeutsche, jüdische und nicht-jüdische Deutsche in ihren jeweiligen Vorstellungen und Verstrickungen begegnen – und auch: in ihrem Nichtwissen voneinander.

3. Die Neuinszenierung jüdischer Kultur: Einige Merkwürdigkeiten

Ein »sonderbares Nichts« sei ihre Situation, ein Abgeschnittensein von aller Tradition, so hat Rachel Salamander über sich und andere geschrieben, deren Eltern nach dem Krieg als jüdische Flüchtlinge aus Osteuropa nach Deutschland gekommen.[60] Wenn man die jüdischen Veranstaltungen und Themen anschaut, die in Deutschland heute geboten werden, so könnte man sagen: Es sind Versuche, dies Nichts auszufüllen. Sie zeugen oft von großen Anstrengungen, großem Engagement. Und dennoch sind es nicht selten sonderbare Versuche, mit bizarren Effekten und seltsamen Wendungen. Auch dies nicht erstaunlich: Solche Inhalte und Formen, wo sie denn merkwürdig geraten, verweisen nochmals auf die Ausgangssituation. Im folgenden nur eine kleine Auswahl an Merkwürdigkeiten, ohne Anspruch auf Vollständigkeit.

Personalfragen

Schon einmal in diesem Jahrhundert gab es eine Renaissance jüdischen Lebens in Deutschland oder zumindest: Ansätze dazu. Das war in der Weimarer Republik, als unter den jüdischen Intellektuellen einige begannen, eine Art spirituelle Neuorientierung zu suchen. Das Ziel ihrer Großväter und Väter hatte Assimilation geheißen, Integration in die deutsche Mehrheitskultur; sie selbst waren oft mit wenig oder gar keinem Wissen um jüdische Kultur aufgewachsen; und vor genau diesem Hintergrund entstand, was

60 Siehe oben in diesem Kapitel, Abschnitt »Provisorium und Traditionsbruch«.

Martin Buber eine »jüdische Renaissance« nannte, was man auch als ein frühes Beispiel der ethnischen Spurensuche, des »Zurück zu den Wurzeln«, bezeichnen könnte. Was die Vertreter dieser (zahlenmäßig nicht sehr großen) Richtung bewegte, was in ihrem Interesse zum Ausdruck kam, war das zentrale Problem jüdischer Existenz in einer säkularisierten Gesellschaft: »Wie konnte man eine moderne Form des Judentums schaffen, und mit welchen Inhalten ließ es sich füllen?«[61]

Die »post-assimilierten« Juden dieser Richtung konnten weder die jüdischen Traditionen der Vergangenheit einfach wiedererwecken noch den tiefgreifenden sozioökonomischen und intellektuellen Wandel rückgängig machen, der sich im Lauf der vorangehenden Generationen durchgesetzt hatte. Was damals einige der jüdischen Intellektuellen versuchten, war vielmehr, so schreibt der Historiker Michael Brenner, eine durch und durch moderne Konstruktion, eine Erfindung von Tradition im Sinne von Hobsbawm: Diese Juden der Weimarer Republik bilden ein »Beispiel par excellence für eine Minderheitsgruppe, die ihre Tradition neu erfindet bzw. neu interpretiert«.[62] In einen neuen Kontext eingebracht und für neue Zwecke eingesetzt, gewannen traditionelle Texte, Kultgegenstände und Lieder neue Bedeutung. Umfangreiche Enzyklopädien, die den Bestand jüdischen Wissens neu definierten; moderne Übersetzungen, die klassische jüdische Texte in neuem Gewand präsentierten; jüdische Museen, die religiöse Kultgegenstände in einer säkularisierten Umgebung vorführten; Kompositionen jüdischer Musik, die populäre jiddische Lieder und religiöse liturgische Melodien für ein Konzertpublikum aufbereiteten – all das gab es damals. Und für all dieses galt: »Was als Authentizität erscheinen mochte, war de facto eine moderne Erfindung.«[63]

Auf den ersten Blick könnte man meinen, daß wir heute, ein Dreivierteljahrhundert später, in der beginnenden Berliner Republik, eine Renaissance dieser Renaissance jüdischen Lebens erleben. Doch der Vergleich ist schief, ja trügerisch. An zentralen Punkten ist die Konstellation heute ganz anderer Art. Was damals von Juden für Juden geschah, ja, als »Auflehnung des Sohnes gegen den

61 Brenner 1996, S. 4.
62 Ebd.
63 Ebd., S. 5.

Vater«[64], als Umkehrbewegung einer mit dem Assimilationsziel aufgewachsenen Gruppe gegen eben diesen Assimilationsdrang der Väter und Großväter, aus dem individuellen Handeln einzelner Personen bzw. Gruppierungen – das verläuft heute in ganz anderer personeller Besetzung, in eigenen Organisationsformen und mit anderen Motiven und Absichten.

Zum Beispiel Köln, zum Beispiel Potsdam, zum Beispiel Berlin. An vielen Orten gibt es heute institutionalisierte Angebote von seiten der jüdischen Gemeinden oder auch jüdischer Organiationen, die assimilierte und säkularisierte Juden wieder zur jüdischen Religion zurückführen sollen. Da lädt etwa der Kölner Rabbiner seine Gemeindemitglieder zu einem »Jewish Action Day« in die Synagoge ein. Hier können Frauen dann lernen, wie man die Kippa, die traditionelle Kopfbedeckung, häkelt, natürlich nach alten Mustern. Männer werden eingewiesen, wie man Gebetsmantel und Schaufäden wickelt und knüpft, denn, so sagt der Rabbiner: »Viele machen es täglich, aber viele machen es falsch.«[65] Oder eine Szene aus Potsdam: Da erklärt der Rabbiner der seit 1991 wiederbelebten jüdischen Gemeinde Brandenburgs vor russischen Zuwanderern die traditionellen Speisegesetze. Geduldig erläutert er den Unterschied zwischen »milchig« und »fleischig« und die entsprechenden Vorschriften für die getrennte Aufbewahrung von Lebensmitteln in einem religiös-jüdischen Haushalt.[66] Oder eine Szene aus dem jüdischen Kindergarten in Berlin, den 200 Kinder besuchen, zwei Drittel von ihnen Zuwandererkinder aus der ehemaligen Sowjetunion: Am Freitagvormittag üben die Kinder die Schabbatbräuche der jüdischen Familie – also das, was eigentlich am Freitagabend zu Hause stattfinden sollte. Aber »leider erleben viele zu Hause das nicht«, sagt die Kindergartenleiterin Hannelore Reuben-Shemia. Im Spiel kneten die Kinder auch Leuchter aus Ton für das Chanukka-Fest. Wenn sie die Leuchter nach Hause bringen, sollen sie damit die Eltern anhalten, das Fest zu feiern. Auf die Kinder richtet sich deshalb die Hoffnung der Gemeinde, eine fast verzweifelte

64 Ebd., S. 3.

65 Siehe Doris Bulau, *So macht Judentum Spaß*, in: *Allgemeine Jüdische Wochenzeitung*, 27. Juni 1996.

66 Claus-Dieter Steyer, *Wenn Rabbi Presmann in die Puppenstube greift*, in: *Der Tagesspiegel*, 30. Juni 1998.

Hoffnung. »Sie sorgen dafür, daß die Tradition wieder in die Familien getragen wird«, sagt Frau Reuben-Shemia.[67]

Die Kinder sollen die Eltern anleiten, den Weg zum Judentum wiederzufinden – in der Tat, welch ein Projekt. Um so bemerkenswerter wird es, wenn man findet, daß diejenigen, die den Kindern das Judentum beibringen sollen, durchaus nicht alle selbst Juden sind. Weil es einfach zu wenig jüdische Erzieher in Deutschland gibt – in Berlin z. B. konkurriert der Kindergarten mit zwei jüdischen Schulen um das knappe Personal –, übernehmen mancherorts auch Nichtjuden diese Aufgabe. »So bringen Nichtjuden kleinen Juden bei, was Judentum ist«, schreibt Charlotte Wiedemann in der *Woche*.[68] In Mönchengladbach z. B. bietet eine katholische Missionsschwester, aus Afrika zurückgekehrt, Deutschstunden für die russischen Zuwanderer an. In Absprache mit dem Gemeindevorsitzenden läßt die studierte Judaistin auch religiöse Unterweisungen in den Unterricht einfließen, so insbesondere vor den Feiertagen, von denen ihre Schüler kaum etwas wissen.[69]

Nichtjuden zeigen Juden, was Judentum ist. Das ist eine der Varianten, die wir heute erleben. Wo es nicht um religiöse Anleitung geht, sondern um die Vermittlung von Kultur im weiteren Sinn, ist die Konstellation oft noch ein wenig bizarrer: Da sind Juden oft gar nicht beteiligt. Da führen Nichtjuden jüdische Kultur vor Nichtjuden vor, als Schauspieler, Musiker, Dichter, was sonst auch immer. Also jüdische Kultur als Inszenierung von Nichtjuden für Nichtjuden – da beginnen die Begriffe zu schwirren, da wird, und dies nicht zufällig, die Lage endgültig verwirrend. Dies sei nur eine seltene Ausnahme? Nun, repräsentative Daten zu den verschiedenen Varianten der personellen Besetzung des Stücks, das »Judentum« heißt, wird man nirgendwo finden, weil niemand die unzähligen Formen der Aufführung gezählt hat. Aber immerhin, man kann Vermutungen anstellen: Bei der Faszination, die das Judentum heute auf Deutsche ausübt, bei der geringen Zahl der hierzulande lebenden Juden, erst recht ihrer geringen Bindung an jüdische Tradition und Kultur – wie sonst, wenn nicht durch lebhafte Beteili-

67 Siehe Wiedemann 1996 (siehe Anmerkung 23).
68 Ebd.
69 Thomas Lackmann, *Die ganz normale Inszenierung*, in: *Die Zeit*, Nr. 3/1999.

gung von Nichtjuden, von Normaldeutschen, ließe diese Nachfrage sich ansonsten erfüllen?

Von einem »virtuellen Judentum« in Deutschland heute spricht Sylke Tempel deshalb, und Michal Bodemann von einem »judaisierenden Milieu«.[70] Dazu zählt er Personen, die zum Judentum konvertiert sind, dann die nicht-jüdischen Mitglieder deutsch-jüdischer oder deutsch-israelischer Institutionen und Vereine und nicht zuletzt diejenigen, die er die zahlreichen »Berufs-fast-Juden« nennt. An Beispielen zählt Bodemann auf: »Bis in die späten achtziger Jahre waren die beiden wichtigsten Posten der *Allgemeinen Jüdischen Wochenzeitung* mit nichtjüdischen Redakteuren besetzt... Zahlreiche Lehrer in jüdischen Schulen, Professoren der Judaistik an Universitäten, Studenten der Hochschule für Jüdische Studien in Heidelberg und die Leiter zahlreicher Forschungsinstitute und Dokumentationszentren, die sich mit der Schoah oder dem Judentum beschäftigen, sind entweder Nichtjuden oder zum Judentum übergetreten... Jüdische Themen werden zuhauf literarisch bearbeitet, Deutsche lesen mit jiddischem Gestus und in vorgestelltem jiddischem Milieu jüdische Geschichten, so etwa allsonntäglich in München, und selbst die ureigene ostjüdische Klezmermusik ist heute in Deutschland nicht nur ungemein populär, sondern weitgehend in Händen nicht-jüdischer Musiker.«[71] Diese eigentümliche personelle Besetzung kann nicht folgenlos bleiben. Zwar spielen in jede Präsentation die Phantasien, Vorstellungen, Wunschbilder, Bedürfnisse der Akteure herein, hier aber sind es – und das ist entscheidend – nicht-jüdische Akteure, die die Darbietungen jüdischer Kultur nach ihrem Bild und ihrem Erfahrungshorizont formen. Das Ergebnis ist, so Bodemann weiter, daß »jüdische Kultur heute zu einem beträchtlichen Teil von diesen judaisierenden Milieus geformt, jüdische Geschichte von ihnen rekonstruiert wird: von deutschen Experten für jüdische Religion, Geschichte und Kultur, freilich trotz aller Expertise aus deutschen Biographien und Gefühlswelten und aus der deutschen Geschichte heraus«.[72]

Wie jüdisch also ist jüdische Kultur hierzulande, oder genauer

70 Tempel 1998 (siehe Anmerkung 7); Bodemann 1996a, S. 51.
71 Bodemann 1996a, S. 51 f.
72 Ebd., S. 52.

vielleicht: wie jüdisch ist das, was als jüdische Kultur angeboten, aufgeführt, inszeniert wird? Oder vielleicht auch, wie germanisch-teutonisch ist das, was Deutsche als jüdische Kultur betrachten, bestaunen, beklatschen?

Manchmal arbeiten ja auch Nichtjuden und Juden an Projekten jüdischer Kultur zusammen. Manchmal gestaltet sich diese Kooperation sehr erfolgreich. Aber manchmal eben auch nicht. Zum Beispiel der Dauerstreit um das 1985 eröffnete Jüdische Kulturmuseum in Augsburg: Seit der Gründung hat das Museum bereits neun Leiter erlebt, unterschiedlichste Persönlichkeiten haben sich als Konzepthersteller, Programmgestalter oder Projektleiter versucht. Doch nach jeweils nur kurzer Zeit war ihr Gastspiel wieder vorbei. Jüngster Eklat: die Kündigung der Museumsleiterin Hanna Rheinz. In der *Jüdischen Rundschau* hatte Rheinz, selbst einer deutsch-jüdischen Familie entstammend, zuvor einen Artikel zum Thema *Jüdische Kultur ohne Juden* verfaßt. Darin heißt es: »Dem großen öffentlichen Interesse an der jüdischen Kultur steht ein deutlich ausgeprägtes Unbehagen vieler Veranstaltender gegenüber, sich von Vertreterinnen und Vertretern der verwerteten Kultur reinreden zu lassen... Weil die lebenden Jüdinnen und Juden außerhalb der Vitrinen unbequemer sind als die archivierten, werden erstere stillschweigend ignoriert.« Und weiter: Wenn jüdische Menschen nicht der zugewiesenen Rolle entsprechen, werden sie »mit großer Selbstverständlichkeit des Hauses verwiesen, denn sie sind unerwünscht«.[73]

Wäre es angesichts der beschriebenen Probleme nicht besser, wenn für jüdische Kultur allein Juden zuständig wären? Wenn die deutschen Experten sich zurückhielten, nur als Besucher und Beobachter kämen, nicht als Akteure mit eigenem Gestaltungswillen und Mitsprachewünschen? Wäre Kultur dann tatsächlich das, was sie heute zu guten Teilen nur vorgibt, nämlich jüdische Kultur eben?

Ein solches Programm scheitert allein schon an der geringen Zahl der hierzulande lebenden Juden. Aber vielleicht nicht nur deshalb. Schaut man nämlich in die jüdischen Gemeinden hinein, so gibt es

73 Hanna Rheinz, *Jüdische Kultur ohne Juden*, in: *Jüdische Rundschau Maccabi*, Nr. 53/30, Dezember 1998; und Claudia Kitzinger, *Eklat um Leiterin des jüdischen Kulturmuseums*, in: *Süddeutsche Zeitung*, 1. März 1999.

auch da nicht wenige Stimmen, die über die mangelnde Qualität der Angebote jüdischer Kultur klagen, und vor allem: über deren mangelnde Authentizität. Was man da geboten bekäme, sei ein Zweitaufguß, verdünnt und verzuckert, kurz: jüdische Pseudokultur. So schreibt z.B. Leibl Rosenberg in der *Allgemeinen Jüdischen Wochenzeitung*, was hier – und damit meint er vor allem die jüdischen Gemeinden, nicht die unzähligen Veranstalter sonstiger Art – als jüdische Kultur verkauft werde, sei »musikalische, verbale, bildnerische Klesmerei«, »inszenierte Pseudo-Schtetlromantik«, ja, »schlicht eine Fälschung«. Einige Zeit später veröffentlicht Michael Wuliger in derselben Zeitung einen Beitrag mit dem provozierenden Titel *Das Phantom des Schtetls*. Darin stimmt Wuliger Rosenberg zu, ja treibt dessen Argumente noch weiter voran:

»Jüdische Kultur gibt es gar nicht. Das, was uns hierzulande unter diesem Namen präsentiert wird, ist, da hat Rosenberg recht, eine Fälschung. Bloß, das Original existiert nicht. Oder besser: Es existiert nicht mehr. Denn es gab eine jüdische Kultur. Nicht in Deutschland, auch nicht in den anderen Ländern des assimilierten Westens. Wohl aber in Osteuropa, in den jüdischen Siedlungsgebieten Rußlands, der Ukraine, Polens und Rumäniens. Dort war jüdische Kultur auf dem Humus des Gemeindelebens gewachsen... Aber diese Kultur ist mit ihren Trägern in den Öfen von Auschwitz verbrannt. Geblieben sind von ihr nur nostalgische Mementi; manche vom Niveau eines Isaac Singer, andere rührselig bis kitschig wie Streisands *Yentl*, viele schlicht peinlich, wie die Nippesfiguren von Chassidim, die so manche jüdische Wohnzimmervitrine schmücken ... Was wir heute glauben, als jüdische Kultur wahrzunehmen, ist nichts weiter als ein Phänomen, das man aus der Chirurgie kennt: Dort meinen frisch operierte Patienten oft, Gefühle in amputierten Gliedmaßen zu empfinden. ›Phantomschmerz‹ nennt sich das medizinisch. Entsprechend sollte man das, was wir hierzulande pflegen, charakterisieren – als Phantomkultur.«[74]

Wuligers Darstellung, bewußt provozierend formuliert, hat bei einigen heftigen Widerspruch ausgelöst.[75] Aber dennoch spricht manches dafür, daß seine Diagnose, in Teilen zumindest, zutreffen könnte – man denke an die oben beschriebene Heterogenität und Fluktuation innerhalb der jüdischen Gemeinden, die soziale Her-

74 Michael Wuliger, *Das Phantom des Schtetls. Warum es heute keine jüdische Kultur mehr gibt*, in: *Allgemeine Jüdische Wochenzeitung*, Nr. 14/9. Juli 1998.

75 Siehe die Leserbriefe in *Allgemeine Jüdische Wochenzeitung*, Nr. 16, 23. Juli 1998, S. 15.

kunft und den Bildungsstand ihrer Mitglieder, ihre Traditionsferne und innere Ortlosigkeit angesichts der zahlreich erfahrenen Brüche und Kulturbrüche. So sehr sich die Organisatoren der jüdischen Kulturzentren auch mühen – sie arbeiten in einem schwierigen Umfeld, sie bekommen oft wenig Unterstützung, dafür viele Widerstände zu spüren. Ohne entsprechende Basis, allein aus der Programmgestaltung von oben, kann eine lebendige Kultur nicht entstehen und wachsen.

Was also ist jüdische Kultur in Deutschland heute? Eine deutsche Erfindung? Eine jüdische Erfindung? In gewissem Sinne wohl beides zusammen. In jedem Fall ein Projekt, in dem unterschiedlichste Akteure und Interessen zusammentreffen mit ihren je eigenen Wunschbildern und Vorstellungswelten; ein Projekt auch, das weniger aus gelebter Erfahrung entsteht, statt dessen aus Erinnerung und ihren Bruchstücken.

Selbstbilder und Fremdbilder

Wie wenig es eine selbstbewußt neue jüdische Kultur bislang gibt, wird vielleicht dann besonders eindringlich sichtbar, wenn man autobiographische Texte von Juden der mittleren bis älteren Generation liest. Für viele von ihnen gilt, wie oben gesagt, daß ihr historischer Ort eine Leerstelle ist, ein »sonderbares Nichts« in den Worten von Rachel Salamander. Immer wieder finden wir deklamatorische Zurückweisungen, Entwertungen, Verneinungen der Existenz hierzulande, nicht selten auch eine negative Abgrenzung gegenüber den Deutschen, in manchmal recht grobschlächtigen Formen. Da wird im Extremfall ein Gegenbild, ein Zerrbild entworfen, so als wäre das deutsche Volk, alle ganz ausnahmslos, heute genauso wie damals – und wir wissen schon, was mit »damals« gemeint ist –, von Ordnungswahn, Pünktlichkeit, Untertanengehorsam besessen. In diesem Sinne schreibt etwa Broder, in Deutschland sei ein »Demokratiespiel« im Gange, »unter dessen Oberfläche die alten Regeln von Befehl und Gehorsam, Hochmut und Duckmäusertum weiterhin gelten und befolgt werden«.[76]

Solche Schwarzweißbilder folgen – selbst da, wo sie scharfzüngig

76 Henryk Broder, Text auf der hinteren Umschlagseite von Fleischmann 1982.

formuliert sind – einem literarisch eher schlichten Muster. Aber auch die Veröffentlichungen anderer Autorinnen und Autoren, die mit weniger krassen stilistischen Mitteln arbeiten, lassen ein Grundmuster erkennen, das in Variationen immer wieder eine Botschaft von Irritation, Distanzierung, Verstörung vermittelt, von *Fremd im eigenen Land*. So lautet der Titel eines von Henryk Broder und Michel Lang herausgegebenen Bandes (Broder/Lang 1979), und viele weitere Titel sind ähnlich angelegt. Hier eine typische Auswahl: *Im Land der Täter* (Heenen-Wolff 1994), *Wir wissen nicht, was morgen wird, wir wissen wohl, was gestern war* (Sichrovsky 1985), *Dies ist nicht mein Land* (Fleischmann 1982), *Verwurzelt im Nirgendwo* (Rosenstrauch 1979), *Negative Symbiose* (Diner 1986) oder auch *Zuhause, keine Heimat?* (Brumlik 1998).

Solche Darstellungen, ob sie nun differenziert oder eher grobschlächtig ausfallen, verweisen auf mehr als nur die persönlichen Neigungen bzw. Neurosen ihrer jeweiligen Schreiber. Sie verweisen – so meine These – spiegelbildlich zurück auf die Ausgangssituation, die historische Ortlosigkeit. Rachel Salamander hat dies in einem Vortrag eindringlich entwickelt. Für sie schaffen jüdische Schriftsteller das, was sie an Judentum hierzulande nicht real leben können, virtuell mit den Mitteln der Literatur. Demnach wird Schreiben zur Findung und Selbstfindung, und zwar unter besonderen Bedingungen, als Jude im steten Gegenüber zu Deutschen und im steten Bewußtsein des Gegenüber.[77] »Die Juden in Deutschland sind vor sich selbst nur insofern legitimiert, als sie in diesem Land als Wächter der Erinnerung wirken. Sie können sich nicht – bei Strafe des Verlusts ihrer Würde – dieser Aufgabe entziehen.«[78] Es ist, als hätten viele der Selbstdarstellungen diese Worte Dan Diners zum Motto genommen. Vielleicht ist in ihnen auch ein Stück Selbsterfindung enthalten, eine Selbstdefinition in programmatischer Absicht.

Vielleicht erklärt sich von daher, warum man, wenn man das Genre der jüdischen Selbstzeugnisse aus Nachkriegsdeutschland betrachtet, darin zwar viele Momente der Abgrenzung gegenüber Deutschland finden kann – dagegen ein anderes Thema auffällig

77 Rachel Salamander 1998.
78 Diner 1986, S. 257.

ausgespart bleibt. Diejenigen, die in solchen Texten sich äußern, haben lange in Deutschland gelebt, viele sind hier aufgewachsen, auch geboren. Sie sind also, so kann man vermuten, selber nicht frei von der deutschen Umwelt, in der sie leben. Aber während sie sich ausführlich und deutlich über ihr Fremdsein in diesem Land äußern, schreiben sie kaum je von der anderen Seite: daß sie selbst, wie widerstrebend auch immer, Teile von diesem Land aufgenommen und verinnerlicht haben, daß Schichten ihres Bewußtseins auch davon geprägt sind, kurz daß ihre Identität umweigerlich auch deutsche Spuren enthält. Das Land der Täter im eigenen Kopf: Dieser Gedanke rührt offensichtlich Tabugrenzen an, er ist nur schwer auszuhalten und der öffentlichen Selbstfindung nicht dienlich.

Immerhin gibt es in neueren Texten Anzeichen dafür, daß die Tendenz zur Distanzierung und Selbststilisierung ein Stück weit zurücktritt und statt dessen eine Annäherung aufkommt – wäre das Wort nicht zu sehr belastet, könnte man gar von vorsichtiger Normalisierung sprechen. Man nehme als Beispiel einen Essay von Marc Grünbaum. Grünbaum ist 1970 in Frankfurt geboren, gehört damit schon der sogenannt dritten Generation an, und wahrscheinlich erklärt sich von daher der deutlich andere Tonfall. Schon der Titel, vergleicht man ihn mit den bisher genannten, liest sich als Provokation, hier heißt es nämlich: *Ich lebe gerne und bewußt in diesem Land.* Gleich im ersten Satz sagt Grünbaum, er sei ein »jüdischer Deutscher«, was innerhalb der jüdischen Gemeinden eine pointiert politische Aussage ist, und deutlich grenzt er sich ab gegen verbreitete Vorstellungsbilder, die stets die Besonderheit jüdischer Existenz dramatisieren: »Die Realität und das, was durch die Unmenge an Literatur und öffentlichem Interesse suggeriert wird, klaffen weit auseinander. Man steht nicht morgens mit der Frage nach seiner Existenz in Deutschland auf, man verbringt seinen Tag nicht damit, Klezmer-Musik zu hören, und man geht abends nicht mit der Verzweiflung um die Vergangenheit ... ins Bett.« Und deutlicher doch: Es wäre eine »Lebenslüge, wenn wir die ... Sozialisation in Deutschland, die Verbindung zur deutschen Sprache und Kultur abstreiten wollten«.[79]

Ob solche Aussagen bei den älteren Mitgliedern der jüdischen

79 Grünbaum 1998, S. 116f.

Gemeinden ungeteilt Zustimmung finden, ist fraglich. Und mindestens ebenso fraglich ist, wie sie den Deutschen gefallen. Durchaus möglich ist nämlich, daß sie auch da Irritationen auslösen, weil sie dem Publikumsgeschmack – sprich dem Klischeebild vom Juden – sich nicht einfach einfügen lassen. Dieses Klischeebild hat im Zeitalter der medialen Verkürzung ja längst sein etabliertes Muster gefunden, dazu gehören bestimmte folkloristische Zutaten, bei Abbildungen etwa vorzugsweise solche von Juden in fremdartig jüdisch-rituellem Dekor (ein bißchen Gebetsmantel, ein bißchen Chanukka-Leuchter), in Filmen gern der jüdische Blick (dunkel, tragisch und traurig)[80], und als akustische Umrahmung paßt was? Natürlich Klezmer-Musik.

Wie unbequem ist es da, wenn ein paar real existierende Juden auftauchen, die das gewohnte Bild stören. Unbequem für die Deutschen – und erst recht für die Juden. Manchmal sarkastisch, manchmal ironisch, manchmal schlicht auch ermattet schildern einige aus der jüngeren Generation der hier lebenden Juden, gegen welche Widerstände sie laufen, wenn sie anders sind als der oder die Normaldeutsche sie will. Prompt werden sie in die jüdische Rolle gedrängt, ja gezwängt, je nach Bedarf zu Nahostexperten erklärt oder für allwissend in Fragen von Thora und Talmud betrachtet. Und es hilft ihnen wenig, wenn sie sich als kaum kompetent oder nicht zuständig erklären: Sie sind doch Juden, na also! Das fällt doch in ihren Bereich![81]

Wenn ein Film über das Leben jüdischer Studenten hierzulande gedreht wird, dann mögen diese zwar vorzugsweise israelische Popmusik hören, aber der Regisseurin ist das nicht jüdisch genug, sie weiß es besser. Zumindest weiß sie, was die Deutschen erwarten: Als die Reportage im Fernsehen gesendet wird, läuft im Hintergrund zu den Szenen wieder einmal – Klezmer-Musik.[82] Wenn für ein amerikanisches Buch, das im Original mit eher unspektakulärem Titel daherkommt, ein deutscher Titel gesucht wird, dann mag die Autorin zwar anderer Auffassung sein, der Verlag aber hat es gern tragisch, am liebsten in mehrfacher Steigerungsform: *Dreifach*

80 Siehe hierzu Frank Stern 1998.
81 Siehe hierzu z.B. Benizri 1998, S. 47ff. und Turner 1998, S. 178.
82 Benizri, S. 53.

heimatlos heißt das Werk nun.[83] Anders, aber nicht besser ergeht es der jüdischen Schriftstellerin, die vor deutschem Publikum vortragen soll. Mich laden die nicht-jüdischen Deutschen immer mit einer Doppelerwartung ein, schreibt Esther Dischereit, als Schriftstellerin und als Jüdin. »Es kommt dann manchmal zu Enttäuschungen, wenn ich sage, daß ich nicht aus Israel bin und nicht sagen kann, wie ich da lebe. So bin ich gewissermaßen nicht ›echt‹. In solchen Momenten bin ich knalldeutsch und so enttäuschend gewöhnlich.«[84]

Eine Ausnahme bloß? Sicherlich nicht. Der Journalist Thomas Feibel berichtet aus eigener leidvoller Erfahrung, wie Autoren jüdischer Herkunft kaum eine Chance haben, dem Stempel »Zuständig für Jüdisches aller Art« zu entrinnen. Auch wenn ihr Selbstverständnis ein anderes ist, die deutsche Umgebung will zuallererst und immer wieder das eine: den Juden. »Ich lebte harmonisch mit einer nicht-jüdischen Sozialpädagogin zusammen und sah mich schon als einen normalen deutschen Bundesbürger. Meine Stadt gefiel mir, die deutsche Sprache gefiel mir und die Literatur noch viel mehr. Ich wollte schreiben. Mein erster Kontakt zu einer Tageszeitung kam ausgerechnet über meinen Rabbiner zustande. Durch diesen Fürsprecher sollte ich über fast alle Unternehmungen in der jüdischen Gemeinde berichten. Pausenlos mußte ich Vorträge über mich ergehen lassen. Wann ist ein Jude im zwanzigsten Jahrhundert noch Jude? Was bedeutet eine Mischehe, und: Stirbt das Judentum, unter statistischen Aspekten betrachtet, aus? Es wollte nicht aussterben, und ich wollte nicht länger darüber berichten. Im Redaktionsbüro bat ich um neue Aufgaben... Es kam zum Bruch. Aber jedesmal, wenn ich neuen Redaktionen meine Mitarbeit anbot, orientierte man sich anhand des vorhandenen Materials an meinem unlieb gewordenen Schwerpunkt. Nach jedem Artikel schwor ich mir, daß es das letzte Mal sei. Im Grunde können Autoren, die zufällig Juden sind, sich gar nicht auf ihre eigene Schreibe konzentrieren. Es findet sich immer wieder jemand, der das Judentum als Thema fordert. Einer meiner engsten Freunde hielt seit Jahren Vor-

83 Von dieser Erfahrung berichtete Helen Epstein anläßlich der Vorstellung ihres Buches im Jugend- und Kulturzentrum der Israelitischen Kulturgemeinde München (9. März 1999, München).

84 Dischereit 1998, S. 197.

träge über das Warschauer Ghetto. Er trat im Fernsehen auf, schrieb Artikel, hielt Lesungen an der Abendakademie. ›Ich habe es so satt‹, sagte er eines Abends zu mir, ›ich verdiene mein Geld, indem ich immer wieder meine KZ-Seele umstülpe. Ich bin wie einer, der aus Berufsgründen auf Turkey geht.‹ Nach einem Schluck Rotwein fügte er hinzu: Wenn du witzig bist, halten sie dich für ›typisch jüdisch‹. Bist du dramatisch, beschwörst du damit den Geist des ›Ewigen Juden‹ herauf.«[85]

Das sind Einzelfälle, gewiß. Und doch summieren sie sich in eine ähnliche Richtung. Das Bild, das Deutsche von Juden sich machen, ist – weil sie reale Juden kaum kennen – ein Klischeebild, nach medialen Vorgaben geformt. Es ist das Bild eines Exoten, eines Fremden und Anderen, ständig vom Hauch der Geschichte umweht.

Als in den dreißiger Jahren Soma Morgenstern seine Romane veröffentlichte, die von den Juden Osteuropas ein unverklärtes und unsentimentales Bild gaben, hielt Joseph Roth ihm entgegen, er werde es nicht leicht haben, weil »die Juden in deinen Romanen so echt sind, daß der Leser von ihnen abrücken wird wie die Judenfeinde und auch die assimilierten Juden es in der Straßenbahn tun, wenn ein echter Jude einsteigt. In meinen Büchern«, fuhr der Autor des *Radetzkymarsches* und der *Kapuzinergruft* fort, »übersetze ich die Juden für den Leser. Du gibst sie im Original. Das ist gut für dich, aber nicht für das Buch auf dem Büchermarkt.«[86] Heute, ein paar Jahrzehnte und ein paar Millionen ermordete Juden danach, scheint eher die umgekehrte Regel zu gelten. Könnte es nicht ein bißchen jüdischer sein? So lautet mittlerweile die Frage/die Nachfrage. Erst was genug jüdische Zutaten aufweist (in der Auswahl, die der nicht-jüdische Leser im Kopf hat), erweist sich als gut für den Büchermarkt.

Hier spielt vieles herein. Zum Beispiel ein Stück imperialistische Nostalgie, vergleichbar den Gefühlen der Kolonisatoren/Eroberer, die durch Afrika ziehen und das, was sie dabei zerstören, anschließend betrauern.[87] »Erst haben sie uns umgebracht, und dann

85 Thomas Feibel, *Gefillte Fisch mit Pepsi*, in: *Die Zeit*, 12. September 1991.
86 Zit. nach Ellen Schmitter, *Heimwege in die Fremde*, in: *Die Zeit*, 8. November 1996.
87 Siehe hierzu Renato Rosaldo, zit. bei Bodemann 1996a, S. 178.

wollen sie wissen, wen sie umgebracht haben«, sagt ein amerikanischer Jude dazu, die heutige Faszination der Deutschen am Judentum kommentierend.[88] Auch hat sich in manchen modernen Gesellschaften, was das Verhältnis zwischen Mehrheitsbevölkerung und ethnischen Minderheiten angeht, heute ein Handlungstypus der offiziellen Wiedergutmachungsgestik etabliert. Er läßt bestimmten Minderheitsgruppen, die zuvor verjagt und verfolgt wurden, nun besondere Anerkennung zuteil werden, und zwar eben deshalb, *weil* sie vorher verjagt und verfolgt wurden.[89] Im Sinne einer gewissermaßen nachholenden Rücksicht weist die Mehrheit ihnen ein abgestecktes Revier zu, ein Reservat für die letzten Äußerungen ihrer Lebensweise und Kultur. Wie man andernorts mit Indianern und anderen Eingeborenen verfährt, so hierzulande eben mit Juden. Wenn eine Spezies selten zu werden beginnt, schafft man ein Protektorat – für ausgerottete Tiere, pardon: Völker. An diesem Punkt, in diesem Sinne ist jüdische Kultur hier und heute tatsächlich: eine deutsche Erfindung. Ein modernes Produkt, in dem – bis in die Wiedergutmachungsgeste, bis in die nostalgische Sehnsucht hinein – noch einmal die deutsche Geschichte sich spiegelt.

Wenn es aber Ansätze zu einem neuen jüdischen Leben in Deutschland gibt, dann gerade in der Gegenbewegung, wie sie spürbar wird bei jüngeren Juden: in der Ablehnung der zugewiesenen Rolle als Juden-und-immer-nur-Juden, im selbstbewußten Auflehnen dagegen, im Beharren darauf, nicht nur Jude, sondern Mitbürger, nein: Bürger zu sein.

Ach übrigens, wir spielen demnächst ein neues Stück: Es heißt *Ghetto, Gaskammer & Co.* Für die Aufführung suchen wir dringend noch ein paar authentische Juden. Hätten Sie vielleicht Zeit?

88 Siehe hierzu Nagorski 1998 (siehe Anmerkung 4).
89 Siehe hierzu Leggewie 1997, S. 239.

Literatur

A., Ramona, *Leidenschaftlich jüdisch*, in: Micha Brumlik (Hg.), *Zuhause, keine Heimat? Junge Juden und ihre Zukunft in Deutschland*, Bleicher Verlag: Gerlingen 1998, s. 25-32.

Abrams, Alan, *Special Treatment. The Untold Story of Hitler's Third Race*, Lyle Stuart: Secaucus, New Jersey 1985.

Aichinger, Ilse, *Die größere Hoffnung*, Fischer: Frankfurt 1976.

Alleyne-Dettmers, Patricia, *»Tribal Arts«: A Case Study of Global Compression in the Notting Hill Carnival*, in: John Eeade (Hg.), *Living the Global City. Globalization as Local Process*, Routledge: London und New York 1997, S. 163-180.

Andersch, Alfred, *Efraim*, Diogenes: Zürich 1976.

Anderson, Benedict, *Die Erfindung der Nation. Zur Karriere eines folgenreichen Konzepts*, Campus: Frankfurt 1992 (Originalausgabe 1983).

Arendt, Hannah: *Eichmann in Jerusalem. Ein Bericht von der Banalität des Bösen*, Piper: München 1964.

Bade, Klaus J., *Paradox Bundesrepublik: Einwanderungssituation ohne Einwanderungsland*, in: Ders. (Hg.), *Deutsche im Ausland, Fremde in Deutschland. Migration in Geschichte und Gegenwart*, Beck: München 1992.

– Ders., *Ausländer, Aussiedler, Asyl. Eine Bestandsaufnahme*, Beck: München 1994.

Banton, Michael, *Racial Consciousness*, Longman: London und New York 1988.

Barbara, Augustin, *Marriage Across Frontiers. Multilingual Matters*, Clevedon 1979.

Barth, Fredrik, *Ethnic Groups and Boundaries: The Social Organization of Culture Difference*, Little, Brown & Co.: Boston 1969.

Baumann, Gerd, *Contesting Culture. Discourses of identity in multi-ethnic London*, Cambridge University Press 1996.

Bell, Daniel, *Ethnicity and Social Change*, in: Nathan Glazer/Daniel P. Moynihan (Hg.), *Ethnicity. Theory and Experience*, Harvard University Press: Cambridge und London 1975, S. 141-174.

Benizri, Elisabeth, *Normalität? Zwischen Philosemitismus und politischer Ignoranz*, in: Micha Brumlik (Hg.), *Zuhause, keine Heimat? Junge Juden und ihre Zukunft in Deutschland*, Bleicher Verlag: Göttingen 1998, S. 47 bis 57.

Bennett, Juda, *The Passing Figure. Racial Confusion in Modern American Literature*, Peter Lang: New York u.a. 1996.

Bericht der Beauftragten der Bundesregierung für Ausländerfragen über die Lage der Ausländer in der Bundesrepublik Deutschland, Bonn 1997.

Bischoff, Volker/Mania, Marino, *Melting Pot-Mythen als Szenarien amerikanischer Identität in der Zeit der New Immigration*, in: Bernhard Giesen (Hg.), *Nationale und kulturelle Identität. Studien zur Entwicklung des kollektiven Bewußtseins in der Neuzeit*, Suhrkamp: Frankfurt 1991, S. 513 bis 536.

Blasius, Dirk, *Ehescheidung in Deutschland im 19. und 20. Jahrhundert*, Fischer: Frankfurt 1992.

Bodemann, Y. Michal, *Gedächtnistheater. Die jüdische Gemeinschaft und ihre deutsche Erfindung*, Rotbuch Verlag: Hamburg 1996 (1996a).

– Ders., *»Öffentliche Körperschaft« und Authentizität. Zur jüdischen Ikonographie in Deutschland*, in: Mittelweg 36, Heft 5/1996, S. 49-56 (1996b).

– Ders., *Der lange Weg zum neuen deutschen Judentum*, in: Herbert Obenaus (Hg.), *Im Schatten des Holocaust. Jüdisches Leben in Niedersachsen nach 1945*, Verlag Hahnsche Buchhandlung: Hannover 1997, S. 255-281.

Braach, Mile, *Rückblende. Erinnerungen einer Neunzigjährigen*, Fischer: Frankfurt 1994.

Brenner, Michael, *The Renaissance of Jewish Culture in Weimar Germany*, Yale University Press: New Haven und London 1996.

Broder, Henryk M./Lang, Michel R. (Hg.), *Fremd im eigenen Land. Juden in der Bundesrepublik*, Fischer: Frankfurt 1979.

Brückner, Peter, *Das Abseits als sicherer Ort. Kindheit und Jugend zwischen 1933 und 1945*, Wagenbach: Berlin 1980.

Bubis, Ignatz, *Juden in Deutschland*, Aufbau Taschenbuch Verlag: Berlin 1996.

Cohen, Abner, *Masquerade Politics. Explorations in the Structure of Urban Cultural Movements*, Berg: Oxford/Provindence 1993.

Cowan, Paul, *An Orphan in History*, Doubleday and Company: New York 1982.

Davis, F. James, *Who is Black? One Nation's Definition*, The Pennsylvania State University Press: University Park 1991.

Deutscher, Isaac, *Die ungelöste Judenfrage. Zur Dialektik von Antisemitismus und Zionismus*, Rotbuch Verlag: Berlin 1977.

Diner, Dan, *Negative Symbiose – Deutsche und Juden nach Auschwitz*, in: Micha Brumlik u. a. (Hg.), *Jüdisches Leben in Deutschland seit 1945*, Athenäum: Frankfurt 1986, S. 243-257.

Dinkel, Reiner Hans/Lebok, Uwe, *Demographische Aspekte der vergangenen und zukünftigen Zuwanderung nach Deutschland*, in: *Aus Politik und Zeitgeschichte*, B48, 1994, S. 27-36.

Dischereit, Esther, *Übungen jüdisch zu sein*, Suhrkamp: Frankfurt 1998.

Georg Elwert, *Nationalismus und Ethnizität. Über die Bildung von Wir-Gruppen*, in: *Kölner Zeitschrift für Soziologie und Sozialpsychologie*, Heft 2/1991, S. 440-463.

– Ders., *Deutsche Nation*, in: Bernhard Schäfers/Wolfgang Zapf (Hg.), *Handwörterbuch zur Gesellschaft Deutschlands*, Leske und Budrich: Opladen 1998, S. 123-134.

Epstein, Helen, *Dreifach heimatlos. Die Suche einer Tochter nach der verlorenen Welt ihrer Mutter*, Diana Verlag: München 1998.

Esteves, Vasco, *Interethnische Ehen und Familien in der Bundesrepublik Deutschland. Statistische Daten*, in: *Kindesmitnahme durch einen Elternteil.* Herausgegeben von der IAF (Interessengemeinschaft der mit Ausländern verheirateten Frauen). Frankfurt 1988, S. 16-20.

Fassmann, Heinz/Münz, Rainer, *Europäische Migration – ein Überblick*, in: Dies. (Hg.), *Migration in Europa. Historische Entwicklung, aktuelle Trends, politische Reaktionen*, Campus: Frankfurt 1996, S. 13-52.
Feagin, Joe R., *The Continuing Significance of Race: Antiblack Discrimination in Public Places*, in: *American Sociological Review*, vol. 56, Februar 1991, S. 101-116.
Feagin, Joe R./Feagin, Clairece Booher, *Discrimination American Style. Institutional racism and sexism*, Prentice Hall: Englewood Cliffs, New Jersey 1978.
Featherstone, Mike, *Undoing Culture. Globalization, Postmodernism and Identity*, Sage: London 1995.
Ferguson, Yale H./Mansbach, Richard W., *The Past as Prelude to the Future? Identities and Loyalties in Global Politics*, in: Yosef Lapid/Friedrich Kratochwil (Hg.), *The Return of Culture and Identity in IR Theory*, Lynne Rienner Publishers: Boulder, Colorado 1997, S. 21-44.
Finkelgruen, Peter, *Erlkönigs Reich. Die Geschichte einer Täuschung*, Rowohlt Berlin Verlag: Berlin 1997.
Finkielkraut, Alain, *Der eingebildete Jude*, Hanser: München 1982.
Fleischmann, Lea, *Dies ist nicht mein Land. Eine Jüdin verläßt die Bundesrepublik*, Hoffmann und Campe: Hamburg 1982.
Foner, Nancy, *The Jamaicans: Cultural and Social Change among Migrants in Britain*, in: James L. Watson (Hg.), *Between Two Cultures. Migrants and Minorities in Britain*, Basic Blackwell: Oxford 1977, S. 120-150.
Francois, Etienne/Schulze, Hagen: *Das emotionale Fundament der Nationen*, in: Monika Flacke (Hg.), *Mythen der Nationen. Ein europäisches Panorama. Begleitband zur Ausstellung vom 20. März 1998 bis 9. Juni 1998*, Deutsches Historisches Museum: Berlin 1998, S. 17-32.
Friedländer, Saul, *Kitsch und Tod. Der Widerschein des Nazismus*, Hanser: München 1984.
– Ders., *Das Dritte Reich und die Juden. Die Jahre der Verfolgung 1933-1939*, Beck: München 1998 (1998 a).
– Ders., *Gebt der Erinnerung Namen. Rede zur Verleihung des Geschwister-Scholl-Preises*, in: Saul Friedländer/Jan Philipp Reemtsma, *Gebt der Erinnerung Namen. Zwei Reden*, Beck: München 1998, S. 27-37.
Fuchs, Marek/Schwietring, Andreas/Weiss, Johannes, *Varianten erfolgreicher Akkulturation*, in: Reiner K. Silbereisen u.a. (Hg.), *Aussiedler in Deutschland*, Leske und Budrich: Opladen 1999, S. 335-364.
Funderburg, Lise (Hg.), *Black, White, Other. Biracial Americans Talk About Race and Identity*, William Morris and Company: New York 1994.
Gans, Herbert J., *Symbolic Ethnicity: The Future of Ethnic Groups and Cultures in America*. Wiederabgedruckt in: Werner Sollors (Hg.), *Theories of Ethnicity. A Classical Reader*, Macmillan Press: Houndmills and London 1996, S. 425-459.
Gates, Henry Louis, *Colored People*, Penguin Books: Harmondsworth 1995.
– Ders., *Parable of the Talents*, in: Ders./Cornel West, *The Future of the Race*, Alfred A. Knopf: New York 1996.

Geyer, Michael, *»Sie nehmen die Kälte nicht wahr«. »Westdeutsche« aus der Sicht eines »Ostdeutschen«*, in: Elmar Brähler/Hans-Jürgen Wirth (Hg.), *Entsolidarisierung. Die Westdeutschen am Vorabend der Wende und danach*, Opladen 1995, S. 217-237.

Giddens, Anthony, *The Consequences of Modernity*, Polity Press: Cambridge 1990 (deutsche Übersetzung Suhrkamp: Frankfurt 1995).

Glazer, Nathan, *We Are All Multiculturalists Now*, Harvard University Press: Cambridge, Mass. 1998.

– Ders./Moynihan, Daniel P., *Beyond the Melting Pot*, Harvard University Press: Cambridge, Mass. 1970.

Gollwitzer, Helmut, *Die Juden und wir (11. März 1960)*, in: Andreas Wang (Hg.), *»Gedanken zur Zeit«. Rundfunkessays 1947–1997*, Frankfurt 1997, S. 90-95

Greve, Martin/Çinar, Tülay, *Das türkische Berlin*. Herausgegeben von der Ausländerbeauftragten des Senats, Berlin 1997.

Gronemeyer, Reimer (Hg.), *Der faule Neger. Vom weißen Kreuzzug gegen den schwarzen Müßiggang*, Rowohlt: Reinbek 1991.

Gross, Leonard, *Versteckt. Wie Juden in Berlin die Nazi-Zeit überlebten*, Rowohlt: Reinbek 1983.

Grünbaum, Marc. *Ich lebe gerne und bewußt in diesem Land*, in: Micha Brumlik (Hg.), *Zuhause, keine Heimat? Junge Juden und ihre Zukunft in Deutschland*, Bleicher Verlag: Gerlingen 1998, S. 115-125.

Haase, Norbert/Jersch-Wenzel, Stefi/Simon, Hermann (Hg.), *Die Erinnerung hat ein Gesicht. Fotografien und Dokumente zur nationalsozialistischen Judenverfolgung in Dresden 1933-1945*, Kiepenhauer: Leipzig 1998.

Habermas, Jürgen, *Faktizität und Geltung*, Suhrkamp: Frankfurt 1992.

Hall, Stuart, *Rassismus und kulturelle Identität. Ausgewählte Schriften 2*, Argument Verlag: Berlin 1994.

Hallson, Fridrik, *Lebensweltliche Ordnung in der Metropole*, in: Wilhelm Heitmeyer/Rainer Dollase (Hg.), *Die bedrängte Toleranz*, Suhrkamp: Frankfurt 1996, S. 271-312.

Harvey, D., *The Condition of Postmodernity*, Basil Blackwell: Oxford 1989.

Heenen-Wolff, Susann, *Im Land der Täter. Gespräche mit überlebenden Juden*, Fischer: Frankfurt 1994.

Hecht, Ingeborg, *Als unsichtbare Mauern wuchsen. Eine deutsche Familie unter den Nürnberger Rassengesetzen*, Hoffmann und Campe: Hamburg 1984.

Heller, Agnes, *Die Zerstörung der Privatsphäre durch die Zivilgesellschaft*, in: *Ästhetik und Kommunikation*, Heft 85/86, Mai 1994, S. 23-35.

Hobsbawm, Eric, *Introduction: Inventing Traditions*, in: Ders./Terence Ranger (Hg.), *The Invention of Tradition*, Cambridge University Press: Cambridge 1992, S. 1-15. (Originalausgabe 1983)

Horowitz, Donald L., *Ethnic Identity*, in: Nathan Glazer/Daniel P. Moynihan (Hg.), *Ethnicity. Theory and Experience*, Harvard University Press: Cambridge, Mass. 1975, S. 111-140.

Hradil, Stefan, *Die Sozialstruktur Deutschlands im europäischen und interna-*

tionalen Vergleich, in: Bernhard Schäfers, *Gesellschaftlicher Wandel in Deutschland*, Sechste Auflage, Enke: Stuttgart 1995, S. 286-321.

Ingenhorst, Heinz, *Die Rußlanddeutschen. Aussiedler zwischen Traditionen und Moderne*, Campus: Frankfurt 1997.

Isaacs, Harold R., *Basic Group Identity: The Idols of the Tribe*, in: Nathan Glazer/Daniel P. Moynihan (Hg.), *Ethnicity. Theory and Experience*, Harvard University Press: Cambridge, Mass. 1975, S. 29-52.

Iyer, Pico, *The Empire Writes Back. Am Beginn einer neuen Weltliteratur?*, in: *Neue Rundschau*, Heft 1/1996, S. 9-19.

Jasper, Willi/Schoeps, Julius H./Vogt, Bernhard, *Jüdische Emigranten aus der ehemaligen Sowjetunion in Deutschland. Probleme der sozialen Integration und kulturell-religiösen Selbstbehauptung*, in: Julius H. Schoeps/Willi Jasper/Bernhard Vogt (Hg.), *Russische Juden in Deutschland*, Beltz Athenäum: Weinheim 1996, S. 24-207.

Kahane, Anetta, *Juden der zweiten und dritten Generation mit kommunistischem Hintergrund*. Vortrag auf der Tagung »Juden im vereinten Deutschland«, veranstaltet vom Moses-Mendelssohn-Zentrum, Berlin, Mai 1998 (Vortragsmanuskript).

Kochman, Thomas, *Black and White. Styles in Conflict*, The University of Chicago Press: Chicago und London 1981.

Kleiber, Lore/Gömusay, Eva-Maria, *Fremdgängerinnen. Zur Geschichte binationaler Ehen in Berlin von der Weimarer Republik bis in die Anfänge der Bundesrepublik*, edition CON: Bremen 1990.

Klein, Emma, *Lost Jews. The Struggle for Identity Today*, St. Martin's Press: New York 1996.

Klemperer, Victor, *LTI. Notizbuch eines Philologen*, Reclam: Leipzig 1993.

Königseder, Angelika/Wetzel, Juliane, *Lebensmut im Wartesaal. Die jüdischen DPs (Displaced Persons) im Nachkriegsdeutschland*, Fischer: Frankfurt 1994.

Kureishi, Hanif, *The Buddha of Suburbia*, Faber and Faber: London 1990.

Lang, Michel R., *Fremd in einem fremden Land*, in: Henryk M. Broder/Michel R. Lang (Hg.), *Fremd im eigenen Land. Juden in der Bundesrepublik*, Fischer: Frankfurt 1979, S. 265-268.

Lantermann, Ernst-Dieter/Hänze, Martin, *Werthaltung, materieller Erfolg und soziale Integration von Aussiedlern*, in: Reiner K. Silbereisen u. a. (Hg.), *Aussiedler in Deutschland*, Leske und Budrich: Opladen 1999, S. 165-184.

Leggewie, Claus, *Ethnische Spaltungen in demokratischen Gesellschaften*, in: Wilhelm Heitmeyer (Hg.), *Was hält die Gesellschaft zusammen?*, Suhrkamp: Frankfurt 1997, S. 233-254.

Ley, Michael, *»Zum Schutze des deutschen Blutes...«. »Rassenschandegesetze« im Nationalsozialismus*, Philo: Bodenheim 1997.

Lie, John, *From International Migration to Transnational Diaspora*, in: *Contemporary Sociology. A Journal of Reviews*, Vol. 24, no. 4, Juli 1995, S. 303-306.

Mammey, Ulrich/Schiener, Rolf, *Das BiB-Aussiedlerpanel – Methodische Überlegungen zur Repräsentativität*, in: *Zeitschrift für Bevölkerungswissenschaft*, Heft 2/1996, S. 145-170.

Mann, Thomas, *Buddenbrooks. Verfall einer Familie*, Fischer: Frankfurt 1962.

Marx, Christoph, *»History comes full circle«. Nkrumah, Kenyatta, Mandela über Nation und Ethnizität in Afrika*, in: *Historische Zeitschrift*, Band 265/1997, S. 373-393.

Massey, Douglas S./Denton, Nancy, A., *American Apartheid: The Perpetuation of the Underclass*, in: John Arthur/Amy Shapiro (Hg.), *Color, Class, Identity. The New Politics of Race*, Westview Press: Boulder, Colorado 1996, S. 137 bis 160.

Mattenklott, Gert, *Über Juden in Deutschland*, Jüdischer Verlag: Frankfurt 1992.

Mayer, Egon, *Processes and Outcomes in Marriages Between Jews and Non-Jews*, in: *American Behavioral Scientist*, Vol. 23, No. 4, März-April 1980, S. 487-518.

Mecheril, Paul/Teo, Thomas (Hg.), *Andere Deutsche. Zur Lebenssituation von Menschen multi-ethnischer und multi-kultureller Herkunft*, Dietz: Berlin 1994.

Merkens, Hans/Steiner, Ingrid/Wenzke, Gerhard, *Lebensstile Berliner Jugendlicher 1997*, Freie Universität Berlin: Berlin 1998 (hektographiertes Manuskript).

Merton, Robert K., *Intermarriage and the social Structure*, in: Ders., *Sociological Ambivalence and other Essays*, New York 1976, S. 217-250.

Meyer, Beate, *»Jüdische Mischlinge«: Rassenpolitik und Verfolgungserfahrung 1933-1945*, Dölling und Galitz: Hamburg 1999.

Miera, Frauke, *Migration aus Polen. Zwischen nationaler Migrationspolitik und transnationalen sozialen Lebensräumen*, in: Hartmut Häußermann/Ingrid Oswald (Hg.), *Zuwanderung und Stadtentwicklung, Leviathan*, Sonderheft 17, Westdeutscher Verlag: Opladen 1997, S. 232-254.

Migration und Integration in Zahlen. Ein Handbuch. Mitteilungen der Beauftragten der Bundesregierung für Ausländerfragen, Bonn 1997.

Modood, Tariq, *Political Blackness and British Asians*, in: *Sociology*, Vol. 28, No. 4, November 1994, S. 859-876 (1994 a).

– Ders., *The end of a hegemony: The concept of ›black‹ and British Asians*, in: John Rex/Beatrix Drury (Hg.), *Ethnic Mobilisation in a Multi-Cultural Europe*, Aveburg: Aldershot u. a. 1994, S. 87-96 (1994 b).

– Ders., *»Britishness« as a cultural mix – processes of self-definition in a postcolonial society*. Vortrag im Haus der Kulturen der Welt, Berlin, April 1998 (Vortragsmanuskript).

Morgan, Prys, *From a Death to a View: The Hunt for the Welsh Past in the Romantic Period*, in: Eric Hobsbawm/Terence Ranger (Hg.), *The Invention of Tradition*, Cambridge University Press: Cambridge 1992, S. 43-100.

Mulisch, Harry, *Die Entdeckung des Himmels*, Rowohlt: Reinbek 1995.

Oberlaender, Franklin A., *»Wir aber sind nicht Fisch und nicht Fleisch«. Christliche »Nichtarier« und ihre Kinder in Deutschland*, Opladen: Leske und Budrich 1996.

Oguntoye, Katharina/Opitz, May/Schultz, Dagmar (Hg.), *Farbe bekennen.*

Afro-deutsche Frauen auf den Spuren ihrer Geschichte, Fischer: Frankfurt 1992.
Okely, Judith, *Trading Stereotypes. The case of English Gypsies*, in: Sandra Wallman (Hg.), *Ethinicty at Work*, The Macmillan Press: London 1979, S. 17 bis 34.
Optiz, May, *Rassismus hier und heute*, in: Katharina Oguntoye/May Optiz, Dagmar Schultz (Hg.), *Farbe bekennen. Afro-deutsche Frauen auf den Spuren ihrer Geschichte*, Fischer: Frankfurt 1992, S. 127-144.
Ostendorf, Berndt, *Der Preis des Multikulturalismus. Entwicklungen in den USA*, in: *Merkur*, Heft 9/10, September/Oktober 1992, S. 846-861.
– Ders., *Probleme mit der Differenz. Historische Ursachen und gesellschaftliche Konsequenzen der Selbstethnisierung in den USA*, in: Wilhelm Heitmeyer/Rainer Dollase (Hg.), *Die bedrängte Toleranz*, Suhrkamp: Frankfurt 1996, S. 155-178.
Ostow Robin, *Juden in der DDR: Zwischen religiöser Gemeinde und nationaler Minorität*, in: *Sozialwissenschaftliche Informationen*, Heft 3/1989, S. 204-208.
Pichler, Edith, *Migration und ethnische Ökonomie: das italienische Gewerbe in Berlin*, in: Hartmut Häußermann/Ingrid Oswald (Hg.), *Zuwanderung und Stadtentwicklung, Leviathan*, Sonderheft 17, Westdeutscher Verlag: Opladen 1997, S. 106-120.
Pollack, Detlef/Pickel, Gert/Jacobs, Jörg, *Wächst zusammen, was zusammengehört? Subjektive und objektive Komponenten sozialer Ungleichheit in Ost- und Westdeutschland*, in: Roland Lutz/Matthias Zeng (Hg.), *Armutsforschung und Sozialberichterstattung in den neuen Bundesländern*, Leske und Budrich: Opladen 1998, S. 9-29.
Polnauer, David, *Jüdische Gemeinden im Wandel*, in: Julius H. Schoeps/Willi Jasper/Bernhard Vogt (Hg.), *Russische Juden in Deutschland*, Beltz Athenäum: Weinheim 1996, S. 269-279.
Pries, Ludger, *Transnationale Soziale Räume. Theoretisch-empirische Skizze am Beispiel der Arbeitswanderungen Mexiko–USA*, in: Beck, Ulrich (Hg.), *Perspektiven des Weltstaates*, Suhrkamp: Frankfurt.
– Ders., *Einleitung: Neue Migration im transnationalen Raum*, in: Ders. (Hg.), *Transnationale Migration, Soziale Welt*, Sonderband 12, Nomos Verlagsgesellschaft: Baden-Baden 1997, S. 15-44.
Ranger, Terence, *The Invention of Tradition in Colonial Africa*, in: Eric Hobsbawm/Terence Ranger (Hg.), *The Invention of Tradition*, Cambridge University Press: Cambridge 1992, S. 211-262.
Reich, Jens, *Deutschland Ost Wegbeschreibung*. Herausgegeben vom Wissenschaftskolleg zu Berlin, Berlin 1994.
Richarz, Monika, *Juden in der Bundesrepublik Deutschland und in der Deutschen Demokratischen Republik seit 1945*, in: Micha Brumlik u.a. (Hg.), *Jüdisches Leben in Deutschland seit 1945*, Athenäum: Frankfurt 1986, S. 13 bis 30.
Richburg, *Jenseits von Amerika. Eine Konfrontation mit Afrika, dem Land meiner Vorfahren*, Quell: Stuttgart 1998.

Rogge, Heinz, *Das Problem des Übertritts farbiger Amerikaner in die weiße Gesellschaft*, in: *Soziale Welt*, Heft 2/1965, S. 151-166.

Rosenberg, Göran, *Das jüdische Dilemma. Identitäten zwischen Diaspora und Zionismus*, in: *Lettre international*, Heft 39/IV. Vierteljahr 1997, S. 46-53.

Rosenblatt, Paul C./Karis, Terri A./Powell, Richard D., *Multiracial Couples. Black & White Voices*, Sage: Thousand Oaks 1995.

Rosenstrauch, Hazel, *Verwurzelt im Nirgendwo*, in: Henryk M. Broder/Michel R. Lang (Hg.), *Fremd im eigenen Land. Juden in der Bundesrepublik*, Fischer: Frankfurt 1979, S. 339-350.

– Dies., *Aus Nachbarn wurden Juden*, Berlin 1988.

Roshwald, Mordecai, *Wo Is A Jew In Israel?* in: *The Jewish Journal of Sociology*, Vol. XII, No. 2, Dezember 1970, S. 233-266.

Runge, Irene, *»Ich bin kein Russe.« Jüdische Zuwanderung zwischen 1989 und 1994*, Dietz: Berlin 1995.

Salamander, Rachel, *Themen jüdischer Schriftsteller deutscher Sprache und ihre Rezeption.* Vortrag auf der Tagung »Juden im vereinten Deutschland«, veranstaltet vom Moses-Mendelssohn-Zentrum, Berlin, Mai 1998.

Santel, Bernhard, *Migration in und nach Europa. Erfahrungen, Strukturen, Politik*, Leske und Budrich: Opladen 1995.

Sassen, Saskia, *Migranten, Siedler, Flüchtlinge. Von der Massenauswanderung zur Festung Europa*, Fischer: Frankfurt 1996.

Schäfers, Bernhard, *Ethnizität und Staatsbürgerrecht. Akkulturation und multikulturelle Gesellschaft in Deutschland*, in: *Geographische Rundschau*, Jahrgang 49, Heft 7-8, Juli/August 1997, S. 428-431.

Schaser, Angelika, *Städtische Fremdenpolitik im Deutschland der frühen Neuzeit*, in: Alexander Demandt (Hg.), *Mit Fremden leben. Eine Kulturgeschichte von der Antike bis zur Gegenwart*, Beck: München 1995, S. 137 bis 157.

Schiller, Nina Glick/Basch, Linda/Blanc-Szanton, Cristina, *Transnationalismus: Ein neuer analytischer Rahmen zum Verständnis von Migration*, in: Heinz Kleger (Hg.), *Transnationale Staatsbürgerschaft*, Campus: Frankfurt 1997, S. 81-107 (1997a).

– Dies., *From Immigrant to Transmigrant: Theorizing Transnational Migration*, in: Ludger Pries (Hg.), *Transnationale Migration, Soziale Welt*, Sonderband 12, Nomos Verlagsgesellschaft: Baden-Baden 1997, S. 121-140 (1997b).

Schneider, Richard Chaim, *Zwischenwelten. Ein jüdisches Leben im heutigen Deutschland*, Kindler: München 1994.

Schoeps, Julius H./Jasper, Willi/Vogt, Bernhard (Hg.), *Russische Juden in Deutschland*, Beltz Athenäum: Weinheim 1996.

Schudson, Michael, *Cultural and the Social Construction of »Social Construction«: Notes on Teddy Bear Patriarchy*, in: Elizabeth Long (Hg.), *From Sociology to Cultural Studies*, Blackwell: Oxford 1997, S. 379-398.

Schulze, Hagen, *Staat und Nation in der europäischen Geschichte*, München 1994.

Schultz, Hans Jürgen (Hg.), *Mein Judentum*, Deutscher Taschenbuch Verlag: München 1986.

Schwitzer, Klaus-Peter, *Ältere Menschen in den neuen Bundesländern*, in: *Aus Politik und Zeitgeschichte*, B 29-30, Juli 1992, S. 44-54.

Seibert, Winfried, *Das Mädchen, das nicht Esther heißen durfte*, Reclam: Leipzig 1996.

Selig, Wolfram, *Richard Seligmann. Ein jüdisches Schicksal*, Stadtarchiv München: München 1983.

Sichrovsky, Peter, *Wir wissen nicht, was morgen wird, wir wissen wohl, was gestern war. Junge Juden in Deutschland und Österreich*, Kiepenheuer und Witsch: Köln 1985.

Singer, Isaac Bashevis, *Die Familie Moschkat*, Hanser: München 1984.

Sollors, Werner, *Beyond Ethnicity. Consent und Descent in American Culture*, Oxford University Press: New York und Oxford 1986.

– Ders., *Neither black nor white yet both. Thematic explorations of interracial literature*, Oxford University Press: New York und Oxford 1997.

Speitkamp, Winfried, *Kolonialpolitik und Tribalismus in Afrika*, in: Helmut Berding (Hg.), *Mythos und Nation. Studien zur Entwicklung des kollektiven Bewußtseins in der Neuzeit*, Suhrkamp: Frankfurt 1996, S. 303-325.

Spickard, Paul R., *Mixed Blood. Intermarriage and Ethnic Identity in Twentieth-Century America*, The University of Wisconsin Press: Wisconsin 1989.

Spooner, Brian, *Weavers and dealers: the authenticity of an oriental carpet*, in: Arjun Appadurai (Hg.), *The social life of things. Commodities in cultural perspective*, Cambridge University Press: Cambridge u.a. 1986, S. 195 bis 235.

Stenger, Horst, *»Deshalb müssen wir uns noch fremd bleiben ...«. Fremdheitserfahrungen ostdeutscher Wissenschaftler*, in: Herfried Münkler (Hg.), *Die Herausforderung durch das Fremde*, Akademie Verlag: Berlin 1998, S. 305 bis 400.

– Ders./Lüchauer, Annemarie, *Verweigerte Gleichwertigkeit. Zur Reproduktion des Ost-West-Unterschieds unter Wissenschaftlern*, in: *Kölner Zeitschrift für Soziologie und Sozialpsychologie*, Heft 3/1998, S. 490-516.

Stern, Frank, *Aufbruch der Mythen oder der semitische Blick von der Leinwand.* Vortrag auf der Tagung »Juden im vereinten Deutschland«, veranstaltet vom Moses-Mendelssohn-Zentrum, Berlin, Mai 1998.

Sternberger, Dolf, *Vorbemerkung 1967*, in: Dolf Sternberger/Gerhard Storz/W.E. Süskind, *Aus dem Wörterbuch des Unmenschen*, Neue erweiterte Ausgabe mit Zeugnissen des Streites über die Sprachkritik. Ullstein: Frankfurt und Berlin 1986, S. 10-14.

Stoltzfus, Nathan, *Resistance of the heart. Intermarriage and the Rosenstrasse Protest in Nazi Germany*, W.W. Norton & Company: New York und London 1996.

Teo, Thomas, *»... ich muß mich nicht entscheiden, ich bin beides ...«. Zur Entwicklung und Sozialisation bi-/multirassischer Identität*, in: A. Thomas (Hg.), *Psychologie und multikulturelle Gesellschaft. Problemanalysen und Problemlösungen*, Verlag für angewandte Psychologie: Göttingen 1994, S. 82-93.

Thränhardt, Dietrich, *Die Lebenslage der ausländischen Bevölkerung in der Bundesrepublik Deutschland*, in: *Aus Politik und Zeitgeschichte*, B 35/1995, S. 3-13.

Tizard, Barbara/Phoenix, Ann, *Black, White or Mixed Race? Race and Racism in the Lives of Young People of Mixed Parentage*, Routledge: London 1995.

Treibel, Annette, *Migration*, in: Bernhard Schäfers/Wolfgang Zapf (Hg.), *Handwörterbuch zur Gesellschaft Deutschlands*, Leske und Budrich: Opladen 1998, S. 462-472.

Turner, Jan F., *Es wird noch viele Jahre dauern. Wie junge Juden Deutschland als Heimat anerkennen können*, in: Micha Brumlik (Hg.), *Zuhause, keine Heimat? Junge Juden und ihre Zukunft in Deutschland*, Bleicher Verlag: Gerlingen 1998, S. 171-183.

Wagenstein, Angel, *Pentateuch oder Die Fünf Bücher Isaaks. Über das Leben des Isaak Blumenfeld in zwei Weltkriegen, drei Konzentrationslagern und fünf Heimaten*, Das Neue Berlin: Berlin 1999.

Walk, Joseph (Hg.), *Das Sonderrecht für die Juden im NS-Staat. Eine Sammlung der gesetzlichen Maßnahmen und Richtlinien – Inhalt und Bedeutung*. Mit Beiträgen von Robert M. Kempner und Adalbert Rückert, D. F. Müller Juristischer Verlag: Heidelberg 1981.

Waters, Mary C., *Ethnic Options. Choosing Identitites in America*, University of California Press: Berkeley u. a. 1990.

Watson, James L. (Hg.), *Introduction: Immigration, Ethnicity, and Class in Britain*, in: Ders. (Hg.), *Between Two Cultures. Migrants and Minorities in Britain*, Basic Blackwell: Oxford 1977.

Weber, Max, *Wirtschaft und Gesellschaft*, Tübingen 1972.

Wehler, Hans-Ulrich, *Nationalismus und Nation in der deutschen Geschichte*, in: Helmut Berding (Hg.), *Nationales Bewußtsein und kollektive Identität. Studien zur Entwicklung des kollektiven Bewußtseins in der Neuzeit*, Suhrkamp: Frankfurt 1994, S. 163-175.

Weiss, Yfaat/Brenner, Michael, *Einführung: Von Altneuland zu Neualtland*, in: Michael Brenner/Yfaat Weiss (Hg.), *Zionistische Utopie – israelische Realität. Religion und Nation in Israel*, Beck: München 1999.

Welzel, Christian, *Vom Konsens zum Dissens? Politische Ordnungspräferenzen von Eliten und Bürgern im ost-westdeutschen Vergleich*, in: *Kölner Zeitschrift für Soziologie und Sozialpsychologie*, Heft 2/1998, S. 238-262.

West, Cornel, *Race Matters*, Vintage Books, New York 1992.

White, Walter, *A Man Called White*, Ayer Company: Salem, New Hampshire 1969.

Williams, Patricia J., *Seeing a Colour-Blind Future. The Paradox of Race*, Virago: London 1997.

Williamson, Joel, *New People. Miscegenation and Mulattoes in the United States*, The Free Press: New York 1980.

Wilson, William Julius, *Studying Inner-City Dislocations: The Challenge of Public Agenda Research*, in: *American Sociological Review*, Vol. 56, Februar 1991, S. 1-14.

– Ders., *The poorest of the urban poor: race, class and social isolation in Ame-*

rica's inner-city ghettos, in: Martin Bulmer/Anthony M. Rees (Hg.), *Citizenship today. The contemporary relevance of T. H. Marshall*, University of California Press: London 1996, S. 223-247.
Young, James E., *Formen des Erinnerns. Gedenkstätten des Holocaust*, Passagen Verlag: Wien 1997.
Zack, Naomi, *Race and Mixed Race*, Temple University Press: Philadelphia 1993.
Zenner, Walter P., *Jewishness in America: ascription and choice*, in: Richard D. Alba (Hg.), *Ethnicity and Race in the U. S. A. Toward the twenty-first Century*, Routledge: London u. a. 1985, S. 117-133.